개정판

새 여성학강의

(사)한국여성연구소 교재 편찬위원회

강이수 상지대 인문사회대학 교수
김혜경 전북대 사회학과 교수
장미경 전남대 사회학과 교수
김양선 한림대 기초교육대학 교수
강혜경 성균관대 여성학 강사

학술총서 22

개정판

새 여성학강의

© (사)한국여성연구소, 1999

초 판 1쇄 펴낸날 1999년 1월 20일
개정판 1쇄 펴낸날 2005년 7월 30일
개정판 17쇄 펴낸날 2018년 8월 17일

지은이 (사)한국여성연구소
펴낸이 이건복
펴낸곳 도서출판 동녘

등록 제311-1980-01호 1980년 3월 25일
주소 (10881) 경기도 파주시 회동길 77-26
전화 영업 031-955-3000 편집 031-955-3005 **전송** 031-955-3009
블로그 www.dongnyok.com **전자우편** editor@dongnyok.com

ISBN 978-89-7297-482-6 03300

학술총서 22

:: 개정판

새 여성학 강의

한국사회, 여성, 젠더

(사)한국여성연구소 지음

동녘

1977년 우리 나라 대학에 여성학이라는 강좌가 처음 개설된 이래 여성학과 페미니즘이 우리 사회에 급속도로 확산되었고, 여성운동이라는 실천적 움직임의 확대와 더불어 여성의 지위도 많이 향상되었다. '새로움'으로 표상되던 여성학과 페미니즘은 이제 우리 사회의 학문과 사상적 경향, 문화 풍조로 자리 잡았고, 저항과 진보의 상징으로 인식되던 여성운동도 자연스러운 사회 구조와 제도, 생활양식이 되어 가고 있다.

여성학과 페미니즘에서 기본적인 가치로 추구하는 성평등은 이제 진보적인 사람들의 전유물이라기보다는 대다수 국민이 갖춰야 할 교양이자 상식, 행동이 되었다. 더는 목에 힘주고 강조하지 않아도 되는, 사회의 일반적 가치가 된 것이다. 현재 인류는 20세기가 남성주의적 가치가 지배한 시대였기 때문에 경쟁, 폭력, 전쟁으로 얼룩졌다고 보면서, 21세기에는 여성주의적 가치, 즉 배려와 평화, 생태적 가치가 새로운 희망의 시대를 열어 갈 것으로 기대하고 있다. 물론 아직도 나이 든 세대 가운데 이러한 새로운 추세를 따라가지 못하는 사람들이 있지만, 이들의 모습은 낡고 사회의 흐름에 뒤떨어진 것으로 여겨지고 있으며 그들을 새로운 흐름에 적응하지 못하는 부적응자로 인식하기도 한다. 이제 성평등과 여성주의 가치는 새로운 시대를 주체적으로 준비하고 만들어 가는 사람들이 가져야 할 발전적인 가치가 된 것이다.

이런 분위기 속에서 최근 여성학 안에서도 '여성 일반'이 아니라 여성 내부의 차이와 소수자들에 민감한 여성학, 여성들만을 위한 여성학이 아니라 남성들을 위한 여성학과 젠더학에 대한 관심이 높아지고 있다. 페미니즘이 새로운 세계의 대안적 가치로 자리하고 여성학이 대안학문이 되려면 지금까지 페미니즘과 여성학이 보여 준 범위를 넘어서 새로운 전망을 제시해야 한다는 각성이 생겨났기 때문이다. 앞으로 여성학과 페미니즘은 이러한 새로운 전망을 담아내지 않으면 안 될 것이다. 충분하지는 않겠지만, 『새 여성학강의』 개정판에는 이러한 전망과 과제를 담아내고자 했다.

이 책은 대학에서 한 학기 동안 이루어지는 '여성학', '여성과 사회' '성과 사회' 등 여성 및 성별(젠더) 문제를 다루는 모든 강의를 고려하여 집필한 것이다. 성별에 대한 남성들의 높아져 가는 관심에 부응하여, 초판에 비해서 남녀를 불문하고 성평등의 문제를 고민하는 모든 사람들에게 적절한 내용으로 구성하고자 했다. 그러나 아직 남성학이나 남성운동이 발전하지 않았고, 성평등의 문제를 고민하는 남성들이 많지 않기에 이런 의도가 실제로 내용에 충분히 반영되지는 않은 것 같다. 어쨌든 필자들은 강의를 통해 학생들에게 전달해야 한다고 생각하는 모든 내용을 담아내면서, 최근 여성학의 발전된 논의를 되도록 모두 포함하고자 노력하였다.

이 책은 오랜 세월에 걸쳐 여성운동적 실천과 여성학에 대한 학문적 탐구를 해온 한국여성연구소의 노력의 소산이다. 한국여성연구소는 1991년(당시 한국여성연구회)에 처음 여성학 교재로 『여성학강의』를 출간한 이래, 1994년에는 그것의 전면 개정판을 내었고, 1999년에 다시 『새 여성학강의』를 출간하였다. 이 책들은 그간 많은 대학에서 교재로 사용되어 여성학과 페미니즘을 뿌리내리고 성평등적 가치를 우리의 자연스러운 문화로 만들어 가는 데 선구적인 역할을 했다. 이 책들은 각 대학의 '여성학개론'이라는 강의의 역사와 함께해 왔으며, 나아가 여성학이라는 학문의 발전의 산 증인으로서 페미니즘과 여성운동의 역사와 함께해 왔다고 할 수 있다.

『새 여성학강의』 개정판은 한국여성연구소가 추구해 온, 한국여성의 현실에 대한 본질적인 문제제기와 분석 기조를 유지하는 동시에 새로운 문제의식과 전망을 포괄하는 방향으로 구성되었다. 요즈음은 여성학에 대한 독자들과 학생들의 이해가 깊어졌기 때문에 기초적인 설명은 과감히 줄이고 깊이 있는 논의와 내용을 담고자 했다. 총 열네 장인 이 책에는 여성학과 페미니즘에 대한 개괄적인 이해에서부터 역사·가족·노동·성·문화·여성운동·북한에 이르는 다양한 내용이 망라되어 있다. 특히 최근 사회에서 섹슈얼리티와 문화에 대한 관심이 높아짐에 따라, 네 장에 걸쳐 이 주제를 다루었으며, 북한 관련 내용을 새로 넣음으로써 여성학의 관심사와 영역을 확대하였다.

한편 『새 여성학강의』 개정판은 한국여성연구소 회원들과 여성학을 가르치는 교수들이 오랫동안 기획하고 집필하고 수정·보완한, 공동작업의 결과물이다. 3년 전 처음 개정작업에 착수한 이래 필자가 바뀌기도 하고 기획한 원고를 빼기도 하는 등 우여곡절을 겪다 보니, 계획보다 출간 시기가 많이 늦어졌다. 여성학에 대한 필자들의 생각과 입장이 다양해지고 여성학이 포괄하는 범위가 넓어졌기 때문에 의견 조정이 쉽지 않아 힘들었지만, 이는 좀더 책임 있는 교과서를 만들기 위해 겪은 진통이었다고 본다. 각 장의 내용은 전적으로 집필자의 입장과 견해를 반영한 것으로, 필자들 간의 시각 차이를 토론을 통해 되도록 줄이고자 했다.

이 책이 성평등을 염원하는 사람들 모두에게 귀중하고 친근한 벗이 될 수 있기를 바란다. 좀더 깊이 있는 내용을 담아 독자들과 학생들의 사고의 폭을 넓히고자 한 필자들의 의도를 충분히 살린 책으로 평가받는다면 더 바랄 것이 없다. 부디 이 책을 읽고 공부하는 독자들과 학생들이 21세기의 당당한 주역이 될 수 있기를 고대한다.

마지막으로 기획에서부터 출간까지 협조를 아끼지 않은 도서출판 동녘에 진심으로 감사 드린다.

2005년 7월

(사)한국여성연구소 교재 편찬위원회

차례

1장_ 여성학이란 무엇인가

강이수

1. 여성학이란 무엇인가

'여성이 세상을 바꾼다.' 21세기에 여성이 도전하지 못할 영역은 거의 없는 것으로 보인다. 대통령이나 수상이 여성인 나라가 낯설지 않으며, 북구의 의회에는 여성의원 비율이 절반에 이르며, 여성각료들의 수도 크게 늘어나고 있다. 험난한 산을 오르는 여성등반가나 중장비 기계를 다루는 여성의 모습도 이제는 특별하지 않다. 여성은 각종 사회운동과 평화운동의 리더로 부상하고 있으며, 교육 현장에서도 여성의 참여가 늘고 있다.

남성만의 견고한 질서는 무너지고 있으며, 이제 남성이 자신의 동반자로서 여성의 능력과 위치를 부정할 수 없는 시대에 이른 것 같다. 나아가 남성들은 이제까지 당연시되던 행동, 문제시되지 않던 행동이 성희롱이나 폭력적 행위로 새롭게 구성되는 것에 대해 당황하거나 여성에게 경계심을 보이기도 한다. 사회의 성별 질서는 어떻게 변화하는 것일까? 이러한 변화 속에서 여성학이 지향하는 성평등과 젠더 정의에 대한 접근방식과 전망은 무엇일까?

여성학은 여성들이 온전한 권리와 정당한 대우를 받지 못하던 현실과 그런 현실에 대한 인식 위에서 출발한 학문이다. 서구의 경우 1968년경에 여성학이 처음으로 대학에서 강의되었고, 우리 나라에서는 1977년 이화여자대학교에서 첫 강의가 이루어졌다. 물론 여성학(Women's Studies) 강의가 개설되기 전에도 철학, 문학, 사회과학, 생물학 등 모든 학문 영역에서 여성에 대한 수많은 연구와 논의가 진행되었다. 그러나 다양한 학문 영역에서의 여성연구들은 여성을 대상으로 설정할 뿐, 여성의 시각이나 입장에서 조망하는 데에는 한계가 있었다. 이에 여성에 대한 연구를 체계적으로 종합하기 위한 시도로서 등장한 여성학이 지난 30여 년 동안 급격한 사회 변화를 동반하면서 새로운 성별 질서를 구성하기 위한 학문으로 기능해 왔다고 할 수 있다.

여성학은 여성연구 또는 여성에 관한 강좌를 통칭하며, 일차적으로 사회 속에서 여성의 역할·경험·지위를 새롭게 이해하고자 하는 학문이라고 할 수 있다. 물론 이제까지의 방대한 학문체계에서 여성에 대한 연구가 전혀 없었던 것은 아니다. 문제는 남성들의 시각에 의해 여성이 규정되고 해석되어 왔으며 그것이 학문의 주류였다는 점이다. '여성은 연약하고 섬세한 존재다', '여성은 모성본능을 갖고 태어나기 때문에 자녀양육을 맡기에 가장 적합한 존재다', '여성은 감성적이고, 남성은 이성적이다' 등 오랫동안 굳어져 온 여성에 대한 차별적 관념과 허구적인 신화가 완고하게 지속된 것이다. 여성학은 이러한 기존의 차별적 편견에 도전하고 비판하는 의식에서 출발한다. 즉 여성학은 남성 중심적인 학문세계에서 규정된 여성의 역할을 거부하며, 여성의 삶을 새로운 각도에서 이해하고자 하는 학문인 것이다.

여성학이 다루는 영역은 아주 다양하다. 남녀의 인격 형성과 사회화의 문제, 가족의 문제, 성과 몸에 관련된 문제, 취업과 경제생활, 여성과 복지에 관련된 모든 문제를 다룬다. 그러나 여성학의 특성은 이 모든 다양한 주제를 포괄하는 점이 아니라 이 영역들을 여성의 시각과 입장에서 해석하고 재구성하는 점이라고 할 수 있다. 아울러 다양한 사회문제와 여성 혹은 남성의 관련 방식이 어떻게 다른가 하는 성별 관계와 차이에 주목하기도 한다.

그렇지만 여성학은 여성이라는 집단의 이익을 위해 편파적이고 배타적으로 연구하는 학문이 아니다. 우리가 당연하다고 받아들여 온 기존 학문과 전통적 지식의 많은 부분에는 여성 차별적인 내용뿐만 아니라 인종차별적, 계급 차별적인 편견과 오류가 있다. 여성학은 이 모든 차별적인 편견과 오류에 도전하는 비판적인 학문을 추구한다. 특히 여성학의 비판적 사고는 남녀에 관한 불합리한 편견과 이념, 제도적 모순 전반을 점검하며 남녀 모두의 자아 실현과 개성 표출이 가능한, 평등하고 자유로운 사회 분위기 형성을 지향한다.

2. 여성학의 성립과 발전

1) 여성학, 페미니즘, 여성운동

새로운 시각에서의 접근과 실천을 중시하는 여성학은 성립과 발전 면에서도 다른 학문과 다소 차이가 있다. 여성학은 처음부터 여성의 지위를 개선하려는 구체적인 사회적·정치적 쟁점을 둘러싼 여성들의 운동을 기초로 출발하였다. 1960~1970년대 서구사회 여성운동의 활성화에 기반을 두고 여성해방운동을 목표로 하는 실천학문으로서 출발한 것이다(Ann Taylor Allen, 1996). 여성학의 발전 경로와 특성을 간단하게 정리해 보자.

첫째, 여성학은 대학 울타리 밖의 정치·사회적 운동, 특히 1960년대에 시작된 '새로운' 여성운동에서 본격화되었다. 1960년대 서구의 학생운동, 반전운동, 인종차별 철폐운동 등 새로운 사회운동에 함께 참여한 여성들은 이러한 차별과 억압 외에도 인류의 절반인 여성들의 문제를 해결할 수 있는 운동과 이론의 모색이 필요하다고 인식하였다. 이에 여성학은 여성운동의 전개와 함께, 기존 학계에서의 지식이 가정하던 객관성을 의문시하고 그것이 전제하던 가정들을 해체하며, 여성의 역사와 체험을 무시하는 전통 학문을 비판하고 도전하면서 성장하였다.

둘째, 세계 대부분 국가에서 여성학은 제도 밖에서 시작되어 1980년대를 통해 제도화되는 과정을 밟은 학문이라고 할 수 있다. 즉 처음에는 여성의 의식화를 위해 여성단체나 공동체에서 여성학 교육 프로그램을 운영하고 노동자교육협회, 성인교육기관 등에서 활발하게 여성학 강의를 개설했다. 그러다 미국의 경우 1980년대 후반에 성인교육기관의 중요 프로그램으로 정착되었고, 많은 대학 이상 고등교육기관에서 제도화되기 시작했다(A.Warwick & R. Auchunty, 1995). 영국의 경우 최초의 여성학 강좌는 '반(反) 대학(Anti University)'에서 1968~1969년에 줄리엣 미첼이 강의한 것이고, 미국 대학의 첫 여성학 강좌는 1968년에 이루어졌다.

셋째, 초기 여성학은 외부자의 시각, 자율적인 입장, 투쟁적인 전략에 서 있었으나 1980년대를 넘어서면서 내부자의 시각, 주류 속 제도화를 향해 나아간 학문이라고 할 수 있다. 여성학은 이제 그 학문적 체계를 점점 더 견고하게 다져 가고 있는 것이다. 그러나 각 나라의 여성학 발전 양상은 문화적·학문적·정치적 맥락에 따라 다르다.

여성학의 연구 영역은, 현대사회에서 성에 따른 차별이 존재한다는 인식 위에서 여성들이 현재 당하는 사회적 모순과 여성 자신의 갈등(여성문제의 영역)에 초점을 두며, 미래에 대해서는 여성해방과 그 방법을 전망하고(여성해방론의 영역), 과거에 대해서는 여성에 대한 정당한 위치 부여와 평가(여성사나 여성예술가, 여성사상가의 재평가 영역)를 포함하는 논의를 모두 담는다고 볼 수 있다.

그런데 여기서 여성학, 페미니즘, 여성운동 등의 용어를 간략히 살펴볼 필요가 있다. 이 용어들은 구분되어 있으면서도 맥락에 따라 뒤섞여 사용되는 것이 일반적이다. 우선 여성학이 정치적 실천과 학문적 영역의 결합을 통해 포괄적인 여성문제를 다루는 학문 영역이라고 한다면, 페미니즘[1]은 성차별, 성에 따른 불평등 존재의 인식과 시각을 제공해 주는 거시적인 이론틀임과 동시에 이 같은 억압을 폐지하고 남녀평등 사회를 지향하는 실천적 의지를 담은 이념이라고 할 수 있다. 다음으로 여성운동은 페미니즘의 기반 위에서 여성문제를 구체적으로 해결해 나가려는 실천, 여성해방을 위한 다양한 활동을 지칭한다.

여성문제에 대한 실천적 관심을 획득하는 것은 다른 차원에서 보면 페미니스트 의식을 갖는 것이라고 할 수 있다. 그렇다면 페미니스트 의식이란 무엇인가? 러너는 페미니스트 의식이 다음 다섯 가지 차원으로 구성된다고 지적한다. ①여성들이 예속된 집단에 속해 있다는 인식을 하는 것, ②예속의 상황이 자연스러운 것(당연한 것)이 아니고 사회적으로 결정된 것임을 인식하는 것, ③자매애를 발전시키는 것, ④그들의 상황을 변화시키기 위한 목적과 전략을 자율적으로 규정하는 것, ⑤미래에 대한 대안적 비전을 개발하는 것(Gerda Lerner, 1993: 274) 등이다. 이러한 페미니스트 의식의 획득은 다시 여성의 불평등을 해결하기 위해 법, 사회제도 및 정책 전반에서의 변화를 추동하는 여성운동으로 이어지게 된다.

2) 한국 여성학의 성립과 발전

우리 나라에 여성학이 도입된 것은 1970년대 중반이라고 할 수 있다. 여성학의 도입은 처음부터 여성의식의 제고라는 실천적인 관심 속에서 시작되었으며, 학계에서 이와 같은 관심을 가지게 된 기반에는 1970년대의 억압적인 상황에서 자신의 권리를 주장하기 위해 노력하던 다양한 계층의 여성들의 움직임이 있었다고 할 수 있다. 1970년대 한국여성의 현실은, 고등교육을 받는 여성들의 수가 점차 늘어났음에도 여전히 보수적인 사회구조 속의 수동적인 구성원이었다.

----

1) 페미니즘(Feminism)은 그동안 우리 사회에서 여러 가지 용어로 번역, 사용해 왔다. 1970년대 중반 페미니즘의 도입기에는 '여권론', 1980년대에는 '여성해방론', 1990년대 중반을 넘어서면서는 '여성주의' 또는 페미니즘이라는 원문 그대로 쓰는 것이 더 일반적이다. '여권론', '여성해방론', '여성주의' 가운데 어떤 용어로 사용되든, 그 개념에는 기본적으로 모든 성차별과 억압에 반대하고 남녀평등을 지향하는 정신이 관통한다. 단지 각 용어가 사용되는 시대적 상황과 배경에 따라 페미니즘을 통해 드러내고자 하는 것, 혹은 주안점이 달라지면서 용어가 달라졌을 뿐이다.

1977년 이화여자대학교에 '여성학 강좌'가 개설되었는데 이는 우리 나라에서는 물론 아시아에서도 처음이었다. 전공이 각기 다른 교수들이 여성과 관계된 다양한 주제를 강의하고, 수강 학생을 몇 반으로 나누어 토론 조교의 도움으로 매주 토론을 진행하던 이 실험적인 강의에 해가 갈수록 여학생들의 관심이 집중되었다. 한편 이 강의의 개설에는 우리 나라 여성학자 1세대라고 할 수 있는 이효재 교수와 이화여자대학교 여성연구소의 기획과 노력이 절대적이었다. 그러나 '여성학' 강좌가 이화여자대학교를 제외한 다른 대학에서도 처음부터 순조롭게 개설된 것은 아니다.

그렇지만 비교적 빨리 여성학 강좌를 도입, 정착시킨 우리 나라의 경우 고등교육 제도 안에서만 여성학이 자리를 잡은 것이 아니다. 여성학 강좌를 듣고 졸업한 많은 여학생들이 사회적 실천을 위한 방식 중 하나로 여성단체를 결성하고 가입하여 활동하면서 그 파급력을 넓혀 가기 시작하였다. 1980년대 초반에 많은 여성단체들이 결성되면서 사회적으로 여성운동과 페미니즘에 대한 인식을 확산시켜 나갔고, 여성의 사회적 지위를 높이기 위한 법적·제도적 성과물들을 하나씩 성취해 나가기 시작하였다. 또한 활발하게 연구집단을 형성하거나 출판운동을 전개해 나갔는데, 한국여성연구회의 『여성』과 『여성과 사회』, 또 하나의 문화에서 발행한 『또 하나의 문화』 등은 우리 사회의 여성문제를 드러내고 대중적 인식을 확산하는 데 중요한 공헌을 하였다. 여성학에 대한 사회적 관심의 확산은 대학교육에 영향을 주어 현대사회 여성의 역할과 전망에 대한 학문적 호기심을 증가시켰다. 1980년대 후반에 많은 대학에서 여성학 강좌를 개설했는데, 특이한 것은 그것이 대부분 학생들의 적극적인 요구에 따라 이루어졌다는 점이다.

한국 여성학의 발전과정을 주로 강좌나 여성학 과정의 개설을 중심으로 간단하게 정리해 보면 다음과 같다.

1977년   '여성학' 강좌 이화여자대학교에 개설
1982년   이화여자대학교에 여성학 대학원 과정 개설
1983년   한국여성개발원 창립
1984년   한국여성학회 창립
1980년대   전국 30여 개 대학에 여성학 강좌 개설
1990년대   전국 100여 개 대학에 여성학 강좌 개설
2004년 현재   대학원 과정 활발하게 개설 중

• 대학원 과정이 개설된 학교: 이화여자대학교, 계명대학교, 대구가톨릭대학교
• 대학원 협동과정이 개설된 학교: 한양대학교, 성신여자대학교, 숙명여자대학교, 동
  덕여자대학교, 서울대학교, 서울여자대학교, 신라대학교, 상지대학교 등
• 여성연구소가 개설된 대학: 17개 교

여성학이 도입된 지 얼마 안 되었을 때에는 그것이 독자적인 학문 분
야가 될 수 있느냐는 문제제기와 논의가 있었지만 오늘날 여성학은 연구
성과의 양적 확대와 질적 심화를 통해 학문으로서 깊이를 더해 가고 있다.
아울러 전국의 모든 대학에 여성학 강좌가 개설되어 있으며 최근에는 여
성학 일반론을 넘어서서 '성문화 연구', '가족과 여성', '여성과 일', '페미
니즘 이론' 등 여성 관련 심화 교과가 빠르게 개설되고 있다. 여성학의 학
문적 확장은 바로 여성학에 대한 사회적 기대와 수요가 증대한 결과라고
할 수 있다.

그러나 한편에서는 우리 나라 여성학의 발전사가 우리 나라 여성들의
구체적 현실보다는 서구적 시각을 수용하는 데 치우쳐 있었음을 반성해야
한다는 지적도 나오고 있다. 서구 여성들의 진보적 시각이 우리의 전통적
인 보수의식을 깨우치고 각성시키는 데 중요한 영향을 미친 것은 분명하
지만, 사회문화적 맥락의 차이가 고려되지 않은 이론의 수입이 일으킨 혼
란도 있다고 보는 것이다.

지난 20~30년 동안 이뤄 낸 전 세계 여성학과 여성운동의 발전이 미
국과 유럽의 여성운동과 여성학이 일구어 놓은 성과에서 비롯하였고, 영

향을 받았다는 것은 부인할 수 없다. 그러나 이 같은 구미의 시각이 남성과 여성의 불평등에 대한 새로운 시각과 패러다임을 제공해 주었다는 긍정적인 효과의 이면에는 서구 페미니즘이 중산층, 백인 여성의 경험을 중심으로 전개되어 하층 여성이나 유색인종 여성의 문제를 배제하고 주변화했다는 비판이 있다. 동시에 아시아나 아프리카 대륙 여성들의 경험이나 삶의 조건은 분석틀에서 일방적으로 배제되고 때로는 열등한 것으로 무시되었다는 점도 지적되고 있다.

이에 따라 제3세계와 식민지 경험을 한 국가의 여성학자들은 '서구 여성의 눈으로' 성립된 페미니즘의 문제의식에 도전하면서, 단순히 무기력하고 착취받으며 계몽되어야 할 대상으로서 제3세계 여성이 아닌, 탈식민화된 역사적 주체로서 제3세계 페미니즘의 모색이 이루어져야 한다고 주장한다. 또한 전 세계적으로 확산되고 있는 신자유주의 경제정책하에서 선진국 여성들과 그 외 지역 여성들의 차별적 지점과 연대의 가능성을 분명하게 인식하면서, 성별 불평등의 문제에 도전하고 반세계화를 전개해야 한다는 움직임도 전 지구적 차원에서 확산되고 있다. 한국 여성학의 발전도 바로 이러한 지점 위에서 어느 한 시각에 머무르지 않고 새로운 젠더 질서와 대안적 세계화를 위해 노력할 것이다.

2005년 6월, 우리 나라에서는 아시아 최초로 '세계여성학대회'가 개최되었다. '경계를 넘어서: 동서남북'이라는 주제를 내걸고 개최된 이 대회를 통해 한국 여성학은 세계 여성학의 발전을 가늠하고 조정하는, 중요한 역할을 펼쳐 나가게 될 것이다.

3. 성별 관점과 여성주의 인식론

1) 가부장제 사회와 젠더

여성학의 학문적 성격은 무엇이고, 여성학이 다른 학문과 구분되는 차별성은 무엇일까? 여성연구에서 가장 중요한 것은 성별(gender)에 대한 개념화다. 남성과 여성의 구분을 자연적이며 당연한 것으로 생각하는 기존 개념에 대해, 남성과 여성의 사회적 형성을 중시하는 사회적 성의 구분을 지칭하는 새로운 차원에서의 '성별'에 대한 인식이 여성연구의 출발점이라고 할 수 있다.

젠더에 대한 관심은 여성과 남성의 자연적 차이보다는 사회문화적 구성체로서 '여성'과 '남성'이라는 개념에 어떤 의미가 부여되는지, 그리고 그것이 현재 사회와 문화, 나아가서는 정치적 권력의 배분 및 사회구조에 어떠한 영향을 미치게 되는지에 대한 관심이라고 할 수 있다. 실제로 젠더의 형성 과정은 한 사회 내에서 권력과 기회를 차등화하는 과정이라고 할 수 있다. 이러한 차별적 성의 기제가 사회 각 영역에서 어떻게 작동하는지를 살펴보자.

사회에서 성을 이유로 다른 대우를 받는 것을 우리는 성차별이나 성불평등이라고 한다. 성불평등은 계급 불평등, 인종차별과 함께 인류 사회의 대표적인 불평등 체계다. 남성과 여성이라는 단순한 생물학적 혹은 성적 차이가 사회적 차별로 작용하게 하는 여러 가지 불평등한 구조적 원리를 탐구하고 그 기제를 분석하는 것이 여성학의 주요 과제라고 할 수 있는데, 이와 같은 사회적 차별 기제를 분석하기 위해 여성학에서 사용하는 대표적 개념 중 하나가 가부장제다.

가부장제는 영어로 'patriarchy'라고 하는데 어원으로 그 뜻을 살펴보면, '아버지의'라는 뜻의 'patri'와 '지배'라는 뜻의 'archy'가 합쳐져 생긴 단어다. 즉 '가족의 대표자인 아버지가 가족 성원에게 행사하는 일방적인 권위 혹은 지배'를 의미한다(조옥라, 1986: 54). 그러나 여성학자들이 사용하는 가부장제의 개념은 단순히 한 가족 안에서 행해지는 아버지의 지배라는 의미를 넘어서서, 남성들이 더 우월한 위치에서 지배하고 여성들은 종속적이고 의존적인 상태에 놓여 있는 체계를 지칭한다.

가부장제가 가족 안에서 사적 가부장제로 작동하는 것을 넘어 사회, 정치, 경제 전반의 성불평등을 생산하는 공적 가부장제로 확장되고 있다는 것이 여성학의 입장이다. 아울러 가부장제는 사람들의 습관·문화·성 등의 일상적인 영역에까지 깊게 침윤되어 있는 관습이며 이데올로기이고 사회 체계라고 할 수 있다. 가족 안에서는 아내보다 남편이 우위에 있고, 취업하고 있는 남녀 간 임금 격차는 여전히 크다. 같은 능력을 가졌을 경우에도 여성보다 남성이 먼저 채용·승진되며, 대부분의 조직에서 여성보다는 남성의 의견을 더 중요하게 받아들인다. 또한 개인적 관계로 보는 성적 관계에서도 남성이 사랑을 표현하고 지배하는 위치에 있다면, 여성은 사랑을

 생물학적 성(sex)과 사회적 성(gender)

성은 남녀를 구분하는 용어다. 그런데 여성학에서는 이를 생물학적 성과 사회학적 성의 개념으로 구별하여 사용한다. 생물학적 성이 한 개인의 해부학적 특징에 근거하여 남성 혹은 여성을 결정하는 신체적·유전적 의미를 담고 있다면, 사회적 성은 사회문화적인 과정에서 획득·형성된 것으로서 성의 구분을 의미한다. 생물학적 성과 사회적 성을 구별하는 것은 사회적 성 정체성이 생물학적 속성 이외의 다른 사회적 속성에 의해 형성된다는 점을 강조하려는 것이다. 즉 인간의 기질, 특히 남녀의 기질을 생래적이거나 자연적으로 결정되는 것으로 보려는 입장에 대해 사회적 경험과 훈련에 따라 남녀의 기질이 습득된다는 것을 강조하는 사람들의 경우 사회적 성인 '젠더'를 더욱 강조한다.

1995년 베이징에서 열린 제4차 세계여성대회에서도 성별 구분을 사회문화적 성을 뜻하는 젠더라는 개념으로 사용하는 것이 바람직하다고 합의하여 이 용어의 사용이 더욱 일반화되었다. 이 개념은 생물학적으로 남녀가 다르다는 것을 부정하려는 것이 아니라, 현재의 여성다움 혹은 남성다움의 규정에는 사회문화적인 영향이 있음을 분명히 하려는 것이다. 아울러 사회문화적으로 형성된 젠더 개념 속에 숨어 있는 불평등하고 차별적인 특질을 극복해야 한다는 문제의식을 담고 있다.

받는 수동적 존재다. 이와 같이 남녀 간의 불균형한 관계가 일반적으로 자연스럽게 받아들여지는 사회체계를 바로 가부장제적 사회관습 또는 사회체계라고 할 수 있다. 이에 따라 여성학에서는 남녀 간 성불평등을 이해하기 위해, 남성이 여성을 지배하고 억압하고 착취하는 사회구조와 관습의 체계인 가부장제 체계의 형태와 작용방식을 분석해 왔다.

가부장제하의 성별 불평등에 대한 여성학의 관심은 단순히 여성이 경험하는 불평등만이 아니라 이 같은 체계가 생산해 내는 남성들의 불평등과 억압에 대한 관심으로 확장되고 있다. 현재의 가부장제 사회는 여성과 남성 모두에게 억압적인 사회체계라는 인식이 확산되면서 최근에는 여성학을 넘어서서 성별을 둘러싸고 사회적으로 구성된 모든 억압체계를 분석하고 그 해결방향을 통합적으로 모색하기 위한 것으로 성별학 혹은 젠더학(Gender Studies)으로의 확장이 활발하게 이루어지고 있다.

2) 여성주의 인식론의 특성

여성학은 제반 학문 영역에 여성주의의 관점을 도입함은 물론, 기존 학문의 이론 모형이나 방법론과 상이한 이론과 방법을 추구하기도 한다. 예컨대 기존 학문이 주로 남성의 원리인 합리성 모형에 기초하며 학문의 객관성을 전제하는 데 비해, 여성학은 여성의 역사와 체험을 무시한 기존의 전통 학문을 비판하며, 여성이 지닌 다른 생각·체험·욕구·관심사 들의 가치를 새롭게 평가·포괄하는 이론적 구성을 지향하는 것이다. 그렇다면 여성학의 여성주의적 인식론과 연구방법은 무엇이며, 이것이 기존 학문과 다른 점은 무엇인지 좀더 자세하게 보자.

우선 여성학은 사회현상에 대한 자연주의적이거나 본질주의적인 설명을 거부하고 성별 관계 또는 남성성·여성성이 사회적으로 어떻게 형성되었는지에 관심을 기울인다는 점에서 사회구성론(social constructionism)

의 입장에 서 있다고 할 수 있다. 전통적인 사회이론들은 '남성은 강하고 진취적이며 이성적인 존재인 데 비해, 여성은 약하고 수동적이며 감성적인 존재'라는 남녀의 차이를 당연한 것으로 전제하거나, 이러한 차이가 선천적이거나 생물학적으로 결정된 요소라는 점에 일반적으로 동의해 왔다. 그러나 여성학에서는 "여성은 태어나는 것이 아니라 길러지는 것이다."라는 시몬 드 보부아르의 말처럼 이 사회에서 남성과 여성이 어떻게 길러지고 남성 또는 여성으로서의 역할, 규범, 행위, 가치관 등을 어떻게 강요받고 내면화하는지에 주목한다. 즉 성별은 고정된 것이 아니라 사회적·문화적 맥락에 따라 구성되는 것이며, 일단 구성된 성별 차이는 그에 기반을 둔 성별 불평등을 재생산한다고 보는 것이다. 성별의 사회적 구성을 강조하는 여성학의 관점은 이 사회에서 여성이 어떻게 차별적 존재로 규정되었는지를 밝히는 동시에 차별을 사회적으로 어떻게 해결할 것인지에 대한 전망을 찾아 가는 작업을 한다고 할 수 있다.

남성 중심적인 학문 세계에 도전하는 여성주의의 인식론적 관점은 크게 입장론과 경험론으로 나누어 볼 수 있다. 여성주의 입장론은 연구자가 자신의 주관을 연구에 개입시키지 않아야 한다는 기존 학문의 객관성 개념이 기초하고 있는 가정에 회의적이다. 모든 연구는 사회적으로 주어진 특정한 위치의 영향을 받기 때문에 부분적일 수밖에 없음을 인정해야 한다고 본다. 페미니스트 입장론에서는 이렇게 입장의 상대성을 인정할 때, 기존의 전통적이거나 남성 중심적인 입장보다는 주변화된 집단 또는 억압받는 집단의 입장에 있던 여성들이 사회와 세계를 더 올바르게 이해할 수 있는 인식론적 특권을 갖는다고 주장한다.

여성주의 경험론의 입장에서는 기존 학문이 남성의 경험을 인간 전체의 경험을 대표하는 것인 양 여김으로써 사실상 여성의 경험을 배제한 남성 중심적인 것이었다고 비판한다. 즉 여성의 일상적인 경험을 학문적으로 무가치한 것으로 보거나 배제함으로써 사회적 지식이 여성에 대한 편견과 왜곡을 낳게 되었다는 것이다. 이에 기존 과학의 남성 중심적 편견을 극복하려면 여성의 경험을 포함하는 쪽으로 확대해야 하며, 이것이 참다운 객관성을 확보하는 방안이라고 보는 것이다. 여성학은 이러한 인식론적 도전을 통해 여성을 중심에 두고 여성의 일상 경험과 입장을 탐구하려는 여성주의적 관점을 정립해 나가는 것이다.

여성학이 새로운 접근방법을 통해 추구하는 학문적 목표는 무엇보다도 기존 지식에 담긴 남성 중심성을 바꾸고, 여성이 스스로 결정을 내릴 수 있도록 여성적 관점에서 인간의 경험을 분석하는 것이라고 할 수 있다.

한편 여성학의 학문적 성격은 다학문적(multi-disciplinary)이고 학제적(inter-disciplinary)이라고 할 수 있다. 여성학은 단일 학문 체계를 갖기보다는 여러 학문 영역에서 여성을 대상으로 연구하는 다학문적 특성을 가지며, 여러 학문 분과에서 각자의 연구방법을 여성문제에 결합시켜 연구하는 학제적 특성을 갖는다. 즉 여성학은 다양한 학문 간 '관계의 학'이다. 또한 여성학에는 다른 학문의 성과를 여성학적 관점에서 검토하고 비판해 보는 '검증학', '비판학'의 성격이 있다. 아울러 여성학은 '실천학'의 성격도 갖는다. 여성학은 여성의 지위 향상에 공헌한다는 명확한 목적을 가지고 성별 역할 분업이라는 사회현상의 변화를 요청하기 때문에 실천적이고 혁신적인 학문이기도 하다.

4. 여성학과 여성주의적 실천

1) 여성학 가르치기와 배우기

그렇다면 여성학을 어떻게 가르치고 연구할 것인가? 여성학은 불평등한 사회를 변화시키기 위해 여성의 관점에서 사회를 분석하는 것이고, 문제

해결을 위해 실천하는 학문의 성격이 있다는 점은 앞서 지적하였다. 따라서 여성해방적 전망을 구체화하는 여성학 교육에는 새로운 사고방식과 접근방법이 필요하다. 특히 여성학은 강의를 하는 사람과 학생들이 함께 만들어 가는 수업이므로 새로운 태도가 필요하다.

우선 여성학을 듣는 학생들은 다음과 같은 태도가 필요하다.

첫째, '회의하고 의심하는 태도'다. 전통적인 신념과 관습, 지혜를 의심하고 회의하는 과정이 필요하다. 여성학에서 의심이나 회의는 아주 중요하다. 여성학은 우리가 당연하다고 생각하는 일상생활과 그 관계들을 의심하는 것에서 출발한다. 특히 여성에 대한 전통적 담론이나 이야기에 대해 진지하게 회의해 보는 자세가 필요하다. '암탉이 울면 집안이 망한다', '여자의 본분은 주부의 역할이다.' 과연 그런가? 이런 문제를 의심해 보면, 즉 문제제기를 했다면 이제 우리는 이와 관련된 구체적인 현실과 증거를 수집·분석해야 한다. 우리가 체계적인 증거를 찾으면 이러한 생각들이 거짓이거나 왜곡되어 있음을 발견하게 될 것이다.

둘째, '재평가 과정'이다. 우리가 잘 알고 있다고 생각하는 것에 대한 재평가가 필요하다. 우선 우리가 현실에 대해 충분히 아는지를 반성한 다음에 그 중요한 문제가 누구에게, 왜 중요한지를 따져 보아야 할 것이다. '가정은 안식처다.'라는 명제가 있다. 치열하게 경쟁적인 사회에서 가정은 분명히 편안하게 쉴 수 있는 안식처로서 기능한다. 그러나 현실을 정확하게 분석하려면 과연 누구에게 안식처인지를 다시 살펴볼 필요가 있다.

셋째, '실천의 문제'다. 여성학 강좌를 들었다고 해서 모두 페미니스트가 되는 것은 아닐 것이다. 그러나 여성학 강좌를 들은 학생들은 일상생활에서 자그마한 실천을 위해 노력해야 한다. 남녀가 상대방을 대등한 파트너로 이해하는 개인적 실천에서부터 성차별적인 제도와 관행을 고쳐 나가는 조직적·구조적인 실천에 이르기까지 해야 할 일은 무척 많다.

다음으로 여성학을 가르치는 교수는 여성학의 교육 내용을 성찰하고

학생들의 사고를 전환시키는 역할을 한다. 여성학 교수는 학문과 실천의 접점에 놓인 존재라고 할 수 있다. 교수로서 여성에 대한 학문적·교육적 탐구를 해야 함은 물론이고 사회적 차별 문제와 대학사회 내의 다양한 여성문제를 제기하고 해결해 나가는 소임을 갖는 존재다. 여성운동의 한 부분이며 결과로서 여성학의 역할은 실천과 유리되지 않은 활동적인 작업 안에서 그 성과를 얻을 수 있을 것이다. 따라서 여성학 교육에는 다음과 같은 내용과 지향이 담겨 있어야 한다. 첫째, 남성 중심 체계나 가부장제에 대한 도전이 필요하다. 둘째, 여성의 지식 획득을 정당화하는 방법을 모색해야 한다. 셋째, 여성의 감정, 느낌, 경험의 재평가 과정이 필요하다. 넷째, 여성에게 새로운 의미의 권력을 부여해야 한다. 다섯째, 변화를 지향하는 실천적 노력을 기울여야 한다.

2) 여성주의적 실천의 다양성

여성학은 여자와 남자가 기계적으로 똑같고 평등한 세상이 아니라 상호배려의 비전을 갖는 세상을 만드는 것을 목표로 하는 학문이다. 흑인 페미니스트 벨 훅스의 말처럼 "우리 모두가 그냥 우리 자신으로 살 수 있는 세상, 평화와 가능성의 세계"를 만들기 위한 도전을 담고 있는 것이 여성학이다. 이를 위해서는 성차별주의뿐만 아니라 계급차별, 인종주의, 학벌주의, 제국주의에서 나온 모든 불평등에 도전하고 이를 해결해 나가려는 여성주의적 실천이 필요하다.

그렇다면 여성주의적 실천은 어떻게 가능할까? 페미니즘의 주요한 구호 중 하나는 '사적인 것이 정치적인 것이다.'라는 선언이다. 개인적으로 경험하는 억압과 차별을 인식하고 이것을 해결해 나가려고 하는 것이 곧 여성문제의 구조적·정치적 해결과 통한다는 뜻이다. 여성주의적 실천의 방식은 반드시 거창한 조직이나 목표를 통해 이루어지는 것이 아니라 자기 자신에서 출발해 확대해 나가는 것임을 인식하는 것이 중요하다.

여성학 수업은 여성주의적 실천의 첫 단계라고 할 수 있다. 여성학 학습은 일종의 자기성찰 과정이라는 특성을 갖는다. 이를 위해 많은 여성학 수업에서는 간단한 비평글, 자전적 쪽글이나 가족과 공동체 성원에 대한 구술사 등을 통해, 개인의 삶이 어떻게 억압의 과정으로 주조되었는지를 탐구하는 기회를 학생들에게 제공하는 수업을 한다. 그리고 공동체와 사회가 개인의 억압과 어떤 관계에 있는지를 밝혀 내고, 이에 대한 비판적 의식을 키운다. 비판적 의식을 획득한 여성들은 힘을 갖추고 사회를 개혁하는 주체적인 행위자, 활동가 구실을 할 수 있다.

최근 여성학을 공부하고 전공한 여성들의 활동과 실천이 다양한 영역에서 펼쳐지고 있다. 우선 구체적이고 실제적인 활동으로 여성 혹은 남성 문제 상담기관에서 상담원이나 기획자로서 성폭력과 가정폭력을 예방하고 해결하는 일을 담당하고 있으며, 여성운동에 참여하거나 시민운동 단체에서 불공평한 제도를 개선하기 위한 활동을 전개하는 실천도 있다. 정부기구에서 여성 관련 영역이 넓어지고 정책 결정에서도 여성문제의 중요성이 더욱 커짐으로써 이에 관련된 활동도 많아지고 있다. 즉 여성부를 비롯한 각 정부 부처의 여성정책 담당관, 지방자치단체의 성 인지적 여성정책 개발 담당자 등 성 주류화를 위한 제도화 영역의 활동을 담당하는 것이다. 한편 전문 여성연구자들은 여성문제를 연구하고 여성학을 가르치는 전문강사나 교수로서 여성의식을 드높이고자 힘쓴다. 그 밖에도 여성문화 관련 기획을 하고, 여성주의 시각을 가진 대중매체 종사자로서 텔레비전이나 라디오 프로그램을 기획하거나 언론기자로서 활동하며 성의식과 성문화의 변화를 꾀하는 노력이 가능하다. 요컨대 여성주의적 실천은 사적인 영역에서 시작하여 사회 전 영역에 걸쳐 다양한 방식으로 행할 수 있는 것이다.

여성학 연구와 실천활동이 확대되면서 함께 주목되는 것은 남성학

(Men's Studies)과 남성운동의 움직임이다. 남성학은 1980년대 중반부터 서서히 남성들이 자신의 역할과 정체성에 문제를 제기하면서 시작되었고, 1990년대 들어서 서구의 일부 대학에서 강의가 이루어졌으며, 최근에는 우리 나라 대학에서도 정규 과목으로 강의되고 있다. 여성들이 사회에서 자신의 위치와 억압과 불평등에 문제를 제기한 것처럼, 남성들도 남성성, 남성다움, 그리고 가장과 권위적인 아버지로 상징되는 남성의 역할이 일방적으로 남성의 우위성을 입증하는 것이 아니라 남성 자신을 억압하는 기제임을 성찰하기 시작한 것이다. 물론 남성학이라는 이름으로 전개되는 연구나 실천 방향이 동일한 것은 아니지만, 최근 남성학의 움직임은 여성학의 대척점이라기보다는 인간다운 남성성 회복이라는 방향에서 여성학 혹은 페미니즘과 교류하는 영역이라고 할 수 있다. 우리 나라에서도 '좋은 아버지가 되려는 남성들의 모임'이라든지 '남성의 전화'를 통해 남성의 고민이나 가정폭력 문제를 재고하는 활동으로 나타나고 있다.

여성학의 문제의식은 여성들만의 페미니즘이 아니라 남성이지만 여성의 시각으로 생각하고 실천하는 남성 페미니스트들과의 교류를 통해 더 확장되어 가고 있다(톰 디그비, 2004).

5. 여성학의 과제와 전망

여성학의 새롭고 도전적인 시각은 그간 많은 사회적 성과를 획득하였다. 첫째, 남성과 여성이 같은 인간이라는 시각에서 그 차이와 같음을 연구하였다. 둘째, 지극히 개인적인 문제로 생각하던 것을 고찰하여 이에 대한 법적·사회적 대안을 찾아내기도 하였다. 예를 들면 가정폭력, 성폭력에 대한 새로운 입법과 노동시장에서의 여성차별을 금지하는 입법 등의 획득이다. 셋째, 여성들의 활동을 지원하고 사회적 참여를 확대하였다. 넷째,

사회적·제도적 평등의 기회와 가능성을 확대하는 데 기여하였다. 우리 나라 여성의 전반적인 현실에 비추어 보면 아직 평등을 위한 기초에 불과하지만 지난 20, 30년에 이루어진 변화라는 점에서는 여성들의 도전이 커다란 성과를 가져온 것이 분명하다.

그렇다면 앞으로 발전을 위해서 풀어야 할 과제를 알아보자.

첫째, 여성주의적 학문의 정체성을 확립하는 일이다. 그동안 여성학은 많은 여성 관련 교육을 통해 여성들에게 내면화되어 있던 억압과 종속적 지위를 극복하는 데 크게 기여해 왔다. 그러나 여성만을 위한 학문이라는 협소한 틀로는 학문적 정체성을 확립하기 어렵다. 사회의 불평등과 편견에 대한 도전의 학문으로서, 여성은 물론이고 남성에 대한 편견과 신화에 도전하며 극복하는 대안을 제공할 수 있는 보편학문으로서 입지를 명확히 할 필요가 있다.

둘째, 여성학은 다양한 여성들의 이해를 반영하고 연대를 형성하기 위한 기반을 제공하는 학문이 되기 위해 노력해야 한다. 각기 다른 여성들이 지닌 경험의 차이를 인정하면서 그와 동시에 상호연대를 이룬다는 과제는 결코 쉽지 않다. 여성들의 노력을 통해 일부 여성들의 지위가 상승되었지만 여성들 내부의 격차와 여성집단의 양극화 현상은 크게 완화되지 않았다. 불평등의 극복이라는 실천적 목적에서 출발한 여성학의 지향이 여성 내부의 문제에서도 관철될 수 있도록 더욱 자성하고 노력해야 할 것이다.

셋째, 가부장제·성폭력·지구화·평등에 대해 미래 지향적이고 포용력 있는 모델의 구축이 필요하다. 20세기의 한계를 넘어서 변화를 도모하려면 세계적인 문제에 여성들의 전문지식과 경험이 활용되어야 한다는 인식이 확산되고 있다. 따라서 대안을 제시하고 현재 세계에서 보이는 분할과 지배, 소외에 기초하지 않는 포용적인 사회 모델을 향해 나아가야 한다. 민주적인 세계 통치에는 여성들이 포함되고, 거기서 나오는 정책들은 남성과 여성을 모두 포함하는 인간의 얼굴을 가지고 있을 것이고, 남성과 여성 모두의 다양성이 부각될 수 있을 것이다.

흔히 21세기는 여성이 중심이 되는 시대가 될 것이라고 한다. 여성 특유의 감성과 창의성이 필요한 지식 및 문화 산업의 중요성이 커지고 여성이 지닌 능력의 활용이 국가 발전에 필수적인 요소가 될 것으로 예측된다. 생활의 측면에서는 정보화의 진전에 따른 직장과 가정 노동의 과학화·자동화 등으로 노동과 생활양식이 획기적으로 변화할 것이며, 남녀 모두 자유시간이 늘어 가정과 직장의 양립이 가능한 사회가 될 것으로 예측된다. 그러나 예측은 상황의 변화에 따라 얼마든지 유동적이다. 특히 여성의 역할에 대한 예측은 아직도 불확실하기만 하다. 여성에 대한 편견과 허구를 걷어 내는 작업, 남성과 여성은 동등하며 같은 인간이라는 평범한 진리를 확인하는 작업이 여성학의 시작이자 마지막이라고 할 수 있다. 이 진리를 어느 만큼 달성하느냐 하는 것은 바로 여성학을 배우고 가르치는 우리들의 도전과 선택에 달려 있다.

❖ 생각할 거리 --

1. 여성학은 여성에 대한 각종 편견과 허구에 도전하여 여성의 올바른 정체성을 모색하는 학문이다. 아직도 우리 사회에 남아 있는 여성에 대한 대표적인 편견이나 관념으로 어떠한 것이 있는지 토론해 보자.

2. 우리 사회에서 여성(남성)들의 지위는 어떠한가? 여성(남성)들은 차별받고 있지 않은가? 차별받고 있다면 구체적으로 개인의 경험이나 사회적 관행에서 그 예를 찾아 보자.

3. 다른 학문과 비교해 볼 때 여성학의 발생과 전개 과정의 특성이 무엇이라고 생각하는가? 그리고 여성학의 궁극적인 목표는 무엇이라고 생각하는가?

4. 여성학은 실천적인 학문이라고 생각한다. 학생의 입장에서 여성학적 실천을 한다는 것은 무엇이라고 생각하는가? 토론해 보고 구체적인 실천방법을 찾아 보자.

❈ 읽을 거리 --

1. 실비아 월비, 『가부장제 이론』, 유희정 옮김, 이화여자대학교 출판부, 1996.
2. 벨 훅스, 『행복한 페미니즘』, 박정애 옮김, 백년글사랑, 2003.
3. 톰 디그비 엮음, 『남성 페미니스트』, 김고연주·이장원 옮김, 또 하나의 문화, 2004.

2장_평등과 해방의 꿈: 페미니즘의 다양한 모색

김영희

1. 페미니즘이란 무엇인가

1) 페미니즘의 물음

페미니즘은 '여성됨'에 관한 근원적인 물음에서 시작한다. 여성의 법적 지위가 과거보다 크게 신장된 것은 사실이지만, '여자란 모름지기'라든가 '감히 여자가' 하는 식의 관념들은 여전히 우리 사회에 깊이 뿌리박혀 있다. 이 관념들은 여러 가지 관행이나 법과 제도를 통해 여성들의 삶에 속박을 가한다. 페미니즘은 이처럼 당연시되는 관념과 상식들에 도전한다. 대체로 여성됨은 임신이나 출산 등 여성의 생물학적 속성에서 비롯되는 것으로 여겨져 왔다. 그러나 과연 임신과 출산이라는 조건이 여성의 삶 전체를 운명 지을 만큼 결정적인가? 만일 그렇다면 왜 시대나 사회마다, 그리고 동시대의 한 사회에서도 계급·계층마다 여성들의 삶이 달라지는 것인가? 이러한 페미니즘의 물음은 여성의 삶이 생물학적 조건 자체보다는 사회적·심리적 조건에 더 깊이 연관되어 있음을 일깨운다.

　　프랑스 철학자 보부아르가 "여자는 태어나는 것이 아니라 만들어진다."라고 말한 것이나, 요즈음 페미니즘에서 생물학적인 성(sex)과 사회적으로 구축된 성별(gender)을 구분하는 취지도 바로 이런 데 있다. 남녀 사이의 차이는 일부 신체구조적인 특성을 빼놓고는 사실상 역사적·사회적으로 형성된 산물이다. 그리고 남녀 사이의 단순한 구별이 아닌 차별을 자아낸 주범은 성이 아닌 성별이라는 것이다. 이런 생각이 왜 중요할까? 여성에 대한 기왕의 온갖 관념과 요구가 자연스럽고 당연한 것이라는 생각에서 벗어날 때 우리는, 무엇이 잘못되었는지 말할 수 있고 다른 삶, 다른 세상에 대한 꿈도 꿀 수 있기 때문이다. 페미니즘 담론은 여기서 출발하여 성차별의 원인과 구조를 분석하고 그 극복 전망을 모색함으로써 여성운동에 이론적 기반을 제공한다.

2) 페미니즘의 전개

이런 공통점에도 불구하고 분석과 전망의 구체적인 내용으로 들어가면, 페미니즘 안에 여러 가지 다른 입장이 존재한다. 이러한 입장의 차이는 무엇보다 여성운동 자체의 역사와 관련이 깊다. 여기서 여성운동의 발생과 전개를 잠시 짚어 보자.

여성들의 집단적 움직임이 일어난 것은 동서양을 막론하고 근대사회로 접어들면서였다. 18세기 서구에서 시작된 중세 신분사회로부터 근대사회로의 본격적인 전환은 자유 평등 사상을 불러일으켰으며, 그 가운데 여성들도 남성과 같은 동등한 인간으로서 권리를 주장하였다. 여성차별적인 교육제도나 법률, 관습에 대한 항의를 중심으로 한 자유주의적 흐름은 물론 지금까지도 진행 중이지만, 특히 여성의 참정권이 확보되는 20세기 초·중엽까지 여성운동의 중요한 한 축을 이루었다. 한편 산업혁명 이후 노동계급의 급성장과 아울러 사회변혁운동이 활성화하면서, 여성운동에도 마르크스주의를 비롯한 사회주의 운동과 맥을 함께하는 흐름이 생겨난다. 이들은 종전의 자유주의 여성운동과는 달리 남녀차별만이 아니라 경제적 억압을 포함한 여성들의 상황 전반에 관심을 기울이고 사회구조의 근본적인 변화를 추구하였다. 또한 서구의 산업화와 더불어 시작된 제국주의적 식민지 경영과 식민지 사회에서 일어난 민족해방운동 역시 여성운동의 방향에 영향을 미쳤다. 식민지 사회에서 반식민 투쟁과 독립국가 건설이 중심 과제가 되면서, 여성운동은 넓은 의미의 사회주의적인 성격을 띠면서도 특수하게는 민족해방의 이념과 결합하게 된다. 일제 시대 한국

여성운동의 경우만 보아도 식민지 여성운동의 특징을 잘 알 수 있다. 예를 들어 식민지 시기의 대표적인 여성조직인 근우회는 조선 여성운동의 과제를 '민족해방, 무산계급 해방, 여성해방이라는 세 가지 과제의 동시 수행'으로 잡았다.

그렇다면 여성의 참정권이 확보되고 식민지들이 대부분 독립한 20세기 후반에는 어떠한가? 서구의 경우에는 특히 1960년대 말 미국과 유럽에서 일어난 학생운동을 비롯한 사회운동을 계기로 여성운동이 급성장한다. 참정권 운동 이후 다시 활성화되었다 하여, 이를 흔히 여성운동의 '제2의 물결'이라고 부른다. 다양한 여성운동과 이론들이 백출하는 가운데 급진주의나 사회주의라 불리는 새로운 조류들이 생겨난다. 한편 신생 독립국을 포함한 이른바 제3세계 국가들에서는 새로이 신식민주의의 극복이 과제로 등장하면서 여성운동도 그것을 염두에 둔 사회운동과 연대하게 되며, 여성노동운동도 아울러 활발히 전개되었다.

현재 페미니즘의 다양한 갈래들은 바로 이러한 여성운동의 역사와 긴밀한 관계를 가지고 있다. 물론 여성해방의 이론 자체가 폭발적으로 성장한 때는 20세기 후반이지만, 그 뿌리는 운동의 역사에 닿아 있는 것이다. 페미니즘을 보통 발생 순서에 따라 자유주의·마르크스주의·급진주의·사회주의 페미니즘 등으로 나누는 것도 이 때문이다. 이론적으로 볼 때도 이 분류는 여전히 유효하다. 페미니즘들 사이의 가장 중요한 입장 차이는 바로 여성문제의 성격을 어떻게 보느냐에 있다. 즉 여성문제를 특정 제도의 문제로 보느냐(자유주의), 아니면 사회구조 자체의 문제로 보느냐가 우선 갈라지며, 사회구조를 문제 삼을 때도 다시 여성 억압적인 구조만 강조하는 경우(급진주의)와 그것을 다른 억압적인 구조와 관련 짓는 경우로 나뉜다. 사회주의와 마르크스주의는 이 가운데 마지막 입장을 취하는데, 그 관련성을 구체적으로 해명하는 데서 견해 차이를 보인다.

이제 각각의 흐름을 좀더 자세히 검토해 보되, 여성들 사이의 차이 및 페미니즘의 다양성과 관련하여 흑인 여성들과 포스트 모던 페미니즘, 에코 페미니즘에서 제기되는 문제들에 대해서도 간단히 살펴보겠다.

2. 페미니즘의 갈래

1) 자유주의 여권론

여성도 동등한 인간이다

자유주의 사상은 서구사회가 봉건제에서 자본제 사회로 이행하는 과정에서 18세기에 생겨난 새로운 이념이다. 자유주의는 인간의 본성이 이성에 있으며, 만인은 이성적 존재로서 동등하다고 여긴다. 이러한 믿음은 종래의 신권이라든가 봉건적 신분질서를 무너뜨리는 해방적인 역할을 하였다. 여성들 역시 이 자유주의 사상에 힘입어 남성들이 그동안 누려 온 특권에 저항하였다. 그들은 모든 인간이 평등하다는 자유주의 원칙에도 불구하고 여전히 뿌리 깊이 남아 있는 남성 중심의 관념과 관행에 맞서 이 원칙을 여성에게도 철저히 적용하고자 한 것이다.

　　자유주의에서는 인간의 평등을 이야기하지만, 여기서 말하는 인간은 남성을 가리키는 것일 뿐 여성은 사실 빠져 있는 셈이었다. 로크나 루소 같은 대표적인 사상가들만 보아도 그렇다. 이들은 여성은 이성적이기보다 감성적인 존재이며, 이성적으로 더 우월한 남성의 통제를 받아야 한다고 믿었다. 당시의 통념을 그대로 반영하는 이런 발상에 맞서 여성 역시 이성적 존재임을 강조하는 것이 자유주의 여권론의 특징이다. 설령 현재 여성이 감성에 치우친다 해도 그것은 타고난 본성 때문이 아니다. 여성을 가정에 묶어 놓고 교육도 사회활동도 제한해 온 사회적·문화적 관습이 여성을 그렇게 만든 것이다. 여성에게도 똑같은 교육과 기회만 주어진다면 이성적 존재(즉 인간)로서 잠재력을 얼마든지 구현할 수 있다는 것이다. 일찍이 1789년 프랑스 혁명에 동참한 드 구즈(Olympe de Gouges)는 정치적 권리를 포함한 여성의 시민권을 주창했고, 같은 시대에 영국에서는 울스턴크래프트(Wollstonecraft)가 여성교육의 필요성을 강조하였으며, 19세기에는 밀(John Stuart Mill)과 테일러(Harriet Taylor)가 그 뒤를 이었다. 20세기 후반 미국의 대표적인 논자로는 프리던(Betty Friedan)을 꼽을 수 있다.

결국 자유주의 여권론에서는 여성차별적인 관행이나 제도는 불합리하고 전근대적인 것이라고 본다. 이성의 원칙에 충실할 때 그런 관행들을 얼마든지 바꿀 수 있고, 또 바꿔야 마땅하다는 것이다. 따라서 이들은 사회구조 자체보다는 관습과 제도의 개선에 초점을 맞추며, 기성 사회의 틀 안에서 여성의 지위를 높이는 데 일차적인 관심을 둔다. 바로 이런 점에서 이들의 입장은 '여성해방론'이라기보다 '여권론'에 더 가깝다. 실제로 자유주의 여성운동은 주로 교육운동이나 참정권 운동, 법 개정 운동 들에서 큰 힘을 발휘해 왔다.

자유주의 틀의 수정과 확대

자유주의 여권론이 기반을 둔 자유주의 이념은 자본주의의 진전에 따라 점차 혁신적인 힘을 잃고 보수화하며, 그에 대한 다양한 진보사상의 도전도 강해진다. 이에 따라 자유주의 여권론은 변화를 모색하게 된다. 원래 자유주의 여권론은 사회와 가족을 분리된 영역으로 보는 자유주의 이념을 받아들였다. 따라서 가정이나 개인의 영역은 국가를 비롯한 공적인 기구가 간섭해서는 안 되는 사적 공간으로 간주하였다. 그러나 현실적으로는 여성들이 부딪치는 많은 문제가 바로 이 사적인 공간에서 벌어진다. 예를 들어 가정폭력이라든가 성희롱 같은 문제들이 그것인데, 이런 문제들이 점차 공론화되면서 자유주의 여권론도 엄격한 공사(公私) 분리의 틀을 일부 수정하게 된다. 가족이라든가 성과 같은 '개인사'에도 어느 정도 국가의 개입이 필요하다는 입장으로 선회한 것이다.

이론틀의 수정은 여성할당제 등 불평등을 보완하는 적극적인 조치를 요구하는 데서도 드러난다. 남녀에게 동등한 조건을 법적·제도적으로 확보하는 선으로 국가의 개입을 한정하는 것이 고전적인 입장이었다. 그러나 참정권 확보 이후 형식적인 평등만으로는 실질적인 불평등이 사라지지 않는다는 것이 분명해진다. 남녀에게 똑같이 경쟁의 기회를 준다고 남녀평등이 이루어지는 것은 아니다. 경쟁에 들어가기 전에 이미 여성이 불리한 여건에 처해 있다면 경쟁에서 밀릴 것은 뻔한 일이다. 따라서 자유주의 여권론에서도 이런 누적된 불균형을 시정하는 데 국가가 좀더 적극적으로 개입하기를 요청하는 것이다.

남녀평등론의 위력과 한계

자유주의 여권론은 여성문제를 처음으로 공론화하였으며, 여성의 지위를 개선하는 데 결정적으로 기여하였다. 사회구조보다는 제도나 관행을 바꾸는 데 주력하기 때문에 개량주의라는 비판도 흔히 받지만, 여성들이 사회나 가정에서 거의 무권리 상태였던 20세기 전반까지만 해도 교육이나 정치 및 기타 사회활동에서 여성의 권리를 요구하는 자유주의 여권론의 주장은 가히 혁신적인 것이었다. 실제로 1910년대 미국에서 여성 참정권 운동을 한다는 것은 감옥행까지 각오해야 하는 '과격한' 행동이었다.

따라서 자유주의 여권론에 문제가 있다면, 제도 개혁을 주장한다는 사실 자체보다는 장기적인 전망까지 거기에 국한된다는 데 있다. 자유주의가 추구하는 남녀차별의 철폐와 남녀평등의 확보는 그 자체로서 작은 목표도, 이미 다 성취된 목표도 아니다. 그러나 불평등한 사회구조 자체를 그대로 둔 채 과연 그 목표가 얼마나 제대로 실현될지, 나아가 자유주의가 원하는 남녀평등이 설령 이룩된다 해도, 그것이 과연 여성운동의 궁극적인 목표가 될 수 있을지는 의문이다. 예를 들어 노동계급 여성이 노동계급 남성과 동등해졌다고 해서, 그 여성이 진정 해방되었다고 할 수 있을까? 실제로 노동계급이나 흑인 혹은 '제3세계'의 여성들은 '우리한테 가장 절박한 문제가 남녀평등인가?' 하고 반문해 왔다. 결국 남녀평등이라는 이상도 좀더 원대한 꿈과 손잡을 필요가 있다. 흑인 같은 주변부 여성들이 남녀차별보다 더 절박하게 느끼는 다른 문제들까지 함께 극복하려는 꿈 말이다. 그렇지 못할 때 남녀평등이란 상대적으로 유리한 위치에 놓인 중산층 이상이라든가 (다인종 사회에서는) 백인 등 일부 여성들의 권익 신장에 그친다는 비판을 피하기 어렵다.

2) 마르크스주의 페미니즘

사회주의 전통과 페미니즘

마르크스주의 페미니즘은 19세기 이후 노동계급 여성들이 사회운동에 진출하면서 생겨났다. 노동계급 여성들에게 가장 시급한 문제는 생존권의 확보와 정당한 대우였다. 사실 이들의 삶에서는 여성으로서 받는 차별과 경제적 생존의 문제가 따로 있는 것이 아니었다. 마르크스주의 페미니즘은 이러한 여성들의 조건에 기반하여, 여성문제를 경제적 억압 구조와 연결해 파악하고자 하였다. 한마디로 마르크스주의 페미니즘은 계급모순이 기본적이라는 마르크스주의의 전제를 인정하면서 여성 억압을 낳는 궁극적 요인을 사적 소유제 혹은 그 근대적 형태인 자본주의 체제로 보는 관점이다. 이 이론은 '공상적 사회주의'로부터 마르크스주의에 이르는 사회주의 전통에서 자극을 많이 받았다. 이후 19세기 말에서 20세기 초에 걸쳐 사회주의 혁명운동이 이념적·조직적인 정비를 해 나가면서 여성운동과 이론도 한층 발전하였다. 마르크스와 엥겔스 이후로는 베벨, 레닌, 콜론타이, 제트킨 등이 주요 논자로 활동하였다. 마르크스주의적인 흐름은 여성노동운동, 보통선거권 운동, 사회주의 혁명운동 등을 통해 나타났고, 제3세계 민족해방운동과 연계한 여성운동도 크게 보면 이에 속한다. 20세기 후반에 들어서는 가사노동의 성격 규정을 둘러싼 논쟁이 펼쳐지기도 했다.

노동, 역사, 계급

마르크스주의에 따르면 인간은 노동을 통해 의식적으로 자연을 변형하며, 그 과정에서 인간 자신과 역사를 창조해 나간다. 개인은 이룩된 역사에 의해, 다시 말해 그가 속한 사회의 형태와 그 사회의 계급적 위치에 의해 테두리 지어진다. 그런 만큼 여성문제도 노동의 관점, 역사적 관점, 계급적 시각에서 파악해야 한다. 노동의 관점은 여성 차별이나 억압이 법률과 관행 또는 관념과 문화의 문제만이 아니라 근본적으로 여성들이 수행하는 노동을 둘러싸고 일어나는 문제라는 것이다. 역사적 관점이란 여성 억압이 시대를 초월한 보편적 현상이 아니라 특정 시대에 출현한 것으로, 그 구체적인 양상 역시 생산양식에 따라 달라진다는 뜻이다. 또한 계급적 시각이란 같은 사회 안에서도 여성들의 계급적 위치에 따라 억압이 나타나는 방식이 다르다는 것이다.

　　마르크스주의 페미니즘의 중추가 되는 것은 여성 억압의 기원과 역사에 관한 탐구와 자본주의 체제에서 여성 억압 구조에 대한 분석이다. 여성 억압은 계급제도와 동시에 발생하였으며, 계급적 억압과 마찬가지로 사적 소유제에 바탕을 둔다. 그렇다면 이 사적 소유제의 모순이 어떤 방식으로 남녀 간의 지배관계로 나타나는가? 이것은 보통 공사의 분리, 성별 노동분업, 일부일처제 가족제도 등을 통해 설명된다. 예를 들어 엥겔스는 출산에서의 역할 차이와 같이 남녀의 생물학적 차이에서 비롯된 성별 분업이 인간사회 최초의 분업이라고 본다. 이는 다시 집안일과 바깥일을 남녀가 나누어 맡게끔 만든다. 그러다가 사회경제적인 변화로 말미암아 바깥일이 더 중요해지면서 그것을 담당하던 남성이 지배권을 획득하게 된다. 이것이 바로 여성 억압의 기원이라는 것이다.

현대의 마르크스주의 페미니스트들도 대개 사회체제와 여성 억압을 연결하는 엥겔스의 기본 입장을 받아들인다. 여성 억압이 자본주의 사회에서 처음 생겨난 것은 아니지만, 자본주의는 자본의 증식이라는 목적에 맞추어 전통적인 성차별 관행과 관습을 활용하고 변형한다. 따라서 현재의 여성 억압은 궁극적으로 자본주의적 생산양식에 의해 규정되는 것으로 보아야 한다는 것이다.

여성노동 문제와 여성해방의 전망

자본주의 아래서 여성은 흔히 가사노동 담당자인 가정주부로 규정되지만, 실제로는 많은 경우 생산노동에도 참여한다. 여성의 이러한 이중적 역할은 자본주의가 원활하게 굴러가게 하는 데 중요한 기능을 한다. 가사노동은 가족이 사회에 나가 일을 할 수 있도록 뒷받침한다. 그럼으로써 가사노동은 생산에 기여하지만, 실제로 노동력의 가치를 따질 때는 계산에서 빠진다. 그만큼 자본은 노동력을 싸게 사는 것이다. 생산노동에서 일어나는 여성노동자 차별도 우연한 것이 아니라 자본주의 존립의 필요 조건이다. 자본은 노동력의 수급을 원활히 조정하여 임금 수준을 낮추기 위해서 노동자들 사이의 차이와 차별을 조장하는데, 이때 가장 흔히 활용하는 것이 성이라는 범주다. 여성을 언제든지 필요에 따라 활용하고 버릴 수 있는 저임금 산업예비군으로 활용하는 것이다. 여성의 본령은 가정이며 직장은 부차적이라는 통념도 여기서 한몫한다. 결국 자본은 한편으로는 여성을 생산 영역으로 끌어들이고, 다른 한편으로는 가사 전담자로 규정함으로써 이중의 이득을 본다. 전체 노동력의 가치를 낮추고 노동자 집단 전체를 통제하는 것이다.

그렇다면 억압에 대한 해결도 이 두 측면에서 모두 이루어져야 한다. 우선 가사노동은 대가가 주어지지 않을 뿐 아니라 주부들을 사회활동에서 고립시키므로 여성들은 가사노동에서 해방되어야 한다. 원래 마르크스주의에서 가사노동의 사회화와 여성의 생산노동 참여를 슬로건으로 내건 것도 이 때문이다. 또한 생산노동에 참여해도 일만 죽도록 하는 꼴이 되어서는 곤란하다. 따라서 노동현장에서 남녀평등이 중요하거니와, 더 크게는 모든 문제의 근원인 사적 소유와 계급제도를 철폐해야 한다. 계급 철폐가 자동적으로 여성의 해방을 보장하는 것은 아니지만, 여성해방을 이루기 위한 필수 조건이고, 따라서 여성운동은 자본주의에 대한 변혁운동을 겸할 수밖에 없다는 것이 마르크스주의 페미니즘의 기본 입장이다.

사회구조적 시각과 환원론의 위험

마르크스주의 페미니즘은 자유주의 여권론의 단편적·현상적 문제제기를 넘어서서 여성문제를 역사적이고 사회구조적인 관점에서 분석하였다. 그럼으로써 여성 억압을 체계적으로 해명하고, 여성해방의 전망과 방도도 좀더 확실히 제시하였다. 무엇보다 사회 전체를 통일된 시각으로 보면서 그 가운데 여성 억압을 자리매김하는 틀을 마련했다는 것이 이 이론의 독보적인 업적이다. 현재는 여성문제를 국제 분업구조의 변화와 관련 짓는 등, 자본주의 체제의 전 지구화 속에서 다양한 여성들의 삶을 분석하고 해명하려는 시도들이 이루어지고 있다.

그러나 변화된 상황에 걸맞은 갱신은 여전히 과제로 남아 있다. 더러는 원론적이고 도식적인 분석을 되풀이하거나 성별 억압을 곧바로 계급 억압으로 환원하는 경향도 없지 않았다. 그런 가운데 여성노동, 특히 여성 산업노동자의 문제에만 집중한다든가, 사회주의 혁명 이후에 나타나는 여성문제를 경시하고 남녀대립을 부르주아 이데올로기 탓으로 쉽게 돌려 버리는 폐해도 생겨났다. 여성 억압을 전체 사회구조와 연관 짓되 여성 억압의 상대적 자율성도 존중할 수 있도록, 여성문제를 매개하는 다양한 고리에 좀더 세심하게 관심을 기울일 필요가 있다.

3) 급진적 페미니즘

여성 억압의 뿌리를 찾아서

1960년대 후반 서구에서 여성운동의 물결이 거세게 일어나면서 여성 억압을 보는 새로운 관점들이 나타난다. 이 가운데 여성 억압이 무엇보다도 근본적이며 독자적인 '체제'를 이룬다고 보는 것이 바로 급진적 페미니즘이다. '래디컬(radical)'이라는 말에는 두 가지 뜻이 담겨 있다. 제도상의 여러 결함을 지적하는 자유주의 여권론과 달리 체제 전체를 문제 삼는다는 의미(급진적)와, 여성 억압을 계급 억압의 부산물 정도로 보는 마르크스주의 페미니즘과 달리 여성 억압의 뿌리 깊은 근원성을 강조한다는 의미(발본적)다.

급진적 페미니즘은 모든 억압 가운데 여성 억압이 가장 처음 생겨났고, 가장 널리 퍼져 있으며, 가장 뿌리 깊은 것이라고 주장한다. 또한 여성 집단을 지배하며 여성을 종속하는 데서 이득을 보는 것은 자본이나 사회 구조가 아니라 바로 남성집단이라고 본다. 남성에 의한 여성 지배 체제가 바로 이들이 말하는 가부장제다. 이처럼 남녀대립을 강조하는 급진적 페미니즘은 여성 억압이 나타나는 영역으로, 법이나 제도, 노동보다는 출산, 섹슈얼리티(sexuality, 성애), 문화에 주목한다.

생물학주의와 문화주의

급진주의적 흐름은 미국에서 생겨났고 거기서 가장 강세를 보이는데, 그 한 선두 주자로 파이어스톤(Shulamith Firestone)을 들 수 있다. 미국의 급진적 여성운동 단체 레드스타킹즈의 발기인인 그는 다음과 같은 주장을 펼쳤다. 여성은 임신과 출산을 하기 때문에 남성에게 의존할 수밖에 없었으며, 남성은 여성의 성과 출산을 통제함으로써 여성을 지배해 왔다. 다시 말해 아버지, 어머니, 자녀로 구성되는 생물학적 가족 자체가 여성 억압을 낳는 핵심 요인이다. 따라서 여성이 해방되려면 생물학적 가족이 철폐되어야 하며, 출산과 성을 여성 스스로 통제하고, 나아가 과학기술을 통해 여성이 출산에서 벗어날 필요가 있다. 파이어스톤처럼 출산 등 여성의 생물학적 특성 자체를 여성 억압의 토대로 보는 태도는 이후 생물학주의라고 불린다.

이에 비해 급진주의 입장의 또 다른 선구자인 밀렛(Kate Millett)은 생물학적 차원보다 심리적·문화적 차원을 강조한다. 또한 여성 종속의 근원보다는 종속을 재생산하는 기제들을 드러내는 데 주력한다. 그는 남녀 사이의 지배·피지배 권력관계를 가부장제라 부름으로써 이 용어를 대중화하는 데 크게 기여하였다. 가부장제 아래서 구축되어 온 성별, 즉 성적 지위·역할·기질 등을 제거해야 하며, 가부장제 이데올로기와의 싸움이 특히 중요하다는 것이 그의 입장이다.

이와 같은 차이는 있지만, 여성다움/남성다움 식의 발상이 완전히 사라져야 한다고 여기는 점에서는 파이어스톤과 밀렛이 마찬가지다. 이들에게 여성다움은 여성을 속박하는 올가미이며 바람직한 것은 양성성, 즉 개인이 생물학적 성에 관계없이 바람직한 자질들을 자유로이 발전시켜 나가는 경지다. 그러나 급진적 페미니즘에서는 여성적인 특질을 적극적으로 재평가하자는 주장이 강해진다. 남과 나를 대립시키고 남을 지배하려는 남성적 성향과 달리, 여성은 남과 더불어 관계 맺고 남을 돌보아 주는 특성을 지닌다. 그러니 이런 특성을 살리는 것이 여성은 물론이고 사회 전체로 보아서도 바람직하다는 것이다. 여성적인 특성을 억압의 원천이 아니라 긍정적인 자원으로 보는 이 경향은 따로 '문화적 페미니즘'이라고도 불린다.

성애와 자매애

급진적 페미니즘에서는 성애문제를 중시한다. '개인적인 것은 정치적인 것이다.'라는 슬로건에서도 드러나듯, 이들은 이제껏 가려졌던 각종 사적인 문제들을 공론화해 왔다. 그중에서도 남녀 간 가장 내밀한 관계 맺음인 성애는 각별한 관심의 대상이다. 성애에 숨어 있는 지배관계를 밝혀 내는 작업에서 중심 과녁은 이성끼리의 사랑만을 정상적인 것으로 여기는 이성애 중심적인 사고와 관행이다. 이성애주의는 남성 중심주의와 긴밀히 연결되어 있다. 그것은 여성으로 하여금 남성에게 관심을 집중하도록 만들고 남성 위주의 성애와 사랑을 강요함으로써 여성을 통제하고 지배한다. 여성을 가장 내밀한 부분에서부터 남성에게 매인 부차적 존재로 만든다는 것이다. 대안으로는 이성애를 평등한 관계로 변화시키는 것부터 이성애 자체를 거부하는 것에 이르기까지 다양한 방안이 나오는데, 바로 여기서 레즈비어니즘과 연계가 된다.

  딱히 레즈비어니즘까지는 아니더라도 여성들 사이의 자매애를 강조하는 것이 이들의 공통 특징이다. 우정이나 동지관계는 남성들한테나 있는 일이고 여성들은 남성을 사이에 두고 서로 반목할 뿐이라는 생각은, 여성의 존재 가치란 결국 남성과의 관계에 있다는 발상이다. 자매애는 여성이 남성의 부차적인 존재라는 생각을 떨쳐 버리고 주체적인 존재로 서게 해준다. 그것은 또한 남성들에게 억압당한다는 점에서 같은 처지에 놓인 여성들이 대동단결하는 출발점이자 방식이다. 여성 억압의 보편성을 주장하는 급진적 페미니즘의 입장이 자매애의 강조에서 다시 한 번 드러나는 셈이다.

보편주의와 남녀대립

여성이 총체적인 억압 체계 속에 놓여 있다고 보는 급진적 페미니즘의 주된 공헌은 남성 중심적인 문화가 얼마나 뿌리 깊은 것이며, 얼마나 다양한 국면에서 여성의 삶을 지배하는지를 밝혀 낸 점이다. 이들은 기왕에 진지한 탐구 대상이 되지 않던 성, 출산, 육아 같은 다양한 '사적인' 문제들을 정치적이고 학문적인 영역으로 끌어들였다. 또한 가부장제라는 용어를 일반화해 여성대중을 일깨우고 여성 억압 체계에 대한 분석을 자극하였다. 그러나 가부장제의 강고함과 보편성을 강조하다 보니 어떻게 이를 넘어설지가 막연해진다. 또한 모든 현상을 남녀대립이라는 틀로 설명함으로써 문제를 단순화하게 된다. 남성과 여성의 특질을 고정하거나 생물학적 특성을 지나치게 강조하는 등 결정론에 빠지기 쉬우며, 남성과 여성을 각자 동질적인 집단으로 처리함으로써 각 집단 안의 차별도, 계급·인종·민족적인 다른 억압 구조들과의 관계도 묻어 버리고 만다. 그래서 급진적 페미니즘 역시 자유주의 여권론처럼 특정 여성집단의 이해만 대변한다는 비판을 받는 것이다.

4) 사회주의 페미니즘

마르크스주의와 급진적 페미니즘의 통합

1960년대 후반 이후 새로 등장한 페미니즘으로는 급진주의 외에도 사회주의 페미니즘이 있다. 이 흐름은 급진적 페미니즘과 마르크스주의의 통찰, 즉 가부장제론 및 역사적·유물론적 접근을 비판적이고 발전적으로 통합하자는 문제의식에서 출발한다. 이들이 보기에 급진주의는 여성들 내부의 계급적 차이에 대한 배려가 없으며 가부장제 개념도 비역사적으로 적용한다. 마르크스주의에 대해서는, 여성 억압을 부차적인 것으로 여기며 성이라는 분석 범주를 무시한다고 비판한다. 마르크스주의에 여성운동적 인식을 결합하려는 시도는 이미 마르크스 페미니즘에서 이루어진 바 있지만, 사회주의 페미니즘은 마르크스주의라는 틀을 근본적으로 수정해야 한다고 믿는 점에서 이 입장과 다르다. 이런 차이는 성별 분업을 보는 시각에서 두드러진다. 앞서 살펴본 것처럼 마르크스주의 페미니즘도 성별 분업을 문제 삼는다. 그러나 이들의 경우 성별 분업 자체보다는 이를 차별적이고 억압적인 것으로 바꾸어 놓은 생산·소유 관계가 문제의 핵심이라고 본다면, 사회주의 페미니즘은 계급제도 이전의 성별 분업도 이미 여성차별적이었기에 성별 분업이 가부장제를 낳고 유지하는 주요 기제라고 주장한다.

이처럼 이들은 가부장제에 역사성을 부여하고 성이라는 범주를 유물론에 적극적으로 끌어들이는 이론을 만들어 내고자 한다. 가부장제만을 강조하는 급진주의나 자본주의 체제가 여성 억압을 낳은 근본적인 구조라고 여기는 마르크스주의 페미니즘과 달리, 현재 여성의 문제는 자본주의와 가부장제의 결합을 통해 빚어진다고 보는 것이다.

자본주의와 가부장제의 결합방식

따라서 사회주의 페미니즘은 자본주의와 가부장제가 어떻게 결합되어 여성 억압을 낳는지를 탐구한다. 다양한 모색이 이루어져 왔지만, 크게 두 가지로 나눌 수 있다. 하나는 자본주의와 가부장제를 일단 분리한 후 나중에 결합하는 방식이다. 두 체제는 서로 다른 이해관계에 기초를 둔 별개의 사회체제로 파악된다. 이것이 이중체제론(dual systems theory)이다. 대표적인 논자로는 미첼(Juliet Mitchell), 하트만(Heidi Hartman) 등을 들 수 있다. 다른 하나는 이중체제론을 비판하면서 나온 입장으로, 가부장제와 자본주의가 별개가 아니라 함께 하나의 체제를 구성한다고 본다. 즉 이 둘은 본디 결부되어 있거나 동일한 논리에 기초를 둔다는 것이다. 이 입장을 통합체제론(unified-systems theory)이라고 하는데, 영(Iris Young)과 아이젠슈타인(Zillah Eisenstein)이 대표적인 논자다.

이 밖에도 소외 개념을 통해서 여성이 현재 겪는 억압이 자본주의적 남성 지배 형태에서 비롯된다는 점을 밝히려는 재거(Alison Zagger)의 시도 등 다양한 입장이 나오고 있다. 특히 근자에는 가부장제의 단일한 물적 기초를 찾는 시도 자체를 비판하는 경향이 상당히 일반화하였다. 이들은 가부장제란 다양한 기초와 구조에 바탕을 둔 것이라는 다원론적 주장을 펼친다.

이처럼 다양한 분석이 있어도 사회주의 페미니즘은 현재 여성을 억압하는 것이 자본주의적 구조와 가부장적 구조 모두라고 보는 점에서는 일치한다. 따라서 사회주의 변혁이 여성해방에 도움은 되겠지만 여성해방 자체는 아니며, 여성해방은 가부장제와 성별 노동분업의 철폐, 나아가 성별 자체의 철폐를 지향하는 별개의 혁명을 통해 수행되어야 한다고 주장한다.

통합과 절충 사이에서

사회주의 페미니즘은 여성 억압을 사회적·경제적 관계 속에서 바라보되 일부 마르크스주의 페미니즘의 환원론적 편향을 넘어서서 여성이 여성으로서 겪는 문제들을 좀더 구체적이고 적극적으로 개념화하고자 했다. 그러는 가운데 여러 개념 및 이론틀을 새로 부각함으로써 논의를 활성화하는 데 기여하였다. 예를 들어 '가정 대 생산'이라는 대립만이 아니라 생산 영역 내부에서도 나타나는 성별 분업체계를 세밀하게 검토한다든지, 가사노동이나 출산 등 여성의 다양한 활동을 '재생산'으로 개념화하려는 시도 등이 그것이다.

그러나 여성 억압이 성적 위계와 계급적 착취의 결합으로 빚어진다는 애초의 문제의식을 제대로 해명하는 일은 미완의 과제로 남아 있다. 아직은 가부장제 분석과 자본주의 분석을 서로 긴밀히 결합하기보다 기계적으로 병렬하는 경우가 많다. 여성 억압의 분석은 가족이나 성, 성별 분업 또는 남성 지배 이데올로기 등 가부장제 차원에 집중되고, 여타 사회구조에 대한 분석은 여기에 덧붙는 식이다. 결국 급진주의 페미니즘의 한 변형이 아니냐는 비판도 이래서 나온 것이다. 현재 이러한 이론적 한계에 대한 자기반성이 진행되고 있지만, 앞서 말한 대로 다원론의 입김이 거세지면서 다양한 억압 구조를 나열하는 데 만족하는 경향도 나타난다.

3. 차이의 이론화

이 절에서는 여성들 내부의 차이라는 문제를 살펴보기로 하자. 이 논의에 중요한 영향을 미친 것은 크게 두 가지다. 하나는 흑인을 비롯한 제3세계 여성들의 문제제기이며, 다른 하나는 포스트 모더니즘의 영향이다. 이들은 그간 페미니즘에서 '여성'을 너무 쉽게 하나의 통일된 집단처럼 처리한 것이 아니냐고 묻는다. 같은 여성이라고 해도 실제로는 서로 다른 처지에 놓여 있는데, 이런 차이가 남녀 간의 차이보다 덜 중요한가? 사실 이는 여성들 사이의 계급적 차이에 주목하는 마르크스주의 페미니즘에서 이미 제기된 문제다. 그렇지만 현재 페미니즘에서 그것이 본격적인 관심거리로 떠오른 것은 흑인 등 유색인 여성들 또는 제3세계 국가의 여성운동가들이 서구의 주류 여성운동과 이론을 비판하면서부터다. 비판의 핵심은 선진국의 백인 중산층 여성 중심이라는 점이다. 제3세계 여성들이 주로 자신들의 구체적인 현실에서 출발하여 단일한 여성 범주에 이의를 제기한다면, 포스트 모더니즘은 좀더 철학적이고 이론적인 차원에서 문제를 제기한다.

1) 흑인 여성들의 문제제기

1975년 유엔에서 여성의 해를 선포하면서 여성운동 내의 국제적 교류가 활성화되는데, 그와 함께 각 나라 사이의 차이와 갈등도 부각되었다. 1975년 멕시코 세계여성대회에서부터 1980년 코펜하겐 회의에서도 남녀문제를 우선시하는 미국 등 선진국 여성들과 전체 사회운동에 참여할 것을 강조하는 제3세계 여성들 사이의 간극이 드러났다. 또한 선진국 안에서도 흑인을 비롯한 유색인 여성 등 이른바 주변부에 위치한 여성들이 비슷한 문제를 제기했다. 이들은 그간 페미니즘에서 거론되어 온 '여성'이란 대체로 백인 중산층 여성일 뿐, 다른 여성층의 상황과 욕구는 무시되었다고 본다. 예를 들어 대개 백인 페미니즘에서는 가족을 여성 억압적인 제도로 보지만, 흑인에게 가족이란 힘겹게 지켜 내야 하는 터전이자 가족 성원들이 서로 의지하고 저항하는 발판이었다.

흑인 여성들은 이처럼 인종차별의 현실에 입각하여 남녀대립에 집중하는 주류 페미니즘에 도전한다. 남녀 간의 차이와 싸움만이 강조될 때, 인종차별에 저항하는 남녀 흑인들의 연대와 신식민주의에 대한 피식민지 남녀 민중들의 연대는 어떻게 설명할 것인가? 나아가 지배·피지배 관계는 남녀 사이에서만 나타나는가? 노동자 여성과 자본가 여성, 노예제 시대의 백인 여성과 흑인 여성의 관계는 과연 어떠한가? 여성들 사이에도 부리고 부림받는 관계가 성립한다면, 여성집단 안에는 성차별말고 다른 억압 구조들도 들어와 있는 셈이다. 그렇다면 여성이라고 그냥 하나로 뭉뚱그릴 것이 아니라 그 안의 차이와 지배관계에 주목할 필요가 있다. 이처럼 흑인 여성들의 경우, 여성들 내부의 차이 문제는 곧 여성들을 지배하는 다양한 억압 구조들을 총체적으로 해명하는 문제가 된다.

2) 포스트 모더니즘적 문제의식

여성을 통일된 집단으로 취급하는 보편주의를 비판하고 다양성과 차이를 강조하는 작업은 탈구조주의나 포스트 모더니즘과 결합한 페미니즘에서도 진행된다. 포스트 모더니즘과 결합한다고 해도 그 방식은 여러 가지인데, 여기서는 여성들 사이의 차이와 직결된 논의에 초점을 맞추기로 한다. 포스트 모더니즘의 근대성 비판, 특히 이항 대립과 근대적 주체에 대한 비판은 페미니즘에서 여성이라는 범주를 달리 생각하게 하는 자극제가 되었다. 포스트 모더니즘에서 근대성이란, '나'라는 주체를 중심으로 설정하고 타자(타인, 세계, 자연 등)를 대상화하는 이분법적 사고에 기초하여 타자를 정복하고 세계를 경영하려는 기획이다. 한편으로는 주체/타자, 이성/감성,

문명/자연 등 일련의 이항 대립이, 또 한편으로는 통일되고 자기 동질적인 주체의 능동성에 대한 믿음이 근대적 세계관을 지탱해 주는 것이다. 여기서 여성이 온전한 주체보다는 타자의 위치에 놓인다는 것은 보부아르 같은 사람도 이미 지적한 바다.

포스트 모던 페미니즘은 근대성에 대한 비판을 여성 범주를 해체하는 쪽으로 밀고 나간다. 여성을 하나로 일반화하는 것이 과연 가능한가? 남성/여성이라는 발상 자체가 또 하나의 이항 대립으로, 여성을 차별하는 빌미로 작용해 오지 않았는가? 남성은 과연 온전한 주체였는가? 여성이란 어디까지나 인위적으로 구성된 범주이지 특정한 본질을 가진 존재가 아니며, 주체라는 것부터가 안정된 통일적 실체이기는커녕 다양한 사회적 관계들이 끊임없이 아로새겨지는 장일 뿐이다. 그렇다면 한 여성의 정체성도 하나로 못박기 힘든데, 하물며 모든 여성의 정체성을 어떻게 한데 묶을 수 있겠는가? 따라서 이들 역시 여성을 단일한 주체로 설정하기보다 여성들이 지닌 계급적·인종적·성애적 차이를 더 강조하는 것이다.

3) 다원주의와 총체적 인식

이처럼 다양성과 여성 내부의 차이를 강조하는 점에서 포스트 모던 페미니즘과 흑인 여성들의 주장이 일치한다. 그리고 흑인 여성들 가운데 차이를 드러내는 데 포스트 모더니즘을 적극적으로 활용하는 경우도 있다. 그렇지만 차이의 문제를 풀어 나가는 방향은 좀 다르다. 포스트 모던 페미니즘은 차이를 강조하되 어떤 하나의 차이에도 특별한 중요성을 부여하지 않는다. 예를 들어 계급이든 인종이든 혹은 다른 어떤 것이든 여성의 다양성을 초래하는 동등한 요인이 된다. 또한 총체적 인식이란 그 자체로 근대적인 허상이라고 부정한다. 이에 비해 흑인 여성들의 문제제기는 단순히 차이를 인정하자는 데 그치지 않는다. 그런 차이들을 낳은 여러 권력구조들이 여성문제와 어떻게 관련되어 있는지 더 탐구해 보자는 것이다. 이런 탐구가 다원주의만으로 해결되지는 않는다. 그보다는 여러 지배관계의 상호 얽힘과 결합에 대한 복합적이고 총체적인 인식이 필요하다. 흑인 여성들은 이런 것에 대한 요구를 제기하는 것이다.

4. 페미니즘의 다양성

이제까지 페미니즘의 네 가지 큰 흐름과 비교적 근자에 부각된 '차이'의 문제에 대해 살펴보았다. 물론 이것이 다양한 페미니즘 이론을 모두 포괄하는 것은 아니다. 가령, 여성 억압을 (탈)식민성의 문제와 연결하는 탈식민주의 페미니즘도 근자에 강력히 부상하고 있으며, 여성 억압에 대한 인식을 생태계 전반에 대한 인식과 연결하는 에코 페미니즘도 중요한 이론이자 운동으로 자리를 잡고 있다. 그런 가운데 페미니즘의 영역이 확대되는 한편, 내부의 다양성과 차이도 증폭되고 있다. 페미니즘은 단수가 아니라 복수인 것이다.

우리는 이제까지 여성문제를 바라보는 시각에 따라 크게 네 가지 입장을 구별하고 그 특징을 살펴보았는데, 구체적인 논의나 운동은 구분이나 명칭의 경계를 넘나들거나 넘어선다. 한 사람의 사상이나 실천, 하나의 운동에 다양한 요소가 섞여 있는 경우는 얼마든지 있으며, 이 점에 유의할 필요가 있다. 그러나 이런 경우에도 각 요소의 특성을 살피고 생각하는 데 위의 구분은 긴요한 길잡이가 될 수 있다. 또한 에코 페미니즘처럼 생태에 대한 공통된 문제의식을 지니면서도 그 안에 다양한 입장을 포괄하는 경우, 그런 입장들을 분별해 보는 데도 유용하다. 이 점을 간단히 살펴보는 것으로 우리의 검토를 마무리하자.

에코 페미니즘은 생태적 사유와 페미니즘의 결합이다. 따라서 어떤 생태적 사유가 어떤 페미니즘과 만나느냐에 따라 다양한 입장이 생겨난다. 자유주의 여권론은 생태적 사유 자체에는 큰 관심이 없는 편이어서 그 나름의 본격적인 에코 페미니즘을 발전시키기보다는 환경의 보존 및 개선 요구에 동참하는 정도다. 한편 마르크스주의 페미니즘은 현재 서구에서 그 세력이 매우 약해서인지 에코 페미니즘에서 별도의 흐름을 형성해 냈다고 보기는 힘들다. 따라서 에코 페미니즘의 주된 경향은 문화적 에코 페미니즘과 사회적 에코 페미니즘으로 나뉜다. 이들은 그 이름에서도 드러나듯 각기 문화적 페미니즘과 사회주의 페미니즘에 대개 토대를 둔다. 문화적 에코 페미니즘은 여성과 생태의 친화관계를 강조하면서 반생태적 사고와 행태로부터 생태적인 여성적 문화로의 전환을 강조한다. 한편 사회적 에코 페미니즘은 여성과 생태의 본질적 연관을 강조하기보다는, 비단 여성만이 아니라 다른 다양한 억압과 생태적 억압을 함께 사유하는 다원주의적 입장을 취한다. 간단히 말하면 여성·계급·인종·성이라는 네 억압 축에 생물종이라는 또 하나의 억압 축을 끌어들이는 셈이다.

❖ 생각할 거리 --

1. 한국사회의 여성문제에 대해 이야기해 보자. 스스로 직접 체감하는 문제들은 무엇이며 다른 사람들의 경험과 어떻게 다른지, 다르다면 왜 그런지 생각해 보자.

2. 여성은 과연 하나의 동질적인 집단을 형성하는가? 계급적·인종적·민족적 차이들은 얼마큼 결정적인가?

3. 남녀 사이의 차이, 즉 성차는 페미니즘에서 중요한 쟁점이다. 성차에 대해 이제껏 제기된 다양한 입장들을 비교하면서 자신의 생각을 정리해 보자.

4. 여성해방은 인간해방이라는 말이 있다. 이 말에 동의하는가? 페미니즘의 목표들과 관련 지어 생각해 보자.

※ 읽을 거리 --

1. 로즈마리, 『페미니즘 사상, 종합적 접근』, 이소영 옮김, 한신문화사, 1995.

2. 프리드리히 엥겔스, 『가족·사유재산·국가의 기원』, 김대웅 옮김, 아침, 1991.

3. 시몬느 드 보봐르, 『제2의 성』, 조홍식 옮김, 을유문화사, 1993.

4. 서진영, 『여자는 왜: 여성 억압의 어제와 오늘』, 동녘, 1991.

3장_역사 속 여성의 삶

이순구·소현숙

1. 여성사를 통해 역사 읽기

최근에 사회사·일상사·생활사·미시사·구술사 등 다양한 역사 연구방법
론들이 등장하면서, 여성사라는 용어 역시 우리에게 친숙한 역사학의 한
분야로 다가서게 되었다. 여성사를 통해 우리는 역사 속 여성들의 삶을 세
세하게 들여다볼 수 있게 되었고, 그 삶의 고통과 기쁨을 읽으면서 현재
우리의 모습을 새롭게 돌아볼 수 있게 되었다.

　　그렇다면 여성사란 무엇인가? 어떻게 등장하게 되었는가? 여성사의
등장은 여성운동의 성장과 밀접한 관련이 있다. 운동의 성장과 함께 자기
삶의 주체로 나서게 된 여성들은 그들이 처한 현실에 분노하고, 그것을 타
파하기 위해 다양한 운동전략을 수립하려고 하였다. 이러한 시도는 자연
스럽게 여성들에게 그들이 살아온 과거에 대한 관심을 불러일으켰다. 그
런데 기존의 역사서술은 여성의 삶을 전혀 다루지 않거나 다루더라도 잘
못된 시각에서 다룸으로써 여성의 모습을 심하게 왜곡하였다. 따라서 여
성들은 기존 역사를 여성의 입장에서 비판하며 새롭게 역사 속 여성의 모
습을 복원하려고 노력하였고, 이러한 과정에서 등장한 것이 '여성사'다.

　　서구에서 먼저 시작된 여성사 연구는 다양한 입장에서 진척되었다. 여
성을 역사서술의 주제로 삼는 모든 연구를 포괄하는 'Women's History',
여성과 관련된 주제를 다룬다고 해서 반드시 여성에 대한 인습적 시각을 벗
어날 수 있는 것이 아님을 주장하며 여성해방에 대한 전망을 강조하는
'Feminist History', 여성사가 학계 내에서 제도화하는 가운데 기존의 여성
사가 여성만을 분리해 다룸으로써 여성/남성 이분법을 더욱 공고히 하는
효과를 낳는다는 점을 비판하고, 성역할 구분이 역사 속에서 작용하는 다

양한 국면을 다루되 남녀를 모두 포함함으로써 불평등이 생산되는 과정을 주목해야 한다고 주장하는 'Gender History' 등이 그것이다.

한편 여성운동의 성장과 더불어 1980년대에 본격화한 우리 나라의 여성사 연구는 여성을 역사의 연구대상으로 삼고, 주로 여성해방주의의 입장에서 여성 억압의 기원이나 여성운동의 발전과정을 다루는 데 관심을 집중해 왔다. 그러나 최근에는 여성사 내부적으로는 젠더사에 대한 관심이, 그리고 역사학 분야에서는 미시사·일상사·생활사 등에 대한 관심이 고조되면서 여성을 연구대상으로 하는 데서 나아가 좀더 다양한 주제와 관심으로 영역이 확장되는 추세다. 역사 속 여성들의 구체적인 생활 모습을 밝혀 내려는 노력이 진행되는 가운데, 민족주의적 역사서술에서 배제되었던 신여성에 대한 연구나 출산·육아·조혼·성매매·성폭력 등 비역사적이거나 사소한 것으로 치부되어 관심을 받지 못하던 분야에 대한 연구도 새롭게 이루어지고 있다.

그런가 하면 관점의 전환도 나타났다. 과거에는 주로 여성을 역사의 피해자로 규정하고 억압의 기원을 찾는 데 치중했다면, 최근에는 여성들이 역사의 주체로서 역사의 다양한 국면과 어떻게 협상하고 타협하고 저항해 갔는가 하는 점에서 역사적 사실을 새롭게 해석해 내려는 노력이 있다. 이러한 여성사의 새로운 경향은 역사연구를 통해 과거 여성들의 삶을 대면하고, 과거와 이어져 있는 현재를 여성주의적 입장에서 재구성하여 새로운 담론을 생산하려는 노력이라 할 수 있다.

이 글에서는 이제까지 이루어진 여성사 연구성과에 기초하여, 역사 속 우리 여성의 삶은 어떠한 모습이었는지 구체적으로 살펴보고자 한다.

2. 원시~고려: 성별보다 신분이 우선인 시대

1) 인류 최초의 혁명 주체, 여성

인류의 발생 초기부터 남성과 여성이 불평등한 관계였을까? 이른바 문명이라고 하는 것이 발생하기 전, 인류는 자연 속에서 먹을 것을 구하고 종족을 보존하는 일이 최우선이었기 때문에 남녀 불평등의 문제가 그다지 큰 의미를 지니지 않았다. 그러나 아주 이른 시기부터 남녀의 생물학적인 차이 때문에 식량을 구하는 데 성별에 따른 분업이 있었다고 한다. 우리 나라 구석기 유적에서 발견되는 찍개와 긁개는 각기 사냥용과 채집용으로서 성별 분업을 보여 주는 대표적인 도구다. 또한 스페인에서 발견된 후기 구석기 유적인 암벽에는 꿀을 따는 여인이 그려져 있는데, 이는 남성에 비해 여성이 나무 열매나 꿀을 모으는 등 채집활동에 종사하는 비중이 높았던 당시 사회상을 반영한다. 그러나 이 시기 노동에서 성별 분업은 어디까지나 서로 보완하는 정도였지 사회적인 차별성이 있었던 것은 아니다. 구석기 사회는 공동체 생활을 영위하는 단순한 무리사회로서 권력이나 지배계급이 나타나지 않았기 때문이다. 그리고 이러한 경향은 신석기 시대까지도 유지된다.

신석기 시대의 특징으로 간석기·토기·농경을 들 수 있는데, 이러한 신석기 문화 창출에서 여성의 역할은 지대했다. 특히 농경은 식량 채집 단계에서 식량 생산 단계로 전환하는 질적인 변화를 일으켰기에 인류 최초의 혁명, 즉 신석기 혁명이라고도 불린다. 그런데 농경의 실마리는 구석기 시대 여성들이 담당하던 채집활동에서 시작된 것인 만큼 인류 최초 혁명의 주인공은 여성이라고 할 수 있다. 그리고 토기의 경우, 거기에 찍힌 지문이나 손자리(손이 닿은 자리)를 분석한 결과, 주로 여성들이 제작한 것으로 보인다. 이때는 보통 한 주거지에 대여섯 명이 살았으며, 이 주거 단위가 모여 취락과 씨족을 이루었을 것으로 추측된다. 물론 한 주거지의 사람들이 바로 오늘날과 같은 부모와 자식으로 이루어진 가족이었다고 말할 수는 없다. 그보다는 공동체 생활에 기초한 모계 중심의 대우혼적 성격이 강한 가족 형태였을 것이라고 짐작된다.

세계적으로 신석기 문화유적에서는 여성상이 발견되는 것이 공통 현상이다. 우리 나라 용천 신암리에서 발견된 여성상은 앉아 있는 모습으로, 머리와 사지는 없어지고 몸통만 남아 있지만 허리가 잘록하고 가슴에 유방을 표현한 돌기가 있어 확실히 여성의 모습을 보여 준다. 이는 단순한 여성상이라기보다는 농사가 잘되기를 축원하던 지모신상으로 볼 수 있다. 지모신상이 출현한 것은 고대인들에게 여성이 임신과 출산 담당자로서 생산과 번식의 신비한 능력을 가진 존재로 인식되었기 때문이다. 지모신상이 신석기 후에는 점차 드물어지지만, 국가가 발생한 후에도 여신이나 사제의 모습으로 계승되어 나타난다.

2) 권력의 발생과 여성의 지위 변화

토기를 만들면서 불을 다루는 기술이 한층 향상된 인류가 급기야 청동이라는 금속을 얻었다. 이 청동기는 인류에게 많은 변화를 가져왔다. 우선 생산력의 급격한 발전이 이루어졌는데, 이는 공동 노동이 아닌 소단위 생산활동을 가능하게 했고, 나아가 혈연을 중심으로 한 개별 가족이 사회의 기본 단위가 되게 하였다. 또한 씨족 공동체에서 단순한 리더에 불과하던 우두머리가 잉여 생산물을 독점하고 조직력을 갖춘 자로서 지배력을 강화할 수 있게 되었다. 이른바 권력이 발생한 것이다. 이때부터 생산 분야에 힘센 노동력이 요구되면서 남성의 참여 비중이 높아지고, 금속무기를 사용하는 전쟁 등을 통해 무력에 대한 가치가 부가되면서 여성들의 사회적 지위에 변화가 오기 시작했다.

대전에서 출토된 '농경문 청동기'에는 농토에서 남근을 드러낸 채 따비질을 하는 남성상이 새겨져 있다. 농업뿐만 아니라 가축을 기르는 일, 배를 이용한 어로활동에서도 남성들의 비중이 더욱 높아졌다. 이와 함께 생산조직과 지휘권, 공동체 안에서의 발언권 등을 남성이 차지하는 비율도 높아지게 되었다. 특히 국가라는 공적 기구의 성립과 함께 공과 사의 영역이 분리되자, 경제적·군사적인 면에서 상대적으로 불리한 입장에 처해 있던 여성들은 점차 공적 영역에서 배제되었다. 이는 이 시기에 남성을 형상화한 인형이 많이 출토된다는 점에서도 확인할 수 있다.

3) 신라에 여왕이 존재했던 이유

신라 사람들이 여자를 특별히 우대했기 때문일까? 신라 적석목곽분을 살펴보면, 그 부장품에서 성별 분화 의식이 보이지 않고 매장된 이의 성별에 관계없이 장신구·무구·마구 등이 세트를 이루며 출토된다고 한다. 즉 신분이 높은 여성의 무덤에서, 신분이 낮은 남성의 무덤보다 더 많은 무구와 마구가 출토된다는 것이다. 그리고 흔히 금관을 남성의 왕관으로만 알지만, 금관이 출토된 고분 가운데 황남대총 북분과 서봉총 등 무덤 주인의 성별이 확인된 경우는 대부분 주인공이 여성이었다. 이는 당시 권력 계승 구조에서 성별보다는 신분이 중요했음을 보여 주는 것이라고 할 수 있다. 말하자면 부계와 모계 모두 순수한 혈통(골품)인 여자가 어느 한쪽이라도 순수성을 확보하지 못한 남자보다 계승자로 선택될 가능성이 더 높았다는 것이다.

이렇게 권력 계승에 부계와 모계가 함께 영향을 미치는 특성은 선주민(웅녀)과 이주민(환웅)의 결합이라는 고조선의 건국신화(단군신화)에서와 같이 우리 나라의 초기 국가 성립 시기에 일반적으로 나타나는 현상이라고 할 수 있다. 그런데 신라는 그러한 특성이 백제나 고구려에 비해 더 오래 유지되었다. 즉 중국에서는 일찍부터 부계 중심의 권력 계승 구조가 정착되었고, 백제나 고구려가 비교적 빨리 그 영향권 내에 편입된 반면, 신라는 토착적인 특성을 더 오래 유지한 것이다. 신라에서 박, 석, 김, 세 성(姓)이 돌아가면서 왕위에 올랐다든지 4대 석탈해가 선왕의 사위로서 처남으로부터 왕위를 물려받았다든지 하는 사실은 이러한 세력 공존, 즉 연합정권적 특성을 잘 드러내는 것이라고 할 수 있다. 이렇게 신라의 여러 세력은 때로는 부계 혹은 모계, 처계라는 이름으로 대표되면서 공존했다.

결론적으로 신라의 권력 계승 문제는 여성과 남성의 차이보다는 혈통이나 신분에 의한 차이를 논하는 것이 더 의미 있다고 할 수 있다. 이런 점이, 알영이 혁거세와 함께 이성(二聖)으로 숭앙되고 일종의 여사제로 보이는 노구(老嫗)가 조언으로 정치에 참여하며 나아가서는 여왕까지 출현한 배경이 된 것이다.

삼국통일이 신라에 의해 이루어지면서 이러한 전통은 고려 이후까지 이어졌다. 비록 다시 여왕이 왕위에 오르는 것과 같이 직접적인 권력 계승이나 그에 따른 통치는 없었지만, 권력을 유지하거나 가계를 계승하는 데 부계와 모계, 처계가 함께 영향을 미치는 구조는 고려를 거쳐 조선까지도 이어진 것을 볼 수 있다.

4) 고려 친족제도의 다양성

왕건은 부인이 스물아홉 명이었다. 그토록 많은 부인이 왜 필요했을까? 이에 대해 흔히 호족세력에 대한 회유 또는 연합책이라고 말한다. 그런데 이를 다른 말로 하면 여전히 처가의 역할이 무시될 수 없는 것이었다는 사실을 뜻한다. 처가는 곧 자식의 외가로 이어진다. 즉 고려에서도 혼인은 두 집안이 공조관계를 이룬다는 의미가 강했고, 계속 부계와 모계가 함께 영향력을 미치는 친족구조가 유지되었다.

따라서 고려에서는 친가, 외가, 처가의 가족망이 거미줄처럼 얽혀 있는 것을 발견할 수 있다. 대개 고려의 가족은 부부와 미혼자들로 이루어졌지만, 여기에 미성년의 친척을 포함하는 경우가 많았다. 그런데 이 경우 부계만이 아니라 처계와 모계 등 다양한 계보의 친척들이 함께 살았다. 가령 정도전의 아버지 운경은 일찍이 어머니를 여의고 이모 집에서 자랐으며, 이공수는 매부 집에서 자랐다. 허공은 처제의 딸을 양육하였으며, 절부(節婦) 조씨는 열세 살에 출가했다가 과부가 되어 언니에게 의탁하였다. 조씨는 딸이 하나 있었는데 그 딸이 혼인하자 딸에게 의지하고, 다시 딸이 아들 하나와 딸 하나를 낳고 일찍 죽자 손녀와 함께 살았다. 이처럼 고려의 가족 구성은 부계 일변도가 아니었으며 처계나 모계 혈족과 아주 가까웠음을 알 수 있다.

　또한 처가살이가 혼인의 일반적인 형태였다. 이때에 처가에 머무르는 기간은 다양했다. 혼례를 처가에서 치르고 계속 처가에서 거주하다가 나중에 시집으로 돌아가기도 하고, 처가에 있다가 벼슬 때문에 분가하기도 했으며, 시집이나 제3의 장소에서 살다가 나중에 처가가 있는 지역으로 이주하여 장인·장모를 부양하기도 했다. 예컨대 김묘의 처 여흥군부인 민씨는 민사평과 언양군부인 김씨의 무남독녀였다. 그녀는 혼인한 뒤에도 친정어머니를 모셨고, 어머니가 돌아가신 뒤에도 산소를 지키느라 죽을 때까지 친정인 여흥에서 살았다. 무신 집권기의 관리 이자미량은 혼인 초 처가에서 살다가 벼슬 때문에 분가했다. 그는 장인이 죽자 자신이 밥 한 끼, 물 한 모금까지 모두 장인에게 의지했는데 그 은혜를 갚지 못했다며 아쉬워했다.

　이러한 혼인제도 혹은 친족제도를 가지고 있었기 때문에 고려에서는 남녀 균분상속이 이루어졌으며, 제사는 불교식으로 자녀들이 돌아가면서 지냈고, 근친의 개념이 중국과는 달리 외종(外從) 형제간이나 이성(異姓) 6촌 자매간까지 확대되어 있었다.

그러나 이 시기 혼인의 결합성은 그다지 공고하지 못한 면이 있었다. 혼인의 목적이 권력을 얻는 데 있는 경우가 적지 않은 만큼, 그 목적이 상실되었을 때 혼인이 파기되는 경우가 많았기 때문이다. 즉 남자 쪽의 기처(棄妻) 행위가 적지 않았다는 것이다. 이러한 상황이고 보니 고려에서는 이혼과 재혼이 조선에 비해 빈번했으며 남녀 간 애정 표현도 자유로운 편이었다.

결론적으로 고려에서는 부계가 점점 강해지기는 해도 여전히 독점적이지 못했다고 할 수 있다. 그러한 상황에서 여자들은 혼인 후 다른 집안과의 관계 속에서의 위치, 즉 처나 며느리로서의 위치보다는 자신이 태어난 집안의 딸로서의 위치가 더 확고했음을 볼 수 있다.

3. 조선: 성리학적 질서와 여성의 삶

1) 성리학과 부계적인 가족제도

조선에서는 왜 그 전 시기와 달리 부계적인 가족질서가 강조되었을까? 그 이유를 성리학에서 찾지 않을 수 없다. 본래 유교에서는 만물의 생성이 하늘의 원리와 땅의 원리, 즉 여성적 원리(陰)와 남성적 원리(陽)가 관계를 맺음으로써 이루어진다고 하였다. 이러한 생각이 자연히 남녀 역할 분담론을 가져왔는데, "여자는 안에 위치하고 남자는 밖에 위치한다. 남녀의 위치가 정해진 것은 자연의 원리다."(『주역』, 「가인(家人)」)라는 관념이 바로 그것이다. 그런데 이 이론 자체는 남녀의 역할을 명확히 했을 뿐 차별적인 요소를 강조한 것은 아니다. 그런데 유교에서 남녀차별성이나 부계성이 강조된 이유는 무엇일까?

중국에는 유교가 발생하기 전부터 종법(宗法)이라는 가족제도가 있었

아래는 조선 초기와 후기, 재혼과 관련한 재미있는 두 기사를 옮겨 온 것이다. 재혼에 대해 아주 적극적이던 김씨 부인과 재혼이 도리에 어긋난다고 보는 시골 아낙의 모습이 너무나 대조적이다. 조선에서는 도대체 무슨 일이 있었기에 이처럼 커다란 변화가 생긴 것일까?

> 사헌부에서 영돈녕부사 이지를 탄핵하였으니 그가 죽은 중추원부사 조화의 처 김씨를 아내로 맞아들였기 때문이다. 김씨는 문하시랑찬성사 김진의 딸이었다. 그녀는 아름다웠지만 음탕하였고 나이가 들면서 더하였다. …… 이때에 이르러 사헌부에서 다시 탄핵한 것이다. 그러나 왕은 이 문제를 듣고 말하기를 "처 없는 남자와 남편 없는 여자가 서로 혼인하려는 것을 왜 반드시 문책해야 하느냐? 더구나 이지가 계실을 취했다는 사실을 내가 알고 있으니 다시는 논핵하지 말라." 하였다. 처음에 김씨는 이지와 몰래 혼인하고자 하여 아들 조명초에게 알리지 않았다. 혼인날 저녁에 이지가 오자 명초는 비로소 이를 알고 이지의 목을 잡고 함께 땅에 엎어져 울면서 막으려고 하였지만 끝내 그만두게 할 수 없었다. 김씨는 첫날밤을 지내고 다음날 나와서 사람들에게 말하기를 "나는 이 사람이 늙었을 줄 알았는데, 이제 정말 늙지 않았다는 것을 알겠다." 하였다. 김씨의 당시 나이는 57세다.(『태종실록』권30, 태종 15년 11월 갑오)

> 영도에서 온 부부가 서울의 한 선비 집에서 머슴살이를 하였다. 주인집 아들이 『사기』를 배웠는데, '충신은 두 임금을 섬기지 않고 열녀는 두 남편을 섬기지 않는다.'라는 말에 이르러 서당의 선생이 풀이를 해주자 아궁이에 불을 때다가 여자가 그 말을 들었다. 날이 저물자 여자는 서당의 선생을 찾아가 낮에 들은 그 말에 대해 더 설명해 달라고 부탁했다. 서당의 선생이 재차 설명을 해주자 여자는 눈물을 흘렸다. "사람의 도리를 이제야 처음 들었습니다." 그러고는 나와서 남편에게 이런 말을 했다. "나는 여태까지 여자가 지켜야 할 도리를 들어본 적이 없었는데, 오늘에야 비로소 들었습니다. 그러니 오늘 헤어집시다." 여자가 개가하여 지금의 남편을 따라온 것이었고, 둘 사이에는 이미 젖먹이 아이까지 하나 두고 있었다. 남편은 놀라서 까닭을 물었다. 여자의 대답인즉 이러하였다. "전날 당신을 따랐던 것은, 여자란 지아비를 잘 섬기면 그만이라고 알았기 때문인데, 오늘에야 두 남편을 섬길 수 없다는 도리를 알았으니, 이제부터 몸을 깨끗이 지켜 돌아가신 남편에게 보답해야겠습니다. 당신 아들은 어려서 품에서 떼어 놓을 수가 없으니 몇 년 기른 뒤 데려가소서. 그러면 당신에게 충분히 보답이 될 것입니다."(19세기 야담집, 『이향견문록』)

다. 종법이란 '적장자 위주의 가계 계승과 그를 바탕으로 한 제사의례'를 말한다. 이것은 드넓은 중국 대륙을 다스리려면 한 사람에게 절대적인 권력을 부여할 필요가 있었기 때문에 나타난 제도라 할 수 있다. 물론 이 적장자에 의한 가계 계승은 강한 부계성을 띨 수밖에 없었다. 본래 유교의 도덕원리가 가족관계에 바탕을 두고 있는 만큼 고대부터 종법과 유교는 자연스럽게 결합되었다. 그 결과 유교도 가부장성을 지니게 된 것이다.

송대에 성립된 성리학은 유교의 도덕성을 다시 강화함과 동시에 고대 이후 쇠퇴한 종법을 부활시키고자 하였다. 주희는 사당을 세우고 4대에 걸쳐 제사를 지내며 가법(家法)을 세우도록 하였다. 이러한 배경 때문에 성리학은 유교에서 나왔지만 유교보다 더 강한 가부장성을 지니게 되었다.

조선은 성리학을 수입한 후 그 이상대로 도덕성의 함양과 실천을 요구하였고, 그 실행 방법으로서 종법을 강조하였다. 그리고 자연스럽게 부계 중심의 가족제도를 이상으로 삼았다. 이는 조선이 부계만의 가족제도로 사회를 유지해 나갈 수 있는 여건을 어느 정도 갖추었다는 것을 뜻한다. 고려까지 이어지던, 부계와 모계가 함께 중시되는 가족제도의 전통은 근본적인 변화를 겪지 않을 수 없게 되었다.

2) 달라지는 조선의 가족제도

부계 위주 가족제도는 여성과 관련한 제도에 많은 변화를 요구했다. 우선 혼인제도를 보면 조선 초기까지 처가살이〔男歸女家婚〕가 일반적이었는데, 이것이 중요한 논란거리가 되었다. 즉 이것이 『주자가례』의 이상적인 혼인례인 친영(남자가 여자 집에 가서 여자를 데려와 혼례를 치르고 곧바로 남자 집에서 생활하는 것)에 맞지 않으므로 고쳐야 한다는 것이었다. 국가에서는 세종 17년(1435)에 파원군 윤평과 숙신옹주의 혼인을 친영으로 거행하면서 사대부들에게 이를 적극 권장하였다. 그러나 혼인은 다른 어떤 관습보다 변화가 더딘 것이어서 17세기 이전까지 대개 남자가 장가를 가 여자 집이나 그 근처에 근거를 두는 것이 아주 보편적이었다.

제사와 관련하여 조선은 건국 초기부터 가묘 건설을 적극 권장하고 신분에 따라 제사 지내야 할 대수를 정하기도 하였다(『경국대전』). 그러나 조선 초기 사대부들에게 제사란 불교식의 향화와 크게 다르지 않은 것으로서 반드시 큰아들이 전담해야 한다는 의식이 아직 없었다. 오히려 혼인 후 함께 생활하는 사위가 제사의례를 담당하는 것이 더 자연스럽게 여겨졌다. 따라서 이른바 아들 딸 구별 없이 돌아가면서 지내거나(輪廻奉祀) 나누어서 지내는(分割奉祀) 제사 관행이 17세기까지도 남아 있었다.

이러한 현상은 재산 상속 문제에서도 마찬가지로 나타난다. 조선시대의 많은 분재기(分財記)들은 17세기 후반까지도 균분상속이 이루어졌다는 사실을 보여 준다. 『경국대전』의 노비 분배 규정에는 적처소생이냐 첩소생이냐 하는 신분상의 차이는 있으나 아들과 딸 간에는 상속분의 차이가 전혀 없다. 이는 제사 상속과 함께 그에 필요한 재산을 적장자에게 상속하게 하는 종법 이념에서는 고려될 수 없는 방법이었다. 그러나 실제로 조선에서는 균분상속이 17세기까지 아주 보편적이었다.

제사나 재산상속뿐 아니라 다른 가족제도나 예제도 마찬가지였다. 가령 외조부모에 대한 상복이 『경국대전』 전까지 친조부모에 대한 상복과 같이 1년복이었다든가, 족보를 작성할 때에 친손만이 아니라 외손을 반드시 함께 넣고 아들 딸 구별 없이 출생순으로 기록했다든가 하는 것은 조선 초기까지 부계와 모계가 함께 중시되었음을 보여 준다.

그러나 17세기 이후에는 성리학의 성숙과 함께 부계적인 가족제도가 확실히 자리 잡는다. 혼인에서는 친영제가 정착해 가고, 제사나 재산상속은 적장자 중심으로 되었으며, 족보 기록은 외손을 제외한 채 아들을 먼저 기록하는 선남후녀(先男後女) 방식을 취하게 되었다. 하지만 여전히 조선이 중국과 같이 부계 일변도의 국가가 되었다고 말할 수는 없다. 위에서 알 수 있는 바와 같이 조선이 중국의 가족제도를 어느 정도 변형해서 받아들였기 때문이다. 그리고 그것은 때로 과부재가금지법과 같이 중국 것보다 더 규범적이기도 했다.

3) 여성들의 대응

17세기 이후 여성들의 생활은 많이 달라졌다. 우선 여성들이 시집살이, 즉 부계 중심의 가족제도 안에서 살지 않을 수 없게 되었다. 여기에는 물론 갈등이 많았다. 시집살이의 고초란 자신의 집이 아닌 남편 집에서 적응하며 살아가야 하는 여자들의 처지를 말해 주는 것이다. 예를 들어 인목대비나 혜경궁 홍씨 등이 자신의 친정을 끝까지 보호하려고 했다거나 안동 장씨 부인이 늘 친정을 돌본 것 등은 부계 중심적 가족제도에 적응해 가면서도 친정과의 관계를 놓지 않으려고 애쓴 여성들의 모습을 보여 준다.

그러나 이미 조선에서 절대성을 갖게 된 부계적 가족제도를 더는 거부할 수 없었다. 여성들은 처음에는 어쩔 수 없이 받아들였지만 곧 아주 적극적으로 적응해 가기 시작했다. 그것이 여성들이 현실을 살아 내는 방법이었다. 어차피 제도권으로부터 일탈하면 삶 자체를 영위할 수 없으므로 자기 앞에 놓인 여건에 맞추어 인정받는 것이 더 유익하다는 생각을 여성들 스스로 하게 된 것이다.

또한 부계적인 가족제도 내에서 자신들에게 이로운 점이 무엇인지도 파악해 갔다. 새로운 가족제도에 편입하면서 이전의 가족제도에서 누리던 권리를 많이 상실했지만 새롭게 얻게 되는 권리도 있다는 걸 알았다. 각 가문의 총부(冢婦) 또는 종부(宗婦)로서의 위치 확보, 정처(正妻)에 대한 보장 등이 바로 그것이었다. 부계성이 강화되어 감에 따라 여성들은 친정을 배경으로 하여 딸로서 누릴 수 있는 권리는 잃어 갔지만 남편의 집안에서 보장되는 며느리로서의 권리, 어머니로서의 위치는 확보해 나갈 수 있었다. 가령 총부는 장자인 남편이 아들 없이 죽어서 양자를 들일[立後] 때 중요한 결정권을 행사했다. 대부분의 총부들은 자신의 입지를 위해 바로 아래 시동생의 아들보다는 10촌 이상 먼 친척 자손을 양자로 들이는 것을 선호했다고 한다. 물론 후기로 갈수록 문중의 영향력이 커져 이러한 총부들의 의지가 그대로 반영되기는 어렵게 되었다. 그러나 여기에서 주목해야 할 것은 여성들이 부계적 가족제도로 변화해 가는 조건 속에서 어떤 방법으로든 자신의 입지를 찾아 지키려고 노력했다는 사실이다.

여성들로서는 열녀가 되는 것도 현실에 대처하는 전략 중 하나였다. 열녀는, 당시로서는 거의 유일하게 여성이 사회적으로 인정받는 방법이었다. 열녀가 된다는 것은 남자들이 충신이나 효자가 되는 것과 마찬가지로 당시 사회에서 최고의 도덕적인 실천으로 평가되었기 때문이다. 여성들은 그러한 평가를 받고자 했고, 거기에서 스스로 만족감을 얻었다. 오늘의 시각에서 볼 때 조선 후기 열녀는 여성 억압의 산물임이 분명하지만, 당시에는 여성들의 중요한 자기표현 수단이기도 했던 것이다.

그리고 여성들은 자신들에게 큰 변화를 준 성리학에 학문적 관심을 가졌다. "내가 비록 여자의 몸이나 하늘로부터 받은 성품이야 남녀의 차별이 있지 않다." 이는 성리학의 원리 자체와 그 실천에는 남녀의 구분이 없다는, 18세기 여성학자 임윤지당의 말이다. 이러한 생각은 바로 다음 시기에 강정일당에게 이어진다. 조선 후기에도 최고의 가치였던 성리학을 여성들이 이해하고 연구하고자 했다는 것은 의미하는 바가 크다. 즉 효녀, 열녀로서 성리학의 도덕을 실천할 뿐만 아니라 그 원리를 이해하는 주체로 자신의 영역을 넓힌 것이기 때문이다.

18세기 말부터는 여성들이 천주교에도 관심을 가졌다. 1784~1801년에는 남자 480명(81%), 여자 122명(19%)이던 신도 수가 천주교 탄압 이후 1802~1846년에는 남자 282명(64%), 여자 159명(36%)으로 변했는데, 이때 남자신도 수는 줄었으나 여자신도 수는 오히려 늘어난 것을 볼 수 있다. 이는 여성들이 새로운 문물을 받아들이는 데 대단히 적극적이었다는 사실을 말해 준다. 당시 여성들은 천주교 때문에 많은 수난을 겪었지만, 결과적으로는 천주교의 확산에 중요한 역할을 했다.

조선시대는 여성들에게 커다란 변화의 시기였다. 고대 이래 유지되어 오던 양측적(兩側的) 가족제도가 확고하게 부계적인 가족제도로 변했기 때문이다. 물론 여성들이 처음에는 갈등을 겪었지만 점차 제도에 적응하면서 의미 있게 사는 방법을 찾았고, 새로운 영역에서 자신들의 권리를 확보하고자 노력하였다. 그리고 도덕을 수용하는 객체의 위치에서 점차 벗어나 그것을 체득하고 실천하는 주체 쪽으로 변화해 갔다. 그뿐만 아니라 궁극적으로는 성리학 자체를 연구하기도 하고 천주교에도 관심을 가졌다. 즉 여성들은 성리학 중심의 기존 질서에 적극적으로 적응할 뿐만 아니라 새로운 세계관에 열린 자세로 임했다.

4. 한말: 근대적 여성주체의 등장

1) 민족의 일원으로 발견된 여성

19세기 말 열강들의 각축 속에서 조선사회는 문명과 개화로 나아감으로써 민족과 국가를 새롭게 건설해야 할 과제를 안게 되었다. 이제까지의 사상과 제도는 낡은 것으로 치부되었고, 새로운 근대사회로 과감하게 도약해야 했다. 계몽이 시대의 화두가 되었을 때, 새로운 계몽의 대상이자 주체로 등장한 집단은 다름 아닌 여성들이다.

기존의 전통적인 여성상에서 벗어난 여성에 대한 새로운 관점은 조선 후기 이래 민중들에게 광범한 영향을 미친 서학·동학의 영향 아래 조선사회 내부에 이미 형성되기 시작했다. 18세기 후반부터 수용되기 시작한 서학의 교리는 남존여비라는 차별의식에서 탈피하여 여성과 남성을 같은 인격체로 인정하고 일부일처제나 축첩 금지 등을 주장하면서 많은 여성들에게 호응을 받았다. '사람이 곧 하늘'이라는 인내천 사상을 설파한 동학 역시, 교주인 수운 최제우가 과부를 아내로 맞이하고 여종들을 해방시켜 한 사람은 며느리로 맞고 한 사람은 양녀로 삼는 파격적인 행동을 하면서 농민층 내부에서 기존의 여성관을 타파하는 데 일조하였다.

한말, 개화사상이 사회의 전면에 등장하면서 더 적극적으로 남존여비적인 기존 질서를 타파하려는 노력이 나타났다. 서구문명을 적극적으로 수용하려 했던 개화파들의 관심이 억압받는 여성들의 존재에 대한 비판에까지 미쳤다. 갑신정변의 실패로 일본에 망명해 있던 박영효가 1888년 고종에게 올린 28조로 된 개화상소에는 여성의 인격 존중, 학대·멸시의 금지, 여성의 노예화 금지, 교육의 남녀균등, 과부 재가 허락, 축첩 폐지, 조혼 금지, 내외법 폐지 등을 담고 있다.

개화파들은 서구 열강들의 강한 국력의 바탕에는 교육받은 인구의 절반인 여성이라는 존재가 있다는 점을 지적하고, 여성이 교육을 받아 개명하면 근대적인 자녀교육과 내조를 하여 가정이 근대화되고, 나아가 국가도 자주적인 근대화를 이룰 수 있다고 인식하였다. 따라서 여성교육은 조선사회가 당면한 가장 절박한 과제가 되었고, 교육구국운동의 일환이자 자강의 지름길로 인식되었다.

당시 계몽의 선두에 나선 『독립신문』, 『대한매일신보』, 『제국신문』, 『황성신문』 등 한말의 신문들이 모두 여성교육의 중요성을 강조하고 강한 어조로 여권론을 옹호함으로써 여성교육의 당위성이 널리 인정되어 갔다.

2) 여성주체의 등장

여성도 교육해야 한다는 계몽 담론은 여성 자신을 교육운동의 주체로 나서게 했다. 당시 여성교육의 상황은 이화학당, 정동학당 등 선교사에 의해 몇몇 여학교가 설립되어 있을 뿐, 관립 여학교는 설립 계획조차 없을 정도로 열악했다. 이에 양성당 이씨, 양현당 김씨 등 서울 북촌의 양반 부인들이 1898년 9월 『독립신문』과 『황성신문』에 「여학교설시통문」을 발표하고,

여성교육운동을 본격적으로 시작했다. 최초의 여권선언이라 할 이 통문에는, ①문명·개화 정치를 수행하는 민족 대열에 여자도 참여할 권리가 있다, ②남자와 평등하게 직업을 가지고 일할 권리가 있다, ③여자도 남자와 동등하게 교육을 받음으로써 인격을 가질 수 있다는 적극적인 주장이 개진되었다. 이 통문의 발표를 계기로 '여학교설시찬양회'(이하 찬양회)가 조직되었고, 북촌 양반 부인들 외에 서민층과 기생도 참여하였다.

찬양회는 대궐문 앞에 나아가 관립 여학교를 세워 달라는 상소문을 고종에게 올리는 등 여학교 설립을 위해 적극적으로 노력하였다. 그러나 재정문제로 정부의 승인을 받지 못하자, 결국 1899년에 독자적으로 여학생을 모아 순성여학교를 설립하였고, 이와 더불어 여성 계몽을 위한 사업으로 일요일마다 정기집회를 갖고 연설회·토론회도 개최하였다. 그 밖에 독립협회 운동을 적극 지지하여 만민공동회에도 참여하였다.

비록 재정문제로 순성여학교가 얼마 되지 않아 문을 닫고 말지만, 이후 많은 여성교육 단체들이 조직되었고, 교육구국운동의 분위기 속에서 여학교가 전국적으로 대거 설립되었다. 1900년대에 이르면 사립 여학교가 96개 교에 달했고, 1903년부터 1908년 사이에 여학생이 열 배 증가하는 등 여성교육운동은 크나큰 성과를 낳았다.

계몽의 주체로 등장하기 시작한 여성들의 활동이 교육운동에만 머문 것은 아니다. 의병운동에 투신하거나 국채보상운동에 가담하는 등 사회운동에 참여하여 민족의 운명을 스스로 책임지려 한 적극적인 여성들이 등장하기 시작했다.

의병활동에 투신한 대표적인 여성으로 윤희순을 들 수 있다. 그녀는 "우리 여자가 뭉치면 왜놈 잡기 문제없으니 우리 여자도 나라 위해 의병하러 나가자"라는 내용의 〈안사람의병가〉를 지어 여성들로 하여금 의병활동에 나서도록 촉구하였으며, 남장을 하고 의병으로 출정하여 을미의병·정미의병의 일원으로 활동하였다. 윤희순을 비롯한 안사람의병단은 빨래,

식사, 화약 만들기 같은 일을 담당하였고 남자 의병들과 함께 투쟁할 힘을 기르고자 고된 훈련도 마다하지 않았다. 또한 의병의 군자금을 마련하는 데도 적극적으로 나섰다.

일본에 진 빚을 국민의 힘으로 갚자는 취지로 담배를 끊는 '단연회'가 1907년에 대구에 조직됨으로써 시작된 국채보상운동 역시 여성들의 적극적인 참여 속에서 진행되었다. 여성도 남성과 마찬가지로 민족의 일원이므로 민족구성원으로서 도리를 다하기 위해 국채보상운동에 참여해야 한다는 인식하에 폐물폐지부인회, 대안동국채보상부인회 등 전국적으로 30여 개의 여성 국채보상단체가 결성되었다. 여기에는 양반층과 지역 유지의 부인뿐만 아니라 기독교 여성, 상인층 여성, 기생 출신 여성 등도 다수 참여하였고, 단체를 통한 기부금 모금과 폐품 폐지, 절식운동 등의 활동을 하였다.

이러한 활동을 통해 여성들은 조직활동의 경험을 쌓을 수 있었다. 그러나 여성들의 참여는 봉건적인 가족제도의 질서를 파괴하지 않는 범위 내에서 추진되었고, 여성교육의 궁극적인 목적도 민족과 국가를 보전하는 데 초점이 있었기에, 교육내용 역시 부덕의 함양 등 기존 내방교육의 연장선에 놓이는 한계를 지니고 있었다.

5. 일제 식민지: 식민주의와 여성 삶의 변화

1) 식민주의와 가부장제

문명개화를 받아들여 근대 국민국가를 건설하려던 노력은 1910년 일제의 식민지로 병합되면서 결국 수포가 되고 만다. 이로써 조선민중들은 식민지라는 제한된 조건 속에서 근대화를 경험하게 되었다. 그러나 식민지 근대화의 경험이 조선의 남녀에게 동일한 것은 아니었다. 안정적인 식민통치를 위해 가부장제를 선택적으로 활용한 일제의 개입 속에서 식민지 여성들의 삶은 새로운 모순구조 속으로 빠져 들어갔다.

현모양처, 식민지 여성교육의 모델

일제는 이민족 통치에 대한 조선인들의 반발을 무마하고 자신들의 지배를 시혜로 치장하기 위해 교육을 활용하였다. 특히 여성은 장래의 식민지민을 생산하고 교육한다는 점에서 중요한 교화대상이었다. 일제가 여성교육을 통해 기대한 여성상은 식민통치에 순응하는 여성, 가부장적 사회체제에 적합한 여성이었다. 소위 '현모양처'라는 여성상이 이때부터 등장하기 시작한다. 우리의 전통적 여성상으로 잘못 알려져 있는 현모양처상은 일본 메이지 시기에 등장한 양처현모상으로부터 온 것이다. 조선시대에는 '현모'와 '양처'가 따로 쓰일 뿐, '현모양처'라는 합성어는 존재하지 않았고, '양처'의 뜻도 '어진 아내'가 아니라 '노(奴)와 결혼한 양인 신분의 처'였다.

현모양처상은 여성의 역할을 아내와 어머니로 규정하고, 그 역할을 통해 국가에 공헌할 것을 기대하는 것이다. 이러한 모델은 여성을 근대국민을 재생산하고 자녀교육을 담당하는 존재로 인식한 것이며, 여성교육의 목적은 성별 분리에 의한 부덕의 함양으로 일관하였다. 따라서 여성교육은 재봉, 수예, 가사 등 가정생활에 필요한 실기 위주의 교과인 기예 교과에 편중되었다.

현모양처상은 남성은 바깥일을 통해 아내와 자식을 부양하고, 아내는 가정에서 가사노동과 자녀교육을 담당한다는 역할 분담론을 기반으로 한다. 이러한 역할 분담은 부부평등을 전제로 한 것이고, 남성과 여성은 이러한 역할을 통해 근대국가의 건설 및 유지라는 사업에서 일정한 역할을 할 수 있다는 것이다. 이 때문에 '열녀효부'라는 전통적인 여성상에서 강조되던 며느리 역할보다 어머니, 아내의 역할이 여성에게 강조되었다. 시부모와 남편에 대한 무조건적인 복종에서 벗어나 어머니, 아내라는 여성적 역할을 통해 남편과 동등한 관계를 이루어야 한다는 내용의 현모양처상이 당시에는 상대적으로 진보적인 것으로 여성들에게 인식되었다. 나혜석 같은 선구적인 신여성들이 그 불평등성을 비판했지만, 1930년대에 이르면 여성들에게 바람직한 여성상으로서 폭넓게 받아들여졌다.

호주제의 도입과 여성의 법적 지위

조선시대에도 호적은 있었으나 당시 호적은 부역을 부과하고 봉건적인 신분을 확인하기 위한 호구조사에 불과했다. 따라서 호적에는 실제 동거자가 기록되었고, 호주는 집안의 어른이었을 뿐, 가장의 의무와 권리에 대한 직접적인 법률 규정은 없었다. 그런데 새로 도입된 호주제의 호적에는 실제 동거자가 아니라 호주를 중심으로 한 부계 친족이 기록되면서 형식적인 '가(家)'의 개념이 도입되었다. 그리하여 호적은 가계의 혈통을 밝히고 각 개인의 신분 변동사항과 친족관계를 기록하고 공증하는 제도로 바뀌었다. 호주가 호적에만 존재하는 '가'의 대표로서 가족 구성원의 혼인·입양·입적·제적과 같은 중요한 신분행위에 대한 동의권·허가권·재판권을 가지고 강력한 가부장권을 행사할 수 있게 되었다.

조선의 호주제도는 일본에서보다 한층 더 철저하게 운영되었다. 일본에서는 폐적제도(호주 계승자가 호주로서 부적합할 경우 그 지위를 박탈하는 제도) 같은 것이 존재하여 '누구를 호주로 할 것인가'에 융통성이 있었지만, 조선에서는 가계 계승의 원리에 근거하여 폐적제도가 허용되지 않음으로써 호주 승계의 금지·포기·선택이 모두 불가능했기 때문이다. 이러한 가제도는 단순한 가족제도가 아니라, 전 주민을 국가가 승인하는 문서에 등록함으로써 천황을 정점으로 한 가족국가를 건설하려는 의도하에서 만들어진 제도다. 일제는 이 제도를 통해 식민지 조선인에 대한 통제력을 강화하려 했다.

호주제도를 토대로 한 가족제도하에서 여성은 남편과의 관계 속에서만 인식되었으며, 법률상 무능력자로 취급되었다. 돈을 빌려 주거나 빌리는 일, 보증을 서는 일, 부동산이나 중요한 동산에 관한 권리의 득실을 목적으로 하는 행위, 소송 등 중요한 법률행위를 하려면 반드시 남편의 허가가 필요했다. 남편에게는 아내 재산의 관리권이 있는데, 아내는 그 자녀에게 친권을 행사할 때에도 일일이 친족회의 동의를 얻어야 했다. 심지어 상점의 고용원이 되는 등 직업을 갖거나 계약 행위를 할 때에도 호주인 남편의 동의나 허가를 받아야 할 정도로 매우 불평등한 것이었다.

공창제와 성매매

개항 이후 일본인 거류지를 중심으로 생기기 시작한 유곽은 식민지화와 함께 전국적으로 제도화되었다. 각도 경찰서장이 지정한 장소에서만 공창 영업을 할 수 있도록 법적으로 규정함으로써 유곽으로 상징되는 조직적 관리 성매매인 공창제가 본격적으로 도입되었다. 일제는 성병 확산의 금지라는 구실을 내세웠으나 적지 않게 징수되는 세금과 치안유지의 편리성도 고려한 것이었다. 영업허가, 건강진단, 창기의 고용, 폐·휴업 등의 보고 및 신고 사항 등에 경찰이 깊이 관여하였기 때문에 경찰의 뜻을 어기면 영업을 계속 할 수가 없었고, 경찰은 그 점을 항일운동에 관련된 정보 수집이나 치안대책에 이용하였다.

일제는 공창제도를 실시하고 사창을 엄금하는 정책을 취하였으나 사창이 늘고 성매매가 확대되어 갔다. 공식화된 성매매 제도하에서 빈곤층 여성들은 쉽게 성매매 시장으로 유입되었다. 소개업자들에 의해 결혼 알선이라는 명목으로 매매되거나 악덕 중개인의 사기·유괴로 포주에게 매매되는 경우도 있었다. 여성들은 대개 4~7년 기한에 400~700원 정도의 전차금을 받고 팔렸지만, 그 전차금의 1/3 정도는 소개인 수수료, 옷값, 공증서 작성비, 여비, 잡비 등의 명목으로 공제되어 실제로 부모 수중에 들어간 것은 전차금의 60~70%에 불과했다. 또 조선인의 화대는 일본인의 1/3 수준이었다. 창기들은 대부분 문맹이었기 때문에 포주에게 속는 경우가 빈번했고, 때로는 포주가 창기들의 도장을 보관하였다가 마음대로 도장을 찍는 경우도 있었다. 그래서 계약 기간이 지나도 그 생활을 벗어나는 경우는 매우 드물었다. 매춘 여성의 80% 정도가 17~24세의 젊은 여성이었고, 대부분 성병과 모르핀에 중독되어 있었다. 이 여성들은 열악한 생활을 견디다 못해 도주를 하거나, 파업을 하며 저항하기도 했다.

공창제하 여성들의 열악한 상태가 일찍부터 사회문제로 대두되면서, 공창제 반대운동이 일어나기도 했다. 그러나 이 제도가 일제시대 내내 유지됨으로써, 여성을 성적인 도구로 삼는 성차별적 관념이 깊숙이 뿌리내리는 계기가 되었고, 일제 말기에는 여성들을 성노예로 동원하는 기반으로 작동하였다.

2) '신여성'과 '구여성', 변화된 여성의 삶

근대화, 산업화, 도시화는 여성들의 삶을 근본적으로 바꾸기 시작했다. 딸, 아내, 어머니로서 가족이라는 굴레에 제한되었던 여성들은 근대적 개인으로서 이제까지와는 다른 새로운 삶을 추구하기 시작했다. 그러나 해방이 쉽게 획득되지는 않았다. 여성들이 새로운 삶의 방식에 발을 들여놓는 순간, 가부장제의 그물망이 그 발에 올가미를 씌웠기 때문이다.

남성적 시선으로 포착된 '신여성/구여성'

여성의 삶에서 근대화는 직업여성과 여학생, 단발머리에 통치마를 입은 새로운 스타일의 여성이 등장하면서 비로소 눈으로 확인되기 시작했다. 관습적인 삶의 방식을 그대로 유지하는 여성은 '구여성', 새로운 스타일을 과감하게 받아들이고 삶에서 실천한 여성은 '신여성'으로 불리기 시작했다. 여성들은 '신여성'이라는 단어를 통해 억압적이고 부당한 가부장적 이데올로기를 부수고, 봉건성을 극복하고 근대사회를 이끌어 갈 새로운 주체로서 자신을 호명하기 시작했다. 그러나 여성들의 이러한 노력에도 불구하고, 이 용어는 곧 사치와 허영에 들뜬 부정적 주체를 가리키는 단어로 그 의미가 오염되기 시작했다. 신여성에 대한 잡지 기사는 구식 가정의 불합리한 시집살이를 비난하는 신여성과 신여성의 헤픈 살림살이와 사치·허영을 비판하는 구여성 간의 갈등으로 장식되었다. 급기야 1930년대 들어, 구여성이 가족을 위해 행하는 희생적인 면을 부각하면서 신여성을 비난하는 내용으로 변해 갔다. 결국 신여성/신남성이라는 구도가 아닌 신여성/구여성이라는 대립구도는, 가부장적 기준으로 여성을 신·구로 분리해 재배열하고, 신여성을 다시금 가부장제로 편입시키려는 남성적 시선을 반영한 것이었다.

현모양처 이데올로기가 일상에 침투하게 된 1930년대에 들어서면, 신여성은 가사의 합리화를 수행하는 사람으로서 가부장제 내로 흡수되고 선구자로서의 의미가 퇴색되었다. 그 자리를 대신하며 등장한 '모던 걸'은 교육을 받은 여성이라기보다는 다방, 영화, 레코드 등 서구 대중문화를 받아들이는 계층을 뜻했고, 유행과 사치와 허영에 들뜬 존재일 뿐, 의식의 선구자라는 의미는 사라지고 말았다.

감성의 변화와 자유연애·자유결혼

근대적 삶으로의 변화는 '가정'의 영역에도 거세게 밀어닥쳤다. 얼굴 한번 보지 않고 부모가 정해 준 대로 결혼하는 '강제결혼'은 낡은 것으로 비난을 받았고, 결혼 당사자의 감정과 판단에 근거한 '자유연애'·'자유결혼'이 새롭고 매력적인 것으로 등장했다. 복종과 인내를 여성이 마땅히 지켜야 할 것으로 보던 과거의 규율 속에서 여성에게 감정이란 철저히 억눌러야 할 것에 불과했기에, 억압되었던 감성의 해방을 의미했던 자유연애·자유결혼의 실천은 여성들에게 특히 더 매혹적이었다. '연애 없는 결혼은 죄악'이라는 생각이 널리 퍼지는 가운데, 자유연애·자유결혼은 기존의 남성 중심적이던 남녀관계를 좀더 평등한 관계로 변화시키는 계기가 되었다.

그러나 윤심덕과 김우진의 정사 사건에서 보이듯, 구여성과 조혼한 지식인 남성의 존재조건 때문에 실제로 연애에 빠진 상당수의 신여성은 정식 결혼을 하지 못한 채 비극적인 결말을 맺거나 '제2부인'이라는 어설픈 미사여구를 동원해 자신의 모습을 애써 미화하는 안쓰러운 모습을 보였다. 또한 신여성과 연애하는 남편에게 버림받은 구여성의 아픔 역시 대중의 심금을 울리며 자주 언급되었다.

따라서 강제결혼만큼이나 심각하게 비판된 것이 조혼의 폐단이었다. 지체 높고 잘사는 가정에서는 우수한 혈통을 유지하기 위해 자녀가 어릴 때 부모끼리 사돈을 맺었으며, 빈곤층의 가정에서는 입을 덜기 위해 어린 딸을 민며느리라는 이름으로 돈을 받고 팔았다. 법적으로 결혼연령이 제한되었는데도 조혼 관습은 쉽게 사라지지 않았다. 결국 여성은 성에 눈도 뜨지 못한 나이에 부부생활을 겪음으로써 고통을 당하였고, 남성은 성장한 뒤 자기 이상에 맞는 여성을 찾으려고 아내를 버리는 일이 흔했다. 이와 같은 조혼의 폐단으로 각처에서 조혼폐지동맹이 결성되었다.

한편 자유연애·자유결혼의 등장은 결혼 자체가 '숙명'이 아닌 '선택'의 문제로 전환되는 계기가 되었다. 스스로 독신을 선택하는 여성들이 등장하는가 하면, 박인덕처럼 아내이기 전에 여성으로서의 삶을 선택하며 남편에게 위자료를 주고 이혼하는 여성도 등장했다. 특히 합법적인 이혼이 거의 불가능했던 과거와 달리, 법적으로 이혼의 자유가 인정됨으로써, 1920년대에 들어서면 아내가 남편을 상대로 한 재판상 이혼도 제기되기 시작했다. 그러나 축첩은 법적으로 이혼의 사유가 될 수 없었고, 아내의 부정은 이혼 사유가 되는 등 불평등한 면이 있었다. 통계자료를 보면 이혼율이 점차 증가했는데 그 사유 중 아내 학대가 상당한 비중을 차지하는 것으로 보아, 결혼을 숙명으로 받아들이던 여성의 의식에 변화가 있었음을 알 수 있다. 그러나 대다수 여성들에게 결혼은 경제적인 이유, 사회적 시선 등의 문제로 여전히 선택이 아닌 숙명이었다.

직업전선에 나선 여성들

여성교육이 보급되고 여성노동에 대한 사회적 수요가 증가하면서, 여성의 사회 참여도 본격화되었다. 의사, 교원, 기자 등 전문직에서부터 예술가, 사무직, 서비스직, 노무직 등에 이르기까지 이른바 '직업여성'이 다양하게 나타났다. 교육받은 여성들이 활동한 주 무대는 교육·의료·언론 등 전문직이었고, 대부분 여성적인 분야를 담당했다. 빈곤층의 여성들은 공장 노동자가 되어 주로 일본의 대규모 자본이 투자한 제사업(製絲業)이나 방직업, 정미업, 고무공업 같은 근대적 공장, 영세한 가내노동 형태의 연초·성냥갑·홍삼 제조, 통조림 생산, 자수, 모자 제조업 등에 종사하였다. 또한 서비스 부문에서 '여성직'이 증가하였는데, 대개 상점 경영, 미용사, 행상 등의 자영업과 사무원·전화교환수·버스 차장·점원 등의 신종 직업, 카페나 요정의 여급과 기생 등 접객업에 종사하였다. 그 밖에 공사장의 잡업에 종사하는 인부, 전통 사회에서 계속 이어진 직종으로 행랑어멈, 안잠자기, 침모, 식모, 유모 등도 존재하였다. 특히 식모로 대표되는 가사 사용인은 많은 여성이 진출한 직종 중 하나였다.

이렇게 새로운 직업 분야에 진출한 여성들이 증가하였으나, 대부분의 여성들은 농촌에서 농민으로 살고 있었다. 그러나 일제의 농촌정책에 따라 면화 재배, 양잠 등 농가 부업이 장려되면서 농촌여성도 전보다 훨씬 더 많은 노동력을 투입해야 하는 상황에 놓였다.

여성해방을 위해서는 경제력을 가져야 하고 이를 위해 직업전선에 나서야 한다는 생각으로 직업을 갖는, 상대적으로 혜택받은 여성들도 있었다. 하지만 여성 대다수는 생존을 위해 돈벌이에 나서지 않으면 안 되었다. 그러나 여성노동자들의 직업은 대부분 일시적이고 단기적인 임시직이 많았으며, 저임금 장시간 노동이라는 열악한 조건이었는데도 취업조차 힘들었다. 힘들게 취업했다 하더라도, 기혼 여성의 경우 탁아소나 공동 취사장과 같이 가사노동을 줄여 줄 적절한 시설이 부재한 상태에서 직장과 가정에서의 이중 노동에 시달려야 했다. 더욱이 저임금과 열악한 노동조건은 1920~1930년대에 여성노동운동이 폭발적으로 일어나는 조건이 되었다.

3) 민족해방·계급해방과 여성해방

3·1운동 후에 '여성해방'을 직접적으로 표방한 운동이 나타났다. 그러나 식민지, 자본주의, 가부장제라는 모순구조를 푸는 방식은 다양했다. 여성들은 민족모순, 계급모순, 성모순이라는 얽힌 실타래를 어떻게 풀어 나갈 것인지를 두고 때로는 서로 갈등하기도 하고 때로는 서로 손을 맞잡기도 하면서 여성해방을 향해 나아갔다.

식민지 여성해방운동

초창기에 여성운동을 선도한 이들은 소위 신여성이라 불린 김원주, 김명순, 나혜석 등이었다. 이들은 일본 유학을 통해 서구의 여성해방론을 접하고 돌아와 여성의 인격을 무시하는 인습에 물든 조선사회를 비판하고 여성들에게 속박으로부터 벗어날 것을 요구하였다. 이들은 특히 여성의 인격과 개성을 무시한 봉건적 성도덕인 정조 이데올로기를 맹렬히 공격하였다. 그러나 당시로서는 급진적이라 할 이들의 주장이 대중의 동의를 얻지 못한 채 오히려 사회적 비난의 표적이 되었고, 사상과 행동을 일치시키려 한 이들의 노력은 결국 비극적인 삶으로 귀결되고 만다. 하지만 전에는 숨겨야만 했던 개인사, 가정사를 사회적 논쟁의 장으로 끌어들인 이들의 활동 덕에 사적인 영역에 숨어 있던 여성문제들이 공적인 논의 주제로 부각되기 시작했다.

자유주의 사조에 기반한 초기 신여성들의 여성해방론이 조직화되지 못한 채 무대에서 퇴장한 후, 여성계는 기독교를 주축으로 하는 민족주의 여성운동 진영과 사회주의 여성운동 진영으로 양분되었다. 1922년에 조직된 조선여자기독교청년회연합회(YWCA)를 중심으로 활동한 김활란, 유각경 등 민족주의 여성운동가들은 교육과 식산(殖産)을 통한 실력양성을 목표로 삼던 민족주의 운동의 영향을 받았다. 따라서 여성들이 인격적으로 대우를 받지 못하는 현실을 벗어나려면 여성 스스로 자질을 계발하는 길밖에 없다고 인식하였고, 여성교육·생활개선운동에 헌신하였다.

러시아혁명의 성공에 고무되어 3·1운동 이후 급격히 밀려들기 시작한 사회주의 사상에 영향을 받은 정종명, 정칠성, 주세죽 등 사회주의 여성운동가들은 여성문제를 자본주의 제도의 모순과 연관된 것으로 파악하고 상층 여성만의 해방이 아닌 여성인구 대다수를 차지하는 '무산부인'의 해방을 기치로 내걸었다. 이들은 1924년에 결성된 조선여성동우회를 중심으로 활동하면서 여성노동운동을 지원하였다.

민족통일전선의 분위기가 고조된 1927년에 여성들은 민족주의와 사회주의를 망라하여 근우회를 결성하였다. 이는 우리 나라 최초의 전국적 여성조직으로 이 단체를 통해 여성운동은 한 단계 도약하였다. 그러나 정치투쟁을 두고 온건파와 급진파 간 갈등이 생겨 근우회의 활동은 불협화음을 내기 시작하였다. 1930년에 사회주의 계열 간부가 정치투쟁에 나섰다가 대거 검거되면서 활동이 전반적으로 위축되고 온건한 방향으로 투쟁노선이 변경되었다. 결국 결성된 지 4년 만에 '근우회는 무용지물'이라는 비판과 함께 해소론이 제기되는 가운데 흐지부지 사라지고 말았고, 1930년대 여성운동은 독자성을 상실하게 되었다.

민족, 계급, 여성

식민지배하에서 여성도 민족적 억압과 계급적 착취관계 속에 놓여 있었기 때문에 여성운동은 당대의 민족운동이나 계급운동과 밀접한 관련을 맺고 있었다. 그러나 그 관계가 늘 서로를 지지하고 북돋는 관계였던 것은 아니고, 때로는 매우 갈등적 관계이기도 했다.

초기 신여성들이 정조 이데올로기에 초점을 두고 가부장제를 신랄하게 비판한 것은 당대 남성 지식인들에게는 당혹스러운 것이었다. 국가를 상실한 식민지 체제에서 민족의 정체성을 가부장적 공동체, 즉 '가족'에서 찾던 남성 지식인들에게는 신여성들의 주장이 가부장적 가족질서를 해체하는 위험천만한 것으로 보였기 때문이다. 그것은 궁극적으로 민족주의에 대한 도전이기도 했다. 결국 초기 신여성들은 활동을 시작한 지 얼마 안 되어 사회적 비난이 쏟아지는 가운데 발언권을 상실하고 만다.

그 후 등장한 민족주의·사회주의 여성운동 세력은 초기 신여성들에 대해 비판적으로 거리를 두면서 여성운동을 민족운동 혹은 계급운동의 '부문운동'으로 설정하였다. 전략적 차원에서 민족주의적 목표 혹은 사회주의적 목표가 실현되면 여성도 보상받을 수 있을 것이라는 약속에 기대를 걸었다. 그렇지 않으면 여성해방을 위한 그들의 노력이 훨씬 더 부당한 대우를 받을 것이 분명했기 때문이다. 그리하여 여성운동이 부문운동으로 자리매김하는 가운데, '남녀 간 대립'을 '지나치게' 강조하게 될 소지가 있는 가부장제에 대한 비판은 의제로서 적극적으로 제기되지 못하였다. 제국주의에 대한 반대가 아닌 민족 혹은 계급 내의 가부장성에 대한 공격은 운동의 단결을 저해하는 것으로 비치곤 했기 때문이다. 민족주의 여성교육이 현모양처 양성에 목표를 둔 점, 사회주의 운동에서 가부장제에 대한 공격이 적절히 의제화하지 못한 점은 이러한 사실을 잘 보여 준다. 더 나아가 1930년대 중국 간도 지역 공산당 운동의 사례에서 드러나듯이, 가부장적인 문화를 가진 농민의 신뢰를 얻기 위해 운동의 과정에서 전통적인 여성상이 오히려 강조되었으며, 가부장적 질서가 새롭게 공고해진 경우도 있었다.

4) 전쟁과 여성 동원

1930년대 후반부터 1945년 해방에 이르는 식민지배 말기에는 일본 제국 주의의 대륙 침략에 따라 조선인들이 전쟁 수행의 도구로 동원되었다. 동원정책은 남성뿐만 아니라 여성에게도 적용되었고 매우 가혹했다.

전방과 후방에서의 여성 동원

1930년대 초부터 제2차 세계대전이 끝날 때까지 일제는 점령지 여성에 대한 강간 방지, 군인의 성병 방지, 사기 진작 등의 명분 아래 8~20만으로 추산되는 여성들을 위안소로 강제 동원하였다. 이 여성들 가운데 80~90% 가 식민지 조선에서 동원되었다. 1925년에 일제가 조인한 '부녀 및 아동의 매매 금지에 관한 국제조약'이 식민지 여성에게는 적용되지 않았기 때문에, 일제가 마음 놓고 식민지 여성들을 동원할 수 있었다. 여성들은 취업시켜 준다는 말에 속거나 인신매매 되거나 군과 경찰에게 강제로 납치되어 위안부가 되었다. 위안소에서 여성들은 '천황의 하사품'이라 불리는 성노예가 되었고, 이루 말할 수 없는 고통을 당하였다. 일본의 패전과 더불어 많은 위안부들이 일본군에게 집단학살되거나 점령지에 버려졌다. 무사히 고국으로 돌아올 수 있었던 경우라도, 당시에 입은 정신적·육체적 상처 탓에 평탄한 삶을 살기 어려웠다. 특히 가부장적 순결 이데올로기 때문에 피해자가 아닌 몸을 더럽힌 존재로서 오랫동안 자신들의 고통에 침묵할 것을 강요당하였다.

한편 후방에서는 일제가 전쟁 수행을 위해 경제적 측면에서 전시협력 운동을 전개하였고, 근검절약과 저축으로 국가의 경제를 부양할 임무를 여성들에게 부여하였다. 또한 미래의 병사를 출산하여 훌륭한 충군애국의 황국신민으로 만들고, 자식을 기꺼이 전장에 보내 줄 '군국의 어머니'로 여성을 호명하였다. 인적 자원의 확보라는 차원에서 전시 인구증가 정책을 시행한 일제는 '낳아라 불려라 국가를 위하여'라는 슬로건을 내걸고 여성들에게 출산을 장려하였다. 그러나 다산장려와 함께 모성보호가 이루어진 일본과 달리, 조선에서는 정책적 뒷받침은 미흡한 채 구호에만 의존하면서 다산을 장려하는 대신 자식을 기꺼이 전쟁에 바치라고 강요하였다.

일제는 관 알선, 징용, 학도 동원, 근로보국대, 근로정신대 등 여러 가지 제도적 장치와 방법을 동원하여 농촌과 공장에서 남성을 대신하여 일할 노동력으로서 여성을 광범하게 동원하였다. 노동조건은 매우 열악하였고, 기존에 여성들이 배제되었던 광업과 부두 하역에까지 여성노동이 투입되었다. 또한 강제적으로 공동작업반을 조직하여 여성농민을 조직적으로 동원하였는데, 쌀 같은 곡류 외에도 여성의 노동으로 생산되는 잠사와 면화, 심지어 가마니에 이르는 갖가지 농산품을 공출하였기에 여성노동력의 착취가 심하였다.

공출로 극심한 내핍생활을 하는 여성들의 입장에서는 전쟁 협력을 요구하는 일제의 선전이 현실과 동떨어진 것이었다. 여성들에게 중요한 것은 전쟁에서 승리하는 것이 아니라 어떻게 해서든 암울한 시기를 버티고 살아남는 것이었다. 여성들은 공출이나 노동 동원 등 일제의 정책에 종종 저항하였고, 징병 당하는 남편과 아들을 숨기기 위해 고심하였다. 물론 이러한 저항이 의식적인 반전활동은 아니었으나, 일제의 전쟁 수행을 밑바닥에서부터 흔드는 것이었다.

전쟁 협력에 나선 여성들

일제는 부인단체를 통해 여성들의 전쟁 의식을 고취하고, 여성 지식인들을 동원하여 좌담회와 강연회에서 여성이 후방활동에 참여하도록 선전하게 하는 등 여러 가지 방법으로 여성들을 전쟁 수행을 위한 활동에 협력시키고자 했다. 이러한 가운데, 일제의 동원정책에 지지를 표명하며 적극적으로 협력하는 여성 지식인들이 등장하기 시작하였다.

친일 여성단체인 애국부인회와 국방부인회 외에도, 조선부인문제연구회, 애국금채회, 임전대책협력회, 전위여성격려대, 부인생활정의강연대, 조선교화단체연합회의 부인궐기촉구강연대, 조선임전보국단 부인대 등이 조직되었다. 김활란, 이숙종, 송금선 등 흔히 '친일 여성'이라 불리는 이들이 이러한 단체에 관여하면서 신문과 잡지에 글을 기고하는 것은 물론이고, 각종 순회강연·연설·담화·좌담·방송 등을 통해 여성들에게 전쟁 의식을 고취하고, 학도병, 징용, 정신대 동원, 노력 동원, 가정 내 절약과 저축을 강조하는 일제 정책의 선전대로서 활동하였다.

일제는 전시 공간에서 확대된 여성의 공적 영역 진출을 '여성 지위'의 향상이라는 담론을 이용하여 정당화하였다. 사회 진출이라는 조선 여성들의 오래된 희망을 전시 동원을 위해 교묘하게 이용한 것이다. 어쨌든 여성 운동가들에게 이것은 여성의 가치를 높이는 것이었고 여성의 공적 삶을 인정하지 못하던 조선의 가부장제에서 탈출할 수 있는 기회로 보였다. 조선인이 일본인보다 더 철저한 일본인이 됨으로써 차별받지 않게 될 것이라는 전도된 내선일체의 논리는, 여성이 남성보다 더 국가를 위해 충성함으로써 차별받지 않게 될 것이라는 논리로 확장되었다. 그러나 내선일체에서 동화의 기준이 일본인이었다는 전제 자체가 이미 차별을 내포하는 한계를 지녔듯이, 당시 전쟁에 협력한 여성 지식인들이 품은 '공적 진출에 대한 환상'도 일제가 여성들을 전쟁 수행의 도구로 이용하였을 뿐임이 명백해지는 가운데 말 그대로 환상에 지나지 않음이 드러났다.

6. 여성사 연구의 과제

앞에서 살펴본 것처럼 역사 속 여성의 삶은 현재의 우리와 비슷하기도 하고 전혀 다르기도 하다. 가부장제, 자본주의, 식민주의 등 각 시대의 지배적 구조 속에서 나름의 삶을 영위하기 위해 고군분투한 여성들의 타협, 갈등, 투쟁의 역사가 오늘날 우리 삶의 토대를 이루고 있음을 알 수 있다. 지금 우리 사회에서 여성사 연구에 열렬한 관심이 쏟아지고 있지만, 아직까지 여성과 남성에 대한, 혹은 여성과 남성의 관계에 대한 기존 지식체계를 뒤엎거나 대중의 역사인식을 뒤흔들 만큼 성과가 축적되었다고 보기는 힘들다. 여성사가 기존의 성차별적 인식과 사회구조를 바꾸는 데 기여하는 '도전'이 되려면 평등한 세상을 만들기 위해 이론적·실천적으로 고민하는 연구자와 일반 대중의 더 깊은 관심과 노력이 필요할 것이다. 가족, 여성의 일상·정치·문화·언어·영화·소설 등 앞으로 밝혀야 할 여성사의 영역과 문제가 산적해 있다. 새로운 이론과 연구방법론의 모색, 풍부한 실증적 자료의 확보와 생산, 이 모두가 과제다.

주류를 위협하는 새로운 패러다임은 어느 날 아침에 하늘에서 떨어지지 않는다. 역사 속에서 마주치는 여성들과 여성을 둘러싼 조건들에 대해 끊임없이 '왜?'라는 질문을 던질 때 우리는 그 새로운 패러다임과 만날 수 있을 것이다.

❖ 생각할 거리 --

1. 인류 역사상 모권제가 존재했는지 토론해 보자.

2. 중국과 달리 우리 나라 가족제도는 왜 부계와 모계가 함께 영향력을 미치는 형태였을까?

3. 성리학이 조선 여성에게 미친 부정적인 영향과 긍정적인 영향을 함께 생각해 보자.

4. 호주제를 사례로 들어 식민지 지배와 가부장제의 연관성에 대하여 생각해 보자.

5. 식민지배하에서 펼쳐진 여성해방운동과 민족해방운동의 상관관계에 대하여 토론해 보자.

6. 공창제는 군대 성노예제와 어떤 차이점이 있는지 생각해 보고, 공창제가 일본군 성노예제의 성립 과정에 미친 영향에 대하여 알아보자.

❀ 읽을 거리 --

1. 한국여성연구소 여성사연구실, 『우리 여성의 역사』, 청년사, 1999.

2. 이배용 외, 『우리나라 여성들은 어떻게 살았을까』 1·2, 청년사, 1999.

3. 여성사연구모임 길밖세상, 『20세기 여성사건사』, 여성신문사, 2000.

4. 전경옥·유숙란·이명실·신희선, 『한국여성정치사회사』, 숙명여자대학교 아시아여성연구소, 2004.

5. 전경옥·변신원·박진석·김은정, 『한국여성문화사』, 숙명여자대학교 아시아여성연구소, 2004.

4장_여성성과 젠더 정체성

조현순

1. 들어가며

19세기 프랑스인 에르퀼린 바뱅은 여자로 태어났으나 2차 성징기를 거치면서 남성적 징후가 발현되어 동료 여교사인 사라와 사랑에 빠졌다. 그렇다면 바뱅의 성별은 남성일까, 여성일까? 1987년 매사추세츠 공과대학의 페이지 박사는 현대과학으로도 전체 인구 중 10%에 이르는 사람들의 XX염색체와 XY염색체를 분명하게 밝힐 수 없다고 주장했다. 그리고 현재 미국의 경우, 동성애자의 비율이 전체 인구의 10%에 달하지만 그 사실이 드러나지 않았을 뿐이라고 주장한다.

그렇다면 여성을 여성이라고 말할 수 있는 근거는 무엇일까? 그리고 여성의 젠더 정체성은 정신분석학과 페미니즘에서 어떤 의미가 있을까? 오랫동안 여성은 임신과 출산 기능이 있다는 점에서 남성과 다르다고 말해 왔다. 이런 생물학적 기능이야말로 본질적이고도 자연적인 여성만의 특징이라고 여겼기 때문이다. 하지만 이런 관점을 취할 경우, 가임기 전의 영유아나 생리를 시작하지 않은 소녀, 폐경기 이후 가임능력을 상실한 여성, 선천적인 특성이나 성폭력이나 유산 때문에 생물학적 임신이 불가능해진 여성, 출산보다는 사회적인 자아 성취를 위해 자발적으로 불임을 선택한 여성을 여성이라고 설명할 길이 없어진다. 게다가 20세기 말부터 사회적 이슈가 되고 있는 트랜스젠더나 복장도착의 문제에 이르면 우리가 본질이라고 알고 있는 여성성의 개념은 더 혼란에 빠지게 된다.

최근 '젠더'라는 말은 페미니즘 전공자가 아니어도 일상생활에서 흔히 접할 수 있는 용어가 되었다. 베스트셀러 작가인 존 그레이는 『화성에서 온 남자 금성에서 온 여자』에서 남성의 사랑에 대한 욕구는 신뢰와 인정, 감사와 찬미, 찬성과 격려라면, 여성의 사랑에 대한 욕구는 관심과 이해, 존중과 헌신, 공감과 확신이라고 구분했다. 성에 대한 관점 자체가 생물학적인 것에서 사회문화적인 것으로 변화되었기 때문에, 육체적인 차이의 지표보다는 심리적인 동일시의 모델을 중요한 요소로 여기게 된 것이다. 얼마 전 트랜스젠더 하리수가 법적으로 여성 신분을 획득하면서, 남자로 태어났다는 사실보다는 심리적으로 여성과 동일시한다는 것이 성별 판단의 법적 기준을 세우는 데 더 적절하다는 점이 입증되었다.

트랜스젠더, 젠더 위기 등 일상생활에서 심심찮게 오르내리던 젠더라는 용어는 이제 학문적인 연구의 대상으로 주목받기도 한다. '민족주의와 젠더', '노동과 젠더', '과학과 젠더', '정치학과 젠더', '신화와 젠더' 등 젠더는 다방면에 걸쳐 중요한 연구과제들을 여럿 촉발하였다.

그리고 젠더에 대한 관심과 더불어 학문적 연구의 중심으로 자리 잡게 된 것이 '정체성'의 문제다. 사회주의를 지향하던 동구권이 몰락하고 거대 이념이 대립되던 체제가 와해되자, 거대 담론보다는 미시 담론, 집단보다는 개인이 중요하게 부각되었다. 그래서 동질성보다는 다양성, 같음보다는 다름, 동일성보다는 차이에 대한 관심이 증폭되기에 이르렀다. 국가, 민족, 이데올로기, 정당 등에 관심을 보이던 거시적 관점은 그 집단 안의 여러 작은 하부집단, 개별 구성원, 한 개인 안에서 시시각각 변모하는 정체성 등 미시적인 관점으로 좁혀졌다.

이제 중요한 것은 각 개인의 정체성이고, 그중에서도 젠더 정체성이다. 젠더 정체성의 문제를 살펴보기 위해 '젠더'는 무엇인지, '정체성'을 어떻게 파악할 것인지, 젠더 정체성이 여성성과 어떤 관계를 맺는지, 페미니즘 시각에서 볼 때 어떤 정치성을 담보하는지 등을 알아보려고 한다. 그러기 위해서 우선 젠더와 정체성을 개념적으로 정의한 후, 여성성에 대한 정신분석학의 이론을 검토할 것이다. 그리고 강압적 가부장제가 여성성을 규정한 결과 어떤 여성적 징후와 질병을 낳았는지 살펴보고, 여성성이 나아갈 방향에 대해서 논의해 보려 한다.

2. 젠더 혹은 젠더 정체성이란 무엇인가

'젠더'는 '섹스'와 구별되는 문화적인 성을 의미한다. 선천적으로 '결정된' 성이 섹스라면 후천적으로 '구성되는' 성이 젠더다. 다시 말해 타고나는 생물학적 운명, 해부학적 구조가 섹스라면, 교육과 학습을 통해 얻어지는 문화적 습득의 결과가 젠더인 것이다. 그래서 종종 남성/여성인 섹스는 일차적인 원인으로, 남성성/여성성인 젠더는 이차적인 결과로 간주된다. 즉 젠더란 사회문화적으로 구성된 성인데, 이때 '구성된다'는 것에는 두 가지 의미가 있다. 하나는 성이 그 자체로 의미 있는 것이 아니라 사회문화적인 의미가 각인됨으로써 비로소 의미를 가지게 된다는 뜻이고, 다른 하나는 그 의미가 원래 고정적으로 결정되어 있는 것이 아니라 언제나 의미를 구성하는 과정에 있는 것이어서 늘 새로운 의미화를 향해 열려 있다는 뜻이다.

　　보부아르는 『제2의 성』(1949)에서 "여성은 태어나는 것이 아니라 만들어지는 것"이라고 했고, 케이트 밀렛은 『성의 정치학』(1970)에서 "태어날 때는 두 성 사이에 아무런 차이가 없다."라고 했다. 보부아르나 밀렛은 생물학적으로 타고난 섹스와 다르게 사회문화적으로 획득된 젠더를 강조한 것이다. 1960~1970년대 생물학적 섹스/문화적 젠더의 이분법은 여성을 남성보다 열등한 것으로 자리매김한 것이 생물학적인 특성이 아니라 문화적 규범이라고 밝힘으로써 페미니즘의 정치성을 부각하는 효과적 장치로 작용했다. 다시 말해 여성이 남성보다 열등한 특성을 타고난 것이 아니라, 당대의 가부장적 규범이 여성성을 열등한 것으로 구성했다는 논리다.

그러나 이러한 생물학적 섹스/문화적 젠더, 혹은 몸/정신, 생리적 육체/자아 정체성, 해부학적 특성/사회적 규범이라는 이분법은 공고하거나 고정적인 것이 아니라고 보는 시각도 있다. '섹스'나 '육체'처럼 본질적 특성으로 보이는 것도 사실은 당대의 지식체계가 그것을 '섹스'나 '육체'로 인정할 때에만 의미를 획득하는 것이라면, 이미 그것 역시 제도 규범의 이차적 산물이 되기 때문이다. 즉 젠더 자체는 '자유롭게 떠도는 인공물'이고 섹스도 이미 '젠더만큼이나 문화적으로 구성된 것'이라는 뜻이다. 예를 들어 여성의 몸이 되고 싶은 남성이 모방하는 것은 당대가 가장 여성적이라고 규정한 여성 이미지다. 그것은 실제 여성이기보다는 규범화된 이상적 자질이기 때문에 보통 과장된 화장, 과장된 여체의 특성을 구현한다. 그렇다면 섹스도 젠더만큼이나 문화적인 것이 되고, 사회적인 구성물이라는 의미에서 광의의 젠더에 포함된다. 이제 사실상 섹스/젠더의 구분조차 불안하고 모호해진다.

　주디스 버틀러(Judith Butler)는 섹스와 젠더가 모두 몸의 윤곽을 정하고 그것을 규정하는 '환상적인(phantasmatic)' 문화적 구성물이기 때문에 궁극적으로는 모두 젠더의 범주에 속한다고 주장한다. 그리고 이 젠더는 어떤 행위이지만, 행위 전에 존재한다고 말해지는 주체에 의한 행위가 아니다. 그래서 젠더 정체성도 존재의 토대가 없는 '일련의 행위들'이 된다. 이 행위들에는 미리 존재하는 선험적 행위자도 없고, 그 행위 뒤에서 행위를 지시하고 명하는 본질적인 행위자도 없다. 그래서 버틀러는 '수행(performance)'과는 다른 '수행성(performativity)'을 강조한다. 한 행위의 수행은 어떤 주체의 존재를 전제로 하지만, 수행성은 존재의 전제 자체를 부정한다. 행위 뒤에는 행위자가 없다. 행위자는 오직 그 행위를 통해서만 가변적으로 구성될 뿐이다.

　그렇다면 '정체성'은 무엇일까? 정체성이란 크게 말해 '내가 누구인지를 스스로 규정하는 것'이다. 그런 의미에서 정체성은 한 개인이 생각하는

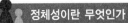

정체성이라는 말은 1950년대에 에릭 에릭슨(Erik Erikson)이 처음 사용했다. 정체성을 구성하는 요소는 생물학적·유전적인 것과 사회적·문화적인 것 두 종류가 있다. 전자의 경우 본질적으로 타고난 정체성이라는 의미가 강하고, 후자는 후천적으로 습득된 정체성이라는 의미가 강하다. 정체성은 타고났느냐 길들여졌느냐의 문제뿐 아니라 집단적인 것이냐 개별적인 것이냐의 관점으로도 구분할 수 있다.

조나단 컬러(Jonathan Culler)는 『문학이론』에서 현대의 정체성 논의를 네 범주로 나누어 설명한다. 정체성에는 두 가지 큰 기준이 있는데, ①집단적인 것이냐 개별적인 것이냐, ②본질적으로 이미 결정되어 있는 것이냐, 아니면 항상 구성되는 과정 중에 있는 가변적인 것이냐가 그것이다. 집단 대 개인, 본질주의 대 구성주의라는 기준에 따라 정체성의 범주가 본질적 집단, 구성된 집단, 본질적 개인, 구성된 개인으로 나뉜다.

자신의 참모습, 본체, 본마음이라고 할 수 있다. 이는 스스로 자기 '정체'를 밝히는 자기 심문과 성찰의 능동적 과정이라 할 수 있다. 정체성은 성격이나 취향·가치관·능력·관심사뿐 아니라 인간관이나 세계관, 미래관에 이르기까지 지속적이고 통합적인 자아 개념을 형성하는 것이기도 하다.

이 정체성은 크게 본질주의적 집단, 구성주의적 집단, 본질주의적 개인, 구성주의적 개인이라는 네 가지 관점에서 조망할 수 있다. 본질주의란 여성 고유의 핵심적인 특성이 존재한다는 신념 위에 있는 것이고, 구성주의란 여성의 고유성이나 핵심적 요건이란 존재하지 않고, 여성성도 상황이나 문맥에 따라 언제나 변화할 수 있다는 가정에 근거하는 것이다. 여성이라는 젠더 주체의 관점에서 이 네 가지 정체성의 양상을 구체적으로 살펴보자.

우선 '페미니즘의 주체는 모든 여성'이라고 할 때의 여성은 본질주의적 집단을 말한다. 즉 태어나면서 결정된 성을 가진 '인류의 절반'에 이르는 여성집단을 지칭하는 것이다. 여성들과 남성들은 생물학적이고 해부학적인 차이, 즉 생식기의 차이에 따라 분명하게 구분된다. 페미니즘은 성적 차이가 차별의 근거가 되어서는 안 된다고 주장한다. 상대적으로 어깨가 좁다든지, 허리가 가늘다든지, 엉덩이가 크다든지 하는 해부학적 성차를 인정하더라도, 그 성차가 차별의 근거가 되어서는 안 된다는 주장이다. 따라서 이때의 여성은 생물학적 특성이라는 본질적 차이를 갖는 집단이 된다.

두 번째는 생물학적으로 결정된 여성집단도 자세히 살펴보면 사회적으로 많은 하위집단들로 구성되어 있다는 관점이다. 여성들도 인종이나 계급, 권력, 식민 경험의 유무, 섹슈얼리티 등에 따라 다양한 집단으로 세분화되기 때문이다. 예를 들어 여성들도 백인종/유색인종, 지식인/노동자, 고용자/피고용자, 유산계급/무산계급, 주류/비주류, 제1세계/제3세계, 이성애자/동성애자 등으로 분류가 가능하다. 좀 더 예를 들어보자. 탈식민주의 페미니즘의 주체는 제1세계 여성이 아닌 제3세계 여성이고, 마르크스주의 페미니즘의 주체는 유산계급 여성이 아닌 무산계급 여성이다. 이들은 페미니즘의 주체가 백인 중산층 지식인 여성들에게만 국한되어 있음을 비판하고, 상대적으로 주류 페미니즘 운동에서 소외되어 있는, 피식민 경험이 있거나 경제적으로 열등한 소수자 여성들의 권익 향상에 주력한다. 이 여성들이 속한 집단은 미리 확고하게 결정되어 있는 것이 아니라 사회적 상황에 따라 어느 정도 가변성이 있다는 의미에서 구성주의적이라고 할 수 있다.

세 번째, 여성이라는 집단 모두가 본질적인 공통 특성을 가질 수는 없어도, 아무리 상대적으로 가변적인 여성집단이 있다고 해도 한 개인의 고유한 성적 정체성만큼은 핵심적으로 존재한다고 보는 시각이다. 마르크스주의 페미니즘이 결국 마르크스주의라는 남성 거대 담론을 지원하기 위한 보조적·장식적인 역할로 추락하게 되자 여성들은 마르크스주의라는 거대 담론을 거부하고 "개인적인 것이 정치적인 것이다."라는 캐치프레이즈를 내걸었다. 즉 페미니즘의 주체인 여성이 백인이든, 중산층이든, 주류 지식인이든, 1세계든, 이성애주의든, 혹은 역사적 상황이나 환경에 따라 다른 것으로 자꾸 변하든 상관없이 그 여성이 한 개인으로서 갖는 내적 정체성만은 본질적으로 하나라는 입장이다. 이 여성은 가변적인 상황에서도 변하지 않는 내적인 본질이나 핵심을 갖고 있다는 점에서 본질주의적인 개인으로서의 여성 정체성을 갖는 셈이다.

마지막으로 그 개별적인 여성 정체성도 본질적인 것이 아니라 상황에 따라, 조건에 따라 얼마든지 변모할 수 있다고 보는 시각이다. 본질적으로 선하거나 평화를 사랑하거나 나르시시즘적인 여성이 존재하는 것이 아니라, 주어진 무대에 따라 때로는 위악적이고, 때로는 공격적이며, 때로는

젠더 개념의 변화

섹스와 젠더를 최초로 구분한 책은 로버트 스톨러(Robert J. Stoller)의『섹스와 젠더(Sex and Gender)』(1968)다. 이 책에서 스톨러는 주로 남성 트랜스젠더 환자들을 중심으로 생물학적으로는 정상적인 남성이지만 심리적으로는 여성과 동일시하는 사람들을 연구했다. 이들은 자신이 남성의 육체에 갇힌 여성이라고 생각했는데, 육체와 정신이 분리될 수 있다는 것은 곧 '생물학적인' 성과 '사회적인' 성이 다르다는 것을 의미했다. 생물학적인 성은 태어날 때 타고난 결정된 성이지만, 사회적인 성은 자라면서 형성되는 구성된 성이라는 것이다.

젠더 정체성은 생후의 심리적 영향에 따른 결과라는 스톨러의 주장은 여성이 남성보다 원래 열등하다는 논의를 반박하기에 충분한 것이었다. 성이라는 것이 사회적 습득물이라면 남성의 생물학적 우월성을 주장할 수 없게 되기 때문이다. 따라서 1970년대 케이트 밀렛, 오클리, 초도로우, 디너스타인 등 많은 여성학자들은 젠더라는 개념을 중요한 여성해방론의 도구로 수용하였다. 게일 러빈(Gayle Rubin)도 여성을 생산하는 사회적 장치야말로 섹스/젠더 체계라면서, 이 체계는 정치적 행위를 통해서만 인식될 수 있는 사회적 산물이라고 본다. 푸코는 섹스의 의미 자체가 미리 주어진 본질적인 단위가 아니라 특정한 담론적 실천의 산물이며 담론의 효과라고 보았다. "섹스라는 개념은 해부학적 요소, 신체적인 기능, 행위, 감각, 쾌락 들을 인위적인 하나의 단위에 통합함으로써 가능해진 개념"이라고 보고 이 허구적인 단위가 곧 보편적인 기호로 작용하게 되었음을 비판한다.

성차를 중립화하지 않고 차이의 정치학으로 나아가려는 경향을 보이는 주디스 버틀러는 여성을 하나의 범주로 보기를 거부하고 여성 내부의 다양한 차이들을 극단화한다. 문화적으로 구성되는 여성조차도 "행위 속에서만 언제나 재구성되는" 복잡다단하고 변화무쌍한 젠더가 되는 것이다. 또한 드 로레티스(Teresa de Lauretis)에게 젠더는 사회적이고 생의학적인 테크놀로지 과정의 산물이 된다. 젠더 논의는 섹스/젠더의 이분법을 넘어 젠더 자체가 가변적인 구성물임을 강조하는 방향으로 가고 있다.

대상애(object love)가 강한 여성으로 연출할 수가 있다는 것이다. 여성 자신이 타인에게 보이는 모습을 연출한다는 것은 여성 내부의 본질적인 면을 가면으로 감춘다는 뜻이 아니라, 가면 자체가 곧 여성이라는 입장이다. 이처럼 여성성 자체가 그때그때 가변적으로 구성되고 흩어지는 것이라면 내적 여성성/가면, 즉 본질/외양, 진리/가면 간의 이분법은 불가능해진다.

이름을 예로 들어 보자. 시민운동이나 문화운동을 하는 여대생 한예솔 양이 시민운동을 할 때는 '민들레'라는 가명을 쓰고, 특정한 예술영화 운동을 할 때는 '도그마', 스크린쿼터 지지 운동을 할 때는 '쿼지모(스크린쿼터를 지지하는 모임)'라는 가명을 쓴다고 가정해 보자. 그 사람은 한예솔이라는 본질적 정체성을 민들레나 도그마 혹은 쿼지모라는 가면을 써서 위장하는 것이 아니다. 그 사람 자체가 시민운동을 할 때는 민들레이고, 문화운동을 할 때는 도그마인 것이다. 하루 수십 회씩 생성하거나 소멸시킬 수 있는 사이버상의 수많은 아이디나 아바타는 말할 것도 없다.

역사적으로 보면 정체성에 대한 관점은 집단에서 개인으로, 본질주의의 관점에서 구성주의의 관점으로 변모해 왔다. 여성도 하나의 공통된 집단보다는 여성 내부의 다양한 차이와 특성들로 세분화되고, 그 세부 집단 내의 여성도 본질적인 개별 정체성을 갖기보다는 행위에 따라 가변적으로 구성되고 소멸되는 정체성을 갖는 것으로 파악된다. 정체성에 대한 구성주의적 관점은 단 하나의 의미에 고정되지 않고 언제나 의미의 다양성을 지향한다는 점에서 해석의 가능성이 한껏 열려 있다.

현대 페미니즘에서 젠더 정체성의 문제는 여성성이라는 것이 본질적으로 존재하는지 아닌지의 쟁점으로 모아진다. 본질적인 여성성은 여성해방의 정치성을 말하는 데는 유용하지만 이론적으로 단일한 의미에 고정된다는 단점이 있고, 구성주의적 여성성은 다양한 해석의 가능성을 열어 주지만 페미니즘이라는 정치적 이슈를 이끌어 갈 단일한 주체의 입지를 불분명하거나 모호하게 만들 수 있다.

그렇다면 정신분석학에서는 여성성을 어떤 식으로 말해 왔고, 그것이 낳은 여성적 징후는 무엇이며, 여성성이나 여성의 젠더 정체성에 대한 이해가 어떤 방향으로 나아가야 할지를 살펴보겠다.

3. 정신분석학으로 보는 여성성

1) 여성은 거세된 남성, 열등한 종족?

프로이트가 평생 연구한 과제는 '여성은 무엇을 원하는가'였다. 그리고 프로이트는 여성이 욕망하는 것은 여성이 결여하고 있는 것이라고 생각했다. 대상에 대한 욕망은 사랑이라는 이름으로 불린다. 사랑이라는 이름으로 행해지는 대상에 대한 욕망은 완전한 만족을 모른다. 언제나 만족감과 동시에 결핍감을 주고, 그 결핍감이 또다시 욕망의 원인이 된다. 그래서 사랑하는 사람은 언제나 '2프로 부족하다.'

그렇다면 여성이 욕망하는 것, 여성이 결여한 것은 무엇일까? 정신분석학의 아버지 프로이트는 여성이 결여하고 있기 때문에 갈망하는 것이 '음경'이거나 '음경 대체물'이라고 생각했다. 프로이트가 보기에 여성은 애초부터 음경이 없기 때문에 거세된 존재, 사회적인 중요성을 박탈당한 존재다. 따라서 상황을 수동적으로 묵묵히 받아들이고, 혹 받아들일 수 없을 때에는 히스테리 같은 질환을 일으킨다고 보았다. 그래서 히스테리 여성들에게 처방으로 내려진 것이 주로 결혼이었다. 그것이 당시 여성들에게 유일하게 합법적인 음경 혹은 음경 대체물(아기)을 획득하는 방법이었기 때문이다.

프로이트에 따르면 구순기, 항문기에 이어지는 남근기(3~5세)부터 시작되는 오이디푸스 단계에 이르러 여자아이와 남자아이의 성심리가 근본적으로 다르게 구성된다. 남자아이의 경우에는 오이디푸스 콤플렉스를 느끼면서 죄의식과 거세불안(castration anxiety)을 느낀다고 한다. 아버지를 죽이고 어머니와 동침하고자 하는 욕망은 강력한 아버지의 금지와 명령, 어머니의 거세 사실을 인식함으로써 극복된다. 아버지의 말을 듣지 않았다가는 어머니처럼 거세당할 것이라는 두려움 때문에 극복한다는 말이다. 거세불안으로 오이디푸스 콤플렉스를 극복한 남자아이는 아버지와 동일시를 이루면서 초자아를 확립하게 된다. 그리고 도덕성이나 윤리의식, 죄의식 등이 발달하여 문명의 발달에 적합한 주체가 된다.

여자아이의 경우는 현격히 다른 발달 양상을 보인다. 여자아이는 애초부터 거세되어 있어서 불안감을 자극할 것이 없다. 기껏해야 (음경을 가지고 있는) 남자아이를 부러워하는 음경 선망(penis envy)이 있을 뿐이다. 오이디푸스기에 도달한 여아는 이 콤플렉스를 극복할 방도가 없다. 그래서 여자아이는 초자아의 발달이 미약하고, 다른 사람에게 의지하는 수동성을 보이거나 아예 자신만의 세계에 갇혀 타인을 보지 못하는 나르시시즘에 빠지게 된다. 여성은 도덕성이나 초자아가 거의 발달되지 못했고 문명에 기여한 점이라고는 베짜기와 수유뿐이라고까지 말한다. 심지어 여성 간의 관계도 음경을 얻기 위한 경쟁관계, 즉 질투로 설명되고, 음경을 얻는 과정도 주체적인 획득이 아니라 결혼이나 출산처럼 남성이나 아이에게 의존하는 방식을 취한다고 보았다.

프로이트에 따르면 여자아이의 발달과정은 세 가지로 나뉜다. 우선 앞서 설명한 대로 나르시시즘, 수동성, 의존성, 질투, 선망 등의 특징을 보이는 소위 '정상적인 여성성'이 있다. 두 번째는 이 모든 리비도의 흐름을 거부하고 저항하는 방식으로 섹슈얼리티 전반에 반감을 갖는 것이다. 그러면 그 여성은 '불감증'을 겪게 된다. 마지막으로는 자신을 무력한(거세된) 어머니와 동일시하는 대신에 (거세되지 않은) 아버지와 동일시함으로써, 아버지가 되어서 어머니를 욕망하는 방식이다. 즉 자신을 남성과 동일시해서 다른 여성을 사랑하는 것이다. 이 경우를 프로이트는 '남성성 콤플렉스'라고 부르며 여성 동성애자가 되는 심리가 이렇게 형성된다고 설명한다.

사랑을 하는 방식이나 사랑의 대상을 선택하는 기준도 남성과 여성은 다르다. 사랑을 할 때 남성은 대상을 사랑하는 '대상애적 성향'이 강하고 여성은 자신을 사랑하는 '나르시시즘적인 성향'이 강하다는 것이다 (Sigmund Freud, *On Narcissism: An Introduction*: 88). 타인을 사랑할 때에도 남성은 어린 시절 많은 사랑을 베풀어 주던 '부모와 닮은(anaclitic)' 유형을 선택하지만, 여성은 자신의 모습을 많이 투영한 '나르시시즘적인' 유형을 선택한다. 예컨대 남자들은 자기를 낳아 준 어머니 같은 여자를 평생 좇는 반면, 여자들은 과거 자신의 모습을 담고 있거나 현재 자신과 많이 닮았거나 미래에 자신이 되고 싶은 모습을 한 남자를 사랑한다는 것이다. 즉 남자는 '대상애'가 강하지만 여성은 '자기애'가 강하다는 설명이다.

대상애냐 자기애냐의 문제는 윤리적인 면에서 남성이 여성보다 우월하다는 주장과도 관련된다. 유기체가 자신을 보존하거나 재생산하려는 본능을 갖는 것은 당연한 생물학적 충동이지만, 다른 사람이나 다른 대상(이념, 가치, 연인)을 사랑해서 자신의 죽음까지도 불사하려는 의지는 대단히 도덕적이고 고매한 욕망이다. 그에 따라 남성은 이차적 대상애가 가능한 숭고하고 우월한 주체이고, 여성은 자신밖에 사랑할 줄 모르는 일차적이고 유아적인 존재가 된다. 그래서 여성은 남성보다 이기적이고, 그래서 열등하다는 논리가 성립하는 것이다.

그러므로 프로이트의 논의를 정리하면 남성은 남근을 가진 완전한 존재, 문명에 적합한 주체가 되고, 적극성·공격성·사디즘·초자아·윤리성과 같은 항목들로 설명된다. 한편 여성은 남근이 없는 불완전한 존재, 문명에 부적합한 주체이고, 수동성·방어성·마조히즘·나르시시즘·퇴행적 유아 성향 같은 자질로 설명된다. 또 남성은 타인이나 대상을 적극적으로 사랑하려는 능동적이고 이타적인 존재인 반면, 여성은 나르시시즘에 빠져

타인의 사랑을 받으려고만 하는 수동적이고 자기애적인 존재가 된다.

그러나 프로이트의 이러한 주장에는 반박의 여지가 많다. 우선 여성이 정말 거세된 존재이고 결핍된 존재일까? 뤼스 이리가레(Luce Irigaray)는 여성은 '하나의 음경(one penis)' 대신에 '두 개의 음순(two lips)'을 갖고 있기 때문에 하나보다 우월한 둘의 원리를 몸으로 체현한다고 주장한다. 남성은 모든 성감대가 음경에 집중되어 있지만 여성은 서로 맞닿은 두 개의 입술에, 혹은 더 넓은 의미에서 온몸에 산포되어 있어서 그 의미가 훨씬 더 다양하고 다층적이다. 시각적인 일원론에 빠진 남성보다는 촉각의 복수성을 체현하는 여성은 온몸에 산포하는 복수적이고 유동적인 성감대를 가지는 만큼, 여성의 성감대나 여성의 성적 기능이 더 우월할 수도 있는 것이다. 또 엘렌 식수(Hélène Cixous)는 남녀의 리비도 경제가 각각 소유성(the proper)과 허여성(the gift)으로 구분되는데, 남성 리비도는 남근에 집중된 단일한 리비도 경제에 국한되어 자기 동일성만을 추구하는 반면, 여성의 리비도는 몸 전체에 분산되어 있는 관계적이고 확장적인 것이라고 설명한다. 즉 남성적 리비도가 단일한 기원을 추구하는 배타적인 것이라면 여성의 리비도는 언제나 선물을 주려는 것처럼 타자와 소통하는 시적 관대함으로 열려 있고, 이런 여성적 리비도야말로 여성성 혹은 여성적 글쓰기의 방식이라고 설명한다.

두 번째로 여성의 사랑이란 전적으로 나르시시즘적인 것이라고 단정할 수 있을까? 나르시시즘과 대상애는 서로를 자신의 내부에 안고 있기 때문에 확연하게 구분하기가 어렵다. 나르시시즘에는 대상애가, 대상애에는 나르시시즘이 이미 들어가 있기 때문이다. 예컨대 사랑에 빠진 남성은 대상 여성에 대해 찬미와 찬사를 늘어놓기 마련이다. 그것은 대상을 숭고한 미 이상으로 만드는 것이기도 하지만, 그 대상을 사랑하는 '자기 자신'을 떠받드는 행위이기도 하다. 사랑이라는 행위는 어쩌면 숭고한 대상을 알아보고 그 대상에 사랑을 쏟는 '더욱 숭고한 나'를, 혹은 '사랑이라는 이상적인 감정'을 사랑하는 것인지도 모른다. 한편 언제나 자신을 가꾸고 단장하는 데에만 관심이 있는 나르시시스트는 다른 사람의 사랑을 기다리는 존재다. 자기 모습에 만족하면 그만이건만, 나르시시스트는 누군가 자신의 아름다움을 인정하고 사랑해 주기를 기다린다. 잠자는 숲속의 공주는 자신의 아름다움에 갇혀서 왕자가 그녀의 아름다움을 인정하고 입맞춰 주지 않으면 깨어날 수 없다. 그렇다면 여성은 자신만의 아름다움을 위해 존재하는 것이 아니라 대상의 사랑을 위해서 존재하는 것이다. 역설적이게도 나르시시스트는 언제나 타자의 존재를 전제하고 타인의 인정과 애정 속에서만 자신의 가치를 발견한다는 의미가 된다. 결국 대상애는 나르시시즘을 안고 있고, 나르시시즘 안에는 이미 대상애가 들어 있다.

　그렇다면 여성성을 결핍이나 거세, 수동성, 의존성, 나르시시즘으로 해석하는 프로이트의 논의는 상당 부분 설득력을 상실한다. 그리고 프로이트가 찾던 '여성이 원하는 것'은 어쩌면 남근이 아닌지도 모른다. 실제로 현대를 사는 많은 여대생이 '직업은 필수, 결혼은 선택'이라고 말한다. 즉 결혼이라는 매개를 통해 정서적·경제적으로 안정되기보다는 스스로 경제적 독립과 풍요로운 생활을 꾸리는 주체가 되고 싶어한다. 20세기 영국의 페미니스트 버지니아 울프는 여성해방을 위해서는 '자기만의 방'과 연간 '500파운드의 돈'이 필요하다고 설파했고, 칠레의 여성작가 이사벨 아옌데는 여성이 자신의 몸에 대한 '자기결정권'이나 자신이 먹은 '식사의 요금'을 계산할 능력이 없다면 여성해방은 무의미한 것이라고 말했다. 그렇다면 현대여성이 결여한 것, 여성이 욕망하는 것은 경제적인 독립을 이룰 수 있는 물질적 기반이자, 관습이나 인습에서 벗어난, 자신의 몸에 대한 자기결정권일 것이다. 이제 여성의 관점에서 여성의 사랑과 윤리를 말하는 초도로우와 길리건의 논의를 보자.

2) 여성성은 관계 지향성, 보살핌의 윤리?

프로이트의 남성성과 여성성 이론은 근본적으로 여성이 거세된 존재이고 결핍되거나 열등한 존재라는 전제에서 시작하기 때문에 많은 여성이론가의 저항을 받았다. 특히 에고 심리학을 주축으로 하는 영미권의 대상관계론 학자들은 아버지와의 관계를 통해 상징 질서를 획득한다는 가정에 반대해서 상대적으로 유아가 어린 시절에 '어머니'와 맺는 관계를 부각하고자 했다. 카렌 호니(Karen Horney)는 여성이 음경 선망을 갖는 것이 아니라 남성이 자신은 할 수 없는 출산을 하는 위협적 여성에 대해 '재생산 선망(reproduction envy)'을 갖는다고 주장했다. 멜라니 클라인(Melanie Klein)은 아버지가 등장하기 전, 즉 오이디푸스 이전 단계에서 아이의 에고를 형성하는 데 있어서 어머니의 중요성을 주장했다. 아이가 에고를 형성하는 것은 상징적 아버지보다는 어머니의 육체에 대한 상상적 반응에서 나오는 것이고, 좋은 어머니와 나쁜 어머니를 분리하는 '편집광적 분열기' 단계에서 죄의식과 상징 능력의 조절에 이르는 '침체기' 단계에 이르기까지 유아의 에고를 형성하는 데 중요한 역할을 하는 것은 '어머니'다. 제시카 벤저민(Jessica Benjamin)도 어머니와의 관계는 단순한 공생관계이고 아버지와의 관계에서 아이가 자기동일성을 찾는다는 주장에 반대하면서 주관적 동일성은 이미 엄마와 아이의 관계 속에서 형성된다고 역설한다. 또 주체의 자기동일성 획득은 타인과 자신의 관계를 인정하는 것과 분리하는 것 간의 상호작용과 통합능력에 달려 있다고 설명한다.

이중 남성 중심적인 프로이트의 성심리 이론을 비판하고 여성의 입장에서 여성성을 더욱 적극적이고 긍정적으로 재해석하는 대표적인 여성이론가로서 낸시 초도로우(Nancy Chodorow)와 캐롤 길리건(Carol Gilligan)의 논의를 살펴보겠다.

초도로우는 대상관계론의 관점에서 여성성을 새롭게 정의한다. 대상관계론은 주로 유아가 자아를 형성하는 방식에 대해 연구하면서 자아와 세상의 관계를 중재하는 심리 과정에 초점을 맞춘다. 그런데 이 과정에서 초도로우는 '아버지'의 법이나 질서보다는 '어머니'와 맺는 관계가 유아의 인성이나 성역할, 혹은 정체성의 무의식적 형성에 더욱 중요하다고 강조한다. 유아는 남자아이든 여자아이든 탄생 후 일정 기간 동안 일차적으로는 어머니에게 의존하고 어머니와 동일시를 느끼게 마련이기 때문이다. 그러나 어머니에 대한 일정 정도의 의존과 동일시 기간이 지나면 아이들은 자신의 성역할에 맞는 인물로 동일시 대상을 바꿀 수 있게 된다.

딸의 경우에는 자식과의 관계로부터 자신의 역할과 정체성을 찾는 어머니와 자연스럽게 '대인적 동일시(personal identification)'를 한다. 한편 어머니는 이런 딸을 자신의 확장된 자아라고 생각한다. 어머니와 딸 간에는 '이중적 동일시'가 일어나면서 딸은 어머니와, 어머니는 딸과 동일시하게 된다. 어머니는 타인의 요구에 부응하고 다른 사람을 잘 보살피는 것에서 기쁨과 긍지를 느끼기 때문에, 딸도 어머니와 동일시하면서 자신의 정체성을 다른 사람과의 관계에서 발견하게 된다. 그래서 딸은 어머니와 완전한 심리적 분리를 이루지 못하며, 타인에게 의존적이거나 애정관계를 중시하는 특징을 보인다. 여자아이는 관계 맺기를 중시하고 감성, 정서적 관계를 지향하기 때문에 상호 주관적 관계, 결합능력, 감수성, 배려, 의사소통 등의 특징을 보인다. 이것이 소위 여자아이의 '관계 지향적 정체성(relational identity)'이다.

아들의 경우 처음에는 여아와 마찬가지로 어머니와 동일시를 하지만 오이디푸스 갈등이 일어나는 3세 무렵에 어머니와 자신을 분리하게 된다. 어머니와의 최초 동일시는 어머니에 대한 사랑, 즉 '근친상간'을 암시하게 되고 그에 대한 아버지의 처벌이 무서워지기 때문에 분리하게 되는 것이다. 오이디푸스 단계에 진입하면서 남아는 어머니에 대한 사랑과 의존을 아버지에 대한 역할 동일시로 대체한다. 어머니와 자신을 분리함으로써 개체화를 이루고 동성인 아버지와 동일시를 이루는 것이다. 그런데 이때 아버지는 구체적인 인물이기보다는 추상적인 지위로서의 아버지이고, 아버지의 지위와 관련된 권리나 의무 등은 보편원리로서 체험된다. 일반적으로 가정에서 아버지와 아들의 관계는 친밀하지 않은 경우가 많고, 오히려 동료집단처럼 보편적인 원리에 기초한 연대를 형성하는 경우가 많다. 따라서 남아가 하는 아버지와의 동일시는 '위치상의 동일시(positional identification)'가 된다. 남자아이는 아버지와 동일시하기까지 어머니를 부정하고 배격해야 하며, 거부와 억압을 통한 분리를 실행해야 한다. 또한 아버지와도 완전한 동일시가 아닌 위치상의 동일시 관계이기 때문에 이 과정에서 독립성, 경쟁심 등을 획득하게 된다. 그래서 남자아이의 정체성은 관계 지향적이라기보다는 '개체 지향적 정체성(individual identity)'이 된다.

초도로우는 남녀가 이렇게 성 정체성을 다르게 형성하는 이유가 최초에 무한한 사랑을 베푸는 대상이 여성이기 때문이라고 본다. 여아는 자아경계가 불분명하고, 타인과의 분리가 잘 이루어지지 않으며, 상황 의존적이고, 대인관계에서 자긍심을 얻는다. 반면, 남아는 자아경계가 분명하고, 타인과의 분리가 확실하며, 상황보다는 개체 중심적이고, 대인관계보다는 자기성취에서 자긍심을 얻는다. 이런 성별 심리의 분화를 겪는 것은 유아가 최초로 동일시하는 대상이 여성, 즉 어머니라는 사실에서 기인한다. 남녀의 분화된 성역할 사회화는 어머니가 최초의 양육 기능을 전담하기 때문에 생긴 것이다. 그 문제의 대안으로 초도로우가 제시하는 것은 부모의 공동 양육이다. 남녀의 인성 차이를 줄이기 위해서는 최초에 무한한 사랑을 베푸는 대상이 항상 어머니인 기존의 가족구조가 변해야 한다는 것이다.

성차는 인성뿐 아니라 도덕성에서도 나타난다. 캐롤 길리건은 도덕성의 관점에서 여성성을 새롭게 조망하면서, 남성적 윤리와는 다른 여성의 '보살핌의 윤리'를 주장한다. 진리의 초연함과 객관성보다는 보살핌이라는 타인에 대한 배려와 사랑이 여성주의적인 윤리라는 것이다. 그래서 길리건에게는 신의 말씀 앞에 자식 이삭을 희생하려는 아브라함보다, 아들을 아들이 아니라고 주장해서 솔로몬 왕 앞에서 자식의 목숨을 구하는 어머니의 행동이 더 윤리적일 수 있다. 남성적 윤리가 정의의 윤리라면, 여성적 윤리는 진리를 희생하는 열등한 윤리가 아니라, 타인을 보살피고 배려하는 책임의 윤리이기 때문이다.

여성의 도덕관념은 "보살피는 행동과 관련이 있고", "책임과 관계에 대한 이해를 둘러싼 도덕적 발달에 그 중심이 있는 반면, 공정성으로서의 남성의 도덕관념은 그 도덕적 발달이 정의와 규칙에 대한 이해와 결부되어 있다"(Gilligan: 19). 길리건은 이러한 여성적 관념을 일종의 '책임의 도덕성'이라고 부르는데, 남성적인 '정의의 도덕성'과 구분 짓기 위해서다.

 콜버그의 '남성윤리'와 길리건의 '여성윤리'

콜버그(Lawrence Kohlberg)는 '정의'라는 관점에서 도덕성의 발달 단계를 6단계로 나누어 조망했다. 1단계는 처벌과 복종의 경향이고, 2단계는 도구적 상대주의의 경향이다. 3단계는 행위자의 상호 일치성이고, 4단계는 법과 질서의 지향성이다. 5단계는 사회계약과 법치주의 경향이고, 6단계는 보편적 도덕과 윤리의 지향성이다. 콜버그는 남성의 경우 4단계에 와 있지만 여성은 3단계에 머문다고 말함으로써 여성보다 남성이 도덕적으로 우등함을 주장했다. 그리고 이때 1, 2단계는 전(前) 인습적인 수준에서, 3, 4단계는 인습적인 수준에서 5, 6단계는 후(後) 인습 수준에서 논의된다고 주장했다.

반면, 길리건은 '보살핌'의 관점에서 여성의 윤리를 재조명하면서 여성의 윤리가 남성보다 열등하거나 부족한 것이 아니라고 반박한다. 즉 여성적 윤리는 진리의 초연함과 객관성보다는 보살핌이라는 타인에 대한 배려와 사랑의 토대에서 생성되기 때문에, 이 보살핌의 윤리는 정의의 윤리와는 다른 5단계를 가지고 있다. 1단계는 생존을 확보하는 것이고, 2단계는 이기성에 대한 자기비판의 단계다. 3단계는 타인을 보살피고 그것에 순응하는 단계이고, 4단계는 타인에 대한 보살핌을 재고찰하는 단계다. 5단계는 자아와 타인 양측에 모두 부당한 착취와 가해를 금지하는 단계다. 그리고 이때 1, 2단계는 자신을 보살피는 수준이고, 3, 4단계는 타인을 보살피는 수준이며, 마지막 5단계는 자신과 타인을 모두 보살피는 수준이라고 말한다. 길리건은 이러한 보살핌의 윤리야말로 여성적인 윤리이며, 자신만 내세우는 남성적 정의와는 달리 타인을 포용하고 감싸 안는다는 점에서 정의의 윤리보다 도덕적이라고 주장한다.

'정의의 도덕성'은 관계보다는 분리에, 관계적인 것보다는 개별적인 것에 강조를 두지만, '책임의 도덕성'은 "여러 가닥의 실로 짜인 관계의 옷감이 손상되지 않도록" 관계의 지탱을 조건으로 한다(Gilligan: 59).

초도로우나 길리건은 남성과는 다른 여성만의 특질을 전제하고 그것이 갖는 특이성이나 도덕적 장점들을 논의한다. 그러나 여성성이라는 것이 대인적 동일시, 관계 지향적 정체성, 보살핌의 윤리, 책임의 도덕성 등의 본질을 갖는다고 전제한다는 점에서 이들의 논의도 본질주의적인 관점을 취한다. 이들의 논의는 프로이트가 가진 성차별적 위계구조에서는 벗어났으나 여전히 여성의 본질적인 특성을 전제로 하기 때문에, 그 규범에 맞지 않는 사람들에게는 억압적일 수 있다. 이제 여성에게 고정된 성격이나 특징을 부여한 데서 야기된 여성의 병리적 징후에 대해서 알아보자.

4. 여성적 징후: 노처녀 히스테리와 가정주부의 우울증

우리 사회는 남녀가 남성성이나 여성성이라는 당대의 문화적 규범에 저항할 때 그것에 병리적인 의미를 부여한다. 여성이 여성적이지 못하면 히스테리이고 우울증이라고 말한다. 예를 들어 히스테리 하면 연상되는 것이 노처녀다. 무릇 여성이란 적령기가 되면 결혼해서 아이를 갖는 것이 정상인데, 결혼과 재생산을 거부함으로써 가부장제와 가족제도에 저항하거나 위협이 되기 때문에 노처녀에게는 히스테리라는 병리적인 이름이 붙은 것이다. 지금은 여성의 평균 결혼연령이 30세 전후로 높아지고, 그만큼 노처녀의 범주에 들어가는 연령층도 높아졌다. 하지만 여전히 노처녀는 '어머니 되기'나 결혼이라는 제도 규범에 포섭되기를 거부하기 때문에 가부장적 구조에서 볼 때 불안하고 문제가 있는 존재다.

많은 경우 우울증도 여성 호르몬과 연관해서 말한다. 생리 증후군이나 폐경기 증후군 등이 여성 호르몬과 관련 지어 설명되고, 산후 우울증, 가정주부의 우울증 등이 결혼이나 임신, 출산과 관련해서 이야기되는 것이 가장 일반적이다. 모성이 여성의 본능이자 성별 특성이라면 여성은 왜 아이를 낳고 난 뒤 우울증에 빠지는 것일까? 모성성은 여성의 본능적 특성이 아니라 가부장제가 재생산한 신화가 아닌지 반문해 볼 일이다.

1) 히스테리 : 규범화된 여성성에 저항하기

정신분석학에서 히스테리는 몸으로 발화되는 심리적 억압의 징후다. 그런데 히스테리는 고대 그리스에서부터 여성적 징후로 간주되었다. 히스테리의 어원 자체가 그리스어로 자궁(hystera, hystertia)이라는 말이고, 건조해진 자궁에 적합한 물길을 대지 못해 발생하는 병이 히스테리라고 생각되었다. 그것은 여성이란 모름지기 결혼해서 합법적인 성을 누리고, 자녀를 잉태하고 양육하는 것이 바람직하다는 당대의 규범을 반영한 것이다. 여성의 재생산은 가부장제를 존속시키는 기반이 되었으므로 모성성이 아닌 것, 즉 과다한 성욕이나 과다한 지적 욕구는 히스테리라고 진단받았다.

히스테리를 과학적으로 분석한 정신분석학자는 브로이어와 프로이트다. 브로이어의 환자 안나 오(Anna O)는 부분 기억상실·마비·언어장애·가상임신 등의 징후를 보였고, 프로이트의 환자 도라(Dora)는 안면근육경련·질 염증·다리 절기·가상임신 등의 징후를 보였다. 이 두 환자의 공통점은 지적인 소양이 있고 교육을 많이 받았지만, 그것을 사회적으로 배출할 길이 없다는 점이었다. 당시 부르주아 가정의 딸들에겐 아픈 아버지를 간호하거나, 적당한 나이에 부모가 정혼한 가문에 시집가 자식 낳고 잘 사는 것 정도가 예정된 미래였다. 그러나 안나 오는 모국어인 독어 외에도 영어와 불어에 능통했고, 도라는 백과사전을 탐독해 풍부한 지식을 가지고 있었다. 심지어 그녀는 자신의 담당의였던 프로이트의 치료 과정까지 분석할 정도였다. 결국 브로이어는 안나 오의 전이(transference)로서의 사랑을 견디지 못해 치료 중에 그녀를 떠났고, 프로이트는 도라의 병의 원인을 '아버지에 대한 억압된 근친상간적 욕망'으로 진단한 자신의 히스테리 해석이 실패했음을 인정해야 했다.

그렇다면 안나 오나 도라는 여성이 사회적으로 활동할 수 있는 출구가 없던 빅토리아 시대에 오직 착한 딸, 조신한 숙녀가 되는 것만 정상으로 간주되던 것에 불만을 품고 저항한 것으로 볼 수도 있다. 안나 오는 출중한 외국어 실력이 있는데도 집에서 병든 아버지만 간호해야 했고, 도라는 아버지가 케이의 부인과 바람 피우는 것을 알고도, 또 그 대가로 케이가 자신에게 한 성추행을 아버지가 눈감아 준다는 것을 알면서도, 힘없고 무능한 어머니만 질책할 수밖에 없었다. 그렇다면 히스테리는 '억압된 오이디푸스적 욕망'이 아니라 가부장제하에서 제대로 항의조차 할 수 없는 성적 추행의 외상이고, 사회적 진출을 차단당한 여성의 욕구 불만에 그 원인이 있는 것이다.

한편 수잔 보르도는 19세기 남성 가부장제가 만든 수동적 여성상에 매몰되어 지식과 교양을 쌓은 중산층 여성들의 징후 '히스테리'가 20세기에 들어서는 '광장 공포증'이나 '거식증'으로 나타난다고 설명한다. 19세기에 연약한 '숙녀'라는 여성적 이상을 좇던 여성들은 20세기 중반 세계대전 후 '집안의 천사'라는 사적 영역의 이상적 모델에 종속되었다. 그리하여 가정이라는 사적 영역을 벗어나는 것에 대한 여성들의 불안과 공포가 광장 공포증으로 나타났다는 것이다. 그리고 후기 자본주의 산업사회에서 여성의 미가 하나의 상품으로 각광받게 되자 '아름다운 몸', '날씬한 몸'에 대한 지나친 집착이 거식증으로까지 발전했다고 진단한다(Susan Bordo, *Unbearable Weight*: 177).

안나 오와 도라가 19세기 히스테리 환자의 전형적인 예라면, 20세기 중반 '집안의 천사'라는 이상이 만든 광장 공포증은 영화 〈모나 리자 스마

일〉에 나오는 웰슬리여대의 학생들에게서 찾아볼 수 있다. 1950년대 초반 명문여대인 웰슬리 학생들의 꿈은 재학 중에 하버드생의 청혼을 받는 것이고, 결혼해서 행복한 가정을 꾸리는 것이다. 조앤은 예일대 법학부에 합격했지만 사회라는 광장으로 나가길 거부하고 결혼을 택하며, 베티는 꿈에 그리던 결혼을 한 뒤 수업에 출석도 하지 않는다. 이 영화는 모든 여학생의 꿈이 결혼이었고, 결혼 후에는 살림과 육아에 대한 책임 때문에 학업이나 직업을 병행할 생각조차 하지 못했던 1950년대의 현실을 반영한다.

21세기 현대의 히스테리는 '몸'에 대한 강박으로 나타난다. 각종 다이어트 열풍이 시사하듯 '날씬한 몸'에 대한 강박적인 요구는 운동을 통한 보디라인의 훈육과 식사량 조절을 통한 칼로리의 통제뿐 아니라, 아예 먹는 것 자체에 대한 극도의 혐오와 공포를 낳았다. 거식증은 20세기 최대의 여성 히스테리 증상으로 부각되었다. 요즘 여성작가들의 소설을 읽다 보면 이와 같은 거식증 사례가 종종 눈에 띈다. 정이현의 「트렁크」에서는 영리한 커리어 우먼이 고급 식당에서 남성과 우아하게 식사를 마치고 난 뒤, 바로 화장실로 가서 금방 먹은 것을 토해 내 칼로리를 통제하는 장면이 나온다. 날씬한 모습을 유지하기 위한 히스테리적 강박이다. 또 한강의 『그대의 차가운 손』에는 날씬해지기 위해 온갖 다이어트제를 복용하고 러닝머신에 지나치게 집착하는 여대생 L이 등장한다. 도저히 식욕을 감당할 수 없을 때, 이 여성은 주체할 수 없을 만큼 엄청나게 폭식한 뒤 화장실에 가서 손가락으로 식도를 자극하여 먹은 것을 모두 토해 낸다. 반복되는 폭식과 구토는 위산을 올라오게 해 치아를 부식하게 만들고 건강에도 치명적인 해악이 된다는 것을 알지만, 그 행위를 멈출 수 없다. 폭식증과 거식증의 강박적 반복인 것이다.

따라서 히스테리는 '숙녀', '집안의 천사' 혹은 '날씬한 미녀'라는 여성성에 대한 규범이 여성을 억압해서 야기된 병이라 할 수 있다. 그것은 여성을 공적 영역보다는 사적 영역에 가두어 놓고 착한 딸, 정숙한 숙녀,

현명한 아내를 만들려는 가부장적 규범의 효과이거나, 공적 영역의 여성이라 할지라도 '안 먹고도 배부른 여성', '덜 먹어서 날씬한 여성'이라는 자본주의적 상품, 남성적 욕망의 대상으로 만든 결과로서 존재하는 여성의 병리적 징후라고 할 수 있다. 여성의 내적인 욕망이나 주체적 의지를 보지 않고 여성을 외부의 시선으로 재단하거나 조율하려 하면 반드시 억압이 생긴다. 또한 이 억압은 우울증의 형태로도 나타난다.

2) 우울증 : 가부장적 모성성에 거스르기

얼마 전 영화배우 이은주가 자살했다. 화려한 은막의 스타가 왜 우울증 치료를 받았고, 스스로 목숨까지 끊어야 했을까? 2003년 한국의 우울·조울증 학회의 조사에 따르면 20~59세의 주부 중에 45%가 우울증을 앓는다고 한다. 가벼운 우울증은 26.5%, 중간 정도는 13.2%, 심각한 정도는 18.1%나 되어서 유병률이 세계 평균보다 높다고 한다. 고려대 정신과의 이민수 교수는 가정주부의 우울증은 특히 시댁과의 갈등에서 오는 경우가 많다면서 전통적인 가족관을 주부 우울증의 원인으로 꼽는다.

생리 우울증, 가정주부의 우울증, 산후 우울증, 갱년기 우울증 등 여성의 우울증은 여성이라는 생리학적 특성, 즉 결혼·임신·출산과 더욱 깊이 관련되어 있다. 그렇다면 여성의 생물학적 성차가 우울증을 가중하는 이유는 무엇일까? 심리적 이유로는 여아의 경우 어머니와 완전한 분리가 이루어지지 못한다는 점을 들 수 있다. 또 사회적으로는 여성이 처한 불리한 현실 때문에 여성 스스로 자신을 사회적으로 무력한 존재, 가정 내의 존재로 받아들이면서도 그 억압 원인을 분명하게 알 수 없다는 점이 이유가 될 것이다.

프로이트에 따르면 우울증은 세 가지 특징을 갖는다. 우선 애정의 대상을 상실했는데도 그 대상이 무엇인지를 확실히 알지 못한다. 그러니 극복할 수 없는 것이 당연하다. 상실한 대상이 추상적인 관념(조국, 자유, 이상 등)이 아니라 구체적인 사람이라 해도 상실 자체가 무의식적이어서 그 사람의 어떤 부분을 상실했는지 알 수 없는 것이 가장 큰 특징이다. 둘째, 애정의 대상을 상실한 후에 그 대상이 사라지지 않고 자아로 되돌아와 나의 일부를 구성하게 되므로 대상애가 동일시 양식으로 전환된다. 사랑하던 대상이 내 안에 들어와서 내 자아의 일부를 구성하는 것이다. 그래서 대상애 단계에서 나르시시즘 단계로 퇴행이 수반된다. 그런데 이때 중요한 것은 내가 사랑하던 대상이 내 자아가 되면서, 원래 내 자아였던 것은 초자아로 변하게 된다는 점이다. 그래서 원래의 자아였던 초자아가, 대상이었던 자아를 박해해서 결국 이 주체는 자살 충동과 자기비하에 시달리게 된다. 우울증의 마지막 특성은 사랑이 증오로 변한다는 점이다. 원래 사랑이란 애증의 양가감정이지만 우울증에서는 증오의 감정이 더 크다. 그래서 나의 내부로 들어와서 이제 자아가 된 대상을, 원래 자아였던 지금의 초자아가 지독히 박해한다. 따라서 우울증 환자의 자기비하는 당당하고 수치심이 없다. 오히려 우울증 환자는 자기비난을 통해 가학성의 쾌락을 얻기 때문이다(Freud, *Mourning and Melancholia*).

유독 재능 있는 여성들이 결혼이나 임신, 출산을 겪으면서 우울증을 많이 겪는다. 버지니아 울프가 우울증에 시달리다 60세에 리치몬드의 강물에 몸을 던져 자살한 것은 익히 알려진 사실이다. 국비장학생으로서 영국 유학을 하던 실비아 플라스는 케임브리지대학에서 테드 휴즈를 만나 사랑하고 결혼했지만, 그 후 두 아이의 양육 때문에 자신의 창작 재능을 발휘하지 못해 괴로워하다가 가스 자살을 했다. 영화 〈디 아워스〉의 중산층 가정주부 로라는 세 살짜리 아들을 두고 둘째 아이를 임신한 채 우울증에 시달리며 호텔 방에서 혼자 자살을 꿈꾼다.

이처럼 여성 우울증의 특징은 무의식적인 모성성의 압박이 만든 병리적 징후라고 할 수 있다. 여성이 결혼, 임신, 출산을 통해 공적 영역의 자아를 떠나보내고, 육아와 살림이라는 사적 영역에 유폐되면서 병리적 징후가 생겨나는 것이다. 고도로 경쟁적인 현대 산업사회에서 여성이 출산과 양육에 바치는 20, 30대는 정력적으로 자아 실현을 추구해도 부족한, 대단히 중요한 자기발전의 시기다. 그러나 사회는 모성성이 여성의 본능이나 본질이라고 강제적으로 반복 각인한다. 이런 모성성의 신화 때문에 여성이 무의식적으로 억압한 사랑의 대상이 내면화되어 자기 자신을 박해하는 것이 바로 우울증이라 할 수 있다. 결론적으로 말해 가부장제가 만든 규범적인 여성성이나 모성성이 히스테리와 우울증을 양산하는 것이다.

5. 다양한 젠더 정체성을 향하여

여성이 갖는 젠더 정체성은 수동성이나 나르시시즘도 아니고, 관계 지향성이나 보살핌의 윤리도, 요조숙녀나 집안의 천사 혹은 모성성도 아니다. 부정적 요소든 긍정적 요소든 '여성성이란 어떤 것이다'라고 규정하는 순간, 그것은 여성성과 여성성이 아닌 것을 분리하고, 분리는 억압을 낳고, 억압은 병적 징후를 만든다.

그렇다면 여성 안의 남성성, 남성 안의 여성성을 인정하고 포용하는 것이 억압적 여성성이나 모성성을 극복하는 대안이 될 수도 있다. 꼭 드랙 킹(남장 여자)이나 드랙 퀸(여장 남자)이 아니라 해도 우리 모두가 여성의 내부에 남성성을, 남성의 내부에 여성성을 부분적으로 가지고 있음을 인정하는 것은 성별 분화가 되지 않은 다양한 '차이들'을 인정하는 방식이 될 수 있다.

실제로 대중적인 인기를 모으는 사회적인 전형도 이제는 강인한 남성에서 부드러운 남성으로, 보호받는 숙녀에서 여전사로 변모하고 있다. 극단적인 남성성을 강조하던 최민수 신드롬("나 지금 떨고 있니?")은 꽃미남의 전형인 원빈 열풍으로 바뀌었고, 이제는 여성스러운 얼굴과 남성다운 몸이 결합된 메트로섹슈얼(metrosexual)이 문화적 트랜드로 부상하고 있다. 권상우나 비로 대표되는 메트로섹슈얼은 남성성과 여성성이 결합된 형태로 형상화된다. 얼굴은 부드러움, 귀여움, 수줍음, 여성스러움 등을 띠고 있지만, 몸은 보디빌딩으로 잘 훈련된 강인하고 우람한 남성의 몸을 과시하는 것이다.

여성의 경우도 마찬가지다. 예전에는 만년 소녀 같은 최진실, 언제나 누군가의 보호를 필요로 할 것 같은 최지우 등이 인기였지만, 이제는 강인한 여전사 라라 크로포드나 미녀 삼총사가 환영을 받는다. 라라 크로포드나 미녀 삼총사는 여성적인 몸과 얼굴에 남성적인 공격성과 강인한 힘을 겸비했다는 면에서 여성성과 남성성이 결합된 사례라 할 수 있다. 〈섹스 앤드 시티〉의 캐리가 단어당 4달러 50센트를 받는 특급 칼럼니스트로 등장하고, 〈앨리 맥빌〉의 앨리가 고소득 전문직인 변호사인 것을 볼 때, 대중 매체 속에 지식이나 권력을 가진 매력적인 전문직 여성이 다수 등장하는 것도 대체된 남성성과 여성성의 결합 사례라고 이해할 수 있다.

우리는 젠더 정체성을 집단보다는 개인으로, 본질주의보다는 구성주의의 관점으로 전환해서 볼 필요가 있다. 그리고 당연하고 자연스럽게 여성성, 남성성이라고 규정된 것이 사실은 당대의 제도 규범이 오랫동안 반복 각인으로 만든 허구에 불과하다는 인식으로까지 나아가야 한다. 남성성 혹은 여성성이라고 만들어 놓은 '규제적 허구'나 '담론적 이상'이 남성이나 여성을 억압하여 병리적 징후를 만들어 내기 때문이다.

그렇다면 우리는 모두 주디스 버틀러의 말대로 드랙과 같이 구조된다고 말할 수도 있을 것이다. 여성성도 여성성이라 생각되는 이상적 특성을 모방하는 연극과 같은 것이고, 여성성 자체가 원래부터 있는 것이 아니라 만들어진 것이라면, 여성도 드랙도 '여성성이라는 이름으로 만들어진 이상적 규범'을 모방하는 것이 된다. 그리고 섹스와 무관하게 어떤 젠더와 동일시하는지에 따라 섹슈얼리티도 복잡한 그물망처럼 얽힌다. 여성과 자신을 동일시하는 남성이 다른 남성을 사랑하는 것이 이성애인지, 아니면 동성애인지의 문제처럼 말이다.

섹스, 젠더, 섹슈얼리티는 이렇게 다양한 의미를 지니면서, 고정되거나 단일한 정체성이 실은 불가능하다는 것을 말해 준다. 섹스는 육체와, 젠더는 정체성과, 섹슈얼리티는 인간의 본능적인 욕망의 문제와 연관된다고 말해 왔지만 이 모두가 '문화적 인식 가능성'이라는 규범적 관념이 없이는 의미화될 수 없는 것이기 때문이다. 그리고 이 규범적 관념은 언제나 여성보다 지배적인 남성, 여성성보다 우월한 남성성, 동성애보다 자연스러운 이성애라는 신화를 창조하면서 억압적 요소로 작동해 왔다. 그러나 여성, 여성성, 이성애가 자신의 내부에 이미 남성, 남성성, 동성애를 이질적 타자로 안고 있는 것이라면 그 어떤 단일한 정체성도 가능하지 않다. 이렇게 언제나 재의미화되면서 새로운 해석의 가능성으로 열릴 수 있는 주체, 가변적이고 복수적인 주체야말로 히스테리나 우울증이라는 규범적 여성성, 가부장적 모성성의 억압을 피하는 방식이 될 수 있다. 모호하면서 불안한 젠더 정체성에 대한 논의가 필요한 것도 바로 이 때문이다.

❖ 생각할 거리 --

1. 페미니즘과 퀴어 이론은 어떻게 접합되어야 하는가? 여성의 권익을 보호하려는 운동과 성적 소수자들의 인권운동은 별개의 정치성으로 나아가야 할까, 아니면 연대하여 나아가야 할까? 만일 연대한다면 그 방식은 어떠해야 할까?
2. 당신은 중·고등학교 시절 자신의 동성애적인 성향을 경험한 적이 있는가? 남학교에는 꽃미남이 있고, 여학교에는 톰보이가 있으며, 지금의 대중문화에서는 남성적인 남성이나 여성적인 여성보다는 메트로섹슈얼이나 여전사 이미지가 인기 있는 현상을 젠더나 섹슈얼리티의 관점에서 어떻게 설명해야 할까?
3. 보통 노처녀 히스테리와 산후 우울증이라는 말을 많이 한다. 히스테리와 우울증이 여성만의 질병일까? 만일 그렇다면 히스테리나 우울증은 극복해야 할 부정적인 병리적 현상일까, 저항의 정치성을 담보해 내는 긍정적인 현상일까?

❀ 읽을 거리 --

1. 엘리자베스 라이트, 『라캉과 포스트 페미니즘』, 이소희 옮김, 이제이북스, 2002.
2. 존 그레이, 『화성에서 온 남자 금성에서 온 여자』, 김경숙 옮김, 친구미디어, 1993.
3. 프로이트, 『새로운 정신분석 강의』·『히스테리 연구』·『꼬마 한스와 도라』, 열린책들, 2004.
4. 크리스티나 폰 브라운, 『히스테리: 논리, 거짓말, 리비도』, 엄양선 옮김, 여이연, 2003.
5. 주디스 버틀러, 『의미를 체현하는 육체』, 김윤상 옮김, 인간사랑, 2003.
6. 한강, 『그대의 차가운 손』, 문학과지성사, 2002.
7. 정이현, 『낭만적 사랑과 사회』, 문학과지성사, 2003.
8. 뤼스 이리가레, 『하나이지 않은 성』, 이은민 옮김, 동문선, 2000.
9. 토릴 모이, 『성과 텍스트의 정치학』, 임옥희 외 옮김, 한신문화사, 1994.
10. 레나 린트호프, 『페미니즘 문학이론』, 이란표 옮김, 인간사랑, 1998.

❀ 볼 거리 --

1. 헤드윅과 성난 일 인치 (존 카메론 미첼, 2000)
2. 소년은 울지 않는다 (킴벌리 피어스, 1999)
3. 디 아워스 (스티븐 달드리, 2002)
4. 모나 리자 스마일 (마이크 뉴웰, 2003)

5장_소비자본주의 사회와 여성의 몸

김양선

1. 여성의 몸, 왜 문제인가

현대는 몸의 시대다. 이른바 후기 근대사회에 접어들면서 이전의 이성 중심주의에서 상대적으로 폄하되어 온 몸이 욕망의 거주처로서 새롭게 발견되고 있다. 이제 몸은 정체성을 확인하고 재구성할 수 있는 토대로 부상했다. 이처럼 새롭게 발견된 몸은 후기 근대사회의 다양성만큼이나 다채롭다. 남성과 여성의 몸, 이성애자와 동성애자의 몸, 인종적 차이가 드러나는 몸, 심지어 자연과 인공의 경계를 교란하는 사이보그의 몸에 이르기까지 몸은 전부터 존재했지만 그 몸들 사이의 차이를 인지하고 해석하려는 다양한 시도는 이제 막 시작되었다.

그리고 이와 같은 관심의 지각변동에서 중심에 있는 것은 남성의 몸이 아닌 여성의 몸이다. 역사적으로 여성은 몸으로 결정되어 왔다. 여성과 남성은 성적·육체적으로 다르다. 자궁이 있는 여성은 월경을 하고 아이를 낳을 수 있는 반면 페니스가 없다. 남성은 자궁이 없지만 페니스가 있다. 그런데 여성에게는 이 '있음'의 표시들이 여성성이나 모성성의 이름으로 장구한 세월 동안 억압의 원인을 제공해 왔으며, 페니스가 없다는 '없음'의 표시 역시 여성이 열등하다는 것을 입증하는 기제로 작용해 왔다. 다시 말해, 여성의 몸에 각인된 성차는 생물학적 차이를 열등한 것으로 개념화해 온 남성 중심의 역사를 보여 준다.

그런 점에서 몸은 탈자연화되어 있고 성차화되어 있다. 순수하게 자연(적)으로 주어진 생물학적인 몸은 없다. 이성-남성-우월/몸-여성-열등, 공격적이고 근육질적인 남성/수동적이고 유혹적인 여성의 몸이라는 정형화는 여성의 주체성을 억압하고 식민화해 온 강력한 이데올로기적 작동방식이다.

하지만 이 정형화된 정의는 구체적인 현실의 장에 존재하는 많은 여성들을 제거하고, 아름답고 싱싱한 몸을 지닌 젊은 여성들이나 아이를 낳은 어머니만을 여성으로 상정한다. 현실 속의 여성들은 자기 몸에 드리워진 이데올로기의 실체를 파악하지 못한 채 표준화된 척도에 자기를 맞추기 위해 다이어트, 성형 등 몸의 인위적인 조작에 투자를 아끼지 않으며, 21세기 신분 표시인 명품으로 자기 몸을 위장한다. 이 '21세기형 에일리언'들은 순종적이지만 자기의 몸을 통제함으로써 얻게 될 이득이 무엇인지 알 정도로 명민하다. 이 여성들은 얼핏 소비자본주의가 요구하는 훈육과 새로운 율법에 기꺼이 몸을 내맡긴 것같이 보이지만, '경쟁력 있는' 몸을 자산 삼아 자기 존재의 적법성을 주장하며 의미화의 장 속으로 들어온다. 훈육과 통제를 기꺼이 감수하면서 주인이 되고자 한다는 이 역설은 지금/여기 여성의 몸이 처한 딜레마를 여실히 보여 준다.

페미니즘 이론은 한편으로는 이처럼 여성의 몸에 작용하는 이데올로기와 자본을 분석함으로써 여성의 육체가 식민화하는 과정을 분석하고, 또 다른 한편으로는 여성의 욕망을 발견하고 그 속에서 여성주체의 능동성을 찾으려는 시도에서 몸을 되살려 낸다.

정체성을 확인하는 물적 토대로서의 몸과 억압적 이데올로기가 새겨지는 장으로서의 몸이라는, 각축하는 몸의 이중적 속성이 후기 근대, 소비자본주의 사회에서 가장 예리하게 드러나는 지점은 다이어트와 성형이다. 이 장에서는 현재 소비자본주의 사회에서 여성의 몸이 처한 현실을 살펴보기 위해 먼저 몸에 대한 기존의 이론적 논의들을 살펴보고, 그 다음 소비자본주의 사회에서 광기에 가까울 정도로 진행되고 있는 몸 숭배의 양상과 그 원인 및 대안을 살펴보고자 한다.

2. 생물학적 몸과 구성되는 몸: 몸에 대한 이론적 논의

1) 여성의 몸은 생물학적으로 열등하다: 자연주의적 관점

17세기 말까지 인간의 몸은 인류가 공통으로 갖는 몸, 즉 성별화되지 않은 몸으로 인식되었다. 물론 남성의 몸이 표준이고 여성은 남성보다 열등하다고 간주되었지만, 이 열등함이 영구적으로 여성의 몸에 내재한다고 여겨지지는 않았다. 다시 말해 남성과 여성의 구분이 자연스러운 것으로 받아들여지기는 했지만, 이러한 구분의 내용이나 경계가 명확하거나 일관성이 있지는 않았고 생물학적 상관관계도 없었다. 그 단서로 월경은, 생리적으로 남성이 땀을 흘린다거나 정액을 방출함으로써 체내의 불순물을 제거하는 것처럼 여성이 피의 불순물을 제거하여 몸의 순환을 원활하게 하는 현상으로 간주되었다.

하지만 18세기 이후 과학의 발달과 더불어 '남성'과 '여성'의 범주가 생물학적 차이에 기초해 구체화되었다. 특히 18세기 들어 여성들의 육체적 연약함에 대한 주장들은 건강/질병 모델로 구체화되었다. 이 모델에서는 생활방식과 사회적 지위가 개인의 육체적 능력과 밀접하게 연관된다고 보았다. 그러면서 여성들은 그들의 몸 때문에 자녀의 출산과 양육에 적합하다는 교훈이 만들어졌다.

19세기에 의료전문가 집단은 여성들의 몸을 의학적으로 정의하면서 남성과 여성의 몸 사이에 더욱 확고한 경계를 설정했다. 근대 이후 여성의 몸의 가치를 모성으로 일원화해서 보는 담론 속에서 월경은 임신에 실패했다는 징후로 평가되었기 때문에 부정적이고 파괴적인 것으로 여겨졌다 (김애령, 1995). 폐경 역시 임신능력이 상실된 부정적인 현상으로 의미화된다. 월경주기가 불규칙한 여성들은 통제능력이 없거나 생식기능에 장애가 있는 여성으로 간주된다. 1960년대에는 남성들이 직업세계에서 누려 온 특권을 보호하기 위해 의학적 설명이 동원되었다. 월경 전이나 월경 기간 동안 여성은 감정적으로나 지적으로 불안정해지고 행동을 통제할 수도 없다면서 조종사나 은행지점장 등 전문직에 종사할 수 없도록 제한을 가한 것이 그 예라 할 수 있다.

이처럼 여성들이 재생산 기능을 가지고 있다는 이유로 그들의 몸을 남성의 몸보다 열등한 것으로 규정하는 관습은 20세기까지 지속되었다. 여성의 몸은 사회적으로 요구되는 출산력, 생식능력의 범주 안에서 규정된다. 물론 진화론의 맥을 잇는 일군의 사회생물학자들이 이러한 담론을 형성하는 데 기여했다.

이와 같은 자연주의적 관점은 인간 몸의 본질적 특징을 설정한 다음, 인체 사이의 공통점을 무시하고 차이점을 강조하는 단순한 사회적 범주, 즉 남성/여성, 흑인/백인, 상류/중류/하류 계급 등으로 몸을 분류한다는 점에 문제가 있다. 특히 인간의 몸을 성차에 따라 차별화하고 여성을 전(前)사회적인 자연의 영역으로 제한하는 주요 수단으로 삼았다.

2) 여성의 몸은 사회권력에 의해 구성된 것이다 : 사회구성주의적 관점

1970~1980년대를 지나면서 페미니스트들은 몸을 단순히 자연적인 범주로 보지 않고 남성과 여성의 몸이 사회적 권력관계 속에서 차지해 온 방식과 내용에 주목하기 시작했다. 이러한 시도는 사회구성주의적 시각에 기반을 두고 이루어졌다.

사회구성주의자들은 몸을 생물학적 현상만으로 분석할 수 있다고 보는 입장에 반대한다. 이들은 몸에 부여되는 특성과 의미, 그리고 상이한 집단들의 몸 사이에 존재하는 경계가 사회의 기초라기보다는 사회적 산물이라고 주장한다(크리스 쉴링, 1999). 몸이 자연적으로 주어진 것이 아니라 특정 시대, 특정 장소의 문화적·사회적 요소들로 구성된 것이라고 보는 입장이다. 대표적으로 푸코는 몸을 통해 권력이 어떻게 행사되는지에 주목하였다. 푸코는 몸에 작용하는 규율권력이 개인의 몸과 전체 인구집단의 몸 양자에 대한 지식을 증가시킴으로써 이 몸들을 길들이고, 이를 통해 개인들을 자기 몸을 스스로 감시하고 다스리는 주체로 만들었다고 보았다. 즉 몸과 관련된 담화와 실천이 이데올로기적으로 적합한 주체를 어떻게 산출하며 특정 권력과 능력을 가진 몸을 어떻게 구성하는지를 보여 주었다. 이러한 몸 이해는 과거 생물학주의의 한계를 극복하고 몸을 고정되거나 수동적인 것으로 보지 않았다는 점에서 의미가 있다.

페미니스트들 역시 이와 같은 구성주의적 관점을 취함으로써 여성의 몸에 새겨진 사회적 의미와 그것이 처한 맥락, 또 여성에게 억압적으로 작용하는 방식을 밝힐 수 있게 되었다. 이들은 남성과 여성을 구분한다고 간주되는 생물학적 특징들도 사회적으로 구성된 것이며, 이처럼 체현의 성별화를 낳는 방식으로 권력이 몸에 투입되고 몸을 통하여 행사된다고 주장한다(크리스 쉴링, 1999).

하지만 몸을 단순히 권력이 작동되는 대상으로 보거나 이데올로기 및 담론에 의해 구성되는 것으로만 보는 것은 또 다른 한계를 낳을 수 있다. 푸코의 인식론적 관점을 그대로 따르면 물질적·생물학적 현상으로서의 몸이나 몸의 경험은 사라지고, 담론의 영향을 받는 몸만 남게 되기 때문이다.

따라서 실재하는 몸과 이데올로기적으로 구성된 몸을 구분하기보다는 실재하는 몸 자체를 의미화되고 의미를 만드는 지점으로, 그와 동시에 사회의 권력체계들이 각인되고 생산되는 곳으로 보아야 한다는 주장도 있다. 몸은 수동적인 대상이 아니라 주체에 의해 체험된 것이며, 따라서 여성의 몸은 여성의 자기결정이 이루어지는 적극적인 장소이자 지배와 저항이 맞물리는 생생한 장으로 간주해야 한다는 것이다(배은경, 1999).

3. 참을 수 없는 몸 숭배 사회

1) 몸짱, 얼짱 사회는 어떻게 정착되었나

지금 한국사회에서는 정상체중이나 저체중에 속하는 여성들까지 다이어트에 열중하고, 거식증이나 성형중독과 같은 신종 강박증에 시달리는 현상이 확산되고 있다. 성형수술 실패를 비관한 여성들이 동반자살을 하고, 다이어트 후유증으로 죽은 여성과 관련된 기사가 심심찮게 보도될 정도로 몸에 대한 여성들의 관심은 극단적으로 전개되고 있다. 외모가 여성의 정체성이나 개체성과 동일시되고 성공의 조건이 되는 현대 소비사회에서 몸매에 신경을 쓰는 것은 여성의 의무처럼 되어 버렸다. 더군다나 요즘은 대중매체뿐만 아니라 인터넷을 매개로 한 정보 공유가 급속하게 확산되면서 네티즌 자신이 몸과 관련된 아름다움의 신화를 만들어 낸다. 인터넷에서 부동의 인기 검색어는 다이어트와 성형이다. 꽃미남이라는 말은 이미 익숙한 관용어가 되었으며, 얼짱에 이어 몸짱이라는 신조어가 생겨나기도 했다. 이처럼 몸이나 외모와 관련된 말은 남녀노소, 그야말로 세대(나이)와 성별, 계층적 차이를 막론하고 누구에게나 몸의 관리가 지상과제인 것처럼 인식되는 사회현상을 반영한다.

몸의 역사를 보면, 처음부터 날씬한 몸이 선호된 것은 아니다. 그리스의 귀족문화는 극기와 중용을 획득하는 방안으로 음식 섭취의 규정을 만들었다. 중세에는 육체를 지배하고 정신을 정화하기 위한 단식이 기독교적 실천에서 중요한 위치를 차지했다(수잔 보르도, 2003). 이러한 형식의 다이어트는 분명 자아의 발달을 위한 도구로 여겨졌고, 남성의 정체성 확보와 관련된 것이었다.

초기 자본주의가 발달하면서 19세기 이후에 '날씬함'이 이상적인 몸으로 정착하게 되었다. 자본주의 초기에는 중산층 남성들의 '살진 배'를 부의 상징으로 여겨졌지만 19세기 후반에 들어서면서부터 권력을 가진 남성들이 자신의 몸을 통제하고 조절하면서 근육질로 만들기 시작했다. 그런 변화의 와중에 복장, 외모, 행동 등에서 남성들과 구분되어야 했던 여성들은 한층 가볍고 날씬해져 갔다. 20세기에 들어서 시각적인 이미지를 주된 표현수단으로 하는 대중매체가 등장하자 '날씬함'의 이상은 전 사회계층으로 확산된다. 이때부터 다이어트는 외모관리의 방법으로써 계층과 나이, 인종을 막론하고 모든 여성의 삶의 일부로 자리 잡았다.

특히 한국사회에서 미적 이상이 날씬한 몸매로 변화하는 과정은 '서구화' 과정과 일치한다. 근대 초기만 하더라도 둥근 얼굴, 후덕한 표정을 한 동양적인 모습이 전통적인 미인으로 여겨졌지만, 1930년대 들어 서양 문물이 대중매체를 통해 들어오자 광고나 잡지 속 모델의 몸매가 점차 가늘어지고 얼굴이 갸름해지면서 서구적인 외모를 띠게 되었다. 1970~1980년대까지만 해도 일반 여성들이 생각하는 아름다움은 얼굴에 집중되어 있었다. 그러나 1980년대 말부터 날씬한 몸매 전체로 확산되기 시작한다(한서설아, 2000).

우리 사회에서는 1980년대 이후 여성의 교육 수준이 높아지면서 사회참여가 늘고, 여성해방의 이념이 확산되었다. 그러면서 여성의 지적 능력이나 업무 수행 능력과는 무관한 외모 가꾸기, 몸 가꾸기도 확산되는 역설적 상황이 벌어졌다. 광고, 드라마, 영화 등 영상매체에 등장한 일하는 여성, 성공한 여성의 이미지에서 가장 핵심적으로 부각된 것은 세련된 패션과 스타일을 소화해 낼 수 있는 날씬한 몸매였다. 날씬한 몸매는 단순한 미적 기준을 넘어서 자아 실현과 사회적 성공을 동시에 이루려는 여성들의 욕망의 중심에 자리 잡게 되었다. 외모도 능력이자 자본이라는 생각이 그것이다. 지금은 없어졌지만 키 160cm 이상, 몸무게 48kg 미만과 같은 신체조건이 채용규정에 명시되고, 미스코리아 대회뿐만 아니라 인삼 아가씨, 고추 아가씨, 감귤 아가씨와 같은 각종 미인대회 입상이 출세의 지름

길이 되는 상황에서 외모가 여성이 취업을 비롯해 공적 영역에 진출할 수 있는 전제조건인 양 여겨지는 것은 어찌 보면 당연한 결과인지도 모른다. 이제 여성들은 날씬한 몸, 매력적인 외모를 가져야 여자로 인정받고 성에서도 주체적인 존재가 될 수 있으며 경제적·상징적 권력을 거머쥘 수 있다는 사회의 분위기에 적극적으로 동조한다.

2) 외모 강박증의 현주소

우리 사회에서 집단적인 강박증, 신경증이라 할 정도로 확산된 다이어트, 성형과 관련된 아래 자료들을 보자.

〈자료 1〉

우리 나라의 미혼 여성 중 81.8%가 현재 체중에 만족하지 못하는 것으로 나타났다. 여협(한국여성단체협의회)이 2003년 5월 만 15～24세의 청소년 및 미혼 여성 500명을 대상으로 실시한 '여성의 식생활에 대한 의식 및 실태 조사'에 따르면 조사 대상자의 평균 신장과 체중은 각각 162.5cm, 53.3kg으로 한국인 영양권장량에 제시된 160cm, 54kg과 비슷한 수준이었다. 하지만 저체중에 속한 대상자 107명 중 4.7%가 본인을 '뚱뚱하다', 42.1%가 '보통'이라고 응답했다. 또 비만도가 정상에 속한 대상자 324명 중 56.8%도 본인이 '뚱뚱하다'고 응답했다.

가장 이상적으로 생각하는 체중은 평균 48kg으로 현재 체중과 희망 체중 간의 차이는 평균 5.3kg으로 나타났다. 특히 과체중군의 경우 희망 체중이 52.1kg으로 현재 체중과의 차이가 15.3kg에 달했다. 또 비만이 아닌 여성들까지 지나치게 체중 감량을 시도하고 있는 것으로 밝혀졌다. 조사 대상자의 74.0%가 '체중 감량을 시도한 적이 있다'고 응답했는데, 비만도가 저체중인 대상자의 55.5%, 정상인 대상자의 77.8%가 체중 감량을 시도한 적이 있는 것으로 나타났다. 86.8%가 이러한 체중 감량의 주된 목적으로 '날씬해지고 싶다'는 것을 꼽았다. '건강 유지와 향상'이라고 응답한 대상자는 10.8%에 불과했다.(우먼타임즈, 2003년 5월 7일 기사)

⟨자료 2⟩

여대생의 절반 이상이 미용성형을 한 경험이 있고 10명 중 8명은 미용성형을 원하고 있는 것으로 드러났다. '한국=성형공화국'이라는 등식이 거짓이 아님이 입증된 것이다. 서울대 의대 정신과 류인균 교수팀은 전국의 여대생 1565명, 남학생 469명 등 2034명을 대상으로 설문 및 심층 조사한 결과, 여대생의 52.5%(821명)가 미용성형을 했고, 82.1%(1285명)가 원하고 있는 것으로 나타났다고 밝혔다. 이 조사는 보건복지부의 의뢰를 받은 것으로 2003년 8월부터 올해 2월까지 실시됐다. 조사에 따르면 여대생의 52.1%는 나중에 결혼 후 자녀에게도 성형수술을 해주겠다고 응답했다. 또 68.1%는 조사 당시 미용성형을 계획 중이라고 밝혔다. (중략) 이번 조사에서는 성형의 '중독성향'이 뚜렷이 입증됐다. 성형을 안 한 사람은 67.1%가 성형수술을 희망한 반면, 한 번이라도 성형을 한 사람은 95.7%가 더 받겠다고 응답한 것. 또 온몸 성형을 무료로 해준다면 받겠느냐는 질문에는 성형수술을 하지 않은 여대생은 23.5%, 성형수술 경험자는 35.7%가 '예'라고 응답했다.

성형수술을 받은 이유는 '자신감을 얻기 위해서(43%)', '주위의 권유(25.3%)' 순이었고, '우연히'와 '좋은 외모가 실생활에 유리할 것이라는 기대감'이 각각 11.3%로 뒤를 이었다. 그러나 자신감은 수술 직후 잠깐 좋아졌다가 나중에는 다소 약화되는 것으로 조사됐다. 또 성형수술을 한 사람과 그렇지 않은 사람의 현재 자긍심을 수치화했더니, 애호자는 33.9점으로 그렇지 않은 여대생의 34.7점보다 낮았다.(동아일보, 2004년 4월 29일 기사)

앞의 자료에서 볼 수 있는 바와 같이 우리 나라 미혼 여성 중 81.8%가 현재 체중에 만족하지 못할 만큼 '날씬하고 마른 몸'에 대한 환상이 심각하다. 또한 여대생의 절반 이상이 미용성형을 했거나 고려 중일 만큼 외모에 대한 강박증도 점차 심해지고 있다. 게다가 다이어트 및 성형에 대한 강박증은 이미 어린 청소년층이나 초등학생에게까지 확산되고 있다. 최근 보건복지부의 또 다른 조사 결과에 따르면 만 11~17세 대상 학생 중 여학생의 64.3%, 남학생의 36.1%가 다이어트를 해본 적이 있다고 한다. 이처럼 여학생이 남학생보다 체중에 대한 강박관념이 높다는 것은 다이어트가 성별 이데올로기에서 비롯된 것임을 입증한다.

물론 몸과 욕망을 부정하고 정신만을 유일한 가치로 여기는 것은 바람직하지 않다. 몸도 자아를 구성하는 요소라고 본다면 자기 몸을 가꾸는 행위는 자기계발이자 자기를 배려하는 행위라 할 수 있다. 문제는 이들이 꿈꾸는 몸이 '섹시하고 날씬한 몸'으로 획일화되어 있다는 점이다. 성장, 출산, 폐경 등 여성의 생애주기별 변화에서 체중의 증가나 외모의 변화는 자연스러운 현상이다. 하지만 여성은 이 자연스러운 몸의 변화를 받아들이기를 거부하고 다이어트와 성형을 통해 인위적으로 자기 몸을 변형하고자 하는 것이다.

4. 섹슈얼한 남성의 몸, 소비자본에 포섭되다

1) 하드바디에서 메트로섹슈얼로

몸에 대한 과도한 관심과 투자는 이제 여성에게서 그치지 않고 남성에게까지 영향을 미치고 있다. 전통적인 가부장제 사회에서 남성의 몸은 문제가 없는 것으로, 호기심과 재현의 대상에서 제외되는 동시에 감춰졌다. 역사상 남성의 몸은 재현된다 하더라도, 국가적 임무를 수행 중인 영웅적 육체였다. 가령 우리는 1980년대 실베스터 스탤론 주연의 〈람보〉 시리즈나 아놀드 슈왈츠제네거가 주연을 맡은 할리우드 영화에서 근육질의, 지치지 않는, 공격적인 남성의 육체는 국가체(national body)와 일치했음을 확인할 수 있다.

그런데 이와 같은 남성의 몸에 대한 전형적인 이미지도 변하고 있다. 남성들도 이제 아름다워지려고 하며, 남성의 몸 역시 에로틱한 전시물이 되어 간다. 예나 지금이나 '남자답다'는 것은 사회적 성공, 권력, 힘, 돈으로 결정된다. 하지만 미용업계와 광고, 방송매체들은 이에 덧붙여 강철같이 아름다운 몸이야말로 모두의 이상형이라고 선전한다. '젊고 아름답고 활기차고 건강해야 한다'는 것이 남성적 아름다움의 전형이다.

예전에는 키가 작거나 외모가 달린다 하더라도 이를 상쇄할 만한 능력만 있다면 직장을 얻거나 사회생활을 하는 데 별 문제가 없었다. 배가 좀 나오더라도 그것은 물질적 부의 상징으로 여겨졌고, 결혼과 동시에 퇴직을 강요당하고 승진에 차별을 받는 여성과는 달리 남성의 나이는 연륜과 경력에 비례하는 것으로 존중받았다. 하지만 '사오정'에 이어, '삼팔선', '이태백' 같은 신조어가 생겨날 정도로 경기침체가 계속되면서 남성들의 사회진출 역시 무척 힘겨워졌다. IMF 구제금융 사태 이후 곤두박질치기 시작한 남성(성)의 위기 때문에, 성형수술 하는 남성, 다이어트나 헬스, 슬리밍을 하는 남성이 이제 낯설지 않은 우리 사회의 풍경으로 자리잡게 되었다. 남자들도 활력 있고 힘이 넘쳐 보여야만, 날씬해야만 더 좋은 직장을 얻을 수 있게 되면서 새로운 남성의 기준이 탄생한 것이다.

이처럼 최근 변모하는 남성의 몸은 '메트로섹슈얼'이란 말로 정의된다. 메트로섹슈얼이란 꽃미남의 곱상한 외모에 남성미를 갖춘, 다시 말해 남성적 강인함과 여성성이 공존하는 새로운 남성상을 뜻한다. 이 용어는 어느 정도 경제력을 갖추고 대도시에 살면서 얼굴과 몸 관리에 적극적인

20대에서 30대 초반의 남성들을 일컫는 말로 영국의 문화비평가 마크 심프슨이 처음 사용하였다. 메트로섹슈얼의 원조격인 영국의 축구 스타 데이비드 베컴, 우리 나라 축구선수 안정환, 몸짱 스타로 부상한 권상우나 가수 비 등을 보면 자연스레 몇 가지 공통점을 발견한다. 섹시하고 카리스마가 넘치지만 그것을 내세워 여성을 지배하기보다는 여성에게 소비되는 섹슈얼리티의 대상으로 존재한다는 것, 화장품과 패션, 헤어 스타일 등 몸매와 외모 가꾸기에 여성만큼 많이 투자를 한다는 것이다.

　내면의 여성성을 긍정적으로 보고, 남성미와 함께 여성적 취향의 아름다움을 동시에 추구한다는 점에서 메트로섹슈얼이 남녀 간 젠더 경계를 허물고, 권력관계에 균열을 내는 징후라고 보는 견해가 있다. 가령 권상우는 역삼각형 몸매와 왕(王)자가 뚜렷한 복근을 수시로 드러내며 자신의 근육질 몸매를 과시하지만, 그와 동시에 앳되고 애교 섞인 말투, 눈웃음 등 부드럽고 아이 같은 이미지를 가지고 있다. 가수 비도 역동적인 댄스와 근육질 몸매로 대변되는 남성성과 함께 앳되고 부드러운 얼굴과 미소로 여성적인 성격을 드러낸다.

2) 메트로섹슈얼, 남성성의 위기와 소비문화의 합작품

그렇다면 이처럼 근육질에 아이나 여성 같은 이미지가 묘하게 결합된 새로운 남성형이 부상하는 현상을 어떻게 해석해야 할까. 먼저 앞서 언급한 근육질의 람보로 대변되는 기존 남성성이 위기에 처했음을 보여 주는 징후로 해석할 수 있다. 한국사회뿐만 아니라 전 세계적으로 불황이 장기화되는 가운데 남성이라고 해서 경제적·사회적으로 안정된 지위를 확보할 가능성은 희박해졌다. 남성 역시 사회가 요구하는 기준에 맞춰 자기 몸을 질 좋은, 경쟁력 있는 상품으로 내놓아야 하기 때문에 외모관리와 몸관리가 필수다.

두 번째, 대중문화나 소비문화에서 이 같은 남성형이 존재하고 소비되는 방식은 남성의 섹슈얼리티가 어떻게 달라졌는지를 잘 보여 준다. 이 남성들은 여성의 몸을 훔쳐보는 시선의 주체가 아니라 자신의 몸을 감추지 않고 스스로 보여 주는 객체가 된다. 성적 대상화를 기꺼이 자처하는 것이다. 영화 〈말죽거리 잔혹사〉에서 권상우가 거울을 보며 이소룡의 절권도를 흉내 내는 장면에서 단적으로 드러나듯 남성은 자신의 몸에 매혹되어 그것을 과시하는 나르시시스트적인 섹슈얼리티를 구현한다. 그러면서도 이 나르시시스트적인 남성은 자기 몸을 누군가 보고 있다는 점을 의식하고 그것을 연기한다.

한편 메트로섹슈얼이 여성을 억압하는 남성성을 일시적으로 위장해 남성의 권력을 재탈환하기 위한 문화적 전략의 하나라거나, 소비문화가 생산해 낸 변형된 남성상에 불과하다는 비판의 목소리도 만만치 않다. 남성전용 화장품과 미용제품, 완벽한 몸매에 세련된 옷차림을 광고하는 매체들은 남성판 아름다움의 신화를 생산함으로써 소비시장을 넓히고 있으며, 이상적인 남성의 몸 역시 '단단하고 활력 있는' 기존 남성의 몸에서 크게 벗어나지 않는다는 지적이다.

하지만 여성들이 오랫동안 몸 때문에 당한 고통을 남성들도 맞이해야 하는 현재 상황이 그리 바람직한 것이 아님은 자명하다. 남녀 모두가 자기 몸을 부정하며 혐오하는 한, 있는 그대로의 몸을 인정하지 못하고 사회가 요구하는 유순하고 획일화된 몸으로 길들여지는 한, 우리는 몸의 주인이 될 수 없기 때문이다.

5. 육체산업, 몸을 잠식하다

1) 육체산업의 현황

아름다운 몸과 외모를 가꾸기 위한 다이어트나 성형은 상업적인 육체산업이 조장한다. 육체산업의 예를 들어 보면 다이어트, 슬리밍, 미용기술, 건강의학, 피부관리, 화장, 선탠, 성형시술, 몸매교정, 차밍스쿨, 체형관리를 위한 레저, 헬스 등 다양하다. 최근 1~2년 사이에 한국사회에 일종의 '럭셔리한' 삶의 방식으로 등장한 '웰빙'도 물질적 가치에 얽매이지 않고 정신과 신체의 조화를 통해 건강한 삶을 추구한다는 본래 취지와는 무관하게, 우리 사회에서는 '웰빙 산업', '웰빙 마케팅'이라는 말이 나올 정도로 상업주의의 수단으로 전락해 버렸으며, 건강과 미용에 대한 과도한 집착을 조장함으로써 식사, 운동, 여가 등 일상적 실천을 또 다른 몸의 관리수단으로 몰아 가고 있다.

육체산업의 번창에 따라 이상적인 몸의 기준이 수시로 변하므로 몸만들기의 내용과 방식은 계속 변한다. TV나 광고 등 대중매체를 통해 유포되는 화장법, 패션, 미용법 등은 철마다 바뀐다. 다이어트를 위한 식이요법도 포도 다이어트에서 사과 다이어트로, 덴마크식 다이어트에서 김치 다이어트, 청국장 다이어트 등으로 계속 변한다. 몸관리를 위한 운동방법도 아주 다양해서 에어로빅이나 헬스 같은 고전적인 방식 외에 최근에는 태보, 필라테스, 요가 등이 인기를 끌고 있다. 요즘은 TV 같은 대중매체에 이와 같은 운동을 통해 다이어트와 몸매관리에 성공한 연예인들이 나와 자신의 성공담을 늘어놓고, 때맞춰 비디오나 책이 출시된다. 여성-소비자는 자기도 그들처럼 될 수 있다는 환상에 사로잡혀, 혹은 최신 유행을 따라잡기 위해 수시로 빈약한 지갑을 열어야 한다.

우리 나라에서 육체산업은 가파르게 성장하고 있다. 다이어트 산업의

〈표 1〉 성형 전문의 수와 증가율

	1975	1980	1985	1990	1995	2000
성형 전문의 수(명)	22	67	164	350	557	926
성형 전문의 증가율(배)		3.1	7.5	15.9	25.3	42.1
의료 전 분야 전문의 증가율(배)		1.4	2.5	4.0	5.5	7.8

출처: 『보건복지 통계연보』(2000) 제46호.

규모는 1996년에 약 2000억 원으로 추산되었으며, 해마다 늘고 있다. 비만치료제 산업도 해가 갈수록 급성장하여, 2001년 말 500억 원대의 시장을 형성하였으며, 2010년에는 2000억 원에 이를 것이라고 한다. 또 미용산업의 시장 규모는 2002년에 26조 4000억 원인데, 그중에서 다이어트와 미용성형 산업이 각각 1조 원과 5000억 원을 차지한다. 사실 미용성형 산업의 규모를 파악할 수 있는 정확한 공식 통계는 거의 없다. 2000년에 성형외과협회가 발표한 총매출액은 1700억 원이지만, 피부과에서 행하는 수술까지 감안하면 전체 매출 규모는 최소 5000억 원에 달할 것으로 추정된다. 미용성형의 경우 의료보험 적용을 받지 않아 음성적인 매출이 많다는 점을 감안하면 실제 시장 규모는 1조 원에 달할 것으로 추측된다(조선일보, 2001년 8월 1일·한국일보, 2001년 8월 9일). 이에 따라 성형외과 전문의 수도 가파르게 증가하는 추세다.

〈표 1〉에서 볼 수 있는 바와 같이 2000년 성형 전문의의 증가율은 42.1%로 타 의료 분야 전문의 증가율의 약 5배에 달한다. 게다가 보건복지부 자료에 의하면 성형외과 전문의가 2001년 1020명, 2002년 1112명으로 계속 증가하는 실정이다.

2) 육체산업의 문제점

이처럼 다이어트와 성형을 비롯한 육체산업은 자아 창조, 자기 관리, 개성

연출과 같은 구호를 통해 여성들의 몸 가꾸기를 자아 성찰적 방식으로 추진되는 프로젝트로 간주함으로써 자신들의 상품화 논리를 교묘하게 은폐한다. 광고 속에서, 몸은 개인의 관심과 투자 여하에 따라 얼마든지 개조와 통제가 가능한 대상('내 살 내 맘대로 조절한다', '아름다움은 누구나 성취할 수 있는 것')이며, 자신의 몸을 가꾸고 길들이는 작업은 고통스러운 훈육과정이 아닌 창조적인 자아 구성 활동일 뿐이다(임인숙, 2004). 이런 선전을 통해서 우리는 불만족스러운 몸을 초월할 수 있다는 환상을 품게 된다. 게다가 소비문화는 여성의 젊음과 아름다움을 물질적 부나 출세와 직결되는 것으로 이미지화함으로써 여성의 몸과 외모를 상품화한다.

　이처럼 소비문화는 스스로 창조하는 자아와 몸을 선전하지만 몸은 결코 사회적 진공상태에서 구성되지 않는다. 여성을 치장하는 성으로 보는 고정관념과 여성의 몸을 서열화하면서 차별과 보상을 해온 외모차별적 관행에 기대어 육체산업들은 성장한다. 육체산업이 여성들을 향해 외모의 경쟁력을 공공연하게 선전하고, 여성들 역시 몸이 곧 자본이 될 수 있다는 가능성에 매달려 몸관리 상품과 서비스를 소비하는 한 이러한 산업은 번창할 수밖에 없는 것이다.

6. 몸 가꾸기, 왜 문제인가

1) 몸 가꾸기의 원인

그렇다면 왜 여성들이 그리고 남성들이 자발적으로 '유순한 몸'을 만들기 위해 애쓰는 것일까. 먼저 외모가 곧 자본이 되는 사회문화적 환경을 주원인으로 들 수 있다. 가부장제에 근거한 소비자본주의 사회는 선천적으로 타고났거나 후천적인 노력을 통해서 아름다워야 하는 성의 역할에 충실한 여성들에겐 보상을 주는 한편, 그런 성역할을 이행하지 않는 여성들을 제재하는 방식을 취함으로써 여성들이 스스로 외모 가꾸기에 나서게 만든다. 시대와 사회가 설정한 여성미를 구현한 몸은 경제적·사회적 자본으로 전환이 가능한 일종의 자원, 즉 '육체자본'이 될 수 있다(임인숙, 2004). 사회가 요구하는 이상적인 몸과 외모를 구비한 여성들은 좋은 조건의 남자를 만나 신분상승을 할 수도 있고, 직장도 수월하게 구할 수 있다. 따라서 대체로 여성들이 남성들보다 육체적 매력을 가꾸는 일에 더 전념하는 현상은, 여성들에게 몸말고는 사회적 존중을 받을 수 있는 다른 자원이 없음을 반증한다. 아름다움이 성공의 조건이 되는 사회의 여성들은 몸을 가꾸고 꾸미는 일에 몰두할 수밖에 없는 것이다.

두 번째로 앞에서 기술한 육체산업의 급팽창을 들 수 있다. 좋은 조건의 이성을 만나기 위해서나 원하는 사회적 지위나 직장을 얻기 위해서 경쟁력 있는 몸을 만들어야 한다는 선전에 공감하는 여성들은 상품화된 몸관리를 마다하지 않는다.

더욱이 앞의 자료에서 확인했다시피 다른 범주의 여성들보다 대안적 자원(전문지식이나 실제 자격증)을 소유할 가능성이 더 높은 여대생들마저 육체자본의 효과를 믿고 몸을 변형할 만큼, 성차별적 현실이 야기한 여성들의 상대적 박탈감이 심각하다. 외모를 근거로 한 차별, 즉 외모차별주의가 엄연히 존재하는 현실에서는 날씬한 몸과 아름다운 외모가 선천적 자질이 아니라 노력과 투자의 결과 후천적으로 습득된 자산이라는 인식이 확산되고, 그에 따라 육체산업이 팽창하는 악순환이 되풀이될 수밖에 없다.

2) 몸 가꾸기의 문제점

'가부장제 사회의 이데올로기에 순응하는 것이다.' '육체산업의 이윤 추구에 예속되는 것이다.' 이와 같은 비판에 모두 공감하면서도 다이어트와 성형을 비롯한 외모관리에 여성들의 외적·내적 자산이 쏠리면서 여성들이 갖고 있는 다른 다양한 자원과 능력은 보잘것없는 게 되어 버린다. 요컨대 여성들에게 외모관리가 중요한 문제인 이유는, 첫째, 여성의 삶과 자아 정체감에서 외모가 차지하는 비중이 지나치게 크기 때문이다. 여성의 생산적 에너지가 외모에 몰리면서 잠재적 능력이라든가 경쟁력이 남성에 비해 크게 약화되고, 그것이 여성의 열등한 지위를 고착시키게 된다.

둘째, 여성들이 자신의 몸을 관리하면서 겪는 물리적·심리적 고통이 크기 때문이다. 다이어트 식품이나 약품을 남용하거나 오용해서 나타나는 부작용은 영양결핍, 골다공증, 각종 부인병을 유발하고 심지어 죽음을 야기할 만큼 심각하다. 심하면 거식증, 폭식증 같은 신경증을 일으킬 수도 있다. 심리적 고통과 관련하여 더 문제인 것은 외모관리가 실패했을 경우 그것을 개인적 능력의 한계나 의지력 부족 탓으로 치부하면서 자기비하나 자기혐오에 빠지게 된다는 것이다.

셋째, 다이어트와 성형은 젊은 여성의 몸, 날씬하고 아름다운 몸을 이상화함으로써 여성의 사회문화적 생명을 단축할 뿐만 아니라 늙은 여성, 키가 작거나 뚱뚱한 여성, 장애인 여성, 특정 인종의 여성 들을 타자화한다. 젊거나 예쁘지 않은 여성을 타자화하고 가부장제 사회, 소비사회가 요구하는 여성의 몸을 동질화함으로써 외모관리와 그에 따른 소비문화의 팽창이 마치 여성들 간의 경쟁에서 비롯된 것인 양 호도될 수도 있는 것이다.

가장 큰 문제는 여성의 외모관리, 몸관리가 철저하게 남성적 시선과 권력에 의한 것인데도 그와 같은 사회적 맥락이 가려진다는 점이다. 여성들 자신이 육체를 남성의 관음증적 쾌락의 도구로 전시하는 데 열중함으로써 성적 대상화를 조장할 뿐만 아니라, 결과적으로는 남성 지배 문화를 강화하게 된다. 남성들과 사회적으로 동등한 주체가 되려는 여성들의 욕망과 힘겨운 노력의 소산인 몸관리는 '자기만족'을 위한 '자기관리'의 일환으로 치부된다. 그럼으로써 저항의 가능성은 봉쇄되고, '외모가 곧 권력'이라는 이데올로기를 수용함으로써 오랜 성별 권력관계를 몸을 통해 재생산하게 되는 것이다.

몸의 자본화, 몸의 서열화는 여성뿐 아니라 남성에게도 억압적으로 작용한다. 우월한 몸/열등한 몸, 아름다운 몸/추한 몸, 경쟁력 있는 몸/나태한 몸과 같은 위계가 사회경제적 서열로 연결되는 것이다. 물론 남성들은 굳이 몸이 아니라도 지적 능력, 돈, 학벌, 인맥, 지연 등을 통해 사회경제적 자원과 세력을 독점할 수 있다. 하지만 최근 추세를 보면, 몸이나 외모가 자존감의 확보 차원을 넘어서서 서열화·자본화되는 경향은 비단 여성집단에서만 나타나는 것이 아니라 남성집단과 여성집단 사이에서, 남성집단 내에서 광범위하게 나타난다.

몸이 삶 속의 좋은 것은 무엇이든 얻을 수 있는 패스포트가 되는 문화 속에서 자기보존은 몸의 보존에 의존한다. 건강, 젊음, 아름다움, 섹스 등은 몸관리가 얻을 수 있고 보존할 수 있는 긍정적 속성이다(페더스톤, 1993). 반면 몸의 관리에 소홀한 것은 신체적·정신적 무능력이나 나태함으로 여겨지게 된다. 이제 몸은 투자하고 변형하고 관리해야 할 기획이 된 것이다. 이처럼 몸이 개인의 노력과 능력 여하에 따라 얼마든지 자산이 될 수 있다는 인식이 확산될수록 외모에 따르는 상이한 보상과 제재를 당연히 여기는 사회적 분위기가 더욱 공고해질 것이다. 그리고 여성과 남성은 몸의 주인이기를 포기하고 소비자본주의 문화가 유포하는 이데올로기에 포섭된 순응적인 존재로 살아갈 수밖에 없게 된다.

7. 자본과 남성 중심적 이데올로기에서 탈주하는 몸

페미니즘 이론가나 정신분석학자 중에는 여성의 신경성 거식증을 가정에서 출산과 양육을 담당해야 하는 모성적 여성성에 대한 반항의 표현으로 보고, 밋밋하고 중성적인 마른 몸에 대한 선호가 자기 절제 및 관리같이 통상 남성적 능력으로 평가되던 것을 전유하는 행위로 평가하는 이들도 있다. 서구의 지배적인 전통에서 자기관리 능력은 남성으로 코드화되고, 배고픔·성욕·감정 등 억압과 통제가 필요한 것은 여성으로 코드화되어 왔다는 점을 떠올린다면 이들의 주장이 일면 설득력 있기도 하다. 하지만 어떤 몸도 문화의 흔적과 그것의 성별화된 의미를 벗어날 수 없다는 점을 떠올린다면, 엄격하게 관리된 이 여성의 몸은 젠더 위계적인 이원론의 틀을 오히려 강화하는 것이라 할 수 있다. 신경성 거식증과 폭식증은 가부장제 사회에 대한 항의인 동시에 순응이라는 양가성을 지닌다.

그렇다면 진정 대안은 없는 것인가. 실로 광풍이라고 할 정도로 다이어트와 성형에 대한 관심 및 산업이 확장되고 있지만, 이와 같은 획일화된 몸 숭배에 반대하는 움직임 또한 우리 사회 한편에서 나타나고 있다.

젊고 날씬한 육체라는 획일화된 아름다움의 기준에서 벗어나 융통성 있는 아름다움의 기준을 마련하려는 노력들이 작지만 다양하게 전개되고 있다. '작은권리찾기 운동본부'에서 벌이는 살빼기 반대 운동과 거식증 반대 사이트, 한국식이장애센터 등 안티 다이어트 운동이 다양한 형태로 이는 추세다. 인터넷에는 큰 체형(라지 사이즈)용 옷만 파는 사이트도 생겼다. 한국여성민우회는 2003년부터 '내 몸의 주인은 나 — No 다이어트·No 성형'이라는 캠페인을 펼쳐 다이어트와 성형이 외모 지상주의 사회에서 비롯되었음을 환기한다.

한편 여성계에서는 지속적으로 미스코리아 대회 반대운동을 펼쳐 지상파 방송에서 해마다 중계하던 것을 중단시키기도 했다. 1999년부터 2004년까지 진행된 '안티 미스코리아 페스티벌'은 가부장제와 자본주의에서 혐오의 대상이자 상품화의 대상이던 여성의 몸에서 탈피하여, 기존 미의식 자체에 문제를 제기한다. 이 축제의 장은 여성성과 남성성, 여성의 몸과 남성의 몸을 역전시키거나 새로운 모델을 제시하였다. 이를 통해 여

외모·지상주의의 차별을 깨는 실천 지침

1. 내 몸의 소중함을 알자.
2. 지금 이대로의 나를 받아들이고 사랑하자.
3. 외모를 빗댄 말로 사람을 평가하지 말자.
4. 외모는 능력이 아니라 서로 다른 모양새일 뿐임을 알자.
5. 과도하게 내 몸을 괴롭히는 행위를 당장 그만두자.
6. 다이어트나 성형수술이 내 삶을 바꿀 수 없음을 알자.
7. 내게 맞는 즐거운 운동을 찾아서 꾸준히 하자.
8. 외모 지상주의를 부추기는 상품을 구입하지 말자.
9. 외모 지상주의를 부추기는 TV 등 미디어 매체에 적극 항의하자.
10. 하루에 다섯 번 자신을 칭찬하자.
— 한국여성민우회

성성, 성역할의 구분, 유형화된 몸 등 보편화된 가치·의식·제도에 문제를 제기하고 아름다움에 대한 다양한 기준을 선보였다. 이런 활동은 고정된 여성과 남성의 몸의 경계를 넘나들며 장애인·노인·동성애자·외국인 등 성별, 연령별, 인종별 위계질서에서 주변화되어 온 이들의 몸을 다시 보는 데 기여했다는 점에서 의의가 있다.

또 영 페미니스트들이 주도한 '월경 페스티벌'은 사회적으로 금기시되던 월경에 대한 담론을 여성들이 자연스레 받아들이고, 월경에 대한 열등감이나 수치심을 극복하여 주체적·긍정적으로 월경을 경험하자고 제안한다. 이 행사는 그동안 사회적으로 열등한 것, 숨겨야 했던 것, 중요성을 인정받지 못하던 것들을 재의미화하여 긍정적 가치로 전환하는 작업이라고 할 수 있다. 이들은 또한 장애인, 트랜스젠더, 무월경 여성들의 경험을 다루는 등 다양한 여성들의 월경, 무월경 경험을 함께 다루면서 월경이라는 주제를 그야말로 '월경(越境)'하여 다양한 몸의 경험을 담고자 한다.

여성의 몸은 하나가 아니다. 자기 몸의 수고로움을 대체하는 기계와 상품 덕에 한결 가벼워진 채 소비사회의 한복판을 부유하는 여성들도 있지만, 여전히 공사 영역에서 부지런히 몸을 부려 노동하는 여성들도 있다.

'죽어도 좋을' 정도로 성적 욕망을 지니고 있지만 그것을 억제해야 하는 노년의 몸도 있고, 자기 몸의 변화에 당혹해하는 미숙한 십대 소녀의 몸도 있다. 여성도 남성도 아닌, 제3의 성으로 불리는 중년 여성의 몸도 있다. 대안적인 몸은 우리 사회에 존재하는 이 이질적인 몸의 존재들을 직시할 때 가능하다.

몸이 부끄러움, 열등감, 강박증과 신경증을 불러일으키는 원천이 되어서는 안 된다. 우리의 몸은 늙어 가고 거기에는 우리가 살아온 삶의 흔적이 남아 있다. 이를 수용하는 자세, 몸과 관련된 자신의 경험을 이야기하는 다양한 장이 마련될 필요가 있다. 지금까지 가족을 위해 식탁을 차리되 자신의 식욕은 억제해야 하는 여성, 부계 가족 유지를 위해서만, 즉 출산을 위해서만 섹슈얼리티를 구사하는 여성이 몸의 억압에 순종했다면, 이제는 자신의 쾌락과 자아 실현을 위해 식욕과 성욕을 당당하게 드러낼 수 있어야 한다. '아름다운 몸'과 '일하는 몸'이라는 비현실적인 이분법도 사라져야 한다.

여성의 몸에 대해서 말하는 방식도 여럿일 수 있다. 여성의 몸이 부정적 체험에 기초한 보호나 방어의 대상이 아니라 적극적 수용과 주체적 인식을 바탕으로 공론화해야 할 어떤 것이라는 사회적 합의가 필요하다. 아름다움을 여성과 등치하는 사회, 대중매체, 남성들의 시각을 교정하는 작업 역시 지속적으로 이루어져야 한다. 무분별한 성형이나 다이어트가 끼친 해악을 홍보하는 것도 중요하지만, 무엇보다도 외모 때문에 생기는 불이익을 없앨 수 있도록 사회제도를 전체적으로 바꾸려는 문화적·제도적 실천이 구체화되어야 할 것이다.

❖ 생각할 거리 --

1. 주위 사람들과 다이어트와 성형, 월경 등 몸과 관련된 자신의 경험을 나누어 보자. 그리고 자신의 경험이 일반화될 수 있는 것인지 생각해 보자.

2. 여성과 남성이 몸을 가꾸는 데 몰두하는 주 원인은 자신의 몸이 자본이 될 수 있다는 생각과 육체산업의 팽창에 있다. 그 밖에 다른 원인은 없는지 생각해 보자.

3. 몸과 외모 가꾸기의 문제점이 무엇인지 생각해 보자.

4. 광고, 드라마, 영화 등 대중매체에서 여성의 몸을 어떻게 그리는지, 그것을 몇 가지로 유형화할 수 있는지 알아보자.

5. 최근에는 남성들도 몸 가꾸기에 적극적으로 관심을 보이고, 이를 실천하고 있다. 남성들의 몸 가꾸기와 여성들의 몸 가꾸기의 공통점과 차이점은 무엇인가?

6. 몸 숭배 사회에서 벗어나기 위한 구체적인 대안들을 생각해 보자.

7. 자신의 몸을 사랑하고 긍정하는 내용을 담은 편지를, 자신을 수신자로 해서 써 보자.

✸ 읽을 거리 --

1. 임인숙, 「외모차별 사회의 성형경험과 의향」, 『한국여성학』 20권 1호, 2004.

2. 한서설아, 『다이어트의 성정치』, 책세상, 2000.

3. 수잔 보르도, 『참을 수 없는 몸의 무거움』, 박오복 옮김, 또 하나의 문화, 2003.

6장_여성의 눈으로 영화 보기

주유신

1. 영화와 여성의 관계, 그 애증의 드라마

19세기 말에 등장한 영화는 20세기 들어 가장 커다란 영향력을 지녔다고 할 수 있는 예술 장르이자 대중매체로서 대중적인 감수성과 상상력을 가장 잘 포착하고 표현할 수 있는 장이 되었다. 특히 영화는 이미지, 음향, 서사와 같은 다양한 층위를 이용하여 무궁무진한 표현을 이루어 낼 수 있기 때문에, 개인들이 지니고 있는 환상은 물론이고 사회적 이데올로기까지 가장 다채로우면서도 유혹적인 방식으로 형상화할 뿐만 아니라 대중들의 감각과 의식에 가장 직접적이면서도 설득력 있게 다가가고 수용될 수 있는 문화적 텍스트다.

또한 영화는 남녀관계를 둘러싸고 존재하는 문제들이 어떻게 형성되고 작동하는지를 아주 잘 읽을 수 있게 해주는 영역 중 하나다. 여성과 남성이 가부장제 사회에서 차지하는 서로 다른 사회적·경제적·문화적 위치라는 문제들과 사랑·섹스·결혼과 같은 소재들이 영화를 통해서 그 안에 있는 갈등이나 모순의 지점들을 풍부하게 드러내게 되면서, 남성이 여성에 대하여 갖고 있는 불안감이나 환상 등을 포함하여, 궁극적으로는 우리 사회에 존재하는 '성적인 무의식'을 건드려 주기 때문이다.

우선 영화는 이미지와 스펙터클에 크게 의존하는 매체이자 장르이고 문화산업으로서 상업성을 추구할 수밖에 없다는 점에서, '성적 표현'을 자주 동원하는 것은 물론이고 여성의 육체 이미지와 뗄 수 없는 연관을 갖는다. 따라서 일반적으로 남성의 육체는 노골적으로 전시되거나 성애적인 시선의 대상으로 놓이는 것이 기피되는 반면, 여성의 육체는 끊임없이 성애적인 스펙터클과 물신적인 이미지로 재현되는 동시에 이에 대한 남성의 관음증적인 엿보기가 당연한 것으로 여겨진다. 또한 내용의 차원에서, 대부분의 영화들이 여성을 성적으로 순결한 존재나 과잉 성욕의 소유자로 묘사하고, 과도한 폭력의 대상이나 남성이 주도하는 구원의 대상으로 만들며, 비극적인 희생자나 위험한 위반자로 자리하게 한다. 이것은 여성에 대하여 남성들이 갖고 있는 관념론적인 이분법의 결과이자, 여성의 성과 육체에 대하여 한편으로는 착취적이면서 다른 한편으로는 무의식적인 두려움에 휩싸인 남성들의 반응으로 해석할 수 있다.

이런 사실들은 영화에서 수많은 여성들이 등장하고 다양한 방식으로 다루어지는데도 '여성의 진정한 모습'과 '여성 자신의 목소리'를 찾아보기 힘들다는 역설을 드러내는 동시에 여성들은 남성이 만들어 낸 자신의 이미지를 소비하는 관객의 위치에만 주로 머물러 왔음을 암시한다. 따라서 영화의 역사를 놓고 보자면, 여성들은 영화 속의 이미지나 영화관객이라는 측면 모두에서 소외되거나 대상화되었고, 수동적인 소비자의 역할에서 벗어나기 어려웠다.

현대인의 정체성을 구성하는 매개체로서 영화의 역할

영화는 그 매혹적인 외관과 강력한 감각적 호소력을 통해서 특정한 이데올로기의 전달은 물론이고 개인의 정체성 형성에 가장 중요한 매개체가 되었다. 현대사회에서 영화가 여가의 중요한 부분을 차지하기도 하지만, 어떤 행동이 옳은지에 대한 '기준'을 세우고, 무엇이 욕망의 대상인지에 대한 '모델'을 제공하며, 어디까지가 수용 가능한 범위인지에 대한 '경계'를 설정하는 역할을 하기 때문이다. 그 결과, 관객들은 영화를 통해서 어떤 유형의 여성과 남성이 이상적인지를 배우기도 하고, 미국이 민주적이고 합리적인 국가인 반면 아랍 국가들은 광적인 종교 지도자들과 사악한 테러리스트들의 집단이라는 이미지를 갖게 되며, 한국의 조직폭력배는 단순한 범법자가 아니라 때로는 의리 있고 때로는 낭만적일 수도 있는 '멋진 남성'이라는 신화를 믿게 되는 것이다.

2. 시네페미니즘[1]의 전개과정

1970년대 이후 활발해진 '시네페미니즘(cinefeminism)'은 여성들이 영화와 맺어 온 타자화된 관계를 변화시키고자 노력해 왔고, 그 결과 영화 이론과 비평은 물론이고 영화제작에서도 새로운 시도와 획기적인 변화가 생겨났다.

시네페미니즘의 첫 번째 단계는 주류 대중영화를 중심으로 영화 속 여성 이미지의 유형과 이것이 갖는 이데올로기적 함의를 분석하는 '이미지 비평'에서 출발한다. '이미지 비평'은 영화, 특히 할리우드 영화에 등장하는 여성 이미지의 유형들을 분석하면서, 그 이미지들이 어떻게 남성관객의 욕망과 보수적 이데올로기를 위한 도구로 기능하는지를 밝혀 낸다.

대부분의 영화들은 성적으로 순진하고 남성에게 의존적인 '처녀형'의 여성과 성적으로 매력적일 뿐만 아니라 흔히 여성이 갖지 못한 권력이나 지성을 소유한 '요부형'의 여성을 반복해서 등장시킨다. 이런 두 가지 여성 이미지는 신화의 형태로 영화 속에서 이용되고, 보수적인 사회 이데올로기와 시대상에 따라서 약간씩 변형될 따름이다. 그런데 이것들은 여성의 실제 삶과는 동떨어진 비현실적인 이미지들이다. 사랑과 결혼을 위해 모든 것을 포기하는 처녀형이든, 궁극적으로는 남성에게 위협적이고 자신도 파멸되기 마련인 요부형이든 결국 여성에 대하여 부정적인 함의를 지닐 뿐이다. 더구나 이런 이미지들은 성역할을 고정된 것으로 그려 냄으로써 성차별 이데올로기를 강화한다.

이러한 이미지 비평은 텍스트 내의 수많은 요인들 중 하나에 불과한 이미지에다 과도한 해석을 집중했을 뿐만 아니라, 여성 이미지에 대한 평

---

1) '시네마'와 '페미니즘'의 합성어. 영화라는 매체에 대하여 여성 중심적인 시각으로 개입하고자 하는 시도를 일컫는다.

가 역시 '부정적이냐 긍정적이냐', '보수적이냐 진보적이냐' 하는 식으로 단순한 이분법의 한계를 벗어나지 못했다. 따라서 그 분석은 '영화 속에서 재현되는 여성의 이미지가 현실 속 여성들의 삶을 제대로 반영하는 것이 아니라 왜곡한다'거나 '이미지에 담긴 이데올로기가 여성에게 가해지는 억압을 재생산하는 데 일조한다'는 식의 소박한 비판으로 귀결될 뿐이었다.

그 결과 1970년대 중반 이후 페미니즘 영화 비평과 이론에 도입된 것이 기호학과 정신분석학이다. 기호학이 영화의 이미지뿐만 아니라 서사구조와 시선구조에 대한 분석을 통해서 텍스트에 담긴 가부장제적 무의식과 성차별 이데올로기를 구조적이고 미학적인 차원에서 밝혀 낸다면, 정신분석학은 재현을 규정하는 문화적 요인들을 설명해 줄 뿐만 아니라 남녀의 상이한 성심리·욕망·쾌락·동일화 같은 문제들을 심도 있게 해명하는 데 도움이 되었다.

따라서 이제 페미니즘 영화 비평과 이론은 '재현되는 여성들의 이미지' 자체에서부터 '여성들이 재현체계 속에서 어떻게 여성으로 구성되는가'라는 과정의 문제로, 그리고 '그 과정은 특수한 사회역사적 맥락에서 어떤 의미를 갖게 되는가' 하는 문제로 나아가게 된다. 즉 재현된 여성의 이미지는 그 자체로서가 아니라 그러한 이미지를 빚어 내는 전반적인 재현체계에 내포된 성차별주의, 위계화된 남녀관계라는 문제와 더불어 분석되고 비판된다.

1975년에 로라 멀비(Laura Mulvey)가 쓴 「시각적 쾌락과 극영화」는, 가부장제 사회의 무의식이 영화의 시선체계(looking system)와 서사(narrative)에 어떻게 성차를 새겨 넣는지를 정신분석학의 주요 개념인 거세공포, 오이디푸스 콤플렉스, 관음증, 물신주의 등을 통해 설명한다. 그에 따르면 영화, 특히 할리우드 고전영화들은 여성의 노골적이고 성애적인 육체 이미지에 많이 의존하는데, 이것은 불가피하게 남성의 '거세공포'

를 불러일으킨다. 그래서 할리우드 고전영화는 이런 거세공포를 완화하기 위한 방식을 발전시켜 왔는데, 그것은 바로 관음증과 물신주의다.

대부분의 영화에서 시선의 주체가 되는 남성들은 관음증을 통해서 여성을 시각적으로 지배하고, 이는 서사상의 지배 위치로 이어진다. 즉 시선의 주체인 남성에게는 능동적으로 행위하고 영화적 환상을 맘껏 표출할 수 있는 권력이 동시에 부여되는 셈이다. 이처럼 '시선'과 '행위'라는 두 가지 차원에서 이루어지는 남성의 지배는 여성이 환기하는 거세의 위협을 효과적으로 무력화하게 된다. 이와 반대로 물신주의는 여성의 육체에서 특정 부분을 과장하거나 미화해서 숭배하는데, 이것은 페니스를 대체하는 역할을 함으로써 여성이 페니스를 지니고 있지 않다는 사실 자체를 부인하는 결과를 낳는다.

그런데 멀비의 이런 설명은 오로지 오이디푸스 시나리오에만 입각해서 영화를 분석한 것이기에, 영화의 시선구조에 이분법적 대립만 존재하게 된다. 즉 항상 보는 자의 위치를 차지하는 남성과 항상 보이는 자의 위치를 차지하는 여성이 있을 뿐이다. 또한 멀비는 영화관람을 통해 얻을 수 있는 쾌락에 대해서도 남성관객의 쾌락만을 논의하기 때문에 여성관객이 쾌락을 얻으려면 남성적 위치를 채택해야 한다는 결론을 내린다. 결국 여성들은 남성의 시각적 대상인 '성적 구경거리'의 위치를 차지할 뿐이고, 따라서 여성의 '주체적인 시선'이나 '능동적인 쾌락'이라는 것은 불가능하게 된다.

이런 관점은 영화를 관람하는 과정에서 여성들이 영화가 전달하는 의미나 이데올로기에 저항하거나 협상하는 것은 불가능하다고 보면서 여성관객의 '수동적인 위치'만을 강조하기 때문에 많은 페미니스트들이 이를 비판하거나 극복하고자 노력하였다. 그 결과 1980년대에 다수의 시네페미니스트들은 영화의 의미가 단순히 텍스트에 의해서만 생겨나는 것이 아니라 관객 안에 존재하는 젠더·인종·계급·섹슈얼리티 같은 다양한 차이에 의해서 생겨나고, 달라질 수도 있음을 밝혀 낸다. 따라서 여성을 가부장제 사회와 그 이데올로기의 희생자로만 바라보는 정신분석학적 접근을 대신하여, 특정한 권력관계에 저항하는 여성 수용자에 대한 문화론적인 접근이 1980년대에 영국을 중심으로 시작된다. 문화연구(cultural studies)는 '무의식적이고 개별적인 주체로서 고정된' 정신분석학적 '관객(spectator)' 개념 대신에 '살과 피를 지닌 역사적이고 집단적인 주체'인 '수용자(audience)' 개념을 채택한다. 영화연구도 텍스트 분석에만 치중하던 입장에서 벗어나, 영화의 제작 및 소비 과정을 아우르면서 한 편의 영화를 설명한다. 또 영화 관객을 수동적인 반응자로 보지 않고, 그들이 영화 수용 과정에서 행하는 독해, 동일화, 전복, 이데올로기와의 협상 등에 주목한다.

이에 따르자면, 여성 수용자는 자신의 사회적 정체성에 따라 텍스트를 각기 다르게 독해하며, 여기에서 대중영화의 쾌락이 가능해진다. 즉 이제 여성들은 영화가 전달하는 가부장제 이데올로기를 수동적으로 받아들이는 대상이 아니라, 일상 속에 존재하는 저항과 투쟁의 과정을 통해서 영화 텍스트에 능동적·비판적으로 개입할 수 있는 존재임이 분명해진다.

3. 여성에 의한, 여성을 위한 영화 만들기의 역사

시네페미니스트들은 이처럼 영화라는 매체 자체의 표현방식과 역사를 비판적으로 재검토하는 동시에 여성의 시각과 경험을 담아낼 수 있는 새로운 이론적·실천적 모델을 수립하고자 했다. 그 결과 여성 자신이 카메라의 주체가 되어 여성의 시각으로 여성의 살아 있는 현실을 담아내는 영화를 만들어 내거나, 남성적인 영화언어를 거부하면서 새로운 영화언어나 영화미학을 실험하는 영화들을 만들어 내기에 이른다. 이는 1970년대에 '페미니스트 다큐멘터리 운동'과 '페미니스트 아방가르드 영화'의 제작이라는 두 흐름으로 이어진다.

우선 페미니스트 다큐멘터리 운동은 1960년대 이후 광범하게 조직된 다양한 페미니스트 운동단체와 소모임의 발전에 기반을 둔다. 이런 조직 기반 위에서 페미니스트 다큐멘터리가 기획·제작되었을 뿐만 아니라 그 러한 조직들이 상영과 토론의 장소도 되었기 때문이다. 따라서 이 영화들 은 여성의 눈으로 여성의 삶과 현실을 기록하는 수단이자 여성들의 의식 고양을 위한 프로그램의 교재 구실을 하였다.

페미니스트 다큐멘터리는 '다이렉트 페미니스트 시네마'라고도 불리 는데, 그 이유는 상황의 진실성을 그대로 전달하기 위해 감독의 개입이나 영화기법의 사용을 최대한 억제한, 1950년대와 1960년대 초의 다이렉트 시네마의 정신을 많이 따랐기 때문이다. 〈제니의 제니〉(1971), 〈론다의 여 성들〉(1972), 〈노동조합 여성들〉(1972)을 비롯한 영화들은 가정이라는 영 역에서 여성의 일상, 혹은 자신이 소속된 사회집단에서 여성들이 벌이는 정치적 시위들을 자서전적 방식이나 선동적인 방식으로 기록해 나갔다.

이러한 움직임과는 대조적으로 '전복의 미학'을 추구하는 페미니스트 아방가르드 영화들은 영화언어에 대한 급진적인 실험과 페미니즘이라는 전망을 결합해 냄으로써, 한편으로는 '영화가 현실을 투명하게 반영한다' 는 리얼리즘 미학의 환영주의를 해체하는 동시에, 다른 한편으로는 기존 의 남성 중심적 영화들과는 다른 여성 욕망의 언어, 여성 고유의 시각적 쾌락을 수립하고자 한다.

〈스핑크스의 수수께끼〉(1976), 〈스릴러〉(1979)를 비롯한 페미니스트 아방가르드 영화의 이러한 시도들은, 여성을 남성의 '타자'나 '대상'으로 만 보는 가부장제 문화 속에서 억압받고 침묵당하는 여성의 욕망과 목소 리를 전혀 다른 방식과 기법을 지닌 영화언어를 통해서 되찾으려는 태도 에서 비롯된다. 그러나 그 영화들은 남성 중심의 시각에 대한 비판에 지나 치게 초점을 맞추고 영화형식이 지닌 대안성이나 전복성에만 의존함으로써, 실질적으로 새로운 영화언어를 수립하는 성과에 이르지 못했을 뿐만 아니라 그 난해함과 형식주의 때문에 여성대중에게 널리 수용되지 못한다는 한계를 지적받았다.

따라서 1980년대 이후 여성영화[2]는 위의 두 가지 흐름이 지닌 한계에 대한 반성에서 출발한다. 그 흐름들이 운동의 차원에서 대중성을 현저하게 결여하였을 뿐 아니라, 소박한 리얼리즘에 매몰되거나 엘리트주의적인 형식 중심주의에 빠진 탓에 대안적인 영화의 수립이나 여성운동과의 결합이라는 측면 모두에서 충분한 성과를 거두지 못했기 때문이다. 그 결과 시네페미니스트들은 여성관객과 더 폭넓고 다양하게 만날 수 있는 방식을 적극적으로 모색하게 되는데, 이것이 한편으로는 많은 여성 영화인력이 주류 영화산업에 진출하는 결과를 낳았고, 다른 한편으로는 영화의 내용과 형식을 모두 더 생산적이고 창의적인 방식으로 대중화하려는 노력으로 이어졌다.

마를린 고리스(Marleen Gorris)의 〈침묵에 대한 의문〉(1982)은 침묵과 웃음을 통한 전복적 수사학을 통해서 가부장제 사회에서 여성이 경험하는 모순과 고통에 따른 긴장감을 날카롭게 묘사한다. 릿지 보르덴(Lizzi Borden)의 〈불꽃 속에 태어나〉(1983)는 공상과학 장르라는 틀 속에서 여성 군대나 여성의 폭력 사용과 같은 이슈를 도발적으로 제기한다.

1990년대 이후에 여성영화는 유례없이 다양한 얼굴과 폭넓은 지형을 보여 준다. 지금 여성영화는, 더 작고 낮지만 더 힘있고 구체적인 현실성에 발 디딘 여성의 이야기들을 펼쳐 보이고 있다. 이것은 여성영화가 하나의 미학이나 영화적 유형에서 벗어나, 점차 문화적 이미지와 대중적 서사에 개입하여 다양한 방식으로 이를 전유하고 재구성하는 과정을 거치고

---

2) 여성들이 제작의 주체가 될 뿐만 아니라 여성의 시각으로 페미니즘적 이슈를 제기하는 영화들을 총칭한다.

있음을 말한다.

호주가 낳은 세계적인 여성감독인 제인 캠피온의 칸 영화제 그랑프리 수상작 〈피아노〉(1993)가 19세기 말 뉴질랜드를 배경으로 여성의 억압된 욕망과 섹슈얼리티를 문명과 야만, 관음증, 여성적인 언어와 같은 중요한 토픽과의 관계 속에서 풀어 나간다면, 고리스의 〈안토니아스 라인〉(1996) 은 할머니로부터 어머니에게, 또 딸과 손녀로 이어지는 여성들의 가계도 와 온갖 종류의 피억압자들로만 구성된 유토피아적 공동체의 모습을 통해서 가부장제 사회를 지탱해 온 원리들을 전면적으로 거부한다.

그런데 우리 사회의 경우 남녀 간 젠더의 모순은 물론이고 계급, 지역, 연령, 성 정체성 등에 따른 여성들 간의 차이, 여기에서 파생되는 여러 가지 모순들이 제대로 짚어지지 않았고, 그 해결을 위한 공동의 노력도 극히 부족한 상태다. 따라서 이제 단순히 하나의 매체나 장르에 머무르지 않고 가장 중요한 사회적 테크놀로지이자 가장 대중적인 재현체계로 기능하는 영화가, 이런 현실 속에서 여성의 시각으로 여성의 경험을 말하는 역할은 대단히 중요하다.

한국 최초의 여성감독인 박남옥은 전쟁의 상흔이 채 가시지 않은 1955년에 아기를 등에 업은 채 촬영현장을 진두지휘하며 〈미망인〉을 만들었으나 그에게 이 영화는 처음이자 마지막 영화가 되었다. 홍은원이 그 뒤를 이어 한 여판사의 죽음을 소재로 한 〈여판사〉(1962)를 만들어 당시 장안을 떠들썩하게 하고 세 편의 영화를 더 만들었다. 배우로 유명한 최은희는 1965년에 〈민며느리〉를 연출하고 거기에 출연했으며, 그 뒤로 〈공주님의 짝사랑〉(1967), 〈총각 선생님〉(1972)을 만들었다. 한국영화사에 네 번째로 등장한 여성감독 황혜미는 1970년 〈첫 경험〉을 발표해 흥행과 비평에서 좋은 점수를 얻었고, 이미례는 1984년 〈수렁에서 건진 내 딸〉로 데뷔한 후 〈영심이〉(1990)에 이르기까지 여섯 작품을 연출했다.

1990년대 이후에는 여성감독들의 활약이 그 전에 비해 두드러진 편

〈미망인〉(박남옥, 1955, 74분, 흑백)

한국전쟁이 낳은 수백만 미망인들의 존재와 삶은 전후 한국사회에서 한동안 사회적 이슈였는데, 박남옥 감독은 한 미망인 여성을 통해서 흔들리는 전통적 가치관 속에서 분출되는 여성들의 성적 욕망을 섬세하게 묘사한다.

전쟁 미망인인 '신'은 남편의 친구인 이 사장의 도움을 받는데 그 과정에서 이 사장은 신에게 애정을 느낀다. 그러나 신은 젊고 매력적인 청년 '택'을 사랑하게 되면서, 현실과 이상, 여성성과 모성 사이에서 윤리적 딜레마와 심리적 갈등에 빠져든다.

박남옥 감독의 유일한 작품인 〈미망인〉은 오랫동안 사람들의 뇌리에서 사라졌다가, 1997년에 열린 제1회 서울여성영화제에서 필름의 마지막 부분과 사운드 일부가 손상된 채로 새롭게 복원되어 상영되었다.

이었는데, 〈세 친구〉(1996)와 〈와이키키 브라더스〉(2001)의 임순례, 〈미술관 옆 동물원〉(1998)과 〈집으로…〉(2001)의 이정향이 물꼬를 트고 난 후에, 이서군의 〈러브 러브〉(1998), 이미연의 〈버스, 정류장〉(2001), 정재은의 〈고양이를 부탁해〉(2001), 변영주의 〈밀애〉(2002), 모지은의 〈좋은 사람 있으면 소개시켜 줘〉(2002), 이수현의 〈4인용 식탁〉(2003) 등이 남성과는 다른 시각과 감수성을 선보였다.

이와는 다른 맥락에서 중요한 의미를 지닐 뿐만 아니라 앞으로도 많은 역할이 기대되는 부분이 있다. 1997년에 시작되어 해마다 전 세계 여성들이 만들어 낸 다양한 영화를 소개하는 '서울여성영화제'와 2000년에 한국의 거의 모든 여성 영화인이 모여 창립한 '여성영화인모임'이다. 이 두 집단을 포함한 우리 모두의 과제는, 현실 속에서는 항상 존재하지만 공적인 영역에서는 제대로 재현되지 못한 여성의 목소리를 영화매체 속에 새롭게 담아내면서 정치화하고, 여성에 대한 새로운 종류의 이미지와 언어를 창조하며, 이를 기반으로 여성이라는 젠더를 굳건하게 묶어 내고, 더 나아가 여성의 역사를 다시 쓰는 작업으로 나아가는 것이다.

4. 여성의 시각으로 1990년대 이후 한국영화의 흐름 읽기

한국영화는 1960년대에 이미 제작 편수나 작품의 수준은 물론이고 대중에 대한 영향력이라는 측면에서 르네상스를 경험한 바 있다. 그러나 1970년 대에는 점차 강화되기 시작한 국가권력의 통제와 검열로 한국 영화산업은 침체와 쇠락의 과정을 벗어나지 못했다. 1980년대에도 전두환 정권의 '3S(sports, sex, screen) 정책'의 결과, 전 사회적으로 섹스 산업이 번창하고 극장에는 성애적 이미지로 뒤범벅된 에로 영화들이 넘쳐났을 뿐, 한국 사회를 규정하는 사회적 모순이나 역사적 사건에 대한 재현을 영화화면에서는 찾기 힘들었다.

1980년대 말에 박광수, 장선우, 정지영 같은 감독들이 주도한 '코리안 뉴 웨이브'가 등장한 후에야 비로소 한국영화는 기존의 진부한 장르적 문법이나 도피주의적인 태도에서 벗어나 현실과 대면하고 숨겨진 역사를 다시 쓰는 작업에 도전하였다.

1990년대 이후 한국영화는 산업, 텍스트, 수용 양상 전반에 걸쳐 확장, 다양화, 가속화 국면에 접어들었다. 영화에 투여되는 자본의 성격도 대기업 자본에서 금융자본으로, 최근에는 거의 투기적 성격이 강한 핫머니로까지 변모해 왔고, 신진 감독들의 대량 수혈을 통해서 영화의 서사와 시각적 스타일은 물론이고 주제의식과 감수성까지 다변화되었다. 또한 수 많은 국내외 영화제를 통해서 더 폭넓은 지형 속에서 자리를 찾아 가고 있을 뿐 아니라 최근의 상승세를 통해 영화의 사회적·산업적·문화적 영향력도 나날이 확장되고 있다.

1990년대에 한국영화에서 여성은 〈베를린 리포트〉(박광수, 1991)의 '영희'에서 〈서편제〉(임권택, 1993)의 '송화'를 거쳐 〈꽃잎〉(장선우, 1995)의 '소녀'에 이르기까지 여전히 타자와 무기력한 희생자에 머물면서 민족의 비극을 상징하는 은유로 등장하였고, 세기 전환기에는 〈쉬리〉(강제규,

1998)에서 〈공동경비구역 JSA〉(박찬욱, 2000), 〈친구〉(곽경택, 2001)로 이어지는 흥행 돌풍 속에서 남성들의 관계와 액션에 가려진 채 부차화되거나 사라져 버린다.

반면 액션이나 코미디 장르의 우세 속에서, 그리고 멜로드라마나 갱스터 영화의 변주 속에서 여성 이미지는 킬러, 엽기녀, 여성 조폭 등 놀라운 소재의 확장을 보여 주었고, 그들에게는 종종 상당한 공간적 기동성, 물리적 위협력, 자율적인 관계성이 허용되기도 한다. 이런 여성 이미지의 변화가 어떤 의미에서는 한국사회에서 1980년대 이후 목소리를 내기 시작한 페미니즘이 1990년대 들어 실제로 여성대중의 의식에 가져온 변화를 반영하기도 한다. 그러나 좀더 근본적으로는 1990년대 이후 한국영화가 채택하는 '젠더 전략' 자체가 변화했다고 볼 수 있다. 즉 이런 변화는 상당 부분 '장르적 상상력'이 요구하고 허용하는 틀 속에서 제한적으로, 그리고 현실적 개연성과는 약간 동떨어진 채 진행된 '허구적인 차원'의 것이었다.

따라서 1990년대 후반 이후 한국영화가 보여 주는 젠더 정치학은 은밀하면서도 폭력적인 양상을 띠고 전개되는데, 이는 우리 사회에서 젠더 관계 및 성역할에서 벌어지는 사회적·문화적 동요와 변화의 반영인 동시에 그에 대한 반응 양식이라고 해석할 수 있다. 가부장제적 무의식 속에서 여성은 남성들의 상실감과 결핍이 투사되는 장소로서, 남성 정체성을 성립하게 하는 조건이 되었으며, 가족적인 가치가 위협받는 시대에는 어김없이 젠더 정체성과 성역할을 원래 위치로 되돌리려는 경향이 강해진다. 그런 점에서, 1997년의 IMF 사태 이후에 두드러진 이런 변화과정은 예견된 것이기도 하다.

특히 1997년을 기점으로 해서 한국영화에서는 두 가지 흐름이 강화되는데, 하나는 위기에 빠진 남성성을 필사적으로 재구성하거나 보상하고자 하는 흐름이고, 다른 하나는 여성 섹슈얼리티를 중심으로 해서 '착취적인 성적 상상력'에 집중하는 영화들의 등장이다.

우선 첫 번째 흐름은 두 가지로 나뉘는데, 허약하고 불안정해진 남성성을 남성의 비극으로 묘사하는 〈편지〉(이정국, 1997), 〈약속〉(김유진, 1998), 〈8월의 크리스마스〉(허진호, 1998) 등의 '남성 멜로'와 〈친구〉에서 시작된 '조폭 영화'의 행진이다. 특히 최근까지 그 기세를 이어 오는 '조폭 영화'는 마초적인 남성성과 남성 간 의리에 대한 찬미, 성공과 패배라는 신화에 대한 몰두, 공격적 액션과 정서의 난무를 통해서 완강하게 '남성적 서사'를 펼쳐 보임으로써, 현실 속에서 와해된 남성적 가치를 영화화면의 '과잉 남성성'으로 보상하려는 충동을 강하게 드러낸다.

두 번째 흐름과 관련해서는, 세기말을 전후로 한국영화는 그 어느 때보다도 섹슈얼리티에 대한 묘사에 유난히 집중했다는 사실을 지적할 수 있다. 그런데 세기 전환기의 한국영화에서 주된 화두가 왜 '섹슈얼리티'이고, 그 안에서 섹슈얼리티는 주로 어떤 방식으로 재현되었을까? 즉 어떤 섹슈얼리티는 허용되고 어떤 섹슈얼리티는 금지되었으며, 섹슈얼리티를 둘러싼 욕망과 권력의 관계, 그리고 주체성의 문제는 어떻게 형상화되었을까?

우선 이 시기의 한국영화들은 폭발적으로 등장한 성담론을 반영하듯이, 성적으로 적극적인 여성, 성욕 과잉의 여성, 욕망의 주체로서의 여성 등 한마디로 '성애화된 여성'을 그려 내는 데 몰두한다. 그 여성들은 때로는 자신들을 둘러싼 반여성적, 가부장제적 환경으로부터의 일탈을 시도하기도 하면서 한국영화사에서 전례 없는 전복적인 의미와 해방적 제스처를 만들어 내기도 하지만, 이로 인해서 그녀들이 야기하는 긴장감과 에너지는 이를 봉쇄하려는 또 다른 힘들과 끊임없이 길항할 수밖에 없었고, 그 결과 더 강력하고 효과적인 반격의 대상이 되기도 한다. 이는 대다수 남성 감독들의 태도가 여전히 가부장제적 성 정치학, 파시즘적 태도와 폭력에 대한 동조, 남성다움의 이데올로기로부터 그리 자유롭지 못하기 때문이라고 할 수 있다.

그러나 한 사회의 담론 질서는 끊임없이 주류와 비주류, 중심과 주변, 지배자와 소수자 간의 갈등과 협상, 침투와 전유 등을 통해서 재형성된다. 따라서 전반적으로 한국의 주류 영화들이 가부장제 이데올로기와 남성 중심적 시각과 욕망 간의 더없이 긴밀한 동맹을 보여 주는 동시에 젠더의 역학이라는 면에서 여성에 대한 모순과 억압을 가중해 왔지만, 그에 비례하여 '부정성의 힘'을 보여 주는 영화들이 등장한 것 역시 사실이다. 여전히 가족주의 이데올로기, 성인 중심의 성, '강제적 이성애'의 구도 속에 갇혀 있는 듯하던 한국영화에 1990년대 후반부터 부분적으로 지형변화가 일어나게 되기 때문이다.

그 영화들은 육체, 시각, 섹슈얼리티에 담긴 욕망이나 남녀 간 차이를 고정되거나 통합적이지 않은 방식으로 다룸으로써 새로운 의미, 틈새에 낀 의미를 만들었고, 그 결과 우리에게 영화가 현실을 의미화하는 또 다른 방식을 제시하였다. IMF와 세기말이 가하는 충격 속에서 남녀관계와 세대 관계라는 두 가지 축을 중심으로 해서 지탱되던 가부장제 이데올로기는 새로운 도전에 직면할 수밖에 없었고, 완강하고 자연스러워 보이던 이성애의 신화 역시 다시 쓰일 수밖에 없었던 것으로 보인다.

한계에 갇힌 플롯과 억지 결말 속에서 오로지 남성관객의 관음증적 충동을 충족시키기 위해 여성의 성적 욕망을 과장하고 여성의 적나라한 육체를 전시하기에 바쁘던 1980년대의 '에로 영화'는 1990년대 후반에 들어서면 〈정사〉(이재용, 1998)처럼 중산층 가정주부의 미묘한 성심리를 절제된 스타일과 정교한 서사 속에 담아내는 세련되고 쿨한 '불륜 드라마'로 바뀐다.

이런 과정을 거치면서 1990년대 후반 이후 한국영화는 여성 섹슈얼리티에 대한 새로운 재현의 가능성을 드러내는데, 그 정점에 있는 영화가 바로 〈여고괴담, 두 번째 이야기〉(민규동·김태용, 1999)와 〈거짓말〉(장선우, 1999)이다.

학교라는 억압적인 제도 속에 가두어져 있는 동시에 '소녀와 성인 여성'의 경계에 놓인 십대 여자아이들을 주인공으로 하는 〈여고괴담, 두 번째 이야기〉는 서로 동일화하고 서로 사랑하는 두 주인공을 '저항하는 비범한 주체'로 묘사하면서 그들에게 평범하거나 획일화된 질서를 흔들고 교란하는 힘을 부여한다. 이는 이전까지 한국영화에서 단지 암시적으로 등장하거나 부정적으로 묘사되던 '레즈비언'의 존재와 그들의 사랑을 전면화하는 동시에 긍정적인 문화적 도상으로 자리매김하는 의미를 지닌다.

〈거짓말〉은 '포르노인가 아닌가'를 둘러싸고 지루한 논쟁이 이어질 만큼 과도한 성적 표현이 주로 문제가 되었지만, 이 영화가 불러일으킨 격렬한 반응들은 오히려 자본주의적 가부장제 이데올로기에 이 영화가 가한 '영화적 테러'의 결과물이라고 할 수 있다. 〈거짓말〉은 'SM'[3]이라는 낯설고도 극단적인 성도착 행위들을 묘사함으로써 급속한 현대화·산업화 과정이 빚어낸 우리 사회의 '생산력 중심주의'라든지, 가부장제를 지탱하는 두 축인 '남녀 간, 세대 간의 위계화된 관계'와 같은, 자본주의적 가부장제의 핵심 원리들을 근본적으로 조롱하면서 해체하기 때문이다.

5. 사례 연구: 〈나쁜 남자〉

〈나쁜 남자〉(김기덕, 2001)는 남자 깡패 '한기'와 그에 의해 성매매 여성이 되는 '선화'에 대한 이야기다. 선화에 대한 어긋난 사랑으로 그녀를 성매매 여성으로 만든 한기는 몸을 파는 그녀를 고통스럽게 바라보고, 각각 삶의 극단에 다다른 두 남녀는 전국을 유랑하며 여자는 몸을 팔고 남자는 손님에게 돈을 받는 '기이한 커플'로 살아간다.

---

3) 새도매저키즘(sadomasochism)의 약자로, '가학피학증'을 뜻한다.

이런 내용에서 알 수 있듯이, 감독의 전작들과 마찬가지로 〈나쁜 남자〉에서도 '밑바닥 인생'을 사는 '아웃사이더' 남성의 분노가 여성에게 집중되고, 협박·구타·강간 등을 포함하여 여성을 향한 폭력적 지배도 어김없이 등장한다. 그러나 이 모든 것이 남성에게는 보상과 치유와 초월을 가져다 줌으로써 '나쁜 남자의 자기완성'에 이르게 한다. 반면 여성에게는 무력감과 자포자기를 강제함으로써 '평범한 여성의 자기절멸'로 귀결된다.

그렇다면 왜 그의 영화에서 남녀관계는 폭력으로 점철될 수밖에 없고, 여성들은 왜 성매매 여성 아니면 그와 비슷한 여성으로 등장할 수밖에 없을까? 그 이유는 우선 남자 주인공에게 여성은 그가 사회에 대해 갖고 있는 분노를 가장 쉽게 표출할 수 있는 대상이자, 자기 자신도 통제하지 못하는 그가 유일하게 통제할 수 있는 대상이기 때문이다. 그리고 이를 가능하게 하려면 그 여성이 애초에 그보다 낮은 지위, 아니 남성이 지배하는 사회에서 사회의 가장 밑바닥 역할을 하는 성매매 여성이거나 그에 상응하는 지위로 낮아져야 한다.

물론 여기에는 무조건 폭력적인 것이 '남자다운' 것이고, 여성은 근본적으로 남성의 소유물이라는 일련의 이데올로기적인 믿음이 전제되어 있으며, 이는 여성을 포함하여 모든 비남성적인 것에 대해 극도로 혐오적이고 가학적인 태도와 맞물리게 된다. 따라서 김기덕의 거의 모든 영화는 여성을 비롯한 타자들과의 왜곡되고 폭력적인 관계 속에서 어떻게 '문제적인 남성성'이 구성되는지를 극단적으로 보여 주고, 그 과정에서 여성은 예외 없이 강간과 폭력의 희생자가 되고 만다.

그러나 그의 영화들은 이러한 남성의 폭력을 정당화하는 두 가지 기제를 늘 마련해 놓는데, 그 하나가 남성 주인공을 둘러싼 세계 자체의 모순성과 악함이라면, 다른 하나는 그 자신이 직접 당하게 되는 어마어마하고 지속적인 폭력성이다. 즉 우리 사회 자체가 부도덕한 권력과 부패한 자본이 지배하는 '약육강식'의 세계이기 때문에 남자 주인공의 '위악성'이 오히려 자기 보존 본능에서 비롯된 불가피한 것임이 역설되고, 그가 당하는 수많은 육체적·심리적 폭력과 손상은 오히려 그에게 죄 없고 힘없는 희생자의 위치를 부여하는 기능을 한다.

또한 김기덕의 영화 속에서 여성에게 가해지는 끊임없는 폭력은, 여성을 다름 아닌 섹슈얼리티와 육체를 중심으로 해서 무력하고 텅 빈 주체로 만드는 과정을 수반한다. 성매매와 강간이라는 모티프가 빠짐없이 등장한다는 사실에서 알 수 있듯이, 김기덕의 영화에서 여성의 육체는 '남성의 욕망과 정액을 담아내는 그릇'이라면, 여성이라는 존재는 '성기' 그 자체로 환원된다. 따라서 섹스는 상호성이 배제된 난폭한 성기적 결합이자 동물적인 배설 행위로 그려지면서, 남성에게 자신의 존재감과 여성에 대한 우월감을 확인시키는 구실을 한다. 또한 여성은 일관되게 육체로 환원되고 성적 존재로 본질화되는 한편, 남성과 여성은 각각 지배와 종속으로, 주체와 대상으로 양극화된다.

그런데도 그의 영화들은 사회적 약자들에 대한 일관된 관심이라는 주제의 측면이나 시각적인 탁월성과 같은 스타일의 측면에서 '작가영화' 또는 '예술영화'의 지위를 누려 왔다. 그러나 그의 영화들이 갖는 호소력과 차별성은 다름 아니라 '여성에 대한 극도로 착취적인 상상력과 혐오적인 태도', 그리고 위험하기 짝이 없는 '페니스 파시즘'에 기반을 둔 것이다. 사회적·문화적·경제적 자원이 전혀 없는 남자 주인공이 여성에 대해서 갖는 절대적인 우월성과 지배력은 오로지 그가 '남성'이라는 사실에서 나오고 그 지배의 수단은 강간과 폭력 같은 '성적 공포정치(sexual terrorism)'다. 그러니 '페니스 파시즘'이 아니고 무엇이겠는가.

따라서 김기덕의 영화들은 남녀 간 불평등과 적대성, 여성의 섹슈얼리티와 육체에 대한 극단적인 공격과 침해를 끈질기게 정당화하는 것일 뿐만 아니라, 타자들에 대한 어떤 성찰도 담고 있지 않은 무책임한 사회적 배설 행위와 같다. 그렇다면 이를 정치적·미학적으로 지지하는 것은 공식적으로는 감히 표현할 수 없는 남성적 무의식에 대한 동조이자, 여성에 대한 억압과 가학적인 폭력을 통해서 남성 주체성을 재확립하고자 하는 유혹에 굴복하는 것이라고밖에 볼 수 없을 것이다.

6. 영화와 페미니즘의 생산적인 만남을 기대하며

최근 흥미롭게도 『씨네21』 지면에서 '페미니즘 비평'을 둘러싼 논쟁이 진행되었다. 그러나 그 과정에서 드러난, 현재 한국영화를 둘러싼 비평의 지형도는 한국영화 자체의 흐름과 거의 마찬가지로 남성 중심적인 시각과 서사가 끊임없이 반복·확장되는 모습을 띤다. 그래서 한편으로는 서구인들(특히 서구 남성들)의 원형적인 무의식을 구성하는 '오이디푸스 콤플렉스'가 '한국형 블록버스터'를 구조화하는 근본적인 무의식적 기제로 정의되는가 하면, 다른 한편으로는 이와 맞물려 '오이디푸스 콤플렉스'의 성공적인 극복에 실패한 '소년성'이 최근 한국영화의 성공을 이끈 또 다른 주역으로 해석되기도 한다.

그런데 이런 식으로 한국영화의 '정치적 무의식'에 대한 설명이 오직 남성주체의 아버지와의 관계, '아버지 되기' 과정의 문제로만 환원되는 것은 영화를 둘러싼 담론들이 완고하게 '남성 중심적 패러다임'으로 퇴행하는 일이다. 그리고 자본주의적·이성애적 가부장제 사회에 존재하는 여성을 비롯한 수많은 타자와 소수자들을 한 번 더 주변화하거나 비가시화하는 결과를 낳을 뿐이다. 더욱이 1990년대 후반 이후 한국영화가 '신 르네상스'를 맞이하여 양적 성장과 질적 전환을 이루어 온 과정과 그 의미를 어떻게 평가할 것인지가 중요한 시점에서 이런 편향된 시각으로 영화를 바라보는 것은, 최근 영화들이 그려 보이는 다원화의 흐름을 거스르는 반시대적인 것으로서 한국영화의 내적 경향을 잘못된 방식으로 총체화하는 오류에 빠지고 만다.

　이런 맥락 속에서 영화와 페미니즘의 관계가 더 생산적이고 적극적일 필요성이 제기되는데, 가부장제적 질서 속에서 여성에게 강제되는 주변적인 위치는 오히려 모든 것을 다르게 바라보고 평가할 수 있는 타자적인 시선은 물론이고 다른 소수자들과 연대할 수 있는 정치적 가능성을 제공하기 때문이다. 현재 남성의 목소리로만 일방적으로 울려 퍼지는 주류 영화 담론에 저항하고 균열을 내면서 그 안에 억압되어 있는 것들에 목소리를 부여하고, '차이'를 '차별'이 아닌 창조적인 화해의 원천으로 작동하게 하는 작업, 그것이 바로 '지금 한국적 맥락에서' 페미니즘 앞에 놓인 역할이자 과제일 것이다.

❖ 생각할 거리 --

1. 영화는 20세기 이후 대표적인 대중매체이자 예술 장르가 되었고, 특히 우리 나라의 경우 1980년대 이후 한 시대를 반영하고 형상화하는 핵심적인 역할을 해왔다. 1980년대 이후 세대인 여러분들에게 영화와의 만남이 자신의 정체성이나 감수성, 가치관에 어떻게 영향을 미쳐 왔는지 생각해 보자.
2. 로맨틱 코미디나 멜로드라마 같은 장르는 물론이고 대부분의 영화들은 남녀 간 로맨스인 성적 관계를 다룬다. 영화 속에서 다루어지는 그 부분들이 현실을 어느 정도 반영하는지 또는 개인들의 환상을 어떻게 부추기는지를 생각해 보자.
3. 최근 한국영화가 맞이한 '신 르네상스'는 '천만 관객 신화'로까지 이어지고 있다. 특히 대규모 예산과 화려한 스펙터클을 기반으로 하여, 민족의 역사 쓰기를 시도하는 '한국형 블록버스터' 영화들이 보수적이고 배타적인 민족주의 이데올로기나 남성 중심주의를 표방하고 있지는 않은지를 생각해 보자.

❋ 읽을 거리 --

1. 수잔나 D. 월터스, 『이미지와 현실 사이의 여성들』, 김주현 외 옮김, 또 하나의 문화, 1999.
2. 클라우디아 스프링거, 『사이버 에로스: 탈산업 시대의 육체와 욕망』, 정준영 옮김, 한나래, 1998.
3. 수잔 제퍼드, 『하드 바디: 레이건 시대 할리우드 영화에 나타난 남성성』, 이형식 옮김, 동문선, 2002.

❋ 볼 거리 --

1. 거짓말(장선우, 1999)
2. 여고괴담, 두 번째 이야기(민규동·김태용, 1999)
3. 나쁜 남자(김기덕, 2001)

7장_섹슈얼리티와 성문화

이성은

1. 변화하는 한국의 섹슈얼리티와 성문화

여성주의적인 시각에서 섹슈얼리티와 성에 대한 연구가 필요하다는 생각은 1980년대 후반부터 현재까지 다양한 방식으로 담론화되어 왔다. 이러한 변화와 맞물려 대중매체들이 인신매매, 성폭력, 성매매 등 성적 이슈에 대해서 다소 감각적인 다큐멘터리 형식으로 접근하기 시작한 것이 성을 대중화하는 데 기여하기도 했지만, 성을 사회적으로 문제를 일으키는 부정적인 것으로 규정하는 결과를 낳기도 하였다.

섹슈얼리티를 둘러싼 전통적인 담론인 성별 이중 규범과 이를 거부하고 반대하는 다양한 하위 각본들이 서로 경쟁하고 갈등하는 양상이 우리 성문화의 현주소다. 이러한 갈등의 첨예한 예는 가정 안에서 딸에게 순결을 강요하는 아버지가 밖에서는 딸과 같은 또래의 여성과 원조교제를 즐기는 모순적 결과를 초래한다. 즉 모순적인 잣대를 들이대는 가부장적 아버지의 도덕적인 성규범이 더는 실재하지 않는데도, 새로운 변화를 꾀하는 데 발목을 잡는 역할을 여전히 수행한다. 따라서 한국의 성문화는 '해방적' 혹은 '급진적'이라고 표현하기가 어색하며, 여전히 '도덕적'·'규범적'이라고 규정하기도 어렵다. 따라서 우리 사회의 섹슈얼리티와 성문화는 다른 사회의 그것과 유사하게, 그렇지만 우리 사회의 문화적·역사적 고유성에 기반을 두고 변화해 왔으며 지금도 변화하는 중이라고 정리할 수 있다. 따라서 이 장에서는 첫째, 한국사회에서의 섹슈얼리티 개념화 과정을 살펴보기 위해 역사적인 맥락에서 성적 이중 규범과 섹스-젠더-섹슈얼리티의 연관적인 구성방식을 제시하고자 한다. 둘째, 한국사회의 섹슈얼리티와 성문화를 이해하기 위해서 제도로서의 이성애라는 개념의 의미를 검토함과 동시에 변화하는 성문화의 다양한 담론이 어떻게 경쟁하는 지를 볼 것이다. 마지막으로 한국사회에 존재하는 성적 위험, 즉 성폭력, 성희롱, 성매매에 대해서 설명하고자 한다.

2. 한국사회에서의 섹슈얼리티 개념화

1) 성에 관한 이중 규범의 역사성

섹슈얼리티 관계 내의 이중 규범이 고대사회에서도 지배적인 규범이었을까? 역사 속에서 성을 고찰한 역사학자들은 현재 전통적인 윤리로 간주되는 규범들이 고대사회에서 비롯된 것이 아니라고 밝힌다. 가령 동부여의 금와는 고구려를 건국한 주몽의 어머니 유화를 부인으로 맞아들이는 과정에서 유화가 혼전에 해모수와 성적인 관계를 가진 사실을 알지만, 그녀를 새 부인으로 맞아들인다. 이것은 여성들의 혼전 순결을 중요한 자원으로 전제하는 현재와는 다른 시각이 그 당시에 존재했다는 증거다. 고구려의 문헌들을 보더라도 미혼 남녀의 교제와 혼인에 신분적·경제적 차이가 큰 문제가 되지 않았고, 나아가 연애혼도 상당히 성행했음을 알 수 있다. 하지만 결혼한 여성의 정절에 대해서는 엄격한 규제가 있었다고 한다.

오늘날 억압적이지만 지배 규범으로 작용하는 성적 이중 규범, 특히 여성에게만 강요되는 혼전 순결이 고대사회에서 만들어진 것은 아님을 알 수 있다. 하지만 고대사회 역시 가부장제 사회임을 부인할 수 없기 때문에 가부장 중심의 가족제도, 가부장 가계를 유지하기 위한 중요한 수단으로 여성의 정절은 규범이 되었다. 왜냐하면 일차적으로 건강한 가족 공동체를 유지케 하여 국가의 발전을 도모하려는 근본적인 의도 때문이다. 유교 윤리가 일반화되지 않은 고려 중기까지 윤리나 관습상 여성의 사회적 지위는 조선시대보다 훨씬 높았으며, 남녀 간 성관계도 꽤 자유로웠다고 한다. 남녀가 함께 시냇가에서 혼욕하는 모습을 묘사한 송나라 사신의 기록이 이를 잘 말해 준다.

유교 중심의 엄격한 신분사회인 조선시대로 접어들면서 여성에게 억압적인 가부장제가 체계적으로 확립되었다. 일부일처제를 엄격히 시행하였으며, 축첩제를 허용하였고 중매혼을 원칙으로 하였다. 남편의 일방적인 의사에 의한 이혼이 가능했으며, 여성의 재혼을 철저히 금지했고, 수절을 당연시했다. 이렇게 엄격한 유교사회에서 섹슈얼리티는 건강과 생식의 도구로 이해되었다. 특히 여성의 신체 발달 단계에서 폐경은 신체 변화의 마지막으로 인식되었으며 여성의 의미는 아이를 낳을 수 있는 능력과 동일시되었다. 조선시대에 여성의 섹슈얼리티는 결혼 전에는 성을 경험할 수 없는 것으로, 결혼 후에는 여성의 최대 행동 규범인 자식(아들) 생산으로 국한되었다. 따라서 조선시대의 남녀 간 성은 가족관계 안에서만 의미가 있었다(조주현, 2000: 51~59).

오늘날 우리가 인식하는 전통사회의 남성 중심적, 여성 억압적 성 개념은 조선시대의 엄격한 유교윤리에 근거한 것이다. 고대와 중세 초기인 고려시대에 남녀의 성에 대한 의식은 조선시대의 그것과 비교할 때 상대적으로 자유롭고 평등했다. 그렇지만 오늘날의 성은 엄격한 신분제에 기반한 조선시대의 유교적 성담론을 주류 전통 담론으로 받아들이고 있다. 따라서 이러한 역사적 발전과정을 토대로 한 오늘날 한국의 섹슈얼리티는 여성을 억압하는 남성 중심적인 면이 있으며, 이성애만을 정상적이고 합법적인 성으로 받아들이는 협소한 성으로 특성화된다.

2) 섹슈얼리티의 개념화

섹슈얼리티를 학문적으로 논의하기 시작한 지는 그리 오래되지 않았다.

최근 여성주의자들은 섹슈얼리티에 대한 논의를 위해 프로이트의 논리에 근거한 본질론과 푸코가 제기한 섹슈얼리티의 통찰력에 의한 구성론에 주목한다. 본질론적 입장에서 볼 때 인간의 성은 생물학적 요소와 같은 고정 불변의 본질에 의해 결정된다. 즉 남성과 여성의 성 인식 차이나 동성애자와 이성애자의 성적 지향 차이는 모두 생물학적 차이에 따라 결정된다. 이러한 맥락에서 남녀의 성적 정체성(sexual identity)이 생물학적 성차(sex)로 결정된다고 보고 이를 자연적인 것, 정상적인 것으로 여긴다. 본질론적 입장에서는 개인이나 집단의 성적 특성을 생물학적 요인으로 설명하여 성기 결합 중심으로 성을 개념화하는 경향이 있다. 같은 맥락에서 남성의 성이 규범적인 성이 되게 하고, 이성애가 정상적인 성이라고 규정한다. 따라서 본질론은 남성들의 성적 공격성이나 문란함을 옹호하는 역할을 할 뿐 아니라 동성애 혐오증을 일으키는 논리적 근거를 제시한다. 이와 같은 본질론은 역사와 문화를 초월한 본질적인 속성에 기반을 두기 때문에 이러한 특질들을 고정된 것으로 보는 결정론에 빠지는 게 문제다.

반면 사회구성론적인 입장에서는 인간의 성을 문화 의존적, 관계적, 비객관적 자질로 정의한다. 그러므로 인간의 성적 정체성, 욕망, 관행들이 고정된 본질에 따라 정해지는 것이 아니라, 개인이 처한 사회관계와 문화적 맥락에 따라 구성된다고 본다. 이러한 입장에서 성은 사회적으로 조직되는 것이며 사회관계에 따라 다르게 생산되는 것으로서, 이는 친족과 가족 체계, 경제적·사회적 조직체, 사회적인 규제, 정치적인 규제, 저항문화 등 모든 사회관계와 연관 지어 분석해야 한다고 제시한다(윅스, 1999). 여성과 남성의 성적 정체성은 타고난 것이 아니라 다양한 사회적 기제를 통해서 구성된다고 보는 것이다. 예를 들어 남성 중심 사회에서 남성들은 성적 자유와 성적 주체성을 보장하는 성문화를 갖는 반면 여성들은 성적 순결을 지킬 것과 남성의 성적 만족을 위해 도구화될 것을 강요받는다. 이와 같은 남성 중심적인 성문화는 학교, 매체 등의 체계적인 교육을 통해서 공고화된다(조영미, 1999). 따라서 구성론적인 관점에서의 섹슈얼리티란 성기 결합을 의미하는 개념을 넘어서 성적인 감정 및 성적으로 맺는 관계들을 모두 포괄하는 개념이다. 즉 이는 각 개인이 경험하는 성적인 욕망, 성적인 정체성 및 성적 실천을 뜻한다.

섹슈얼리티 개념의 이러한 차이를 좀더 구체적으로 파악하려면 섹스-젠더-섹슈얼리티의 연관성에 대한 고찰이 필요하다. 생물학적 성별로서 섹스는 본질론적 관점에서 규정하는 성이다. 이러한 관점에서 성적 욕망은 자연적으로 내재된 본질이며 성의 개념은 남녀의 성기 결합과 같은 신체적인 측면으로 한정된다. 따라서 섹스는 남녀 간의 생물학적 성차, 친밀한 성적 행위를 모두 담는 단어로 사용된다. 이는 동서양을 막론하고 성관계는 이성애 중심적임을 반증하는 예이기도 하다. 남녀 간의 생물학적 성별이 곧 그들 간의 성적 관계라는 뜻을 담기 때문이다.

두 번째로 젠더라는 개념은 사회적 성차 혹은 성별로서 남성과 여성이 사회적으로 어떻게 구분되고 정의되느냐를 의미하는 개념이다. 나아가 이 개념은 성별 정체성으로 정의되는 여성성과 남성성으로 구분된다. 하지만 남성성과 여성성은 생물학적 차이에 의해서 결정되는 것이 아니라, 남성 중심 사회에서 권력을 가진 남성들이 여성들에게 사회적으로 부과한 것일 뿐이라는 점을 여성주의자들은 주장한다. 이러한 입장은 생물학적 성과 사회적 성별은 무관하다 해도 젠더-섹슈얼리티는 정합적인 관계를 맺는다고 본다. 이러한 정합성을 설명하는 예는, 여성이라는 성별이라면 서로 다른 사회문화적·역사적 배경을 가지고 있다 해도 유사한 방식의 성적인 억압을 받을 수 있다는 것이다. 예를 들어 성폭력의 연속선 개념은 이러한 정합성에 근거한 논의라고 할 수 있다. 하지만 성별이 섹슈얼리티를 규정한다는 주장은 완전한 구성론적 입장을 취하지 않는다는 비판을 받기도 한다. 같은 여성이라도 사회문화적 위치의 차이에 따라 성적 억압의 내용이 다를 수 있다는 점을 간과하기 때문이다. 즉 성별적 관점에서 섹슈얼리티를 분석하는 것은 여성들 간의 차이를 부각하는 데 한계가 있다.

　　마지막으로, 이러한 맥락에서 섹슈얼리티란 성별뿐 아니라 계급, 인종, 연령, 성적 선호, 규범, 제도에 따라 다양하게 구성된다는 점에서 성을 유동적이고 다원적인 것으로 본다. 이러한 관점에서는 성적 욕망이나 정체성이 주체의 맥락적 위치에 따라 구성되는 일련의 과정이므로 남성/여성, 이성애/동성애, 게이/레즈비언과 같은 성적 범주의 경계가 유동적이다. 따라서 섹스-젠더-섹슈얼리티 사이의 고정적이고 일관된 관계를 인정하지 않는다. 남성 중심적인 가부장제 사회라는 맥락에서 이것이 가끔 연관되어 나타날 수도 있지만, 필연은 아니라고 본다. 이와 같이 다양성과 차이를 중심에 둔 섹슈얼리티의 개념 정의는 좀더 나아가 제도로서의 이성애가 가부장제라는 분석틀과는 어떻게 다른 의미를 가지는지를 더 세분화하는 논리로 발전해 간다. 따라서 다음 장에서 제도로서의 이성애를 통해 섹슈얼리티의 문제를 살펴보는 것이 어떤 변화를 가능하게 하는지를 제시할 것이다.

3. 한국의 섹슈얼리티와 성문화

1) 가부장적 이중 규범으로서의 섹슈얼리티

섹슈얼리티와 성문화는 사회적으로 구성되는 것이기에 고정된 것이 아니라 끊임없이 변화한다는 점에 대다수 여성주의자가 동의한다. 그러므로 한국사회에서 섹슈얼리티와 성문화를 이해하고 분석하는 것은 한국의 사회문화적 특성, 역사의 변화와 관련된다. 앞 장에서 간단하게 성문화의 역사적인 맥락을 검토한 대로, 한국 성문화의 특성은 남성 중심적, 이성애 중심적, 성인 중심적이라고 정의할 수 있다.

지금까지 여성주의자들은 한국사회의 섹슈얼리티와 성문화를 이해하기 위해서 섹슈얼리티와 젠더의 연관성 속에서 한국사회의 성적 이슈들을 분석하였다. 즉 남성 중심적인 성문화가 어떻게 여성들에게 억압적인지를 주로 고찰해 왔다. 이러한 접근방식은 이중 규범에 따른 남성 개인 혹은 남성 집단의 여성에 대한 성적 폭력(gender violence)의 한 형태로서 성폭력(sexual violence)을 해석하고, 성적 피해자로서 여성을 규정하는 데 의미가 있는 작업이었다. 하지만 이러한 관점은 남녀 간에 발생하는 성적 관계 이외의 것들, 예를 들어 성 전환자의 성폭력 경험, 군대와 같은 남성 집단 내 성폭력 등을 다루는 데 한계가 있다. 그뿐만 아니라 여성의 성적 즐거움, 욕구의 문제에 대한 논의도 지금까지 섹슈얼리티를 분석하는 주요 틀이던 이중 규범 내에서만 진행하는 데는 한계가 있다.

　　이러한 맥락에서 한국사회의 성문화를 좀더 다양하고 깊게 논의하려면 이성애 중심주의를 재고할 필요가 있다. 왜냐하면 한국의 성문화는 다른 어떤 사회보다 과도하게 이성애 중심적이기 때문이다. 이는 '성' 하면 곧바로 남녀 간 성관계를 떠올리는 사회라는 점이 증명한다. 지금까지 여성주의자들의 섹슈얼리티 연구는 가부장적 이중 규범 내에서 여성들이 어떻게 억압받는지에만 중점을 두어 왔다. '이성애'라는 용어는 '동성애'에 반대되는 성적 선호라는 협소한 개념으로 이해되는 경향도 있었다.

　　하지만 이성애가 제도화되었다는 시각에서 여성의 섹슈얼리티 문제를 재고해 보면, 이성애적 관계는 단지 남녀 간 성적 관계뿐 아니라 결혼 및 가족 생활의 규칙과 관련된 것이며, 임금/가사노동의 분화, 경제적인 부양과 의존의 패턴, 이성애 관계의 커플이 받아들이는 규범, 생활방식 등 일상생활의 구체적인 경험과 관련이 있다(Jackson, 1999: 26). 이러한 맥락에서 성폭력과 성적 강제가 일반적인 이성애적 관계와 어떠한 연관이 있는지를 검토하고, 노동시장 내 성차별을 단지 가부장제의 문제로만 보지 않고 이성애 제도와 자본주의 그리고 노동의 성적 분화, 성희롱 등과 관련

지어 살펴보는 것은(Epstein, 1997; Adkins, 1995), 섹슈얼리티의 문제가 성적인 관계뿐 아니라 여성학의 다른 분야인 노동, 가족의 영역과도 밀접하게 연관되어 있음을 밝힐 수 있다는 강점이 있다. 그러므로 섹슈얼리티에 근거한 이성애 제도를, 다양한 사회적 신념, 가치, 이데올로기, 담론, 정체성, 사람들이 이성애적 관계를 실행함으로써 형성하는 사회적 관계 등과 연결 지어 이해해야 한다.

2) 이성애 제도의 관점에서 본 성문화

섹슈얼리티가 사회문화적으로 구성되는 것과 유사한 방식으로 이성애 제도와 실행 역시 사회문화적·역사적으로 구성된다. 여기에서는 이성애 제도와 실행의 한국적인 특성이 어떻게 구성되는지를 검토해 보자.

한국적 이성애 제도의 첫 번째 특성은 순결 이데올로기와 밀접한 연관성을 가진다. 한국사회에서 여성의 성과 관련한 순결 이데올로기는 가부장제의 여성 억압적인 개념으로 이해되어 왔다. 물론 성담론의 변화와 더불어 여성들이 과거와는 달리 순결 이데올로기에 저항하고, 성에 대한 새로운 각본을 만들기도 한다. 그러나 오늘날에도 순결은 결혼하지 않은 여성들이 따라야 하는 덕목으로, 나아가 결혼한 여성들이 지켜야 할 정조라는 덕목으로 교육되고 있다. 이러한 여성 순결의 강제는 지금까지 남녀 간 권력관계에서 여성이 억압당하는 방식이라고만 이해되었다. 하지만 더 나아가 순결 이데올로기가 이성애 중심적인 남녀관계만을 정상적인 관계로 규정하는 이성애 제도를 더욱 공고히 한다는 점에서 더욱 억압적이다. 한국사회의 섹슈얼리티는 남녀의 성관계만을 정상적이고 합법적인 것이라고 규정하는 토대 위에서 여성들에게 순결과 정절을 강요하며, 여성의 성은 결혼관계 안에서만 가능한 것으로 규정한다. 따라서 순결 이데올로기라는 기반 위에서 여성의 성적 자율성은 고려되지 않고, 여성은 재생산의 도구로만 규정된다.

이런 맥락에서, 변화하는 성적 담론과 맞물린 성별화된 규범은 한국 남성의 성매매를 일상화·일반화하는 경향을 초래한다. 예를 들어 남성의 성욕은 억제할 수 없으므로 정숙한 애인의 순결을 보호하려면 성매매를 당연히 해야 할 것으로 여기는 문화를 만들어 내기도 한다. 그러나 최근 여성들이 여성에게만 강요되는 성적 순결을 불평등하다고 인식하면서, 새롭고 도전적인 그들만의 성적 각본을 만들기 시작하였다. 이 다양한 각본의 내용을 보면, 결혼이나 출산과 무관한 성관계를 선택하는 여성들이 늘기도 하고, 남성 중심적인 성관계에 반대하며 여성이 주체가 되는 대안으로서 레즈비어니즘이 등장하기도 한다. 또한 청소년들이 성적인 면에서 자기 목소리를 내는 것도 성적 순결의 강요에 대한 다양한 도전 양상 가운데 하나다. 이러한 변화의 양상은 단지 남성 중심적인 성문화에 대한 문제제기로 그치는 게 아니라 이성애 중심적이고 성인 중심적인 성문화에 대한 문제제기다. 이렇게 다양한 문제제기는 섹슈얼리티가 여성 억압적일 뿐 아니라 이성애 중심적이며 성인 중심적이기 때문에 더 억압적이라는 논의의 확장을 예고하는 중요한 현상이다.

한편 이성애 제도의 또 다른 특성을 파악하기 위해서 꼭 검토해야 할 내용이 결혼제도다. 서구의 여성주의자들은 이성애 제도의 대표적인 형태인 결혼이 오랫동안 여성을 종속시켜 왔다고 주장한다(Jackson, 1999; VanEvery, 1996). 하지만 서구의 부부관계 내 이성애와 한국사회의 이성애 관계는 의미가 다르다. 즉 서구의 문화적 맥락에서는 부부간의 사랑에 기초한 이성애 관계가 결혼관계를 유지하는 가장 중요한 기제로 작용한다. 반면 한국사회에서 이성애적 관계의 중요성은 이데올로기로만 강조된다. 즉 결혼제도에서 허용하는 합법적이며 규범적인 성이 이성애적 관계다. 그런데 실제 결혼생활에서 남편은 경제적인 생계 부양자, 아내는 가사 전담자이자 자식 양육자라는 엄격한 성별 분업에 기초한 기능적인 결합체로서 더 의미가 있기 때문에 결혼제도 내에서 이성애적 관계의 중요성이 서구와는 다른 맥락에 있다.

즉 비공식 영역에서 기혼 남성의 결혼 외 성관계는 허용하는 반면 여성들의 혼외 성관계는 이혼의 결정적인 이유가 된다. 또한 아내들은 남편이 일회적인 혼외 성관계가 아닌 지속적인 혼외 성관계를 통해 결혼계약을 파기할까 두려워하기도 한다. 이런 맥락에서 한국의 결혼제도에서 친밀성을 기초로 한 성적 배타성은 실재하지 않는 경향이 있다. 그렇기 때문에 기혼 남성들의 일상화된 성매매가 이혼으로 바로 연결되지는 않는다. 이러한 모순은 기혼 여성들의 혼외 성관계 경험을 부추기는 최근의 현실과도 연관된다. 즉 아이를 양육하고 경제적인 공동체로서 역할을 다한다면 부부관계 내의 성적 배타성이 중요하지 않을 수도 있다는 점에 암묵적으로 동의하는 관계로 변화하는 조짐이 보인다. 이러한 이성애적 관계의 한국적인 특성을 설명하는 것이 남성 중심적인 특성과도 연관되지만, 이에 기초한 한국적 가치관이 연관된 이성애 제도의 특성을 고려할 때 논의를 더 확장할 수 있다고 본다.

결론적으로 이성애 제도의 한국적 특성인 순결 이데올로기와 결혼제도 내에서 합법화, 성별화된 이성애적 관계의 허구성은 한국사회에 만연한 성폭력, 성희롱, 성매매와 같은 이성애적 실행들과 연관되어 있다. 예를 들어 여성에게만 강요되는 순결 이데올로기는 성폭력과 성희롱을 남성에 대한 여성의 폭력이라는 차원으로만 이해될 수 있는 것이 아니다. 이성애적 관계를 일반화하고 그 관계 내에서 여성에게만 강요되는 순결 이데올로기가 여성을 저항하기 힘든 주체로 강제하는 것이다. 또한 합법적이고 정상적인 이성애적 관계로 규정되는 결혼제도는 그 제도의 모순과 허구성 때문에 한국의 특수한 맥락에 근거한 성매매, 혼외 성관계의 일상화를 초래한다. 바로 이러한 현상이 이성애 제도와 그 실행 간의 연관이 어떻게 현실에서 가능한지를 보여 주는 예다.

3) 변화하는 성담론의 현실: 여성과 성적 소수자들의 반격

한국사회의 성담론은 남성 중심적이며 이성애 편향적이지만, 최근 다양한 담론의 등장과 도전은 이러한 특성의 변화를 예고한다. 첫 번째 변화는 최근 몇몇 여성들이 그들의 성적 자율성과 권리를 인식하면서 순결 이데올로기에 문제를 제기하기 시작한 것이다. 특히 최근 가족 위기론으로 명명되는 현상인 결혼율·출산율의 감소, 이혼율의 증가는 출산을 전제로 한 결혼관계 내에서의 성관계만 옳다고 하는 규범을 더는 중요한 가치로 받아들이지 않겠다는 인식의 증거다. 또한 이혼율의 증가는 빈곤의 문제와 연결되기도 하지만, 기혼 여성들의 성적 자율성과 자기결정권 찾기와도 연관된다. 과거에는 남성의 혼외 성관계를 묵인하고 인내했다면 최근 몇몇 여성들은 그에 대한 일종의 반격으로 혼외 성관계를 선택하면서 남녀에게 다르게 적용되는 성적 배타성에 도전하고 있으며, 이것이 이혼으로 연결되기도 한다. 이런 움직임은 여성들이 성에 대한 신비주의에서 벗어나, 섹슈얼리티가 일상생활이며 개인의 권리와 선호에 따라 결정하고 판단하는 것임을 인식했다는 증거이며, 성적 억압에 대응하고 그들의 쾌락을 생각하는 첫걸음이라 할 수 있다.

평범한 주부들도 글쓰기를 통해서 그들의 체험에 근거한 성을 말하기 시작했다. 여전히 이중적인 성체계와 순결 이데올로기가 지배 담론으로 존재하는 사회에서 결혼한 여성들이 그들의 성적 경험을 이야기하는 것이 여성들의 성적 억압을 해결하는 유일한 방법임을 주장(이재경, 1996)하면서, 그들의 성적 오르가슴과 자위에 대해서 말하기도 하고, 과감하게 혼외 성관계를 정당화하는 발언(양은영, 1995)을 하는 적극성을 보이기 시작했다. 이와 더불어 여성학자들도 여성들의 혼외 성관계를 둘러싼 사회현상에 주목하면서 여성들의 성적 정체성이 조금씩 바뀌고 있음을 시사하는 것이라고 하였다(조옥라, 1996; 박혜란, 1996; 조혜정, 1998).

이러한 변화에 근거하여, 혼외 성관계의 미시적인 경험을 중심으로 여성들의 성적 권리에 대한 논의가 시작되었다. 이러한 경험에서 나타나는 남녀 차이는, 남성들은 부부관계에 별 문제가 없어도 혼외관계에 관심을 가지지만, 여성들의 경우 혼외관계의 원인이 부부관계의 문제에 있다는 점이다. 하지만 혼외 성관계를 경험한 여성들이 꼭 이혼하는 것은 아니며 혼외관계를 유지하는 상대와 결혼을 희망하지도, 현재의 남편과 이혼을 결심하지도 않는다는 연구결과(공미혜·구명숙, 2001)는 늘 이상적으로 전제되어 온, '사랑하는 사람과 결혼하고 성관계를 맺어야 한다'는 통합적인 연관성도 깨져 감을 보여 준다. 여성들의 혼외 성관계를 단순히 낭만적인 사랑의 나르시시즘 혹은 남성의 혼외 성관계와 유사한 방식의 일탈로 규정하면서 비판하기도 하지만, 여성의 '성적 권리, 자율성, 자기 선택'이라는 개념에서 이러한 현상을 재고할 여지가 있다.

또 다른 새로운 담론으로 성적 소수자들이 그들의 권리에 대해 말하는 것을 들 수 있다. 1990년대에 들어서 동성애에 대한 사회의 관심이 점차 확산되었다. 동성애를 둘러싼 일반인들의 관심은 우리 사회에서 그것을 허용할 것인지 말 것인지에 있다. 동성애를 옹호하는 입장에서는, 동성애가 성적 기호의 문제이므로 옳고 그름을 논하기보다는 삶의 한 형태로 인정해야 한다고 주장한다. 반면 동성애를 반대하는 입장에서는 동성애가 동일한 성 사이의 성행위라는 점에서 다른 사람들의 성적 정체성에 혼란을 주고 가족·혈통과 연관된 성에 위반되므로 도덕적 제재가 불가피하다고 주장한다. 하지만 동성애 해방론자들의 정치학은 단지 그들의 성적 선호를 인정받는 것이 목적은 아니다. 그들은 한국사회의 이성애 중심주의, 즉 이성애자들 간의 재생산을 위주로 하는 성관계만을 자연적이고 정상적인 것으로 규정하고 동성애 혐오증을 사회적으로 유포함으로써 동성애자들을 주변화하는 것에 반대하는 것이다. 동성애 해방론자들은 규범적인 이성애를 벗어나 다양한 성적 관행을 인정하라고 강조한다(조영미, 1999).

동성애 문제는 단지 동성애 인정에만 국한되는 것이 아니라 성적 소수자인 장애인, 아동의 성적 권리에 대한 문제로까지 확산될 수 있는 정치학이다. 또한 이성애 중심적으로 규범화된 한국사회의 성적 관계들에 대한 문제제기이기도 하다. 이러한 문제제기에 힘입어 1990년대 초반 이래 대학 내 동성애자 동아리가 생겨나 지금까지 유지되고 있으며, 동성애에 대한 공포심을 줄이기 위해서 동성애자들의 문제를 다룬 영화를 위한 영화제가 개최되기도 하였다. 한편 여성 동성애자들은 현재의 동성애 해방 담론이 남성 지식인 중심의 게이 운동일 뿐 여성 동성애자인 레즈비언을 고려하지 않는다고 지적한다. 하지만 과거에는 전혀 이야기될 수 없던 동성애 논의가 시작되었다는 것은 획일화되고 규범화된 성에 대한 도전임이 분명하다. 그리고 이는 우리 사회 성담론의 다양성을 꾀하는 데 기여할 것이다. 따라서 성적 소수자인 여성, 동성애자들의 권리 찾기는 억압적이고 보수적인 한국사회의 성문화를 바꿀 수 있는 실천이며, 다양한 쾌락을 만들어 내는 장이 될 것이다.

4. 한국사회에 존재하는 성적 위험

앞에서 한국사회 섹슈얼리티의 개념적 특성과 변화하는 성문화 담론에 대해서 검토하였다. 그러한 다양한 변화와 도전이 있다 해도 섹슈얼리티 이슈에서 중요하게 다루어야 하는 주제는 여성들의 성적 위험과 관련된 것들이다. 한국사회에 존재하는 성적 위험, 즉 성폭력·성희롱·성매매에 대한 논의들을 다루면서 그 문제를 해결하기 위한 대안이 무엇인지를 살펴보자.

1) 성폭력과 성희롱

한국사회에서 성폭력에 대한 문제제기는 1983년에 한국여성의전화가 아내 구타 문제를 사회적인 이슈로 제기하면서 시작되었다. 당시 성폭력은 여성에 대한 폭력(gender violence against women) 전반, 즉 강간, 인신매매, 아내 구타 등을 담는 포괄적인 개념으로 정의되었다. 하지만 1991, 1992년 성폭력 특별법 제정을 둘러싼 여성단체들 간의 토론을 통해서 성적인 것에 초점을 둔 성폭력(sexual violence)으로 재개념화되었다. 성폭력을 여성에 대한 전반적인 폭력으로 정의한다면, '성적인(sexual)' 폭력의 문제를 '성별(gender)'만의 문제로 볼 여지가 있다. 이런 경우 군대나 감옥에서 종종 발생하는 남성들 간의 성폭력, 남성 유아에 대한 어른의 성폭력은 성폭력으로 범주화하기 힘들어 그 개념이 협소해지는 문제가 생긴다. 실제로 한국사회에서 대다수 성폭력이 남성이 여성에게 가하는 폭력이지만, 여성에 대한 폭력을 성폭력이라고 정의하는 것은 개념적인 오류를 낳을 수 있기 때문에 성별화된 폭력과 성폭력을 구분하여 정의하는 것이 바람직하다. 이러한 맥락에서 성별화된 폭력은 여성에 대한 성폭력, 인신매매, 아내 구타 등이 포함될 수 있으며, 후자인 성폭력에는 남녀 간에 발생하는 성적인 폭력의 내용뿐 아니라 동성 간에 발생하는 내용까지도 포함할 수 있으며, 구체적인 유형에 따라서 성추행, 강간, 강간 미수, 조직문화의 위계구조 내에서 발생하는 성희롱 등이 있다.

성폭력의 개념을 둘러싼 또 다른 중요한 논쟁점은 섹슈얼리티에 초점을 맞추어야 하느냐, 폭력에 중점을 두어야 하느냐이다. 먼저, 성폭력을 성관계가 아닌 폭력으로 정의하는 것은 대다수 여성 피해자들이 성적 순결을 잃었다는 수치심 때문에 그 사실을 고지하지 못한 것을 감안할 때, 피해자들이 그것을 폭력으로만 인식한다면 좀더 많은 피해자들이 성폭력에 적극적으로 대응할 수 있다는 점에 착안한 것이다. 하지만 이 개념은 남녀관계의 권력 차이에서 파생한 폭력의 의미만을 강조한 나머지 '성적인' 의미를 간과한다. 성폭력을 정의하는 또 다른 시각은 성폭력이 법적으로 규정하는 강간이라는 데서 더 나아가 이성애적 관계 전반에 걸쳐 성폭력이 존재한다고 보는 관점을 담는 성폭력의 연속선 개념이다(Kelly, 1988). 이 개념은 남성 중심 이성애적인 성문화에서 남녀 간의 모든 성관계가 폭력의 형식과 내용을 담고 있음을 강조한다. 예를 들어 부부간, 애인 간 성관계에도 폭력적인 성관계가 존재하며, 이 역시 명백한 성폭력이라고 보는 포괄적인 개념이다. 그러므로 두 번째 시각을 택할 경우, 성폭력·성희롱 문제의 해결은 법 제정과 같은 제도적인 개선만으로는 불충분하다. 남성 중심, 이성애 중심 성문화에 대해 근본적으로 문제제기를 해야만 그 해결이 가능함을 시사하는 것이다.

최근 한국사회에서 성폭력에 대한 다양한 개념의 발전은 성희롱을 사회적인 이슈로 제기하고 학문적으로 개념화하는 데 기여하였다. 1993년 서울대 조교 성희롱 사건이 사회적인 이슈로 등장하면서 직장 내 성폭력으로 명명했던 성희롱을 개념적으로 구분하는 것이 필요함을 인식하기 시작하였다. 특히 최근 성희롱이 주목받고, 그에 대해 개념적으로나 운동적으로 발전하게 된 가장 큰 이유는 과거와 달리 많은 여성이 공적 영역인 직장과 학교로 진출하면서 피해자인 여성의 성폭력에 대한 의식이 고양됐다는 점이다. 즉 과거에는 공적인 조직에서 일하는 여성들이 남성들이 행하는 다양한 형태의 성적 접근을 원하지 않았다 하더라도 해고, 승진상의 불이익 등을 염려하여 성희롱에 적극적인 문제제기를 하지 못했다. 하지만 최근 공적인 영역에 여성들의 참여가 늘어나고, 이에 따른 성차별적인 제반 조건들에 문제제기가 되면서 성희롱 또한 위법적이며 성차별적인 문제라고 공론화되었다(Lee, Sung-Eun, 2002).

성희롱은 조직(직장, 학교) 내에서 위계적인 권력을 가진 자가 그렇지 않은 사람에게 원하지 않는 성적 접근을 강요하는 것으로 규정된다. 한국의 조직에서 발생하는 성희롱의 특성을 남녀 간 권력의 문제로 파악하는 경우가 많은데, 이는 남성 중심적인 조직문화의 특성 때문에 조직에서 권력을 가진 자가 주로 남성이고 그렇지 않은 사람이 여성이라는 점에서 기인한다. 또한 이성애 중심적인 사회에서 성적 관계는 남녀 간에 발생하는 것이 일반적이라고 간주하는 문화와도 연결된다. 하지만 종종 남성이 남성을, 또는 여성이 남성을 성희롱하는 사건도 있기 때문에 이 문제를 단순하게 성별 위계 구조만의 문제로 보는 것은 한계가 있다.

한편 성희롱의 유형은 대개 언어적, 육체적, 시각적인 것으로 나뉜다. 언어적 성희롱에는 성적인 농담, 음담패설, 외모에 대한 지나친 평가 등이 있으며, 시각적 성희롱에는 사무실에서 음란물을 보거나 전시하는 것, 몸을 응시하는 것 등이 있다. 육체적인 성희롱은 가벼운 접촉에서부터 강간까지 다양한 스펙트럼으로 나타난다. 따라서 성희롱을 성폭력보다는 덜 위험한, 혹은 정도가 덜한 것으로 규정하는 것은 잘못된 이해다. 성희롱이 성폭력과 개념적으로 다른 것은, 성폭력 내용의 경중에 있는 것이 아니라 성희롱은 조직 내의 권력관계 내에서 권력을 가진 가해자가 그렇지 않은 피해자에게 반복적·지속적으로 원하지 않는 성적인 행위를 한다는 점이다. 성희롱이 발생하는 이 특수하고 구조적인 맥락 때문에, 피해자는 가해자에 대해 거부하거나 저항하기를 꺼린다. 왜냐하면 조직 내 그들의 지위가 위협을 받거나 업무상 차별을 받지나 않을까 우려하기 때문이다. 따라서 성희롱을 유지하는 기제는 남성 중심적인 사회문화 전체의 문제이기도 하지만 각 조직문화의 특성과도 관계가 있다. 예를 들어 성차별을 제도적으로 개선하려는 의지가 있는 조직의 경우 성희롱의 피해자가 적고, 그런 조직에서는 성희롱에 대한 문제제기도 활발하다(Lee, Sung-Eun, 2002).

성희롱에 대한 사회적 관심의 증가로 2000년 7월에 성희롱 관련 법안이 제정되었다. 이 법안의 제정은 성희롱이 일상적인 행위가 아니라 불법임을 규정하는 상징성을 갖는다는 데 의의가 있다. 하지만 아직도 다수의 성희롱 피해자들은 그들의 피해를 법적으로 해결하기보다는 묵인하거나 조직을 떠나는 것과 같은 개인적이고 소극적인 방식으로 해결한다. 그러므로 법적·제도적인 개선이 바로 성희롱 예방에 실질적이고 효과적인 대안이 되지는 못한다. 따라서 이 문제를 실질적으로 해결하려면 각 조직 내에서 문제를 예방하려는 일차적인 노력이 선행되어야 할 것이다. 성희롱을 예방하기 위해서는, 첫째, 잠재적인 가해자와 피해자에 대한 실질적인 교육을 해야 한다. 남성들의 경우 무엇이 성희롱인지를 모르고 있으며, 자신들이 지금까지 사회화된 방식으로 여성을 오해하기 때문에 성희롱을 일

서강대 김 교수 성희롱 사건을 통해 본 학교 내 성희롱 문제

지금까지 한국사회에서는 학교보다는 직장 내 성희롱에 더 큰 관심을 가져 왔으며, 그 예방을 위한 교육도 직장에서 주로 비디오나 강연을 통해서 진행해 왔다. 하지만 최근 동국대, 서강대 등에서 발생한 교수에 의한 성희롱 사건이 공론화되어 성희롱이 직장뿐 아니라 학교에서도 얼마나 심각한지, 그 문제의 해결이 얼마나 어려운지를 여실히 보여 주었다. 특히 지금까지 논란이 되고 있는 서강대 김 교수 사건을 통해 그 실태를 알 수 있다.

김 교수는 2001년 10월 31일 대학원생들과 가진 회식 자리에서 제자 최김희정(가명, 32세, 서강대 영상대학원) 씨에게 언어적·육체적으로 명백한 성희롱을 하였다. 그 후 사태의 심각성을 파악한 학부 여성위원회가 총학생회, 다함께 서강대 모임 등과 공동 대책위원회(이하 공대위)를 꾸렸다. 공대위는 김 교수의 사퇴 및 사과를 요구하는 대자보를 붙이는 등 학내 선전활동을 펼쳤다. 이에 대해 대학 측은 해를 넘긴 2002년 1월에야 김 교수 징계를 위한 교원징계위원회를 소집했다. 두 달 간의 조사와 회의 끝에 같은 해 3월 서강대는 김 교수에게 정직 3개월이라는 솜방망이 징계를 내렸다. 이에 대해 학생들의 반발이 다시 제기되자 해임을 결정했지만, 2003년 김 교수가 신청한 징계 재심의를 받아들여 김 교수의 해임을 취소하고 '정직 3개월'로 징계 수위를 낮춤으로써 2년 남짓한 시간의 학교 내 성폭력 근절을 위한 공대위의 노력을 물거품으로 만들어 버렸다(오마이뉴스, 2003년 12월 3일자 발췌).

학교 내에서 발생하는 성희롱 사건은 교수와 학생이라는 명시적인 권력관계에서 발생하며 학교라는 조직이 다른 조직들보다 더 보수적이고 위계적이기 때문에, 적극적인 문제해결이 매우 어렵다는 것을 이 사건을 통해서 인식할 수 있다. 따라서 학교의 성희롱 문제를 해결하려면 예방교육뿐 아니라 가해자인 교수들에 대한 강력한 처벌 규정을 명시하고 집행하는 것이 필요하다고 본다.

상화하는 경향을 보이기 때문이다. 따라서 가이드라인 제시를 통해 실질적이고 실효성 있는 성희롱 예방교육을 의무화해야 한다. 둘째, 성희롱 예방을 위한 조직 내 조정·상담 기구를 실질적으로 활성화하는 방안이다. 이러한 대안은 성희롱 피해자가 성희롱 문제를 용이하게 제기함으로써 피해를 최소화할 수 있는 방식이다. 성희롱 피해자들이 공식적인 문제해결을 꺼리는 가장 큰 이유는 위계적인 권력을 가진 직장 상사나 교수에 대한 대응이 결국 그들이 조직생활을 제대로 수행할 수 없게 하는 불이익으로 연결될 가능성이 높기 때문이다. 그러나 피해자를 보호하고 성희롱을 예방하는 조정위원회는 이러한 피해를 줄이면서 문제를 원만하게 해결하는 좋은 예가 될 수 있다.

2) 성매매

현대 자본주의 사회에서 성행하는 성매매는 개인과 개인 간의 거래나 단순한 생물학적 욕구 문제를 떠나 거대한 성산업의 메커니즘 속에 존재한다. 성매매가 '왜 여성에게 억압적인가'라는 질문을 여성 내부의 문제로 돌릴 수 없는 이유는 성매매가 이를 필요로 하는 사람에 의해 존속·유지되기 때문이다. 이와 같은 성매매의 자본주의적인 착취구조를 없애기 위해서 2004년 9월 23일부터 성매매 방지 특별법이 시행되었다. 이는 한국사회에서 일상화된 성매매를 근절하겠다는 여성계의 강력한 의지의 결과다.

성매매에 대한 잘못된 인식을 드러내는 기존 용어인 윤락, 매춘, 매음 등은 '성을 파는 행위'만을 규정하는 것이고, 법률 용어로 사용되는 윤락은 '스스로 타락하여 몸을 버린다'라는 뜻이다. 매춘부 대다수가 여성임을 감안할 때 윤락이란 여성에게 부과되는 용어이고, 상대 남성은 도덕적 면죄부를 받는다. 여성주의자들은 이에 반대해 '성을 팔고 사는 행위'라는 점을 강조하여 성매매라는 용어를 채택하였다. 성매매는 성을 사고파는 사람들뿐 아니라 이들을 연결하는 중간 매개자, 성산업 등 성을 거래하는 총괄적인 맥락에서 다루어야 하는 개념이기 때문이다.

한국사회에서 성매매의 가장 큰 문제점은 그것이 일상화되어 간다는 것이다. 성을 사는 남성들도 죄책감 없이 사고, 성을 파는 여성들 역시 계층과 연령에 따라 상당히 다양하다는 점이 그러한 일상화를 증명한다. 사회가 변화하고 있는데도 남녀에게 다른 방식으로 적용되는 성별화된 이중 규범인 이성애 제도가 그만큼 강고하기 때문이다.

그렇다면 최근 한국사회에서 이루어지고 있는 성매매의 문제점은 무엇인가? 첫째, 성매매 여성들이 자신의 몸에 대한 통제권을 상실함으로써 인간 이하의 대우를 받는다는 점이다. 즉 성을 파는 여성들은 성행위의 조건을 자발적으로 선택하지 못하기 때문에 콘돔 사용을 거부하는 손님들도 받아야 하고, 그 때문에 성병, 에이즈와 같은 각종 성질환에 무력하게 노출된다. 둘째, 업주와 성매매 여성 사이에 맺는 계약이 합리적인 고용관계처럼 보이지만 현실적으로는 성산업의 먹이사슬 탓에 성매매 여성은 돈을 벌 수 없는 구조 속에 놓여 있거나 빚을 지는 점이다. 빚이란 성매매 여성의 필요에 따른 것이기보다는 업주가 성매매 여성을 효율적으로 묶어 놓

 2004년 9월 23일부터 시행된 성매매 방지법의 주요 골자

윤락행위등방지법 폐기.
「성매매알선등처벌법」과 「성매매피해자보호법」 시행.
• '윤락'이라는 용어가 사라지고 '성매매'로 대체.
• '성매매 목적의 인신매매' 개념 새로 도입.
• '성매매 피해자' 개념 도입, 이들은 형사처벌 면제.
• 성매매, 성매매 알선이나 광고로 벌어들인 범죄 수익은 전액 몰수·추징.
• 성매매 관련 범죄에 대한 처벌 대폭 강화.
• 외국인 피해 여성에게는 강제퇴거 명령이나 보호 집행유예.
• 긴급구조, 법률·의료 지원, 직업훈련, 자립에 이르는 전 과정을 국가에서 지원.
— 여성부 성매매 방지법 종합대책 사이트에서 부분 발췌, 2004년 10월.

윤락행위등방지법과 성매매 방지법의 형량 비교

범죄 행위	윤락행위등방지법	성매매 방지법
폭행, 협박, 위계 등 보호, 감독 관계 이용으로 성을 파는 행위를 한 경우	5년 이하 징역 1500만 원 이하의 벌금	10년 이하의 징역 1억 원 이하의 벌금
영업으로 성매매 알선, 그 대가 수수(또는 자금, 토지, 건물, 장소를 제공한 자)	5년 이하 징역 1500만 원 이하 벌금	7년 이하 징역 7000만 원 이하 벌금
단순 성매매 알선	3년 이하 징역 1000만 원 이하 벌금	3년 이하 징역 3000만 원 이하 벌금
성매매 유인, 권유 또는 성매매 장소 제공 (단순 유인, 권유의 경우)	3년 이하 징역 또는 1000만 원 이하 벌금 (2년 이하 징역 또는 5000만 원 이하 벌금)	성을 파는 행위자 모집, 직업 소개, 알선 포함 3년 이하의 징역 3000만 원 이하의 벌금
미성년자에 대한 성매매 강요	10년 이하 징역	청소년 성보호에 관한 법률에 의함.
성을 파는 행위 등의 소개, 알선 목적 등 광고 행위	없음.	2년 이하의 징역 1000만 원 이하의 벌금 (광고물이나 광고가 게재된 출판물의 배포 행위는 1년 이하 징역, 500만 원 이하 벌금)
감금 등의 방법으로 성매매 강요, 고용, 관리자의 위계 등에 의한 낙태 등 강요	없음.	3년 이상 유기 징역
성매매 목적 인신매매, 피보호, 감독자에게 마약 등 사용, 폭력조직 구성원의 성매매 목적 인신매매 등	없음.	5년 이상 유기 징역
성매매 행위자	1년 이하 징역 300만 원 이하 벌금, 구류 또는 과료	보호처분을 원칙으로 함.

는 중요한 장치다. 인신매매나 빚에 의한 감금생활은 성매매 여성을 노예로 만드는 구조이며 이러한 폭력은 성산업의 착취구조와 필연적으로 연계되어 있다. 또한 최근 성매매 방지법의 시행과 더불어 드러난 외국인 여성의 성매매는 한국사회의 일상화된 성매매 문제가 국제적인 성매매 조직과 연관되어 있다는 점, 한국만의 문제에 그치는 게 아니라 세계 여성들의 공통된 피해임을 보여 준다.

따라서 성매매를 근절하려면 성매매 여성을 피해자로 규정하고 그들이 성매매에서 벗어날 수 있도록 지원하는 대책을 추진하기 위한 제도적 장치인 성매매 방지 특별법을 적극적으로 시행해야 한다. 또한 남성들의 접대문화에 기반을 둔 성매매의 일상성에 대해서 문제를 제기하고 이러한 문화를 바꾸려면 남성들의 자각이 필요하다. 그리고 결혼제도 내에서 남녀 간의 성관계가 사랑과 친밀성에 기반해서 남녀 모두에게 평등하고 즐거운 성이 되지 못하고, 성매매 등 남성들의 일상화된 혼외 성관계를 묵인하는 가부장적 조직문화, 가족문화에 대해 근본적인 문제제기를 해야 한다.

5. 결론을 대신하여: 성해방은 어떻게 가능한가

한국사회의 섹슈얼리티와 성문화의 특성이 어떻게 구성되는지에 대해서 검토하였다. 이러한 과정을 통해서 결론적으로 제기되는 문제는 지금 우리에게 산재한 성문화 및 섹슈얼리티의 문제들을 어떻게 해결할 것인가, 성해방은 과연 해결 대안일 수 있는가 등이다.

서구에서는 1960~1970년대를 성해방, 성혁명의 시기로 명명한다. 성이 당시 사회생활의 변화를 주도하는 혁명적인 언설 가운데 하나가 되면서 대중매체가 이를 성혁명이라고 명명하기 시작한 것이다. 성 논의의 공적 담론화, 성의 대중화와 상품화, 성의 정치화 현상이 일어난 것도 이 시기다. 1970년대 말과 1980년대까지 성해방 담론의 정치성이 위험한 성에서 쾌락의 성으로, (재)생산적 성에서 소비적 성으로의 변화를 의미하면서 성이 '라이프스타일'로서 부각되기 시작했다. 섹슈얼리티가 가족제도와 연관된 문제가 아니라 개인에게 속하는 문제라는 사실을 인정받고, '자유로운 성관계'가 허용되고, 여성들이 적극적인 성적 존재로 부각되는 시기를 성해방기 혹은 성혁명기라 명명한다(조은 외, 2002). 하지만 서구 여성주의자들 역시 이 당시 진행된 성해방은 여성을 위한 해방이기보다는 남성을 위한 해방이며, 따라서 여성에게 억압적인 담론이 성행했음을 분명히 한다. 왜냐하면 이 담론은 여성들에게 낮에는 정숙하고 참한 아내이자 엄마이기를, 그리고 밤엔 섹시한 요부이길 원했기 때문이다(Jackson and Scott, 1996).

그렇다면 한국사회에서 성해방과 성적 쾌락에 대해서 말하기 시작한 시기는 언제일까? 성과 관련한 연구를 수행한 진보적 여성주의자들은 대략 1990년대 초반이라고 규정하는 데 동의한다. 서구와는 사회문화적·역사적 토대가 다른 발전과정을 경험한 한국사회임에도 시기적으로 조금 차이가 날 뿐 한국사회의 성해방 담론 역시 서구와 유사하게 지극히 남성 중심적, 성과학적 담론이 주류였다. 마광수를 필두로 한 남성 문학가들이 언설화한 해방으로서의 성은 오직 하나의 섹슈얼리티, 여성을 사물화하고 정복하는 단절된 남성의 성이다(조주현, 2000). 그렇다면 여성은 억압적인 성의 해방과 쾌락에 대해서 말할 수 없는가? 여전히 여성과 소수자에 대한 남성 중심적이고 이성애 중심적인 성 억압이 존재하지만, 그 변화의 움직임이 조금씩 보이기 시작하고 있으며, 이는 일종의 해방적인 새로운 담론을 구성할 가능성을 제공한다.

한국의 여성주의자들, 영 페미니스트들은 여성의 성해방을 위해서 다양한 방식으로 논의하고 토론하고 새로운 대안을 찾기 시작했다. 예를 들어 성폭력과 관련한 과거의 여성운동이 여성들의 피해를 어떻게 은밀하게 보호하고 가해자들을 처벌할 것인가 하는 문제에만 초점을 맞추었다면, 최근 여성단체들은 여성들이 자신의 성폭력 피해 경험을 말하는 프로그램을 만들면서 좀더 적극적인 방식으로 성폭력에 대응하고 있다. 이처럼 여성들이 성폭력에 대해서 피해자의 수동적이고 수세적인 입장을 거부하고 스스로 좀더 적극적으로 문제를 제기하고 말하겠다는 것은, 성폭력은 피해자인 여성의 잘못이 아닌 구조적인 문제임을 명백히 하는 언설이다. 이와 같은 현실에 대한 새로운 방식의 문제제기, 그리고 여성뿐만 아니라 성적 소수자인 동성애자, 장애인, 청소년 들의 자기 목소리 내기는 남성에 의해 주도되고 이성애 제도에 근거한, 억압적인 성담론을 조금씩 허물고 해체하는 역할을 할 것이다. 한국의 섹슈얼리티와 성문화는 전통적인 것과 새로운 것 사이에서 끊임없이 충돌하면서 지금도 변하고 있다. 그러므로 '한국사회의 섹슈얼리티와 성문화가 무엇이냐' 하고 묻는 것보다는 '그것이 어떻게 변화하고 진행되고 있는지'에 주목하고 토론하는 것이 더 의미 있는 과제일 것이다.

❖ 생각할 거리 --

1. 현재 한국사회 내에서 여성의 성적 억압으로 제기되고 있는 순결 이데올로기는 아직도 유효한가?

2. 성매매 특별법 제정의 배경과 남성·이성애·성인 중심주의로 규정되는 한국의 성문화 특성과는 어떠한 연관성이 있는지 토론해 보자.

3. 여성의 성적 자율성과 권리로서 여성들의 성적 즐거움은 어떻게 가능한지 논의해 보자.

※ 읽을 거리 --

1. 김은실, 『여성의 몸, 몸의 문화정치학』, 또 하나의 문화, 2001.

2. 장필화, 『여성, 몸, 성』, 또 하나의 문화, 1999.

3. 조은·조주현·김은실, 『성해방과 성정치』, 서울대학교 출판부, 2002.

4. 조주현, 『여성 정체성의 정치학』, 또 하나의 문화, 2000.

5. 한국성폭력상담소 엮음, 『섹슈얼리티 강의』, 동녘, 1999.

8장_가족, 허물기와 다시 쌓기

김혜경

1. 가족은 존재하는가

최근 매스컴을 통해서 많이 들을 수 있는 것 중 하나가 바로 급변하는 가족, 가족해체와 같은 말이다. 실제로 이혼하는 부부의 수가 10여 년 전인 1990년에 비해 약 세 배가 되었으며, 동거와 같은 새로운 가족양식이 나타났다. 또한 가족 가치관의 다양화나 경제적 이유로 결혼하지 않는 집단이 증가하였는데, 2000년 현재 30대 전반 여성의 10.7%, 남자의 28.1%가 비혼(非婚)이다(통계청, 인구주택총조사보고서). 결혼관의 변화도 두드러져서 2003년의 한 조사에서는 '결혼하는 것이 결혼하지 않는 것보다 더 낫다'는 의견에 20대 여성 중 46%가 동의하지 않는 것으로 나타났다(한국여성개발원, 2003). 물론 이와 같은 비혼과 이혼 현상이 가족제도를 대체할 것이라고 예측하기는 쉽지 않다. 실제로 소위 '가족의 위기'라는 현상 속에서도 여전히 〈가족〉이나 〈태극기 휘날리며〉와 같이 부성애, 형제애 등을 다룬 영화들이 엄청난 사랑을 받았으며,[1] TV 드라마도 대부분 여전히 가족 간의 사랑과 갈등, 결혼과 애정을 핵심 주제로 다룬다. 가족이라는 제도와 경험이 포함한 여러 가지 갈등요인이 있지만, 가족은 여전히 강력한 상징과 이상으로 우리 안에 자리 잡고 있다. 이렇게 매우 모순적인 현실 속에서 이제 우리는 가족에 대해 좀더 열린 시각으로 그 새로운 의미와 역할을 재구성해 볼 필요가 있다.

----

1) 강제규 감독의 〈태극기 휘날리며〉(2004)는 한국전쟁을 배경으로 형제애를 그린 것으로 한국영화사상 처음으로 38일 만에 1000만 관객을 돌파하는 신기록을 세웠다. 한편 이정철 감독의 〈가족〉(2004)은 범죄조직에 연루된 문제아 딸에 대한 헌신적인 부성애를 그리면서 가족의 의미를 되새기게 해 많은 감동을 남겼다.

1) 가족에 대한 상식과 오해

가족에 대한 객관적인 이해는 결코 쉽지 않다. 가족이 어떤 고정관념적인 태도로 둘러싸여 있어서 그것에 대한 과학적인 접근이 어렵기 때문이다. 아래와 같은 세 가지 통념이 대표적인데, 첫째, 가족은 생물학적·자연발생적 집단이며, 둘째, 가족은 공동체로서의 본성을 갖고 있으며, 셋째, 핵가족이 가장 보편적인 가족형태라는 생각이다(Rapp, Ross, Bridenthal, 1979; 쏘온, 1991). 그러나 이러한 가정들이 현실의 역사적·사회적 가족과는 상당한 괴리가 있으며, 가족을 신비화하는 이데올로기적 효과를 가진다. 이와 같은 일반적 태도들이 갖는 편견을 하나씩 검토해 보면서 가족에 대해 재고해 보고자 한다.

　　첫째, 가족은 출산과 양육, 성적 욕구 충족과 같은 생물학적·자연적 기능을 수행하는 제도이므로 초역사적으로 존재하는, 모든 사회에 공통적인 보편적 제도일 것이라는 상식이 있다. 그러나 인류학적으로 또는 역사적으로 살펴보면 하나의 이름으로 포괄하기 어려울 만큼 가족은 다양한 모습으로 존재하기 때문에 진정 가족이라는 제도가 존재하는가 하는 의구심이 든다. 가까운 아시아의 사례만 보아도, 오늘날 중국 윈난(雲南) 성의 모쒀족에게 부부란 아주 유동적인 관계에 있는 사람들로서, 사랑이 유지될 때만 동거 상태도 유지한다. 즉 아버지는 어머니와의 사랑이 지속되는 동안에는 자기 자녀들과 함께 살지만 그렇지 않을 때는 자기 누이의 집에서 조카들을 돌보며 산다. 그리고 아기가 태어나면 어머니의 성을 따르고 재산은 어머니에게서 맏딸로 상속되는 철저한 모계사회로 살아간다(백지순, 2003). 또한 최근 과학과 출산 테크놀로지의 발달은 가족구성의 생물학적 근거를 약화하고 있다. 모자녀관계가 난자를 제공한 어머니로부터 형성되기도 하지만, 자궁을 대여한 어머니와의 모자녀관계도 성립 가능하다. 또는 이러한 생물학적 기원과는 무관하게 실제로 양육을 담당한 어머니와의 관계가 더욱 중요한 것이 될 수도 있다. 한편 증가하는 이혼과 재혼 역시 가족구성의 다양성을 배가하고 있다. 각기 전 배우자와의 사이에서 낳은 자녀들을 데리고 재혼한 부부가 새로운 자녀를 출산하였을 때, 이 가족 사이의 부모자녀 관계, 형제자매 관계는 생물학적 요인은 물론, 사회적으로 형성된 가족관계에 의해 규정된다. 더욱이 이 자녀들이 전(前) 부모와 관계를 지속한다면 가족의 범위와 경계를 정하는 문제는 쉽지 않게 된다.

둘째, 우리의 가족에 대한 생각은 '정상적' 가족에 대한 고정관념적인 태도에 강하게 영향을 받고 있다. 즉 핵가족이 보편적인 제도이며, 미혼·이혼 가구와 한부모가족 등 그것을 벗어나는 가족은 비정상 혹은 결손가족이라는 생각이 그것이다. 그러나 이러한 통념은 일종의 신화에 불과하다. 2003년에 전국 3500가구를 대상으로 한 조사의 결과를 보면 전체 가구 가운데 부부와 미혼 자녀로 이루어진 전형적인 핵가족은 약 절반을 차지하며(51.2%), 나머지는 부부만 살거나(15.0%), 혼자 살거나(15.5%), 한부모가족(5.2%)인 것으로 나타났다.

더욱이 부모와 자녀로 이루어진 핵가족(51.2%) 중에서도 남자가 가족을 부양하고, 여자가 전업주부인 성역할 구조를 가지고 있는 소위 '전형적' 핵가족의 모델을 찾는다면 그 비율은 훨씬 줄어들 것이다.

셋째, 가족은 흔히 삭막한 세상의 안식처, 개인주의와 경쟁이 지배하는 사회에서 최후의 공동체라고 이야기된다. 분명 가족이 주는 위안은 바로 이러한 공동체성과 헌신성에 기초한다. 그러나 동시에 이러한 해석은 자칫 가족 내부에 상존하는 갈등을 비정상적인 것, 일시적인 현상으로 주변화하거나, 그 안에 존재하는 권력관계를 분석하기 어렵게 하기도 한다. 실제로 가족은 가장 많은 폭력과 상해 사건이 발생하는 장소이기도 하다. 한국가정 중 약 30%에서 아내 구타가 발생한 적이 있다고 한다. 또한 여성의 취업이 증가하는 속에서도 여전히 가사노동은 부인의 몫이다. 맞벌이

〈표 1〉 가족유형의 다양성

가족형태		구성비(%)
2세대가구(부부+자녀)	부부+자녀 가구	51.2%
	기타	1.2%
	(소계)	52.4%
2세대가구(한부모)		5.2%
1세대가구(부부)		15.0%
3세대가구		5.9%
단독가구	남성미혼가구	2.9%
	여성미혼가구	3.7%
	독거여성노인가구	3.6%
	독거남성노인가구	0.3%
	이혼/사별 단독가구	4.6%
	기타	0.4%
	(소계)	15.5%
기타		6.0%
전체(3500가구)		100.0%

출처: 한국여성개발원, 『전국가족조사 및 한국가족보고서』, 2003.

가정의 부부 중 가사노동을 주로 책임지는 사람이 부인인 경우는 92%라고 한다. 이러한 사실은 한국사회에서 가족의 공동체성이란 가족 중 누군가의 희생을 담보로 유지되고 있음을 반증한다.

그러나 이러한 가족의 갈등과 다양성에도 불구하고 가족과 결혼은 여전히 강력한 사적 관계의 틀이며 문화적 상징이다. 역사적으로 볼 때 친밀성의 양식이 핵가족 내의 관계로 축소·강화되어 온 변화는 사람들의 가족에 대한 기대와 의존성을 높인 주요 배경이었으며, 낭만적 사랑을 강조하는 담론과 문화매체들은 이러한 경향을 공고화하였다.

2. 가족의 역사: 사랑과 결혼의 사회사

"사랑하니까 결혼한다." 그러나 역사적으로 볼 때 이러한 결혼관이 결코 보편적이지는 않았다. 근대와 함께 비로소 사랑은 결혼과 제도적으로 연결되기 시작했으며, 사랑에 대한 기대와 의존도 훨씬 강력해졌다. 그러나 바로 그러한 기대의 강력함 때문에 결혼이라는 제도가 점차 불안정해지는 역설적 현상이 나타났다.

1) 서구 근대사회의 낭만적 사랑의 가정화

16~19세기 영국의 가족사를 연구한 스톤에 의하면 17세기 가족에서 부부애정은 부차적이었으며, 부부생활보다는 각자의 사교생활이 차지하는 의미가 더 컸다. 그리고 애정 있는 친밀성보다는 사회적 예의가 일반적이어서, 간혹 각자 사교생활로 바쁘던 부부가 길에서 만나는 경우 "안녕하세요? 그동안 잘 지내시는지요?"라고 의례적인 인사말을 주고받음으로써 서로 존경을 표시했다고 한다(Stone, 1977). 낭만적이고 정열적인 사랑은 오히려 결혼제도 밖의 것이기가 쉬웠다.

근대는 경제적인 산업화, 사회적인 도시화와 함께 사생활의 영역이 형성되고 가정화되면서 비로소 완성되었다. 낭만적 사랑은 이성애적 결혼제도에 통합되었으며, 여성은 가정 내 역할만 수행하고, 모성애가 강화되는 현상, 즉 '근대가족'이 나타나게 되었다. 이처럼 '근대가족'이 부상하게 된 원인에 대해서 학자들은 다양하게 설명한다. 우선 쇼터는 자본주의의 발전이 가져온 경쟁과 개인에 대한 강조가 노동자 계급을 중심으로 애정적 개인주의의 경향을 촉진한 것이 부부애정을 특징으로 하는 근대가족 탄생의 배경이 되었다고 설명한다(Shorter, 1975). 이에 비해 동즐로 같은 후기구조주의 학자는 18세기 후반 이래 급증한 인구의 건강에 대한 관리,

사회의 안정적인 재생산, 섹슈얼리티에 대한 관심 등이 만들어 낸 담론(지식권력)이 핵가족 형태와 분리적인 성역할 구조를 가진 근대가족을 형성했다고 분석하였다(Donzelot, 1977).

그러나 이와 같은 사생활의 증대 현상은 전통적·관습적인 가치판단 체계로부터 분화하는 개인화 과정을 동반하기 때문에 근본적으로 불안 요소가 잠재되어 있다. 즉 근대가 진전되면서 전부터 친족공동체나 지역사회가 제공하던 전통적인 결속의 역할은 약해졌으며, 전통적인 해석과 신념체계, 사회적으로 이미 규정된 대답들은 점차 사라지고 개인들은 변화하는 사회에서 제기되는 새로운 질문에 새로운 답과 성찰을 준비해야 했다(울리히 벡·엘리자베트 벡 게른샤임, 1999). 이러한 개인화 과정의 불안 속에서 사랑과 친밀한 인간관계가 가지는 의미는 더욱 중요해졌다. 이제 점차 사랑의 위치는 중세에서의 종교를 대신할 수준으로까지 그 중요성이 커져 '사랑의 종교화'라고 불릴 만한 현상들이 나타났다.

> 사랑은 점차 황량해져 가는데 사람들은 사랑이 깨졌을 때조차도 사랑을 포기하지 못한다. 오히려 그 어느 때보다도 더 커다란 희망을 사랑에 걸고 있다. 사랑이야말로 온갖 개인적 배신이 난무하는 불쾌한 현실에 맞설 수 있는 버팀목이라고 믿기 때문이다. "다음 번엔 모든 것이 나아질 거야."라는 상투적인 위로의 말은 희망과 절망의 두 측면을 하나로 결합시키고 헤어진 두 사람 모두의 기운을 북돋워 주며 각자를 개인화한다. 우스꽝스럽고 진부하고 희극적이며 때로는 비극적이기까지 한 온갖 복잡한 문제와 혼란으로 가득 찬 이 모든 것……. (울리히 벡·엘리자베트 벡 게른샤임, 1999: 25)

그러나 여성해방의 시각에서 볼 때 낭만적 사랑의 핵심적인 특징은 지배와 권력의 속성에 있다. 초기 급진주의 여성해방론자인 화이어스톤에 의하면 남녀의 (불평등한) 사랑은 사회를 구성하는 근본 토대이며 결코 객관적인 분석을 허용하지 않는 견고한 틀이다.

사랑이라는 것은 아마도 출산보다도 더한 여성 억압의 축이다. 사생활로 추방된 사랑이 '묘사'된 적은 있어도 결코 '분석'된 적은 없다. 사랑은 '경험'되었으나 결코 '이해'된 적은 없다. 분석이 이루어지지 않은 까닭은 여성과 사랑이 사회의 '기본 토대이기 때문에 그것을 분석한다는 일은 문화의 구조 자체를 위협하는 것'이 되기 때문이다. 남성이 걸작품을 창조하는 동안 여성은 문화에서 추방되고 어머니 역할에 매몰되어 자녀들을 창조했을 뿐 아니라, 사랑에 사로잡혀 있었고, 남성들이 문화를 창조할 에너지와 내용물을 제공했다. (화이어스톤, 『성의 변증법』, 6장 사랑)

결국 낭만적 사랑이 갖는 풍요와 착취의 이중 구조는 어느 한편이 지배적이지 않은 새로운 사랑의 방정식을 모색하고자 하는 사람들에게 사랑을 끊임없이 경계의 대상으로 만들게 한다. 이혼의 증가, 동성 간의 사랑에 대한 탐색, 동거라는 새로운 삶의 양식이 늘어나는 것은 이러한 고민의 반영이라고도 할 수 있다. 그러나 낭만적 사랑의 실패는 기본적으로 그것이 갖는 성적 불평등의 성격과 관련되어 있다. 즉 근대의 낭만적 사랑은 전통에 대한 안주보다는 새로운 합리성과 성찰적 관계에 주목하게 하였으나, 기본적으로 여성과 남성의 성별 역할 분리와 여성의 경제적 의존을 특징으로 한 것이었기 때문이다(기든스, 1992). 한편 낭만적 사랑이 갖는 근본적인 불안정성은 배우자 대신 자녀에게서 사랑의 대안을 찾으려는 집요한 노력으로 대체되기도 한다. "파트너는 왔다가 가지만 아이는 남는다." 즉 다른 관계들이 불안하고 가변적인 것이 되어 갈수록 아이는 더욱더 새 희망의 구심점이 되기도 한다는 것이다(울리히 벡·엘리자베트 벡 게른샤임, 1999: 138).

2) 한국 근대사회의 사랑과 결혼

20세기 초반 식민지 조선에서 사랑이란 아주 근대적이고 서구적인 정서로, 많은 지식인이 따르고 싶어하던 선망의 대상으로 등장하였다. 선택에 의한 자율적인 사랑과 결혼이라는 이데올로기는 경제적·정치적인 억압 조건 속에서 다른 출구가 없던 식민지 지식인들에게는 대단히 매력적인 자기실현의 방법이기도 했기 때문이다. 많은 논객이 기존 대가족 제도를 '백해무익한 폐물'이며, '개성 발전을 억압하는' 낡은 제도라고 비판하였으며, 신문지상에는 '사랑 없는 구식 결혼'을 반대하는 여학생의 야반도주 소식이 적잖이 등장하였다(김혜경, 2001b). 이와 같은 부부애정의 가족 가치는 자본주의적 상품화와 결합하여 광고의 소재로 등장하기까지 했다. 예컨대 당시 새로 나온 식품감미료인 '아지노모도'를 선전하는 광고사진에는 마주 앉아 다정히 식사하는 새로운 부부상이 보인다.

친족과 가족제도로부터 독립한, 낭만적 사랑과 부부 중심 결혼이라는 이상(理想)은 한국사회가 급격한 산업화를 거친 1970년대를 통과하면서 비로소 '외견상'으로나마 일반적인 사회규범으로 자리 잡았다. 연애결혼의 '이상'이 중매결혼을 대체하게 되었으며, 미혼 자녀와 부부로 이루어진 핵가족이 3세대 가족이라는 '이상'을 본격적으로 대체하였다. 여기서 부부의 성역할은 밖에서 돈을 벌어오는 남편과, 양육과 살림에 전념하는 아내로 구분된 것이었다. 1960~1970년대 한국사회의 국가 주도적 경제개발사업은 바로 이처럼 '평생직장'에 몸 바친 남성 가장과 그러한 가장을 뒷바라지하며 자녀를 돌보는 '전업주부'로 이루어진 성 분리적인 '근대가정'을 양산하기 시작하였다.

3) 후기 근대의 경제적 변화와 결혼관의 변화

그러나 낭만적 사랑과 분업적인 부부관계로 이루어진 근대적 핵가족이 자리를 굳히기도 전에 결혼이 감소하고 이혼이 증가하는 역설적인 현상이 발생한다. 1970년대 말부터 세계경제가 신자유주의적 색채를 띠기 시작했으며, 한국경제도 1990년대 이래 고용 불안정성이 증대하였다. 이제 가장의 개별 임금은 가족의 생계 유지를 보장하지 못하게 되었으며, 그 결과 가족을 유지해 주는 물질적 기초도 취약해졌다. 또한 사랑이 결혼을 시작하는 가장 큰 이유가 되었던 만큼, 사랑의 상실은 바로 결혼 종식의 사유가 되기도 하였다. 2001년 연간 이혼은 13만 5000건으로 1990년의 4만 5000건에 비해 세 배 정도 증가하였다. 또한 인구 1000명당 이혼율을 의미하는 조이혼율은 1970년 0.4건, 1990년 1.1건에서 1998년 2.5건으로 대폭 상승한 후, 2001년에는 2.8건으로 증가하였다.

후기 근대 한국가족의 특징은, 이혼율과 혼인연령 혹은 미혼율의 증가다. 통계청의 자료에 따르면 2000년 현재 20대 후반 여성의 40%(남성 71%)가 미혼으로 산다. 한 조사에 따르면, 미혼 여성들은 다음과 같은 여러 가지 이유에서 결혼하고 싶어하지 않는다. 구체적으로 보면, '나의 일에 더 열중하고 싶다(26.2%), 꼭 결혼해야 한다고 생각하지는 않는다(24.4%), 결혼할 수 있는 경제적 기반이 약하다(20.1%), 상대방에게 구속되기 싫다(9.8%), 결혼제도는 여성에게 불리하다(4.4%)' 등 성역할 가치관·결혼관의 변화가 잘 나타난다(한국여성개발원, 2003).

그러나 이제는 남성은 물론이고 여성도 일과 가정생활의 병행을 삶의 기본 패턴으로 받아들이는 변화를 보이고 있다. 즉 미혼 여성과 미혼 남성 1387명에 대한 조사 결과, 미취업 집단의 결혼계획은 취업 집단에 비해 훨씬 낮게 나타난다. 〈표 2〉의 그래프에서 보이듯, 취업한 미혼 남성의 결혼계획은 68.2%로 미취업 남성 집단에 비해 약 30% 정도 높으며, 취업한 미

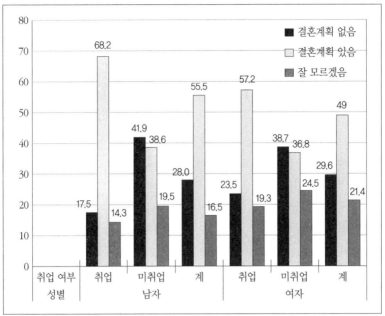

〈표 2〉 성별·취업별로 본 미혼자의 결혼계획(1387명) (단위: %)

출처: 한국여성개발원, 『전국가족조사 및 한국가족보고서』, 2003.

혼 여성의 결혼계획은 57.2%로 미취업 여성 집단에 비해 약 20%나 높다.

　　이러한 현상을 통해 확인할 수 있는 점은, 최근 결혼연령이 높아지는 현상은 결혼에 대한 가치관의 변화는 물론, 청년실업의 장기화라는 경제적 변수와 깊게 맞물려 있다는 점이다. 실제로 미혼 남성들에게 결혼계획이 왜 없는지를 물었더니 '결혼할 수 있는 경제적 기반이 약하다'라는 응답이 압도적인 다수(35.7%)를 차지했다. 그 밖에 '결혼해야 한다고 생각하지 않는다'(14.8%), '결혼으로 인한 책임과 의무가 부담스럽다'(8.6%) 등으로 응답하여 생계벌이자의 역할에 대한 책임감과 함께 가장 역할에 대한 부담감을 표시하였다. 이러한 결과는 남성 생계 부양자에 의해서 유지되어 온 근대적 결혼 모델은 이제 그 생명력이 약화되어 감을 반증한다고 할 수 있다.

3. 가사노동

가사노동은 인간의 생명활동 유지와 재생산을 위해서 가정 안에서 수행하는 돌봄 노동을 총칭하는 것으로서, 구체적으로는 의식주 생활과 가족관리 등으로 구분할 수 있으며, 주로 여성이 수행하는 활동이다. 가사노동은 사람의 생명을 유지시키는 생명의 노동, 살림의 노동이지만, 그것의 가치는 비가시화되거나 '사랑의 행위(labor of love)'로 낭만화되어 과학적인 접근을 어렵게 한다. 그러나 1990년대 중반 이래 무급 가사노동의 경제적 가치를 평가하기 위한 국제적인 노력이 진행되고 있다.

1) 가사노동 시간과 주요 책임자

맞벌이 부부가 증가하면서 가사노동 분담을 둘러싼 갈등이 증가할 확률도 높아져 간다. 그러나 전업주부에게도 가사노동은 그리 매력적인 일이 아니다. 가사노동 연구자들이 지적하는 바에 따르면 가사노동의 특징은 다른 사람과의 교류가 없이 사적으로, 고립되어, 반복적으로 수행된다는 점이다(오클리, 1990). 따라서 단순 반복적인 가사노동은 다양한 형태의 상품화와 사회화(공공의 일)를 통해 점차 축소되는 방향으로 변화해야 한다.

2000년 통계청의 조사결과에 따르면 주부의 하루 평균 가사노동 시간은 평일 5.48시간, 토요일 5.37시간, 일요일 4.54시간으로 나타났다. 그러나 가사노동의 성별 분업은 여전히 매우 강력한데, 한국여성개발원의 조사(2003)에 따르면 기혼 여성의 97%가 자신이 가사노동의 주요 책임자라고 응답하였다. 그리고 이것은 취업과도 별로 상관이 없어서 취업을 한 경우에도 주로 책임을 지는 사람은 주부였다(취업주부 92%, 전업주부 98%). 또한 남성들은 가사노동에 참여할 경우에도 특정 분야에 집중하는 경향을 보인다. 위의 조사에서 기혼 남성의 응답 결과를 보면, 〈표 3〉과 같이 대부

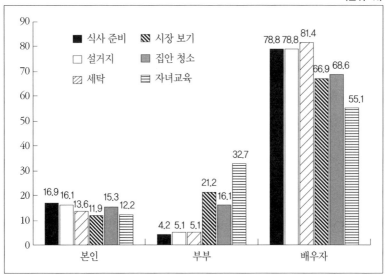

출처: 한국여성개발원, 『전국가족조사 및 한국가족보고서』, 2003

분의 가사노동을 배우자(여성)가 담당하는 것으로 나타나며, 부부가 공동
으로 참여하는 부분은 대체로 자녀교육(32.7%)과 시장 보기(21.2%) 등에
한정되어 있다.

　공평한 가사 분담과 같은 부부관계에서의 공평성은 결혼 만족도에도
영향을 준다. '공평성(equity)'이란 문자 그대로 쌍방 권력의 동일함을 강
조하는 '평등(equality)'의 개념보다 상호 '기여'의 의미를 중시하는 개념이
다. 부부 상호간에 '우리는 공평하다'는 느낌을 갖는 것은 결혼 만족도에
도 큰 영향을 준다고 밝혀졌다(이여봉, 1999; 조정문, 1995). 즉 한쪽이 지속
적으로 손해를 보거나 이익을 얻는 '불공평한' 관계는 손해를 보는 측으로
부터 갈등을 유발하거나, 이익을 보는 쪽에 이러한 관계의 지속이 배우자
를 잃게 할지도 모른다는 불안감을 가져다 줄 수 있다. 그러므로 결국 불
공평한 관계는 장기적으로는 공평한 관계의 결혼생활보다 낮은 만족도를
가져올 수 있다는 것이다.

2) 가사노동의 가치 평가

그러나 현재 가사노동은 화폐가치가 없는, 비가시적 노동으로 남아 있어서 여성에게 경제적 불이익을 가져오는 경우가 많다. 예컨대 이혼시 재산분할, 교통사고 상해 보상의 평가 혹은 국민연금 같은 사회보장제도의 각종 급부에서 그러하다. 이러한 문제들에 대비해서 가사노동의 객관적 가치를 평가, 공시, 정책화할 필요성이 크다. 가사노동의 경제적 가치를 평가하는 방법은 여러 가지가 있는데, 크게 가사노동 투입물을 중심으로 평가하는 방법, 가사노동의 산출물을 근거로 평가하는 방법으로 나눌 수 있다(김태홍, 2002: 67). 현재 투입물 중심의 계산법이 주로 활용되는데, 그중에서도 가사노동에 사용된 시간을 기준으로 평가하는 연구가 많다.

우리 나라에서 그간 제시된 객관적 평가방법은 가사노동을 함으로써 상실한 기회의 가치를 기준으로 평가하는 기회비용법, 주부의 노동을 종류별로 분해하여 각기 전문가의 노동으로 대체한 후 합산하는 전문가 대체법, 가사노동을 한 사람에게 일임할 때 드는 비용을 기준으로 평가하는 종합 대체법 등이 있다. 2000년 현재 기회비용으로 환산한 가사노동의 가치는 102만 6000원으로, 흔히 비교의 근거로 활용되어 온 도시 일용직 노임의 1.4배에 이르는 것으로 나타났다. 한편 주부들을 대상으로 조사한 가사노동의 '주관적' 가치는 본인의 학력수준 등에 따라 85만 원부터 102만 원까지 다양하게 나타났다(김태홍, 2002).

국제적으로도 여성의 가사노동 등 무급노동의 가치 평가에 대한 관심이 높아지고 있으며, 특히 1995년 베이징 세계여성대회에서도 여성의 무급노동에 대한 적극적인 평가를 각국에 권고한 바 있다. 이와 관련하여 1990년대 후반 이래 유엔 기구, 즉 유엔경제사회위원회(UNESCAP)나 유엔개발계획(UNDP/APGEN) 등을 통해서도 무급노동 평가작업을 위한 다양한 방법론이 개발되고 있다. 예컨대 '위성계정(SA: Satellite Account)' 개발

〈표 4〉 평가방식별 전업주부 가사노동의 월평균 가치(2002)

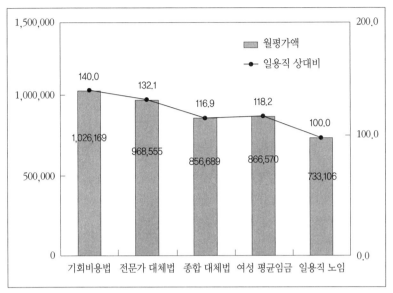

출처: 김태홍, 『무급노동의 경제적 가치평가와 정책화 방안』, 한국여성개발원, 2002.

이라는 새로운 방법론을 통해 가사노동이나 자급자족적인 농업 등 기존 국가계정(SNA: System of National Account)에서는 제외되었던 경제활동들을 포함한 가상 국가통계 시스템을 만들어 무급노동의 가치를 평가하고 있다. 여성부의 2002년 보고에 따르면 우리 나라의 가사노동 가치를 화폐화할 경우 국내총생산의 30~35%를 차지한다고 한다.

그러나 가사노동의 가치 평가라는 주제는 근본적으로 이와 같은 좁은 의미의 화폐화 이상의 의미가 있다고 볼 수 있다. 즉 이러한 시도는 가사노동은 물론이고 사회적 약자의 보호를 위한 봉사활동, 삶과 문화의 질을 높이는 데 기여하는 자원활동까지 포함하여, 화폐화되지 않은 수많은 사회적·시민적 노동에 대한 인정과 재평가라는, 사회적 가치관의 좀더 근본적인 변화와 관련된 문제라고 보아야 할 것이다.

4. 가족/노동의 양립과 가족친화제도

여성이 가정에서 가사노동을 전담하고, 남성은 가정 밖에서 부양을 전담하는 성별 분업구조는 근대가족 모델(가족임금제 모델)의 전형이었다. 그러나 신자유주의적인 경제질서로 고용 불안정성이 확대되면서 가족임금제가 붕괴하고 있으며, 그 결과 2인 부양 가구 체제(dual-earner system)가 보편적인 생활양식으로 퍼져 가고 있다. EU 회원국의 가구 조사결과에 의하면 회원국 평균 62%가 이러한 유형의 가구에 속하는 것으로 나타났으며(Eurostat, 2000), 우리 나라에서도 배우자가 있는 가구의 약 36%는 맞벌이를 하는 것으로 조사되었다(한국여성개발원, 2003. 통계청의 2000년 조사는 33.3%). 기혼 여성의 취업률이 높아지면서 가정과 직장 간 갈등이 증대하고 있으며, 회사 중심적 태도를 보이던 한국남성들의 일에 대한 가치관이 변화하여 가정에 애착을 보이고 있다. 그래서 직장생활과 가정생활의 양립을 지원할 수 있는 제도적 장치인 가족친화제도(family-friendly policy) 마련이 21세기의 사회적 과제로 부상하고 있다.

직장생활과 가정생활의 양립은 남녀 모두에게 긍정적인 효과가 크다. 즉 남녀 모두 직장생활이 가정생활에 활력을 주거나, 역으로 가정생활(책임감, 가족의 지지 등)이 직장생활을 더 잘 수행하게 하는 심리적 배경이 되는 등 가정과 직장은 상호 긍정적인 영향력을 발휘하는 것으로 보인다(한국여성개발원, 2003). 그러나 긍정적 효과 면에서는 양 방향 모두 남자가 높았고, 부정적 효과 면에서는 양 방향 모두 여자가 높은 것으로 나타나서 실제로 가정/노동의 양립이 남성보다는 여성에게 훨씬 큰 부담임을 알 수 있다. 특히 육아 같은 '돌봄 노동의 부담으로 퇴직을 고려한 적이 있는가'라는 질문에 대한 남녀 간 격차가 가장 컸다.

한편 현재 한국기업에서 가족친화제도의 구비율과 이용률은 매우 낮다. 보육과 관련한 가족친화제도는 직장 내 보육시설 설치와 보육비용 지

가족친화제도

가족친화제도는 여러 가지 방식으로 분류할 수 있는데, 보통 근무형태, 휴가형태, 기타 서비스를 중심으로 나눌 수 있다.
- **가족친화적 근무제도**: 탄력적 근무제, 시차출근제, 재택 혹은 원격 근무제 등 노동 시간과 장소를 융통성 있게 조절하는 제도.
- **가족친화적 휴가제도**: 모성휴가(출산휴가), 부성휴가(부인출산휴가), 부모휴가(모성·부성 휴가의 통합), 육아휴가(육아휴직), 가족휴가(가족원질병휴가) 등.
- **가족지원 서비스**: 자녀 대상 보육 서비스와 보육비용 지원제도 및 노인 대상 탁로 제도, 가족생활 전반에 대한 정보와 상담 제공 서비스.

원제도 등이 있으며, 가족/노동 갈등이 심화되는 시기에만 일시적으로 휴직을 허용하는 육아휴직제와 가족간호휴가제도 있다. 조사결과, 5세 이하 어린 자녀를 둔 기혼 노동자 중에서도 출산휴가제도를 사용한 적이 있는 여성은 22.7%에 불과한 것으로 나타났다. 특히 남성들의 경우 직장에 보육시설이 있어도 이용하지 않는 경우가 태반이었다. 이 집단에서 회사에 보육시설이 있는 경우는 10.8%로 나타났지만 이용률은 1.1%에 불과하였다(한국여성개발원, 2003). 이러한 현실은 제도를 갖추는 것만이 능사가 아니라, 제도를 남녀가 함께 이용할 수 있도록 남성의 가족친화제도 이용을 보장하는 노동정책이 무엇보다도 중요하다는 사실을 말해 준다.

가족친화제도와 기업 생산성의 관계는 일반의 예상처럼 꼭 반비례하는 게 아니어서, 직장 만족도를 높이고 이직률을 낮추는 효과가 있는 것으로 알려졌다. 예컨대 독일의 컴퓨터 소프트웨어 제작사인 SD&M은 유연한 근무시간제도와 보육시설, 부모휴가제도를 갖추어서 2000년 독일 연방정부가 가족친화적 기업으로 선정했는데, 연매출의 20~30%를 순이익으로 남길 정도로 생산성이 높으며, 대학생들이 가고 싶어하는 회사 20위 안에 든다고 한다.

5. 가정폭력과 이혼

1) 가정폭력, 남편폭력

가정폭력이 적극적으로 조사되기 시작한 1990년대 이래 우리 나라의 가정 폭력, 정확히는 '남편폭력' 경험률은 대체로 30%를 상회하는 것으로 나타 났다. 가정폭력은 부부 간, 부모 자식 간에 상호적으로 발생할 수 있으나, 가장 문제가 되는 것은 남편폭력으로,[2] 부인에게는 물론이고 자녀에게도 가해지는 경향이 있다. 1999년 한국여성개발원의 조사에서도 여성 응답자 418명 중 36%가 남편에게 구타당한 경험이 있는 것으로 나타났다.[3] 가정 폭력은 피해자에게 육체적 후유증은 물론이고 심리적 후유증을 남겨, 우 울·스트레스·공격성·무기력감이 증대하고, 편집증·적대감·공포불안· 강박·대인관계 기피 등의 결과를 낳는다고 한다. 특히 장기간의 구타와 협박으로 자존감이 파괴되면 자율적 행위능력을 상실해 폭력으로부터의 탈출과 대안을 모색하는 시도 자체가 어려워지는 것이 큰 문제다. 나아가 폭력은 가족관계의 파괴를 낳아서, 한편으로는 폭력 아버지에 대한 증오 로 부친 살해라는 결과가 발생하기도 하며, 다른 한편으로는 폭력의 학습 과 사회화를 통한 가정폭력의 재생산이라는 불행한 결과를 낳기도 한다.

1983년부터 활동해 온 한국여성의전화연합 같은 여성단체들의 노력 에 힘입어 1998년부터는 「가정폭력범죄의 처벌 등에 관한 특례법」, 「가정 폭력 방지 및 피해자 보호 등에 관한 법」이 시행되었다. 이러한 법으로 가

---

2) '아내폭력'도 적지 않아 한국남성의전화 인터넷 홈페이지에는 해마다 피해 남편의 상담건수가 증가 하고 있다.
3) 1992년 한국형사정책연구원의 연구에서는 조사대상 1200명 가운데 28%의 여성이 남편에게 신체적 폭력을 당한 경험이 있는 것으로 나타났으며, 1993년 보건복지부가 기혼 여성 7500명을 대상으로 한 조 사에서는 30%가 신체적 학대를 당한 적이 있는 것으로 나타났다.

정폭력을 범죄로 정의하고, 신고에 의한 피해자 보호, 가해자의 접근 제한 및 금지 조치 등을 규정하여 사적 영역의 폭력에 대한 개입을 시도하였는데, 이것이 피해자들을 보호하는 효과를 낳고 있다.

그러나 가정폭력보다 심각한 문제는 바로 가정에서 은폐된 채 지속적으로 자행되는 가정 내 성폭력이다. 1988년에는 초등학생 때부터 지속적으로 의붓아버지에게 성폭력을 당한 딸이 대학생이 된 후 남자친구와 모의하여 의붓아버지를 살해한 사건이 발생하기도 했다. 2003년 한국성폭력상담소 상담 결과에서도, 성폭력 가해자가 피해자의 가족이나 친척인 경우가 11.1%를 차지하는 것으로 나타났다.

2) 이혼과 한부모가족

2000년도 총 이혼건수는 1990년의 2.6배, 1980년의 5.2배로 증가하였다. 이제는 이혼이 먼 얘기가 아니라 가까운 친척이나 친구의 가정에서도 벌어지는, 주변의 일이 되었다. 재판이혼에 나타난 이혼사유를 분석해 보면, 배우자의 부정행위(남녀 모두 45~50%)가 압도적으로 높고, 그 다음으로 배우자의 학대(주로 부인 측 주장), 배우자의 유기(주로 남편 측 주장) 등이 지적된다. 그런데 재판이혼 전 단계의 '가사조정' 사례를 보면 이혼사유가 이와 같이 단순하지 않으며, 성별 차이가 매우 크다.

먼저 부인이 제기하는 사유는 폭언·폭행 등 남편의 부당한 대우가 가장 높고(30.1%), 그 다음으로 주벽·외박(12.5%), 가장 역할 등 성역할 소홀(8.8%), 부정행위(8.4%), 의처증(5.6%), 시댁의 부당한 대우(5.2%) 등이었다. 한편 남편이 제기하는 사유는 (부인의) 음주, 늦은 귀가, 단정치 못한 행동이 가장 높으며(17.9%), 그 다음으로 유기·가출(16.3%),[4] 성역할 소

---

4) (부인의) 유기·가출은 대부분 남편의 폭행이 원인이다.

홀(15.7%), 부정행위(8.5%), 자기 부모에 대한 부당한 대우(7.5%) 등의 순이다(이재경, 2003: 188). 이러한 이혼사유 분석에서 확인할 수 있는 것은, 이제 여성들이 남편의 폭언이나 폭행을 결혼을 지속할 수 없는 사유로 생각하는 변화를 보인다는 점이다. 이에 비해 남편들은 부인의 음주나 늦은 귀가, (식사 준비 같은) 성역할 소홀 등 소위 '아내 본연'의 역할에 충실치 못한 것을 문제시하는 등 전통적 부부역할 모델을 크게 벗어나지 못하는 것으로 보여, 부부 간에 기대하는 역할관이나 그 변화 속도에 격차가 있음을 알 수 있다.

한편 이혼 후에 모(부)자가족, 즉 한부모가족으로 이행하는 것은 경제, 정서, 부모자녀 관계의 여러 가지 변화를 포함한다. 특히 절대다수를 차지하는 모자녀 가정에는 경제적인 문제가 발생한다. 현재 이혼한 여성 중 자녀양육비를 지원받지 못하는 경우가 78%에 달하는데, 그중 남편의 경제적 무능이 이유인 경우는 절반이 못 되며(43%), 오히려 남편의 악의적인 유기현상이 심각하다고 지적되기도 한다(장혜경, 2002).

그러나 이혼문제와 관련해 무엇보다도 필요한 것은 바로 사회적 편견을 없애는 것이다. 이혼한 가정이 다 불행한 것도 아니며 결손된 것은 더더욱 아니다. 이혼에는 행복한 이혼도, 불행한 이혼도 있을 수 있다. 이혼 후의 변화를 연구한 논문을 보면, 오히려 이혼 후 자신의 경제능력이 발휘되었거나 자녀와의 관계가 개선되었다는 사례도 적지 않다(공선영, 2001). 또한 갈등의 원인이 사라짐으로써 정서적 해방감을 찾은 경우도 적지 않은데, 한 사례자는 '목을 조르는 것 같은 사슬이 없어진 느낌'으로 표현하기도 하였다(앞의 글). 이러한 사례는 경제적·심리적으로 준비된 이혼은 문제해결의 방편이 될 수 있음을 시사한다. 그러나 최근 제대로 된 준비 없이, 충분히 생각하지 않고 이혼을 결행하는 것을 예방하기 위해 (협의이혼시) 이혼신청 후 의무적으로 일정 기간을 거치며 이혼이 최선인지를 한 번 더 고민하도록 하는 제도를 신설했다.

6. 결론: 대안의 모색

지금까지 살펴본 것처럼 결혼제도에는 많은 문제점이 있으나 여전히 친밀성의 근거지로서 많은 사람이 결혼을 선택하고 있다. 그러나 가족제도의 대안에 대한 생각은 아주 다양하여, 철저히 개인주의적 대안 위주로 가족 자체를 거부하는 것에서부터, 가족이라는 틀은 유지한 채 내용은 개선하자는 가족제도의 민주화론까지 있다. 그러나 공통적으로 제기되는 것은 현재 지배적 이념으로 자리 잡은 이성애 부부와 자녀로 구성된 핵가족이라는 정상가족에 대한 고정관념을 탈피하여 다양한 가족개념을 수용할 수 있어야 한다는 주장이다. 여기에는 비혼독신, 동거가족, 비혼부모가족, 한부모가족, 비혈연가족, 동성가족 등 다양한 유형이 포함될 수 있으며, 그에 대한 사회적 인정과 관용성의 폭은 사회의 성숙도와 함께 달라질 것이다. 특히 혼인연령이 높아지면서 독신이나 동거가 아주 강력한 대안으로 부상하고 있다. 이 글의 결론 부분에서는 대안적 삶의 양식 중 몇 가지를 조금 더 구체적으로 살펴보고자 한다.

첫째, 독신의 삶은 어떠한 모습일까. 스타인의 분류에 의하면 독신은 자발성과 지속성을 기준으로 네 유형으로 나눌 수 있다. 첫째는 자발적이고 일시적인 독신으로, 미혼자나 이혼자가 결혼이나 재혼을 연기하는 것이며, 둘째는 자발적이고 지속적인 독신으로 결혼이나 재혼을 원하지 않는 경우가 이에 해당한다(종교적 수도자도 포함). 셋째 유형은 비자발적이고 일시적인 독신으로, 결혼·재혼을 원해서 배우자를 적극적으로 찾는 경우이며, 마지막으로 비자발적이고 지속적인 유형의 독신은 결혼·재혼을 원하지만 배우자를 찾지 못해서 독신이 유지되는 경우라고 할 수 있다(Stein, 2000, 이선주, 2002: 74 재인용). 여러 연구들에 의하면 독신생활을 성공적으로 유지하는 사람들은 (부모로부터의) 경제적인 독립은 물론, 정신적인 독립을 성취하고 있다. 따라서 중요한 결정도 부모에게 의지하지 않고 혼자 할 수 있을 만큼 자기에 대한 자신감과 성숙함을 구비하였음을 보여 준다(김미숙, 2001 : 162).

둘째, 아직은 조심스럽지만 '동거'도 새로운 결혼형태의 하나가 되고 있다. 개인의 비밀스러운 경험이던 혼전동거는 〈옥탑방 고양이〉(MBC, 2003) 같은 TV 드라마와 영화 등 공적인 담론의 대상으로 등장하였다. 2003년의 한 조사에서 20대 여성 중 28%(남성 29%)가 결혼을 전제로 하지 않은 동거에 대해서도 동의를 표시한 것으로 나타났다(한국여성개발원). 물론 이러한 입장들 간에도 일정한 차이가 있는데, 한편에서는 동거를 "서로 이해하고 존중하며 평생을 살아갈 만한 믿음을 서로에게 가지고 있는지 알아보고자" 선택하는 등 동거를 결혼의 전 단계로 파악하는 입장이 있다 (함인희 외, 2002 : 45). 다른 한편에서는 "결혼이라는 틀이 주는 무게감과 책임감에서 가벼워질 수 있는 동시에 결혼을 통해 얻을 수 있는 장점도 취할 수 있다"는 생각에서 동거를 결혼과 연결시키지 않는 채로 시작하는 집단이 있다(앞의 책 : 47). 어쨌든 혼전순결에 대한 가부장적 고착이 약화되면서 합리적인 선택을 위한 다양한 실험이 앞으로도 지속적으로 모색될 것으로 보인다.

셋째, 결혼은 하더라도 부부간 애정이나 자아 실현을 위해서 자발적으로 무자녀가정을 선택하는 경우도 증가할 것으로 예측된다. 특히 자녀 양육이 주는 경제적 부담, 맞벌이 부부의 경우 가정생활과 직장생활의 양립이 갖는 현실적인 어려움, 여전히 완고하여 여성에게 과도한 부담을 지우는 성별 분업구조 등이 무자녀가정 선택의 배경이 되고 있다. 그러나 무자녀가정에 대한 자발성/강제성이라는 이분법적 구분은 부부가 결혼하여 무자녀가족이라는 결과에 이르기까지의 긴 과정에 대한 복합적인 설명을 배제하는 지나친 단순화라는 지적도 있다(김혜경, 2001a). 즉 유자녀가정을 선택하는 것이 반드시 목적의식적이지는 않은 것과 마찬가지로, 무자녀가정의 선택도 그러한 경우가 있으며, 후자에 대해 특별히 그 이유를 묻는 것은 유자녀가정만을 정상가정으로 인식하는 우리의 고정관념일 수 있기 때문이다.

마지막으로, 동성애에 대한 관심이 높아지면서 친밀성과 돌봄의 최소 단위로서 동성가족의 양식도 발생하였지만, 역시 이성애적 핵가족은 여전히 가장 중요한 선택의 대상으로 남을 것이다. 그러나 이 경우 우리에게 필요한 것은 바로 새로운 부부관계, 새로운 자녀관계의 틀을 모색하는 일일 것이다. 새로운 가족관계의 이상을 둘러싸고 여러 가지 대안적 개념들이 존재할 수 있다. 예컨대 '유연가족' 개념에서는 전통적 가족관계의 관습적 규범을 극복할 것이 강조되며, 부모 역할은 자연스럽게 수행할 수 있는 게 아니라 철저한 학습을 거친 것이고, 부모자녀 관계 또한 의존성에서 자율성으로 이동하는 것이어야 한다고 본다(엘킨드, 1999). 남녀의 사랑 역시 도구적 의존성(dependence)을 넘어선 '상호의존성(inter-dependence)'이 지향점으로 제시되기도 한다(Cancian, 1987). 특히 근대의 낭만적 사랑이 가진 성찰적 잠재성에 주목하는 기든스는 근대적 성찰성이 극대화된 후기 근대의 새로운 사랑의 형식을 '합류적 사랑(confluent love)'으로 이름 붙여 낙관적인 기대를 표현하기도 했다. 합류적 사랑은 서로에 대한 요구와 기대에 완전히 개방된 새로운 의사소통의 형식, 전통적 젠더 규범에서 해방된 남녀관계의 평등성, 재생산의 생물학을 극복함으로써 얻은 에로티시즘의 해방, 이성애 가족의 탈중심화 등을 담고 있다(기든스, 1992).

최근 한국사회의 급변하는 가족환경 속에서 부상하는 가족위기론을 둘러싸고 가족주의를 회복해야 한다는 주장이 있다. 이에 대해 일부 논자들은 공동체성과 개인주의를 대립적인 것으로만 볼 게 아니라, 부분적 공동체성을 유지함으로써 가족이 갖는 유대를 잃지 않고도 전체주의의 폐해를 극복할 가능성을 점쳐 보기도 한다(조은, 1999). 결국 우리가 가족의 틀을 유지하고자 할 때 필요한 것은 개인성을 유지하면서도 동시에 상호배려와 책임윤리를 바탕으로 한 지속적인 연대라는 조건이다. 최근 가족의 변화현상에 대해 우려가 높아 가지만 이러한 사회현상은 어쩌면 사랑과 결혼 그리고 자기 삶의 진로에 대해 더 진지하게 고민하기 시작한 성찰적 개인이 늘어나는 한 징표로서 읽힐 수도 있을 것이다.

❖ 생각할 거리 --

1. 자신의 어머니, 할머니의 삶의 궤적을 가족과 관련하여 인터뷰를 해보면 어떨까? 평상시 생각지 못했던 어머니(할머니)의 새로운 모습을 발견할 수 있을 것이다.
2. 가족의 현실과 경험은 매우 차이가 난다. 한부모가족, 노동자가족, 무자녀가족, 입양가족 등 다양한 가족의 현실을 구체적으로 조사해 보자.
3. 영화, 소설, TV 드라마 등의 대중매체에서 나타난 가족의 이미지를 현실 가족과의 관련성 속에서 분석해 보자.

❋ 읽을 거리 --

1. 또 하나의 문화 엮음, 『새로 쓰는 성 이야기』, 또 하나의 문화, 1991.
2. 또 하나의 문화 엮음, 『결혼 이야기 2: 밖에서』, 또 하나의 문화, 1996.
3. 또 하나의 문화 엮음, 『누구와 함께 살 것인가』, 또 하나의 문화, 2003.
4. 현실문화연구 엮음, 『결혼이라는 이데올로기』, 현실문화연구, 1994.
5. 이동원 외, 『우리 이웃 열한 가족 이야기』, 이화여자대학교 출판부, 1997.

❋ 볼 거리 --

1. 결혼은 미친 짓이다(유하, 2002)
2. 바람난 가족(임상수, 2003)
3. 내 어머니의 모든 것(페드로 알모도바로, 2000)

9장_여성노동의 현실과 대안

박기남

1. 문제제기

20세기가 여성노동 참여의 양적인 증대가 이루어진 시대라면, 21세기는 노동시장에서 여성의 질적인 지위 향상이 기대되는 시기라고 할 수 있다. 희망적인 것은, 디지털 시대를 맞아 경제의 소프트화가 진전되고 서비스업이 급격히 증가함에 따라 기존 산업구조의 요구와는 다른 업무적 특성, 예를 들면 섬세함과 감성 등 여성적 특성을 갖춘 인력이 필요해졌다는 사실이다. 실제로 휴렛팩커드와 뉴욕타임즈 같은 세계적인 기업과 언론에서 여성들이 능력을 인정받아 CEO로 발탁되어 기업경쟁력을 높인 것도 이러한 시대적 변화를 반영한 것이다. 우리 나라에서도 아이디어가 생명이라고 할 수 있는 인터넷과 IT 분야의 벤처기업들에서 여성 CEO가 증가하고 있을 뿐 아니라, KT와 같은 공기업에서 최초의 여성임원이 탄생했고 서울은행에서 은행사상 최초의 여성 부행장이 나오는 등 앞으로 더 많은 임원과 경영자가 나올 것으로 기대된다(이명혜, 2003). 또한 24.4%라는 역대 최고 여성 합격률을 보인 사법고시(중앙일보, 2004년 12월 3일)를 비롯하여 각종 국가고시에서 여성 합격자 비율이 증가하고 있다.

이러한 현실의 변화들은 이제 여성들이 능력을 갖추고 열심히 일한다면, 기업에 유리 천장이란 없으며 도전하지 못할 영역이 없다는 자신감을 여성들에게 심어 준다. 실제로 여성들의 학력도 높아지고 있고 취업의식도 변화하고 있다. 『한국의 사회지표』(2003)를 보면, '가정에만 전념하거나 결혼 전까지 취업하겠다'는 여성 응답자의 비율이 1988년에는 35.3%나 되던 것이 2002년에는 16.7%로 대폭 줄어든 반면, '가정과 상관없이 취업하겠다'는 응답 비율은 1988년 10.4%에서 2002년 40.2%로 네 배 가까이 증가했다. 특히 대학을 졸업한 여성들은 '결혼은 선택, 취업은 필수'라고 할 정도로 90%를 상회하는 취업욕구를 보인다(한국여성연구소, 2000). 그러나 2003년도 여대생 취업률을 보면 56.7%로 경제협력개발기구(OECD) 국가 중 최하위를 기록하였다.

다른 한편으로는 남성=직장, 여성=가정이라는 성별 분업 이데올로기가 강고하여, 불황기가 되면 여성들은 생계 책임자가 아니며 언제든지 돌아갈 가정이 있는 것으로 간주하여 해고 1순위가 되는 것 또한 우리의 현실이다. 직장을 다니더라도 가사노동과 육아는 여성의 몫이라고 생각하는 현실이 엄존하는 한, 직장에 다니는 여성들 역시 끊임없는 갈등에 직면한다. 직장에서 같은 일을 수행하는데도 남성보다 낮은 임금을 받거나 승진에서 번번이 뒤로 밀리는 경험을 할 때, 정규직과 똑같은 일을 하지만 언제 해고될지 모르는 비정규직 신분일 때, 산전산후휴가가 법적으로 90일이 보장되어 있지만 대체인력이 준비되어 있지 않아 동료들의 눈치가 보일 때 등등 마음 편하게 일할 수 있는 조건이 되지 않는다. 자녀가 있는 여성의 경우에는 보육지원정책이 불충분하기 때문에 좋은 엄마가 되려면 자발적으로 직장을 그만둘 수밖에 없는 경우도 많다.

그러나 현실 여건은 여성이 가정생활에 전념하도록 내버려 두지 않는다. 우리가 사는 시대는 이미 평생직장을 보장하지 않기 때문에, 남성들도 한 직장에서 생계를 평생 보장받지 못한다. 따라서 여성도 언제든 자신과 가족의 생계를 스스로 책임지거나 남성과 분담해야 하는 시대로 접어들었다. 상층의 극소수를 제외한 대부분의 여성들의 취업 목적은 고상한 '자아실현'이 아니라 '생계 유지'가 되고 있다.

그렇다면 모든 난관을 극복하고 취업에 성공한 여성들은 어떤 일을 하며, 어떤 대우를 받고 있는지, 직면한 문제들은 무엇이며 해결방안에는 어떤 것들이 있는지 살펴볼 필요가 있을 것이다. 기회는 준비된 자에게 온다. 여성들이 노동현실을 객관적으로 냉철하게 바라보고 준비해야 한다.

현실은 아직 기대에 못 미치고 갈 길은 멀지만, 양성평등한 고용이 보장되는 희망적인 미래를 만들어 나가기 위해 여성들의 지혜와 힘을 모아야 할 때다.

2. 산업화와 여성노동 참여의 변화

서구의 산업혁명기에 해당한다고 할 수 있는 한국의 1960, 1970년대에 여성들은 그 전 시대 천 년 동안 여성들이 겪은 것보다도 더 큰 삶의 변화를 겪었다는 주장을 지지하는 이가 많다. 이 20년을 세계적인 맥락에서 보면, 같은 정도의 성장을 이루는 데 일본은 최소 40년이 걸렸고, 스웨덴은 반세기 이상 걸렸다(전순옥, 2004). 산업화의 빠른 속도만큼이나 여성노동자들이 겪은 삶의 단절이나 갈등의 폭도 매우 깊었음을 미루어 짐작할 수 있다.

　　당시 대부분 농촌에 살던 어린 여성들이 가족과 고향을 떠나는 것은 쉬운 일이 아니었다. 가족을 떠난다는 것은 유년기에 당연히 받아야 하는 보호와 긴밀한 가족관계를 끊어 버리고, 멀고도 위협적인 새로운 세계로 나아가는 것을 의미했다. 혼자가 된다는 생각과 집이 그리울 거라는 생각은, 친척들이 서울에 있는 경우라 하더라도 감정적으로 큰 부담이었다. 그래도 여성노동자들은 그들의 남자형제들을 교육시키기 위해 희생해야만 했다. 더욱 놀라운 것은 여성들이 아무런 항의 없이 그런 책임을 떠맡도록 문화적으로 길들여졌고, 자신은 교육의 기회를 박탈당할지라도 가문의 출세를 위해서 남자형제들이 학교에 가야 한다고 스스로 생각했다는 사실이다. 이렇게 유교적 이념에 잘 길든 순종적인 여성들이 바로 1960, 1970년대 급속한 경제발전 신화의 주역이다. 이후 여성들은 때때로 저임금, 장시간 노동, 비인간적인 대우에 저항하기도 하고 생리휴가, 출산휴가 같은 여성들의 특수한 요구들을 주장하면서, 한국 경제발전의 전 과정을 통해 중

(단위: %)

연도	여자	남자
1960	28.4	76.7
1970	37.6	72.5
1980	42.8	76.4
1990	47.0	74.0
2000	48.3	74.2
2003	48.9	74.6

출처: 한국여성개발원, 『2004 여성통계연보』.

요한 역할을 수행해 오고 있다.

한국경제에서 여성들이 차지하는 역할이 중요했던 만큼, 여성들의 노동 참여는 한국경제의 변화에 민감한 영향을 받아 왔다. 〈표 1〉에서 여성 경제활동 참가율의 변화를 보면, 1960년에는 28.4%에 머물렀으나, 섬유·식품 등 노동집약적 경공업을 중심으로 한 수출지향적 산업화의 주력군으로 참여하기 시작한 후인 1970년에는 37.6%까지 성장하였다. 같은 기간 동안의 남성들의 경제활동 참가율이 각각 76.7%와 72.5%로 거의 정체되어 있는 것과 대조를 이룬다. 1970년대 들어서서 산업의 중심이 중화학공업으로 이동하면서 1980년 남성들의 경제활동 참가율이 76.4%로 회복되었고, 여성들의 전자산업 취업률이 높아져 42.8%까지 증가하였다. 1990년대에 여성 경제활동 참가율이 47.0%가 된 후, 2003년 현재 48.9%로 증가 추세가 둔화되어 50%의 벽을 넘어서지 못하였다. 1인당 국민소득이 2만 달러를 넘어선 OECD 국가들의 여성 경제활동 참가율이 평균 70~80%에 이르는 것과 비교해 볼 때, 한국의 국민소득이 1만 달러에서 2만 달러로 올라가려면 여성 경제활동 참가율이 적어도 70%가 되어야 한다는 것을 알 수 있다.

경제활동에 참여하는 여성들의 특성을 더 세분화해서 보면 수적인 증

〈표 2〉 혼인상태별 경제활동 참가율

(단위: %)

		전체	기혼	미혼
1980	여성	42.8	40.0	50.8
	남성	76.4	88.3	52.4
1990	여성	47.0	46.8	45.6
	남성	74.0	88.2	43.2
2000	여성	48.3	48.7	47.0
	남성	74.0	84.3	50.2
2003	여성	48.9	48.0	51.7
	남성	74.6	84.5	52.5

출처: 한국여성개발원, 『2004 여성통계연보』.

감을 주도하는 여성 내부의 질적인 차이와 변화를 알 수 있다. 1980년대 여성 경제활동 참가에서 뚜렷한 변화를 보이는 것은 바로 기혼 여성의 증가다. 1970년대까지만 해도 여성은 가정이 우선이었으며, 결혼하면 퇴직하는 것이 불문율처럼 되어 있었다. 그러나 여성의 교육기간이 길어지고 고학력화가 진행됨에 따라 젊은 미혼 여성의 공급이 감소하면서, 기혼 여성에 대한 수요가 증가하기 시작하였다.

　〈표 2〉에서 기혼 여성 경제활동 참가율의 변화를 보면, 1980년 40.0%에서 1990년에는 46.8%로 미혼 여성의 경제활동 참가율 45.6%를 앞지르는 것을 알 수 있다. 기혼 여성의 경제활동 참여가 늘어나면서 노동시장 내부에 직종별로 여성 내부의 분화가 이루어지고 있다. 미혼 여성들은 주로 전문직 및 준전문직과 사무직에서 취업비율이 높고, 기혼 여성은 판매 서비스직과 생산직 등 저임금 직종에서 취업비율이 높게 나타난다. 이 같은 현상은 기혼 여성의 참여 증가가 여전히 결혼을 전후로 한 단절적인 취업 유형(M자형)을 띠기 때문에, 기혼 여성이 자녀를 출산하거나 양육을 마친 후 노동시장에 재진입할 때 대부분 이전의 경력을 인정받지 못한 채 하

향취업을 하게 되는 현실을 반영한다.

여성의 취업구조의 변화 중에서 반드시 지적해야 하는 특징이 바로 고학력 여성의 낮은 경제활동 참가율이다. 1980년에 21.6%이던 여성의 대학진학률이 2000년에는 65.5%로 가파른 증가세를 보이며, 대학입학자 중 여성의 비율 역시 1980년 26.9%에서 2000년에는 46.6%로 증가했다. 그러나 고학력 여성의 취업은 매우 저조한 상태다. 〈표 3〉에서 2003년 현재 성별·학력별 경제활동 참가율을 보면, 남성은 학력이 높아질수록 참가율도 큰 폭으로 높아져서 대졸 이상 남성의 참가율이 89.0%인 반면, 여성은 대졸 이상 고학력 여성의 참가율이 58.1%에 불과하다. 이러한 낮은 참가율은 2002년 OECD 국가의 25세 이상 대졸 여성의 평균 경제활동 참가율이 83%인 것과 대조를 이룬다.

이상으로 산업화 이후 여성들의 노동참여의 변화를 개략적으로 살펴보았다. 전반적으로 여성들의 교육수준 증가, 취업욕구 상승과 맞물려 여성 경제활동의 양적인 참여는 꾸준히 늘고 있으며, 경제구조의 서비스화에 따라 노동력의 여성화 현상도 두드러짐을 알 수 있다. 그러나 결혼과 출산을 전후로 단절되는 M자형 여성 취업유형과 고학력 여성의 낮은 취업률 등을 보면 여성의 노동참여는 여전히 제한된 형태로 이루어지고 있음을 알 수 있다.

〈표 3〉 교육 정도별·성별 경제활동 참가율(2003)

(단위: %)

교육 정도	여성	남성
중졸 이하	40.3	55.3
고졸	51.4	77.3
전문대졸	67.5	92.1
대졸 이상	58.1	89.0
전체	48.9	74.6

출처: 한국여성개발원, 『2004 여성통계연보』.

3. 노동시장의 성불평등 구조와 쟁점

1) 성별 직업 분리와 임금 격차

성별 직업 분리와 임금 격차는 노동시장에서 여성들이 당면한 대표적인 불평등 현상으로서 동전의 양면과 같다. 여성의 노동시장 참여가 증가하고는 있으나 노동조건이 불안정하고 임금이 상대적으로 낮은 직종에 집중되어 있는 성별 직업 분리구조 탓에 성별 임금 격차가 쉽게 개선되지 않고 있다.

우리 사회의 경우 관행적으로 여성에게 적합한 일과 남성에게 적합한 일이 구분되어 있고, 이 같은 성별 직업 분리 관행이 1980년 이후에도 완고하게 지속되고 있다. 〈표 4〉에서 성별 직종 분리의 추이를 살펴보면, 1993~2000년에 사무직종과 서비스 및 판매직에서 여성이 차지하는 비중

〈표 4〉 직종 대분류별 여성비중(1993~2000) (단위: %)

	1993	2000	여성 우위 직종	증감
계	40.3	41.4		-
1. 입법공무원, 고위임직원 및 관리자	6.1	4.9		-
2. 전문가	35.5	36.0		-
3. 기술공 및 준전문가	34.8	31.6		▼
4. 사무직원	47.0	51.8	○	△
5. 서비스 근로자 및 상점시장판매	56.6	60.8	○	△
6. 농업 및 어업 숙련근로자	45.6	46.6	○	-
7. 기능원 및 관련 기능근로자	25.1	23.1		▼
8. 장치·기계 조작원 및 조립원	22.7	13.3		▼
9. 단순노무직 근로자	50.8	51.9	○	-

△: 여성 비중의 증가, ▼: 여성 비중의 감소, -: 여성 비중 불변 혹은 미미한 변화.
출처: 통계청, 『경제활동인구조사』, 1993·2000(강이수 외, 2004에서 재인용).

이 급격히 높아졌으며, 남성 우위 직종으로 분류된 기술공 및 준전문가 직종, 기능직과 장치·기계의 조작 및 조립 직종에서는 비중이 감소하였다. 특히 장치·기계의 조작 및 조립 직종에서의 비중은 1993년 22.7%에서 2000년에 13.3%로 대폭 감소하였다.

직종을 좀더 세분화하여 살펴보면 생명과학 및 보건 전문가, 교육 전문가 및 준전문가, 일반 사무직, 서비스 및 판매직과 같은 전통적인 여성 직종을 중심으로 여성의 진출이 증가하였다. 같은 기간에 여성의 비중이 감소한 직종은 자연과학 및 공학기술공, 생명과학 및 보건 준전문가, 금속 기계 관련 기능, 정밀 수공예, 인쇄 관련, 장치·기계 조작 및 조립, 행상 및 단순 서비스, 농림어업 관련 단순노무직 등으로 주로 전통적인 남성 우위 직종이거나 육체적 노력이 필요한 직종이다(강이수 외, 2004). 전체적으로 여성의 고학력화에 따라 준전문가 및 전문가 직종으로 여성의 진출이 활발해진 것은 사실이지만, 주로 전통적인 여성 우위 직종인 일반 사무직과 서비스직에 여성들이 집중되는 경향이 강화되었음을 알 수 있다. 문제는 전통적인 여성 우위 직종이 저임금 직종이라는 사실이다.

이러한 성별 직종 분리의 강화는 결과적으로 노동시장에서 남녀의 임금 격차를 지속시키는 기제로 작용한다고 볼 수 있다. 〈표 5〉에서 성별 임금 격차의 추이를 살펴보면, 1980년대에는 여성의 임금이 남성의 절반에

〈표 5〉 성별 임금 격차 추이

(단위: 원, %)

연도	남성 임금(A)	여성 임금(B)	B/A
1985	386,000	180,000	46.7
1990	727,000	388,000	53.4
1995	1,630,000	790,000	58.1
2000	1,855,000	1,167,000	62.9
2003	2,303,000	1,446,000	62.8

출처: 한국여성개발원, 『2004 여성통계연보』.

도 못 미쳤으나, 1990년에는 절반을 넘어서고 2003년 현재 남성 평균임금 230만 3000원, 여성 평균임금 144만 6000원으로 남성 임금에 대한 여성 임금의 비율이 62.8% 수준을 유지하고 있다. 이러한 성별 임금 격차 개선은 1980년대 말부터 시행된 남녀 고용평등 관련 법 및 제도의 변화에 힘입었으나, 성별 직업 분리가 함께 개선되지 않는 한 성별 임금 격차의 폭은 일정한 간극을 유지할 것으로 예상된다.

2) 여성 비정규직의 증가와 고용불안정 심화

전 세계적 현상인 노동의 유연화와 그에 따른 파트타임 여성노동자의 증대와 맞물려 우리 나라에서도 1990년대 들어 여성노동력의 비정규직화로 여성의 고용불안정 현상이 사회문제가 되었다. 1980년대만 해도 한국여성의 고용형태는 상용근로자의 비율이 높았으나, 1990년대 들어서면서 상용근로자보다 임시고용이나 일용고용과 같은 불안정하고 비정규적인 고용형태의 취업비율이 매우 높아졌다.

〈표 6〉에서 임금근로자의 성별·고용형태별 특성을 비교해 보면, 여성 임금근로자가 얼마나 빠르게 비정규직화하는지를 알 수 있다. 1995년 여성 임금근로자의 고용상태는 상용고용 42.8%, 비정규직으로 추정할 수 있는 임시고용·일용고용이 57.2%였던 데 비해, 1998년 경제위기를 지나면서 2002년 현재 여성 상용고용 33.6%, 임시고용·일용고용을 합한 비정규직 규모가 70% 가까이 된다. 같은 시기 남성 임금근로자의 고용형태 역시 상용고용이 감소하고 비정규직이 증가하였지만, 여성의 경우보다 속도가 훨씬 느리게 진행되었다. 노동조건을 보면, 비정규직은 주당 47.5시간을 일해서 정규직 47.1시간보다 오히려 더 길다. 반면 월평균 임금총액은 비정규직이 84만 원으로 정규직 157만 원의 절반(53.7%)을 받으며, 파트타임은 52만 원으로 정규직의 32.9%밖에 안 되는 것으로 나타났다(강이

<표 6> 임금근로자의 고용형태별 분포

(단위: 천 명, %)

연도	여성				남성			
	계	상용고용	임시고용	일용고용	계	상용고용	임시고용	일용고용
1995	4,924 (100.0)	2,107 (42.8)	2,003 (40.7)	814 (16.5)	7,975 (100.0)	5,392 (67.6)	1,595 (20.0)	987 (12.4)
1998	4,745 (100.0)	1,650 (34.8)	2,257 (47.5)	839 (17.7)	7,551 (100.0)	4,885 (64.7)	1,785 (23.6)	881 (11.7)
2000	5,397 (100.0)	1,679 (31.1)	2,496 (46.3)	1,222 (22.6)	7,963 (100.0)	4,716 (59.2)	2,112 (26.5)	1,135 (14.3)
2002	5,857 (100.0)	1,968 (33.6)	2,682 (45.8)	1,207 (20.6)	8,325 (100.0)	4,894 (58.8)	2,205 (26.5)	1,226 (14.7)

출처: 통계청, 『경제활동인구조사』, 각 연도.

수, 2004).

　　비정규직 근로형태는 일반적인 임시직이나 시간제 외에도 파견 및 용역 근로·일용노동·독립도급·가내근로 등 다양한 형태가 있는데, 그중에서도 가장 불안정한 조건인 파견근로 형태의 비정규직 여성이 최근 들어 크게 증가하는 추세다. 파견근로는 일반적으로 근로자와 고용주가 직접 근로계약을 맺고 근로자가 그 기업에서 일하는 전통적인 근로형태가 아니라, 채용은 파견업체에서 하고 일은 사용업체에서 하며 임금은 파견업체를 통해 지불받는 고용형태로, 동일 업종의 비정규직 여성에 비해 20% 정도 낮은 임금을 받을 뿐만 아니라 고용이 더욱 불안정한 것으로 조사되었다. 현재 허용되는 파견근로 직종 중 상당 부분이 텔레마케터와 같은 전신 전화 통신공, 컴퓨터 보조원, 비서, 여행안내원, 조리사, 수금원, 사서, 번역가 등 여성 집중 직종이기에 장기적으로 파견근로가 여성직종화할 우려가 높다.

3) 간접차별

노동시장의 성불평등은 제도적이고 명시적인 차별뿐만 아니라 공식적으로 규정되어 있지는 않지만 관행적으로 여성을 차별하는, 소위 간접차별의 문제들을 포함한다. 여성노동운동의 진전과 「남녀고용평등법」의 실시로 성을 매개로 한 의도적이고 직접적인 성차별은 감소했다. 직접차별은 합리적인 이유 없이 개인이나 집단의 속성을 이유로 그 개인이나 집단에 대해 불이익한 대우(disparate treatment)를 하는 것을 의미한다. 차별 여부의 판단기준은 여성과 남성이 동일한 상황에 있는지에 있다. 여성은 특정 직무를 하지 못할 것이라는 전제나 가정에서의 역할 때문에 제한받을 것이라는 전제 아래 여성을 특정 직위에 채용하지 않거나 승진시키지 않는 것이 직접차별이다. 여행원제도, 성별 분리 호봉체계, 결혼·임신·출산 퇴직제 및 여성 조기정년제 등이 직접차별의 대표적인 예인데, 1990년대 이후 여성운동계의 적극적인 대응으로 이러한 직접차별은 점차 줄어드는 추세다.

그런데 법적인 규제와 대응으로 직접적이고 가시적인 차별 관행이 줄어들면서, 우회적이고 비가시적인 간접차별이 증가하고 있다. 간접차별은 중립적인 기준을 적용하였으나, 그러한 중립적 기준이 특정 소수자 집단에게 불이익한 결과를 야기하는 경우를 차별로 보는 개념이다. 우리 나라는 1999년 「남녀고용평등법」에 "사업주가 여성 또는 남성의 어느 한 성이 충족하기 어려운 인사에 관한 기준이나 조건을 적용하는 것도 차별로 본다"는 간접차별 개념을 도입하였다. 예를 들어, 어떤 기업이 해당 직무의 업무수행에서 신장이 아무런 관련이 없는데도 채용기준을 키 165센티 이상으로 정했을 경우, 우리 나라 성인 여성의 평균신장이 158센티이고 남성의 평균신장이 170센티인 상황에서는 결국 여성에게 불리한 결과를 야기하므로 간접차별로 규제된다(조순경, 2004).

얼마 전 일어난 한국전기공사협회의 정영임 씨 40세 직급정년 사건 (2004)과 서울지방노동청 고용평등위원회에서 성차별이라는 판결을 받은 하나은행의 직군분리제 등 간접차별 사례가 발생하였다. 앞으로도 여성에 대한 차별적인 인식이나 관행들이 개선되지 않는 한, 이러한 간접차별 사건들이 여성노동계의 주요 이슈가 될 전망이다.

4. 노동시장 내 성불평등을 설명하는 이론

여성들은 왜 남성보다 취업률이 낮으며, 특정 직종(직무)에 집중되는 경향이 있는가? 왜 여성들은 남성보다 의사결정 권한이 약하고, 임금을 적게 받아야 하는가? 고용이 불안정한 비정규직에서 여성의 비율이 더 높은 이유는 무엇인가? 노동시장 내 성불평등의 원인에 대한 이론은 크게 기존 경제학적 관점의 설명과 이에 대한 문제제기로서 남성 중심적인 노동 개념을 확대하여 여성노동의 특수한 경험을 반영하고자 하는 페미니스트 관점의 설명으로 구분해 볼 수 있다.

1) 기존 경제학 이론

우리가 주류 경제학이라고 인정하는 학문의 체계는 19세기 경제학이 사회과학 내 분과학문의 하나로 구축되는 과정에서 학문적 전제와 인간관, 인식론과 방법론의 밑바탕에 집단으로서 남성이 지닌 역사적 경험과 문제의식이 깔린 역사적 구성물이라고 할 수 있다. 따라서 남성과 다른 조건에 놓여 있는 여성노동의 특성과 여성이 노동시장에 진입하기 전에 받는 차별적인 구조에 대해 기본적인 문제제기를 하지 않는다. 사회의 성불평등한 구조는 단지 주어진 전제로서 간주될 뿐이다.

우리가 상식적으로 알고 있는, 그래서 가장 익숙한 설명논리는 바로 고전경제학의 '인적 자본론(human capital theory)'이다. 이 이론에서는 노동시장 내 개별 근로자의 직업적 지위나 임금 수준은 학력, 직업훈련, 업무 경험 및 경력, 기술의 숙련도 등과 같은 인적 자본에 대한 투자 정도에 의해 결정되는 것으로 간주한다. 여성이 노동시장에서 남성보다 낮은 임금을 받고 특정 업무에 배치되는 이유는 바로 여성의 인적 자본 능력이 남성보다 낮기 때문이다. 일반적으로 여성은 가사노동과 시장노동의 이중적 책임을 가지고 있으며, 임신·출산·육아로 노동시장 참여가 비연속적이므로 남성에 비해 자신의 인적 자본에 적게 투자하는 것이 합리적이다 (Mincer & Polachek, 1974). 따라서 노동시장 내 성불평등은 여성이 스스로 선택한 합리적 행위의 결과로 간주된다. 하지만 여성의 인적 자본 투자가 적은 이유는 개인이 선택한 결과이기보다는 가정 내 아들·딸 교육차별에 의한 것이거나 여성이 직업적 성취를 위해 결혼을 미루거나 육아와 가사를 소홀히 할 경우 여러 가지 사회적 압력이 뒤따르는 등 성역할에 대한 사회의 고정관념이나 이데올로기가 작용한 탓이기도 하다.

　　이러한 성차별적인 이데올로기를 극복하고 남성과 동등한 인적 자본을 획득한 고학력 여성들조차 동일한 취업기회를 보장받지 못하고, 취업했다 하더라도 임금에서 차별을 받는 현실을 어떻게 설명할 것인가? 이러한 인적 자본론의 한계를 보완하기 위해 수요 측면을 고려하여 발전시킨 경제학적 설명이 '통계적 차별이론(statistical discrimination theory)'이다. 여기에서 통계적 차별이라 함은 기업이 노동시장에 대해서 불완전한 정보를 가지고 있기 때문에 발생하는 차별을 말한다. 일반적으로 기업은 개인에 대해 불확실한 정보밖에 갖지 못하며, 정보의 수집에는 막대한 비용이 필요하다. 그러므로 개인의 능력과 노동의 질을 그 개인이 속한 집단의 평균적인 속성으로 평가할 수밖에 없다는 것이다. 따라서 제한된 정보를 지닌 고용주는 높은 대체비용이 드는 직무나 훈련비용이 많이 드는 직무에는 이직 가능성이 높은 여성들을 배제함으로써 이윤의 증대를 꾀한다는 것이다(Bielby and Baron, 1986). 그리고 만일 여성의 이직에 대한 이러한 가정들이 정확하지 않아서 비합리적인 것으로 판명되면, 이러한 종류의 차별은 시간이 지남에 따라 노동시장에서 사라져 갈 것이라고 낙관적인 전망을 제시한다.

경제학 내부의 다른 한편에는 '동질적이고 완전 경쟁적인' 노동시장을 전제로 한 고전경제학적 이론에 문제제기를 하며, 노동시장 내 성불평등의 원인이 여성의 자발적 선택의 결과가 아니라 노동시장 자체가 이중으로 분절화되어 있기 때문이라는 입장이 있다. 이중노동시장론의 논점은 여성과 남성이 각각 다른 노동시장으로 충원되며, 이 시장은 구조적으로 여성에게 불리하도록 조직되어 있다는 것이다. 즉 여성들은 2차 노동시장으로 충원되는데, 2차 시장의 직업들은 영세한 자본, 낮은 이윤, 저임금, 빈약한 노동자 조직, 직업이동이 특징이고, 승진체계가 제한적이거나 아예 없으며, 높은 이동률이 나타나는 등 불안정하다.

반면에 남성들은 1차 시장으로 충원되는 경향이 있다. 1차 시장은 거대자본, 높은 이윤, 고임금, 좋은 작업환경, 직업 안정성, 분명한 경력단계를 통한 승진기회, 작업규칙의 명시화 등으로 안정적인 직업을 제공한다. 여성들은 분절된 노동시장의 구조에서 그들의 평균적인 속성이 안정적이고 연속적인 취업을 요구하는 1차 직종에 부합되지 않는다는 이유로 높은 임금과 승진이 보장된 1차 시장 진입이 차단되고 2차 시장에 집중되는 것이다. 이 이론에서는 여성의 인적 자본 특성이 바뀌었을 때조차도 시장구조가 재조직되거나 여성들의 1차 직종 진출이 증대되지 않는 한, 여성의 지위는 거의 바뀔 수 없다고 설명한다.

2) 페미니스트 이론: 가부장적 자본주의론

페미니스트 관점은 노동시장 내 성불평등을 설명하는 데 기존 경제학의 수요-공급 중심 설명이나 자본의 이윤추구 논리만으로는 불충분하다고 보고, 남성이 여성을 지배하는 가부장적 구조가 노동시장에서 어떻게 작동하며 여성노동을 차별하는지에 더 중점을 둔다는 점에서 가부장적 자본주의론으로 불리기도 한다.

초기에 여성노동 문제를 연구한 페미니스트들은 마르크스주의 분석틀을 도입하여, 노동시장 내 성불평등을 자본과 노동의 관계 속에서 직무의 탈숙련화 또는 산업예비군론으로 설명했다. 탈숙련화는 사람을 기계로 대체하고 작업의 구상을 실행과 분리함으로써 비싼 노동력에 대한 수요를 감소시키며, 더 단순한 작업에 더 싼 노동력의 고용을 가능케 함으로써 비용을 줄이기 위해 고안된 것이다. 이때 등장하는 싼 노동력이 바로 여성이다. 실제로 많은 기술직과 생산직이 낮은 기술, 낮은 임금의 직무로 대체되었고, 약사·제빵사·보험사정인과 같은 직업은 부분적인 탈숙련화를 통해서 남성 지배적인 직업에서 여성 지배적인 직업으로 변화하고 있다(Kemp, 1994). 구상과 실행의 분리에 의한 탈숙련화가 성별 직무 분리를 가져온 대표적인 예로 하위 사무직 노동의 여성화를 들 수 있다. 산업예비군이란 노동시장의 필요에 따라 유입되거나 방출될 수 있는 예비 노동력으로, 호황기에는 값싼 노동력으로 노동시장에 들어왔다가 불황기가 되면 가정으로 퇴출되는 속성이 있다. 대표적인 예는 2차 세계대전 당시 군대징집으로 빈 남성들의 일자리에 여성들이 충원되었다가 전쟁이 끝난 후 남성들이 복귀하자 많은 여성이 일자리를 잃고 집으로 돌아가야 했던 경험에서 찾을 수 있다(밀크만, 2001). 여성이 산업예비군으로 간주되는 중요한 근거는 여성이 가사노동과 양육을 담당해야 한다는 성별 분업 이데올로기이며, 여성을 파트타임 노동자로 광범하게 활용하는 현대사회에도 여전히 유효한 설명이라고 할 수 있다.

그러나 마르크스주의 분석틀에 입각한 초기의 페미니스트 논의들은 자본과 노동의 관계를 지나치게 강조한 나머지 노동시장에서 다양하게 나타나는 집단으로서 남성에 의한 여성의 지배 현상을 설명하지 못하는 한계를 보인다. 이러한 초기 페미니즘의 한계를 보완하고자 한 논의가 바로 가부장적 자본주의론이다. 이 이론은 마르크스주의의 계급적 분석틀을 사용하면서도 성별관계, 즉 가부장제에 중점을 둔다는 점에서 좀더 페미니스트적이다. 이 이론에서는 가부장제를 '여성노동력에 대한 남성의 통제'로 정의한다(하트만, 1989). 가부장제는 자본주의 체계의 발생보다 선행하기 때문에, 고용에서 가부장적 관계를 자본주의만으로는 이해할 수 없다. 노동시장의 대표적인 성불평등 현상인 성별 직업(직무) 분리는 가부장제가 노동시장에 작용한 결과로서, 자본주의 사회에서 여성에 대한 남성의 우위를 유지시켜 주는 일차적인 기제로 간주된다. 성별 직업 분리로 저임금을 받는 미혼 여성은 결혼을 통해 남성에게 의존하게 되며, 기혼 여성들은 남편을 위해 가사노동을 전담하는 것을 당연시하게 된다는 것이다. 전통적인 성별 분업의 결과, 남성들은 임금노동과 가사노동 모두에서 이득을 본다. 결론적으로, 성별 직업(직무) 분리란 노동시장에서 가부장제가 표현된 것이며, 여성에 대한 남성의 지배를 유지하기 위하여 집단으로서의 남성이 형성한 것으로 여겨진다.

가부장적 자본주의론의 관점에서 보면, 자본가들이 노동력이 부족할 때는 여성들을 고용하고 노동력이 남아돌 때는 집으로 돌려보낸다는 산업예비군론은 무성적 개념(genderless concept)이라고 비판된다. 만일 여성들이 싼 노동력의 원천이라면, 왜 여성들을 모든 곳, 모든 시기에 고용하지 않는 것일까? 가까운 예로 1997년 우리 나라에 경제위기가 왔을 때 가장 싼 노동력인 기혼 여성을 해고 1순위로 놓고, 더 높은 임금의 남성들을 고용한 것은 자본의 논리만으로는 설명하기 힘들다. 같은 맥락에서, 가부장적 자본주의론자들은 탈숙련화 과정에 대해서도 초기 페미니스트와 다르게 설명한다. 다양한 산업의 탈숙련화 과정을 보면, 기술은 남성들이 담당하는 일에 적용되며 가부장제 관계의 영향을 받는 정치적 '라벨'이라고 주장한다. 즉 탈숙련화는 포함된 기술의 실제 양과는 상관이 없으며, 그 일이 수행되는 사회적 관계에 있다고 본다. 노동조합으로 조직화되어 있고 강한 권력을 가진 남성노동자들은 조직화되지 못하고 힘이 없는 여성노동자들보다 자신의 직업이 고도로 숙련된 것으로 보이게 할 가능성이 더 크다(Kemp, 1994).

이와 같이 가부장적 자본주의론은 기존 여성노동시장 연구들이 주로 노동과 자본의 관계에만 초점을 맞추어서 간과해 온 가부장제와 여성의 가사 책임이 미치는 영향, 남성들이 노동시장과 가정에서 그들의 기득권을 수호하기 위해 어떻게 하는지 등에 초점을 맞추어야 한다고 주장한다. 최근에는 여기에서 더 나아가 우리가 사용하는 주류 경제학의 개념과 이론이 여성의 노동경험을 설명하는 데 과연 효과적인지에 대해 근본적인 질문을 던진다. 여성의 역사적 경험과 특수한 조건의 차이를 반영하는 새로운 시각의 개념과 이론이 필요하다는 것이다. 그 대표적인 개념이 바로 '감정노동'이다.

감정노동이란 고객과 접촉하는 부분에서 노동자의 상태나 감정표현을 조절하는 능력이 활용되는 노동으로서, 여성이 수행하는 많은 일에 이러한 요소가 필요하다. 흔히 말하는 '미소'나 '친절', '상냥한 말씨' 등은 노동자들에게 일정한 수준의 자기통제력, 대인관계 능력, 언어능력 등을 요구하는 지적·정서적 요소이며, 여성이 수행하는 일에는 이러한 감정노동의 요소가 큰 비중을 차지한다. 그러나 이러한 요소들은 육체노동과 정신노동의 이분법적 범주로 구성되어 있는 현재의 노동개념으로는 제대로 포착되지 않는다. 따라서 사적 영역에서건 공적 영역에서건 여성이 수행하는 일은 대부분 정당한 평가를 받지 못하고 있다.

기존의 남성 중심적 노동개념과 인식틀에 대한 문제제기 및 여성노동의 새로운 평가 등 페미니즘의 노력이 아직 정교하게 완성되지는 않았지만, 노동시장의 성불평등을 새로운 관점에서 바라보고 대안을 제시할 수 있을 것이다.

5. 성평등한 고용정책의 방향

여성들이 임신과 출산을 하고 일차적으로 가사와 양육을 담당하는 것은 모두 같지만, 경제활동 참가율이나 경제활동 유형, 고용상의 지위는 나라마다 매우 다르다. 왜냐하면 일하는 여성의 지위는 국가가 여성노동정책의 내용과 방향을 어떻게 설정하느냐, 얼마나 추진 의지를 가지고 실행하느냐에 따라 크게 달라지기 때문이다. 세계적으로 일하는 여성을 위한 정책의 방향은, 여성이 지닌 모성의 사회적 역할을 인정하면서 고용상의 평등과 모성권의 보호가 양립하도록 조화를 추구해 나가고 있다.

1) 적극적 조치

적극적 조치(Affirmative Actions)는 성차별적 의식과 관행의 결과로 누적되어 온 노동시장 내 성불평등을 해소하기 위한 조치로서, 여성을 포함한 소수의 실질적인 평등을 실현하기 위해 적극적으로 지원하는 조치를 뜻한다. 이것은 '구조적 차별'과 '과소 대표성'의 문제를 제거하고 기회의 평등만이 아니라 '결과의 평등'을 지향하는 개념이다(김경희, 2001). 가장 대표적인 정책 사례인 스웨덴의 고용할당제와 미국의 계약준수제를 통해서 적극적 조치의 내용을 살펴보자.

스웨덴의 남녀고용할당제(sex-based employment quotas)는 1981년에

도입된 적극적인 고용촉진정책으로 여성과 남성 각각의 고용수준을 같게 하는 것을 목표로 한다. 어느 한 성이 집중되어 성별 분리가 일어나면 반드시 성별 임금 격차가 심화되는 현상을 막기 위해 마련한 정책으로서, 어느 한 성이 적어도 40%가 되도록 규정한다. 이러한 목적을 효과적으로 달성하기 위해 스웨덴 정부는 남녀고용할당제를 지역개발 원조 프로그램에 접목해 실시했다. 1974년부터 실시된 지역개발 원조 프로그램은, 인구가 적은 지역에 새로 공장을 세우거나 시설을 확장하는 기업에 자금을 지원하는 프로그램이다. 정부는 이 기업인들에게 재정지원을 비롯한 여러 지원을 해주는 대신에 고용할당을 요구한다. 마찬가지로 직업훈련 프로그램에서도 할당제를 적용하여 전통적인 남성업무를 수행하는 데 요구되는 직업훈련 과정에 여성을 적극 참여시키는 한편, 전통적인 여성업무 훈련에 남성을 참여시키는 방법으로 성별 직종 분리의 문제를 공급과정에서부터 근본적으로 풀어나간다(강이수·신경아, 2001).

성·인종·종교·피부색·국적차별 등 구조화된 차별을 해소하기 위한 미국의 적극적 조치는 '계약준수제'의 형태로 실행되고 있다. 계약준수제는 연방정부와 5만 달러 이상의 계약을 체결하는 계약자나 하도급 계약자에게 문서상의 적극적 우대조치 프로그램을 준비해야 한다는 의무를 부과한다. 괄목할 만한 성취를 보여 주는 경우 포상 같은 유인책이 있으며 적극적 우대조치에 관한 법률을 위반한 경우에는 업체를 공개하거나 수주계약을 파기하는 등 강력한 제제를 가한다.

우리 나라의 경우 적극적 조치는 「여성발전기본법」과 「남녀고용평등법」에 명시되어 있다. 대표적인 정책이 1996년부터 실시된 '여성 공무원 채용 목표제'인데, 모집단위 10명 이상의 시험에 적용하여 여성 공무원에게 실제적인 영향이 미미했다. 이러한 점을 보완하여 2002년부터는 양성평등채용 목표제로 전환하여 5인 이상 모집단위의 시험에 적용함으로써 여성의 진출이 저조하던 기술직 분야에 여성 합격비율이 높아진 반면, 기존에 여성 합격비율이 높던 직종에서는 남성 합격률이 높아짐으로써 직종별 성비 불균형을 완화할 것으로 보인다(행정자치부, 2003). 또한 2004년부터 노동부에서는 여성인력 활용이 낮은 공기업과 정부산하기관을 대상으로 '고용평등 프로그램'을 실시하여 여성인력 활용이 많아질 경우 경영평가와 연계해 재정적 인센티브를 주는 방안을 시범실시하여 2006년까지 법제화할 것으로 알려졌다. 공공 부문의 성비 불균형과 직종 간 성별 격차는 점차 완화되겠지만, 앞으로 이러한 적극적 조치를 절대다수의 여성이 취업하고 있는 사적인 부문에까지 확대하기 위한 정부의 다각적인 노력이 필요하다.

2) 시간제 근로의 보호와 규제

근로시간제도는 전체 근로시간의 총량과 근로시간의 유연조절 가능성이라는 두 가지 측면에서 여성의 노동공급에 영향을 미친다. 평균적인 주당 근로시간의 절대량이 많을 경우 여성의 노동시장 접근은 어려워진다. 이것은 물론 현실적으로 변화하지 않는, 가족 내 여성의 보살핌 노동에 대한 부담을 전제로 한 접근이라고 할 수 있다.

근로시간과 관련하여 여성노동에 커다란 영향을 미치는 제도는 시간제 근로에 대한 보호와 규제에 관한 것이다. 일반적으로 시간제 근로의 확대는 한편으로는 여성고용을 확대하는 방편으로 이해되지만 다른 한편으로는 고용의 질을 악화하는 것으로 인식된다. 고용의 안정성을 심하게 위협하지 않고 근로시간에 비례하는 권익을 보장받는다면 단시간 근로는 여성에게 고용기회를 넓히는 고용형태일 수 있다. 그러나 대부분의 국가에서 단시간 근로는 고용의 안정성 면에서나 보상수준 면에서 전일제 근로에 비하여 열위의 근로형태로 자리 잡고 있다.

EU가 정한 시간제 근로 지침의 주요 내용에도 차별금지의 원칙과 권리로서의 시간제 노동이 명시되어 있다. 차별금지의 원칙은 고용조건과 관련하여 차별대우가 객관적 사유로 정당화되지 않는 한, 단지 시간제 근로를 이유로 '비교 가능한 전일제 근로자'보다 덜 우호적인 방식으로 취급되어서는 안 된다는 것이다. 적절한 경우 시간비례 원칙을 적용하여야 한다고 명시하였다. 기회 또는 권리로서의 시간제 노동권은 시간제 근로 기회를 제약할 수 있는 법률적·행정적 성격의 장애물을 확인·검토하고 이를 제거하여야 함을 명시한 것을 지칭한다. 또한 이 지침은 전일제에서 시간제, 시간제에서 전일제로 전환하는 것을 근로자가 거부했다고 해서 이것이 고용을 종료하는 정당한 사유가 될 수는 없다는 것도 명시하였다(전병유 외, 2004).

서구의 경우 기혼 여성 대부분이 일과 가정의 병존을 위해 자발적으로 시간제 취업을 선택하여 시간제가 크게 확대되고 있는 반면, 우리 나라는 여성의 비정규직화가 여성의 선택에 의해 자발적으로 이루어지는 것이 아니라 구조적으로 강제되고 있다. 현재 유통업, 은행, 병원, 금융보험업을 포함한 모든 산업 영역과 과거 생산직, 판매 서비스직 등 주로 하위직에서 확대되다가 최근에는 사무직과 연구직 등 전문직과 준전문직에까지 확대되는 추세다. 이러한 비정규직의 확대는 곧 여성노동권의 약화로 이어지므로, 비정규직 노동자의 무분별한 남용을 규제하기 위해서는 객관적이고 합리적인 이유가 있을 경우에만 비정규직 노동자를 사용하도록 엄격히 제한해야 할 것이다. 그리고 장기적으로는 비정규직 노동자의 권리보호를 위해서 상시업무의 정규직화와 비정규직 사용 제한, 동일노동 동일임금 보장, 불법파견 근절, 특수고용 노동자의 노동권 보장 등 종합대책이 필요하다.

3) 양육 지원정책

대부분의 유럽 국가는 여성의 경제활동 참여를 촉진하고 노동시장에서의 차별을 막기 위하여, 여성이 가정에서 담당하는 보살핌 노동에 대한 정책적 개입을 다양하게 시행하고 있다. 대표적인 제도로 보육 서비스, 육아휴직, 아동수당 등이 있다. 보육 서비스는 기본적인 양육지원정책으로서 사회민주주의 복지국가를 지향하는 북유럽 국가들에서는 보육 서비스의 국가 책임이 선언되고 공공투자 지출의 비중이 높은 반면, 자본주의적 복지국가를 지향하는 영미권 국가들에서는 보육 서비스도 민간시장을 통해서 이루어지는 경우가 많다.

육아휴직제도가 잘 발달한 국가는 스웨덴으로, 아버지의 육아휴직 사용을 강조함으로써 양육 책임의 양성평등의식을 구현하고 있다. 육아휴직 기간이 다른 국가보다 긴 것은 아니지만, 사용이 가능한 자녀의 연령대가 꽤 길게 잡혀 있고 시간제 휴직이 아주 유연하게 설계되어 있다. 스웨덴은 자녀가 영아일 때는 모성휴가를 통한 부모의 직접보육을 중심으로 지원하고, 유아기 이후에는 공보육시설을 제공하여 여성의 노동시장 복귀를 지원한다. 2002년부터 전체 육아휴직 가능기간이 연장되면서 12개월은 부모 중 누구나 사용할 수 있다. 다만 그중 2개월은 어머니만, 2개월은 아버지만 사용할 수 있다. 이것은 자녀가 만 8세가 될 때까지 아무 때나 사용할 수 있다. 휴가기간 동안의 임금 보전을 위한 재원은 부모보험(parental insurance)이라는, 조세에 가까운 사회보험으로 충당한다(전병유 외, 2004).

프랑스의 보육제도는 무엇보다도 양육에서 여성이 맡은 역할에 대한 사회적 보상의 의미를 갖는 아동수당제도를 발달시켜 왔다는 특징이 있다. 육아 지원정책 중 취업모를 지원하기 위해 마련된 것으로는 재택아동수당과 부모교육수당이 있다. 재택아동수당(AGED, l'Allocation de Garde d'Enfant à Domicle)은 부모가 모두 직업활동을 하며 6세 이하의 자녀를 집에서 돌보기 위해 1인 이상의 보육사를 고용할 경우 지급된다. 이 수당은 가구 소득원에 상관없이 지급되며, 수당 액수는 돌볼 자녀 수와 자녀의 나이, 고용된 보육사의 수에 따라 차등적으로 지급된다. 부모교육수당(APE, l'Allocation Parentale d'Education)은 자녀를 양육하기 위해 부모가 취업활동을 중지하거나 정규 노동시간을 반으로 단축할 경우 발생하는 가계수입의 상실이나 감소를 보상하기 위해 지급하는 수당이다. 1994년 7월 이후 둘째 아이부터 적용되며, 한 달에 2900프랑씩 지급된다. 단 이전 5년 중 적어도 2년 동안은 일했다는 사실을 증명해야 한다(문유경 외, 2000). 이런 제도들이 개별 가정의 선택의 폭을 넓히고 여성의 고용창출 효과가 있다는 논리로 정당화되고 있으나, 그 수혜자가 주로 중산층이며 보살핌 노동이 여성의 일로 고착화되고 저임금화될 우려가 있다는 비판을 받는다.

우리 나라도 1980년대 중반 이후 기혼 여성의 경제활동 참여 증가와 출산율의 급격한 저하, 인구의 고령화로 점차 노동력 부족에 직면하면서, 여성인력 활용을 위해 가정과 직장이 양립할 수 있는 제도를 마련하는 데 눈을 돌리고 있다. 산전후 휴가도 2001년 60일에서 90일로 확대되고 육아휴직도 무급에서 유급(월 40만 원)으로 실시되는 등 진전을 보였다. 그러나 여성의 70%가 5인 미만 영세사업장에 고용되어 있고, 비정규직 여성의 비율이 높은 현실에서 이러한 제도를 이용할 수 있는 계층은 극히 한정되어 있다. 다양한 근로형태의 여성들이 모성보호제도를 이용할 수 있도록 제도적 장치들을 보완하면서, 서구의 부모보호제도와 같이 육아휴직의 일정 기간을 남성이 사용하도록 규정하는 등 육아가 남녀 모두의 책임이라는 의식변화가 있어야 할 것이다.

6. 맺음말

21세기는 지식정보화, 서비스 시대로서 여성이 지닌 특성인 섬세함, 부드러움, 따뜻함, 보살핌 등이 사회적으로 중요한 부가가치를 낳는 시대가 될 것이라고 한다. 이러한 예측은, 경제구조의 서비스화에 따라 여성노동력

수요가 증가하면서 여성의 경제활동 참여가 다양한 영역에서 양적으로 증대했다는 점에서는 맞다고 할 수 있다. 그러나 다른 한편으로는 앞에서 살펴본 바와 같이 노동시장에서의 여성 참여가 늘었음에도 취업여성의 지위가 여전히 취약하고 불안정하다는 점에서 아직은 섣부른 예견이라고 할 수 있다. 그렇다면 한국사회에서 일하는 여성의 평등권을 실질적으로 확보하여 명실공히 여성의 시대를 만들어 가기 위해 지향해야 할 개선방안은 무엇인지 살펴보자.

첫째, 노동력의 여성화에 따라 조직 내 여성의 비율이 증대하는 현실을 반영하여, 기존의 남성 중심적 조직 운영방식을 여성 친화적인 방식이나 가족 친화적인 방식으로 변화시켜야 한다. 여성 친화적인 정책이란 조직구성원이 가정과 직장에서 맡는 책임과 의무를 균형적으로 수행할 수 있도록 배려하는 제도를 일컬으며, 기존의 직장 내 직무 만족 개념을 조직원 개개인의 사생활과 가정의 삶으로까지 확대한 것이다. 기혼 여성들의 노동시장 참여 증가로, 사회에서 전형적으로 생각해 오던 '이상적인 노동자상'에 대한 정의가 변해야 할 시점에 도달한 것이다. 특히 부부가 함께 직장생활을 하는 가정이 늘어남에 따라 가사와 양육을 남성이 분담해야 하는 현실에서 여성 친화적인 정책과 프로그램은 기혼 남성들에게도 조직에 대한 긍정적인 태도를 형성시킬 수 있다. 구체적으로는 여성의 취업을 지원하는 직장 보육 인프라(직장 보육시설)가 구축되어야 하고, 출산휴가와 육아휴직이 제대로 실시되려면 대체인력과 예산이 확보되어야 한다. 그 밖에도 탄력적인 근무시간제나 가족간병휴가, 자녀학교방문휴가 등 다양한 제도의 도입과 정착이 필요하다.

둘째, 노동시장의 남녀 고용차별을 실질적으로 근절하기 위한 노력이 선행되어야 할 것이다. 여성노동의 평등권 확보를 위한 법 규정들이 마련되어 있어도 구체적으로 현실에 적용하기 어렵다면 그 법은 무의미하다. 예를 들어 간접차별의 개념에 대한 규정은 있지만 그 개념이 모호하고 구체적인 성립 요건이 제시되지 않아 구조조정시 여성을 우선 해고하거나 인사제도에서 여성을 배제하는 상황이 발생해도 규제하기 어렵다. 따라서 법 규정의 현실적 적용 가능성을 높이려는 노력과 더불어 법의 철저한 집행을 위해서 각종 고용차별 관련 기구의 기능을 강화하고, 채용·승진·순환보직·정년·해고 등 남녀 고용차별과 관련된 각종 지침의 개발과 행정 감독이 지속적으로 이루어져야 한다.

셋째, 개인적인 차원에서도 여성들의 노력이 필요하다. 여성 스스로 자신을 육아 및 가사의 일차 책임자로 규정하고 자신의 취업을 주변적이고 가계보조적인 것으로 인식하는 전통적인 성별 분업 관념에서 벗어나야 한다. 높은 이혼율과 40대 남성의 높은 사망률, 여성 평균수명의 연장 등으로 이제는 여성도 본인의 의도와 상관없이 가구주로서 생계 전담자가 되거나 적어도 자신의 생계를 책임져야 하는 시대에 살고 있다. 따라서 남녀를 떠나서 성인이라면 경제적인 독립이 필수라는 의식의 전환이 필요하다. 또한 한번 들어간 직장에서 정년을 맞는 평생직장 시대가 아닌, 고용불안정의 일상화로 언제든 다른 직장으로 옮겨야 하는 '평생직업'의 시대에 적응하려면 여성도 일생에 걸친 자기계발과 철저한 직업의식이 필요하다.

❖ **생각할 거리** --

1. 여성에게도 '직업은 필수, 결혼은 선택'인 시대이지만, 여성을 위한 취업기회는 제한되어 있다. 이러한 현실에서 여성은 어떠한 준비를 하고 어떠한 선택을 해야 하는지 함께 얘기해 보자.

2. 여성 경제활동 참여율의 증가와 저출산은 과연 피할 수 없는 현상인가? 만약 그렇지 않다면 어떠한 제도적 대안들이 있는지 알아보자.

3. 경제불황으로 인한 기업의 구조조정시 해고 1순위는 왜 항상 여성이어야 하는가. 또한 고용이 불안정한 비정규직의 대부분을 여성들이 차지하는 이유는 무엇이라고 생각하는가?

4. 이제 직장에서 더는 남녀차별이 없다고들 하지만, 여성이 체감하는 현실의 벽은 여전히 높다. 직장에서 임금이 높고 의사결정 권한이 많은 고위관리직에서 여성의 비율이 낮은 이유가 무엇인지 토론해 보자.

5. 여성이 가정에서 무급으로 수행하고 있는 보살핌 노동에는 어떠한 것들이 있으며, 이러한 보살핌 노동이 여성의 경제활동을 어떻게 제약하는지 얘기해 보자.

6. 여성과 남성이 맞벌이를 하면서 가정과 직장을 조화롭게 병행하려면 어떤 제도들이 마련되어야 하는지 논의해 보자.

7. 자신이 취업하고 싶은 분야에 종사하는 사람들을 만나서 일의 성격, 근로조건, 직장문화 등 구체적인 현실에 대하여 알아보고, 취업을 위해 준비할 사항들을 꼼꼼히 챙겨 보자.

❈ **읽을 거리** --

1. 강이수·신경아, 『여성과 일: 한국 여성노동의 이해』, 동녘, 2001.
2. 부산대학교 여성연구소 엮음, 『여성과 직업』, 시그마프레스, 2001.
3. 이주희 외, 『유리 천장 깨뜨리기』, 한울, 2004.
4. 전순옥, 『끝나지 않은 시다의 노래』, 한겨레신문사, 2004.
5. 조순경 엮음, 『노동과 페미니즘』, 이화여자대학교 출판부, 1999.

❈ **볼 거리** --

1. 미스터 커티(도널드 페트리, 1996)
2. 구로아리랑(박종원, 1989)
3. 밥·꽃·양(임인애, 2000)
4. 동행: 비정규직에 관한 짧은 보고서(김미례, 2002)

10장_여성과 법

김엘림

1. 여성과 법의 관계

법은 국가와 사회조직의 운영원칙과 사회구성원의 권리·의무와 행동기준을 정하고 사회구성원으로 하여금 이에 따르도록 하여 사회의 질서를 유지하는 사회규범이다. 그러므로 법은 사회구성원으로서 여성이 남성이나 사회와 맺는 관계와 지위를 규정한다.

그런데 국가의 법을 만드는 사람은 '국민을 대표해야 하는' 국회의원이다. 법을 근거로 정책을 수립·시행하는 사람은 '국민 전체의 이익을 위하여 봉사해야 하는' 대통령과 공무원들이다. 법을 구체적인 사건에 적용하여 분쟁을 처리하는 사람은 '국민의 인권을 보장하고 정의를 구현해야하는' 판사, 검사, 변호사 들이다. 법을 해석하고 교육하는 일은 법학 교수 같은 법 전문가들의 몫이다. 그러므로 법을 만들고(입법), 적용하고(사법), 집행하고(행정), 해석하고 교육하는(법학) 일은 정의롭고 공정해야 하며 사회구성원 다수의 복리를 위하여 이루어져야 한다. 그러나 실제로는 입법·사법·행정·법학을 담당하는 사람들의 가치관, 경험, 이해관계에 의해 많이 좌우되고 있다. 지금까지 그러한 사람들의 절대다수가 남성이었다. 그래서 법은 남성 중심적 사회구조와 관점에서 생성·운영되어 왔다. 특히 우리 나라에서 법과 정치, 행정 부문의 남성 편중 정도는 OECD 가입국 중에서 가장 심하다.

여성운동은 여성이 인간으로서의 존엄과 평등한 대우를 받지 못하는 현실을 생성하는 사회체제의 문제를 개선하기 위한 조직적 활동이므로, 사회체제를 집약적으로 표현하는 법은 여성운동의 주요한 대상이자 수단이 될 수밖에 없다. 해방 이후 남녀평등과 관련하여 이루어진 입법의 양은 어떠한 부문보다도 많고 여성들의 입법운동이 활발하였다. 특히 1980년대부터 여성들은 여성의 인권을 보장하고 남녀평등이 구현되는 사회를 이루기 위하여 법안을 스스로 만들어 관철하려는 노력을 다각도로 해왔다. 그 과정과 결실이 우리 나라의 법과 정치, 정책의 주요한 진보를 이루었다.

2. 여성 관련 법의 현황

1) 국제협약

국제협약이란 국제기구에서 각 국가가 공통적으로 이행할 사항을 정한 국제법을 말한다. 협약에 비준한 국가는 협약에 따라 국내의 법과 정책을 정비할 의무가 있다. 우리 나라가 비준한 협약은 국내법과 같은 효력을 가진다.

1945년 10월에 세계평화와 인권보장을 위한 국제협력기구로서 유엔이 설립된 후 남녀평등은 국제기구의 활동과 국제협약의 기본 원칙이 되어 왔다. 유엔이 채택한 여성 관련 국제협약 중 가장 중요한 것은 지금까지 170개 국가가 비준한 「여성차별철폐협약」이다. 1979년 12월에 채택되어 우리 나라가 1984년 12월에 비준한 이 협약은 유엔이 설립된 이래 오랫동안 논의된 남녀평등에 관한 기본 입장을 재정립하고 국가에 여성차별철폐를 위한 의무를 부과하고 있어 여성의 권리장전이라고도 불린다. 이 협약은 여성이 남성에 비해 열등하다는 관념 또는 성별에 따라 역할과 능력을 집단적으로 평가하여 여성을 육아나 가사노동 담당자로 고정화하는 성별 역할 분업관이 여성차별의 근본 요인임을 명시하였다. 그리고 국가가 정치적·경제적·사회적·국제적 활동, 교육, 고용, 혼인과 가족생활과 국적, 보건 등에서 여성에 대한 차별을 철폐하고 여성의 사회참여를 확대하기 위해 해야 할 조치들을 구체적으로 규정하였다. 또한 여성의 모성 기능에 대한 사회적 보호와 육아·가사노동에 대한 남성의 참여 및 사회적 지원의 필요성에 관하여 규정하였다.

유엔의 「경제적·사회적·문화적 권리에 관한 규약」과 「시민적·정치적 권리에 관한 규약」 및 그 「선택의정서」도 남녀평등권을 명시하고 있다. 우리 나라는 1990년 4월, 이 세 국제협약에 비준하였다.

그 외 1993년 12월에 유엔 총회에서 채택된 「여성폭력철폐선언」과 1995년 9월에 유엔이 개최한 제4차 세계여성대회에서 채택된 「베이징행동강령」은 비록 법적 구속력이 있는 국제협약은 아니지만 세계 각국의 여성 관련 법과 정책에 큰 영향을 주고 있다. 「여성폭력철폐선언」은 여성에 대한 폭력이 남녀 간 불평등한 힘의 관계를 단적으로 나타내고, 여성의 종속적 지위를 고착하며, 여성의 인권과 기본적 자유를 침해하는 행위로서 「유엔 여성차별철폐협약」에서 말하는 여성차별에 해당됨을 명확하게 선언하였다. 그리고 국가가 폭력을 당한 여성의 피해를 조사하여 효과적인 권리구제를 도모하고 가해자를 처벌하며 재발을 방지하기 위한 법과 제도를 발전시킬 것과 아울러, 여성 폭력문제를 처리하는 공직자에게 여성의 입장을 이해시키기 위한 훈련을 실행하도록 규정하였다. 「베이징행동강령」은 여성의 발전과 남녀평등은 여성만의 문제가 아니라 인권의 문제이며, 사회정의를 위한 조건이고 평등·발전·평화를 위해 필요하고 기본적인 선행 조건임을 명시하였다. 그리고 12개 중점 분야(빈곤, 교육·훈련, 보건, 폭력, 무력분쟁, 경제, 권력 및 의사결정, 제도적 장치, 인권, 미디어, 환경, 여아)에서 여성의 힘의 증진과 남녀평등을 실현하기 위해 국가와 지방자치단체, 비정부기구, 국제기구가 이행해야 할 정책과제와 실행전략에 관하여 규정하였다. 또한 정책결정 과정과 사회의 모든 부문에 남성과 여성이 동등하게 참여하여 성별에 따라 다른 입장과 요구를 균형 있게 반영하고, 권한과 권익 및 책임을 분담하여 남성 중심 사회를 성평등하게 변화시키는 성 주류화를,

남녀평등을 효과적으로 실현하기 위한 전략으로 제시하였다.

　유엔은 각 국가가 「여성차별철폐협약」과 「베이징행동강령」의 이행 상황을 유엔에 정기적으로 보고하도록 하였다. 이에 따라 세계 많은 국가들이 유엔의 「여성차별철폐협약」과 함께 「베이징행동강령」을 남녀평등과 여성 발전에 관련된 법과 정책을 정비하는 기본 지침으로 삼고 있다.

　한편 여성의 고용에 관하여 국제기준을 구체적으로 정한 국제기구는 1919년에 설립된 국제노동기구다. 이 기구는 1975년 '세계 여성의 해'를 계기로 근로여성의 보호와 남녀 고용평등에 관한 기본 원칙을 다음과 같이 정립하였다. 첫째, 남녀 간의 본질적 차이는 여성에게 고유한 임신, 출산, 수유의 모성 기능에 있으므로 이 모성 기능에 대해서는 남녀를 다르게 대우하고 그 외에는 남녀를 동일하게 대우해야 실질적 평등의 원리에 합치한다는 것이다. 둘째, 건강한 상태에서 임신, 출산, 수유하는 것은 여성과 태아, 신생아의 건강과 직결될 뿐 아니라 가정, 사회, 기업, 국가에 건강한 인력을 제공하는 사회적 기능이 있으므로 여성은 모성 기능 때문에 차별을 받아서는 안 되며 오히려 사회적 보호를 받아야 한다는 것이다. 셋째, 모성 보호 이외의 여성보호는 모든 여성을 신체적·정신적·경제적 약자로 전제하거나 육아와 가사 담당자 역할을 한다고 보는 가치관에 기초한 것이므로 재검토되어야 하되, 여성보호 규정을 재검토하는 목적은 남녀평등 실현과 생활조건 개선에 있으므로 여성의 근로조건이나 근로환경에 악영향을 미치는 결과를 초래해서는 안 된다는 것이다. 넷째, 가족의 책임은 여성만의 것이 아니라 남녀가 공동 부담하여야 하고 남녀 고용평등 실현을 위해서는 모든 근로자가 가정과 직장의 양립을 조화롭게 도모할 수 있도록 조치를 취해야 한다는 것이다. 국제노동기구가 채택한 협약 중 우리 나라가 비준한 협약으로는 「남녀 동일가치노동의 남녀 동일보수에 관한 협약」, 「고용과 직업의 차별에 관한 협약」, 「가족부양 의무가 있는 근로자의 고용평등에 관한 협약」 등이 있다.

2) 헌법

「헌법」은 국민의 기본권과 국가의 운영원칙 및 통치구조를 규정하므로, 「헌법」에 위반되는 입법·사법·행정상의 명령이나 조치는 모두 무효다. 그래서 「헌법」을 국가의 기본법이자 최고법이라 일컫는 것이다.

우리 나라 「헌법」은 1948년 7월에 제정될 때 모든 국민은 법 앞에 평등하고 모든 영역에서 성차별을 받지 않으며, 혼인에서 남녀가 동등한 권리를 가진다는 것을 규정하는 한편, 실질적인 남녀평등을 위해 "여자와 소년의 근로는 특별한 보호를 받는다"라는 규정도 두었다. 그런데 5·16혁명 이후 1962년 12월에 개정된 「헌법」에서는 혼인에서의 남녀동권 규정이 삭제되었다. 그 후 1980년 10월에 개정될 때, "혼인과 가족생활은 개인의 존엄과 양성평등을 기초로 성립되고 유지되어야 한다"라는 규정이 신설되었다. 이는 성차별적인 '가족법'을 개정할 「헌법」의 근거를 분명히 마련하기 위하여 여성들이 제안한 헌법 개정 의견을 반영한 것이다. 그 후 1987년 10월에 개정된 현행 「헌법」은 여성의 고용차별 금지와 모성보호 및 복지 증진에 관한 규정들을 신설함으로써 어떤 나라의 「헌법」보다도 다양한 여성 관련 특별규정을 두었다고 할 수 있다. 이러한 신설도 남녀평등과 여성의 권익 향상을 도모하는 「헌법」 규정을 다양화하여 법과 판례, 정책과 관행을 평등하게 변화시키려고 여성계가 기울인 노력의 결실이라 할 수 있다. 현행 「헌법」의 여성 관련 특별규정은 다음과 같다.

- 모든 국민은 인간으로서의 존엄과 가치를 가지며, 행복을 추구할 권리를 가진다. 국가는 개인이 가지는 기본적 인권을 확인하고 이를 보장할 의무를 진다.(제10조)
- 모든 국민은 법 앞에 평등하며, 성별, 종교, 사회적 신분에 의하여 정치적·경제적·사회적·문화적 생활의 모든 영역에 있어서 차별을

받지 아니한다.(제11조 제1항)

- 여자의 근로는 특별한 보호를 받으며, 고용·임금 및 근로조건에 있어서 부당한 차별을 받지 아니한다.(제32조 제4항)
- 국가는 여자의 복지와 권익 향상을 위하여 노력하여야 한다.(제34조 제3항)
- 혼인과 가족생활은 개인의 존엄과 양성의 평등을 기초로 성립되고 유지되어야 하며, 국가는 이를 보장한다.(제36조 제1항)
- 국가는 모성의 보호를 위하여 노력하여야 한다.(제36조 제2항)

3) 가정생활 관련 법

우리 나라 법 중에서 혼인이나 이혼, 부모와 자녀의 관계, 친족관계, 입양, 상속 등 가족생활과 가족관계에 관하여 구체적으로 규정한 법은 「민법」의 제4편(친족편)과 제5편(상속편)인데, 이를 흔히 '가족법'이라고 부른다. '가족법'은 1958년 2월에 제정되고 1960년 1월부터 시행되었는데, 네 차례(1962년, 1977년, 1990년, 2002년) 개정을 거쳐 2005년 3월에 최종 개정되었다.

그런데 '가족법'은 제정되기 전부터 그 입법 방안을 둘러싸고 많은 논란이 있었다. 모든 법은 「헌법」에 위반되게 제정할 수 없는데, 당시 「헌법」은 혼인에 관하여 남녀동권을 규정하고 있었다. 그럼에도 조선시대 중기 무렵부터 정착된 유교에 기초하여 부계(父系) 혈통의 가(家) 계승과 제사 본위 등 남성 중심적 가족제도의 관습을 우리 나라 전통이라 주장하며, 그 전통을 계승하여야 한다는 주장이 강하게 제기되었다. 이러한 가족제도는 호주제도와 동성동본금혼제를 골격으로 하여 아버지, 남편, 아들, 장남, 적자(嫡子)의 우선적 지위와 어머니, 부인, 딸, 출가외인, 서자(庶子)에 대한 차별을 당연시하는 것이었다. 그런데 유교가 도입되기 전에는 우리 나라의 전통과 관습에 남녀차별은 거의 없었다. 그리고 호주제도와 동성동 본금혼제는 우리 나라의 고유한 제도가 아니라 중국에서 들여온 것인데, 중국은 1930년에, 일본은 1947년에 호주제를 폐지하였으며, 우리 나라도 가족제도를 국제협약과 「헌법」에 맞추어 민주적이고 평등하게 개혁해야 한다는 주장이 제기되었다. 그러나 당시 개혁론자들은 정치적·사회적 힘 이 매우 약했으며, 국회의원 중에는 여성이 한 명도 없었다. 이러한 상황 에서 국회의 표결 결과는, 향후 점진적으로 가족제도에 평등개념을 반영 하도록 하되 '가족법'은 전통과 관습을 중시하여 만들어야 한다는 점진적 개혁론이 우세하였다. 그리하여 1958년 2월 유교적 가부장제 가족제도에 토대를 둔 '가족법'이 제정되었다.

'가족법'의 제정을 전후로 '가족법'을 개정하기 위한 여성운동이 활발 히 전개되었다. 그 영향으로 '가족법'은 1977년 12월 31일에 남녀평등하 게 일부 개정되었지만, '가족법' 개정을 반대하는 유림 등 보수층의 강한 저항에 부딪혀 미봉적이고 타협적인 조치가 되는 데 그쳤다. 결국 1984년 에 우리 나라가 「유엔 여성차별철폐협약」에 비준하고자 할 때 '가족법'과 「국적법」이 협약과 충돌하여 문제가 되었다. 「국적법」도 남편과 아버지의 국적이 변경되면 처와 자녀의 국적이 자동으로 변경되도록 하는 등 여성차 별적인 규정을 두고 있었기 때문이다. 여성계는 문제의 여성차별적 규정을 개정하라고 강력히 촉구하였다. 그러나 정부는 국내 사정을 들어 협약의 국적 관련 조항과 혼인·가족 관련 조항에 관해서는 비준을 유보하고 나머 지 부분에만 비준하였다.

그 후 '가족법'은 1990년 1월 13일에 남녀평등의 관점에서 크게 개 정·공포되었고, 이 개정법은 1991년 1월부터 시행되었다. 그 주요한 배경 에는 「헌법」에 혼인과 가족생활은 개인의 존엄과 양성평등을 기초로 성립 되고 유지되어야 한다는 조항을 신설하여 법적 기반을 갖추고, 핵가족화가 진전되고 평등의식과 여성의 교육수준이 높아지고, 여성들의 정치적·사회적 힘과 여성단체들의 운동력이 강화되는 등 사회적 변화가 있었다. 이 개정에 의해 친족의 범위, 부부 동거 장소의 결정 및 공동 생활비용 분담, 친권, 상속분 등이 남녀평등하게 되었고, 혼인 중에 취득한 재산은 부부 공동 노력의 결과라는 인식에 기초하여 재산분할청구권이 신설되었다. 정부는 '가족법'이 시행된 후 1991년 3월에 「유엔 여성차별철폐협약」의 혼인과 가족 관련 조항 중 '가족성(家族姓) 및 직업을 선택할 권리를 포함하여 부부로서의 동일한 권리'를 규정한 조항을 제외하고 나머지 조항에 관한 비준 유보를 철회하였다. 아울러 유엔의 「시민적·정치적 권리에 관한 규약」의 혼인과 가정생활에 관한 남녀평등 규정에 대한 비준 유보도 철회하였다. 그리고 1997년 12월 13일, 「국적법」의 남성 중심적이며 부계 혈통주의에 기초한 규정이 개정되자 국적 관련 조항의 비준 유보도 철회하였다.

그러나 1990년의 개정 '가족법'에도 국제협약과 「헌법」에 상충하는 규정들이 있었으며, 그 대표적인 것이 호주제다. 호주제란 호주를 대표자로 하여 그 호적에 입적된 가족으로 관념상의 가(家)를 구성하고 이를 직계비속 남자(아들, 손자, 증손자 등)에게 승계시켜 남계 혈통을 대대로 이어 가는 제도를 말한다. 직계비속 여자(딸, 손녀, 증손녀 등)가 호주가 될 수 있는 경우는 가(家)에 직계비속 남자가 전혀 없거나, 있더라도 남자들이 모두 호주 승계를 포기하는 경우에만 가능하다. 이 경우에도 여자는 결혼하면 친가의 호적에서 제적되어 남편의 가에 입적하는 것이 원칙이므로 결혼한 딸은 무남독녀라도 가족법상 가족이 아닌 것으로 되어(이른바 출가외인) 호주 승계는 못 한다. 이때 재혼하지 않고 가족으로 남아 있는 전(前) 호주의 처나 어머니, 며느리가 있으면 호주를 승계할 수 있지만, 만약에 없으면 그 가는 폐가(廢家)가 되는데 이를 흔히 '대가 끊겼다'라고 말한다. 이래서 호주제가 남성 중심주의와 아들 선호를 조장·유지한다고 하는 것이다.

호주제를 둔 나라는 현재 세계에서 우리 나라뿐이다. 또한 우리 나라 '가족법'은 성(姓)과 본(本)이 같은 혈족, 즉 부계(父系) 혈통에 있는 자 사이의 혼인을 무제한 금지할 뿐 아니라 남계 혈족의 배우자, 남편의 혈족, 기타 8촌 이내 인척(姻戚)이나 이러한 인척이던 자 사이도 혼인할 수 없게 하여 세계에서 가장 넓은 범위로 혼인을 금지할 뿐 아니라, 혼인 금지의 범위와 효력에 남녀 간 차등을 두었다. 그 밖에 여자는 혼인하면 남편의 가나 남편 호주의 가에 입적하도록 하고, 자녀는 아버지의 가[父家]에 입적하고 아버지의 성과 본을 따르도록 하였다. 또한 남편은 자신의 혼인외 자녀를 아내의 동의 없이 임의로 입적시킬 수 있는 규정, 미혼모가 혼자 기르고 있던 자녀를 생부가 생모(미혼모)의 동의를 얻지 않고도 자신의 자녀라고 신고하면 그 자녀의 성과 본을 자신의 것으로 변경할 수 있는 규정, 그리고 남성은 이혼 즉시 재혼할 수 있지만 여성은 임신하지 않았다는 의사의 증명을 제시하지 않는 한 이혼 후 6개월이 경과해야 재혼할 수 있는 규정을 두고 있었다.

그리하여 '가족법'은 우리 나라의 대표적인 여성차별법으로 지적되어 왔다. 그러나 호주제와 동성동혼금혼제가 우리 나라의 미풍양속이며 여성 차별적이지 않다는 주장도 강하게 이어져 왔으며, 그러한 주장을 하는 사람들이 법과 정치, 사회에 큰 영향력을 가지고 있기에 '가족법'이 개정되지 못하였다. 그런데 헌법재판소가 동성동본금혼 규정에 대해서는 1997년 7월에, 호주제에 대해서는 2005년 2월에 「헌법」에 불일치한다는 결정을 내렸다. 그리고 2001년 1월에 여성부가 출범되고 2003년 2월에 호주제 폐지를 선거공약으로 내세운 참여정부가 출범하였으며, '가족법'의 주무부처인 법무부에 여성장관이 취임하고 2004년 4월에 실시된 17대 국회의원 선거에서 사상 유례 없이 많은 40명의 여성의원이 당선한 점, 무엇보다도 여성단체들이 연대하여 지속적으로 '가족법' 개정운동을 활발하게 전개한 것이 '가족법'의 개정을 촉진하였다. 그리하여 2005년 3월 2일에 호주제 폐지를 골자로 하는 '가족법'의 개정 법률안이 국회를 통과하여 3월 31일에 공포되었는데, 그 내용의 요지는 다음과 같다.

- 호주에 관한 규정과 호주제도를 전제로 한 입적·복적·일가 창립·분가 등에 관한 모든 규정을 삭제한다. 아울러 가정폭력특별법 등 30개의 다른 법률에 규정된 '호주'라는 용어도 삭제한다.

- 가족의 범위를 '호주의 배우자, 혈족과 그 배우자, 기타 그 가에 입적한 자'에서 ① 배우자, 직계혈족 및 형제자매, ② 직계혈족의 배우자, 배우자의 직계혈족, 배우자의 형제자매로서 생계를 같이하는 자'로 변경한다. 이에 따라 종전에는 호주의 무남독녀라도 혼인하여 남편의 가에 입적한 경우에는 가족이 아니었던 문제가 해소되고, 장인, 장모, 처남, 처제도 동거하면 법률상 가족으로 인정된다.

- 자녀의 성과 본은 아버지의 성과 본을 따르는 것을 원칙으로 하되, 혼인신고시 부모의 협의에 의하여 어머니의 성과 본도 따를 수 있다. 자녀의 복리를 위하여 자녀의 성과 본을 변경할 필요가 있는 때에는 그 아버지, 어머니, 자녀가 법원의 허가를 받아 이를 변경할 수 있다. 이에 따라 재혼부부는 법원의 허가를 받아 전혼(前婚) 자녀의 성과 본을 자신의 것으로 변경할 수 있다.

- 동성동본금혼제도를 폐지한다. 근친혼 금지의 범위는 '① 8촌 이내의 혈족(친양자의 입양 전 혈족을 포함한다), ② 6촌 이내 혈족의 배우자, 배우자의 6촌 이내의 혈족, 배우자의 4촌 이내 혈족의 배우자인 인척이거나 인척이던 자 사이, ③ 6촌 이내의 양부모계 혈족이던 자와 4촌 이내의 양부모계의 인척이던 자' 사이로 변경한다.

- 여성에 대한 재혼 금지 기간 규정을 삭제한다.

- 양친과 양자를 친생자 관계로 보아 종전의 친족관계를 종료시키고 양친과의 친족관계만을 인정하며 양친의 성과 본을 따르도록 하는 친양자제도를 신설한다. 이에 따라 재혼가정에서 재혼부부가 15세 미만의 배우자의 전혼 자녀를 친양자로 입양하게 되면 그 자녀는 새아버지의 성을 따를 뿐 아니라 발급되는 신분등록부에도 친자(親

子)로 공시된다. 친생부모가 친양자 입양에 동의하여 친양자로 되면 친생부모는 법적으로 부모 자식 관계가 단절된다.

• 상당한 기간 동안 동거하면서 피상속인을 부양한 상속인에게도 공동 상속인의 협의 또는 법원에 의하여 기여분이 인정될 수 있도록 한다.

그런데 '가족법'의 개정으로 호주제가 폐지됨에 따라 호주를 기준으로 하여 가(家)별로 편제되던 호적이 폐기되므로 신분관계를 공시·증명하는 공적 기록에 중대한 공백이 발생하게 된다. 이러한 점을 고려하여 헌법재판소는 호주제를 새로운 신분등록부가 마련될 때까지 유지하는 결정을 하였고, 국회는 2005년에 개정된 '가족법' 중 호주제와 관련된 규정들과 친양자제도에 관한 규정은 2008년 1월 1일부터 시행하도록 하였다. 현재 법무부는 대법원, 행정자치부, 여성부 등 관계 부처 및 학계와 실무 전문가들과 협의를 거쳐 호적법을 대체할 새로운 신분등록제에 관한 정부안을 국회에 제출하였다. 이 정부안은 국민 개인별로 본인을 기준으로 하는 신분등록부를 작성하되, 신분등록부에 개인의 신분 변동사항과 기본적인 가족 인적사항을 기재하는 1인 1적제의 신분등록제를 규정하고 있다.

4) 정치·행정 관련 법

우리 나라에서 여성에게 처음으로 국회의원의 선거권과 피선거권을 인정한 법은 1948년 3월 17일에 제정된 「국회의원선거법」이며, 1948년에 제정된 「헌법」은 모든 선거에서 여성의 참정권을 인정하였다. 그런데 실제로 여성이 공직자로 당선되는 비율은 극히 낮았다. 또한 여성이 공무원으로 채용되는 경우도 극히 드물었고 여성들이 절대다수를 차지하던 전화교환원 직종의 정년은 다른 직종보다 훨씬 낮았다.

이러한 문제를 법적으로 해결하기 위하여 두 가지 입법 방안이 채택되었다. 첫째는 여성에 대한 차별을 해소하여 남성과 동일하게 하는 방안이다. 1980년대에 세 차례 「공무원임용령」을 개정하여 전화교환원 직종의 정년차별을 점차 해소하였고, 1989년 6월에 「공무원임용시험령」을 개정하여 성별 분리 채용규정을 폐지한 입법례가 이에 해당한다. 둘째는 '적극적 조치'를 실시하는 것이다. 적극적 조치란 사회참여의 기회나 대우 등에서 열세에 있는 특정 성을 잠정적으로 우대하여 남녀평등을 실질적이고 효과적으로 실현하기 위한 조치를 말한다. 이 조치는 남녀차별을 금지하거나 기회의 평등을 제공하는 것만으로는 오랫동안 고정관념과 사회구조적으로 이루어진 차별로 현재 발생한 남녀 간 현저한 지위의 차이나 사회참여도의 차이를 해소하기 어렵다는 인식을 기초로 한다. 현재 이 조치를 미국, 호주, 캐나다 등에서는 'Affirmative Action', 유럽에서는 'Positive Action'이라는 명칭으로 널리 실시하고 있다. 적극적 조치를 특히 정치·행정 부문에서 실시하는 의의는 심한 남성 편중 현실을 개선하고, 정치와 정책의 기획 및 결정·시행·평가의 과정에 여성의 참여를 증대하여 남성과 여성의 경험과 가치관을 정치와 정책에 균형 있게 반영함으로써 권한과 책임을 분담하는 성 주류화를 실현하여 참여민주주의와 성평등을 효과적으로 이룩하고자 함에 있다. 우리 나라 법 중에서 여성의 정치·행정의 참여와 관련하여 적극적 조치를 구체적으로 규정한 법은 다음과 같이 크게 세 가지가 있다.

여성발전기본법

1995년 12월에 제정된 「여성발전기본법」은 남녀평등의 촉진과 여성의 발전을 도모하기 위한 국가와 지방자치단체의 책무에 관한 기본적인 사항을 규정한 법이다. 이 법은 제정될 때부터 "국가 및 지방자치단체는 여성의 참여가 현저히 부진한 분야에 대하여 합리적인 범위 안에서 그 참여를 촉진하기 위하여 관계 법령이 정하는 바에 따라 잠정적인 우대조치를 취할 수 있다'라고 규정하였다. 이 법을 2002년 12월 11일 개정하면서 '잠정적 우대조치'라는 용어를 '적극적 조치'로 바꾸고, 이 조치의 목적이 실질적인 남녀평등 도모에 있음을 명시하였다.

아울러 이 법은 우리 나라 법 중에서는 처음으로 국가와 지방자치단체에 각종 위원회 등 정책결정 과정에 여성의 참여를 확대하기 위한 방안을 강구할 책무와 다양한 방법을 통하여 여성의 정치참여 확대를 지원하기 위하여 노력할 책무 및 공무원의 합리적 인사 운영으로 여성의 공직 참여 확대를 위한 여건을 조성할 책무를 부과하였다. 또한 이 법의 시행령이 1996년 6월에 제정될 때, "중앙행정기관의 장 및 지방자치단체의 장은 당해 기관에 소속된 위원회에 여성위원의 참여를 확대하기 위한 연도별 목표를 수립하고 이를 시행하여야 한다"라는 규정을 두었다. 이에 근거하여 정부위원회의 여성 참여 확대정책이 1997년부터 시행되었으며, 현재 여성위원의 참여 목표율은 30%로 설정되어 있다. 최근 여성부는 이 목표가 조기 달성되었다는 조사결과를 토대로 2007년까지 40% 달성을 추진한다는 계획을 발표하였다.

공무원임용시험령

국내 법령 중 공직 부문에서 적극적 조치를 도입한 법령은 「공무원임용시험령」이다. 이 대통령령은 1995년 12월에 개정될 때 여성채용목표제에 관한 규정을 두었다. 여성채용목표제는 1996년부터 2002년까지 한시적으로 5급 행정·외무 고시와 7급 행정·공안직·외무행정직의 공개경쟁 채용시험(1999년에는 9급 행정직 시험도 포함)에서 여성 합격자 수가 매년 책정되는 여성채용목표율(1996년 10%, 1997년 13%, 1998년 15%, 2000년 이후 20%)에 미치지 못하는 경우에 합격선을 낮추어서 목표 비율만큼 여성을 정원 외로 합격시키는 것이다. 따라서 남성이 이 제도 때문에 피해를 보는 일은 없다. 그럼에도 남성에 대한 역차별이라는 논란이 있었고, 최근 행정고시 합격자의 약 40%가 여성일 정도로 여성의 합격률이 상당히 높아져서 이 제도가 실제로 시행되는 경우가 드물게 되었다.

이에 2002년 12월 26일의 개정에 의해 이 제도는 2003년부터 양성채용목표제로 전환되었다. 양성채용목표제는 공무원 임용시험에 있어 공직 내 양성의 평등을 제고하고 직렬 또는 기관별로 남녀의 성비가 균형을 이룰 수 있도록 하기 위하여 2003년부터 2007년 사이에 특정 직렬별 또는 기관별 공무원 채용시험에서 남성 또는 여성의 합격자 수의 비율이 30% 미만일 경우 30%에 이르도록 남성 또는 여성을 정원 외로 합격시키는 제도다.

정당법 등 기타 정치·선거 관련 법

2000년 2월 16일 개정된 「정당법」은 여성의 정치참여 기회를 확대하기 위하여 각 정당에 국회의원 및 시·도의회 의원(광역의회 의원) 비례대표 후보자의 30% 이상을 여성으로 추천하도록 하는 여성공천할당제를 도입하였다.

그 후 2002년 3월에 「정당법」이 개정되어 지방의회의원 선거에서의 여성공천할당제를 강화하였다. 즉 정당이 비례대표 선거구의 시·도의회 의원 선거의 후보자를 공천할 때 여성을 공천하는 비율을 30%에서 50%로 올리고, 선거후보자 명부 순위에 2인마다 여성 1인이 포함되도록 한 것이다. 또한 정당은 임기 만료에 의한 지역구 시·도의회 의원 선거후보자 중 30% 이상을 여성으로 추천하도록 노력하여야 하며, 이를 준수한 정당에는 「정치자금에 관한 법률」에 의해 추가 보조금을 지급할 수 있다는 규정을 신설하였다. 「정당법」은 2004년 3월 12일에 다시 개정되어 국회의원 비례대표의 여성 공천 비율을 30%에서 50%로 높였다.

이러한 여성공천할당제를 뒷받침하기 위해 2002년 3월에 「공직선거 및 선거부정방지법」이 개정되어 정당이 시·도의회 의원 선거의 비례대표 후보를 추천할 때 「정당법」에 규정된 여성후보의 추천비율과 순위를 위반하는 경우 선거관리위원회가 후보등록 신청 접수를 거부하거나 등록을 무효로 할 수 있도록 하였다. 또한 2004년 3월에 「정치자금에 관한 법률」이 개정되어 국고보조금을 받은 정당은 그 보조금의 10%를 여성의 정치발전을 위하여 쓰도록 하는 규정이 신설되었다.

5) 일, 직장생활 관련 법

우리 나라 법이 여성의 일과 직장생활에 관하여 규정하는 방식은 다섯 가지가 있다. 첫째, 여성에 대한 고용상의 차별을 금지하고 피해자를 구제하는 방식이다. 둘째, 직장 내 성희롱을 예방하고 피해자를 구제하는 방식이다. 셋째, 여성의 채용이나 경제활동을 촉진하기 위하여 적극적 조치를 실시하는 방식이다. 넷째, 여성근로자의 모성과 건강 보호를 위하여 근로조건을 특별히 유리하게 하는 방식이다. 다섯째, 육아를 위한 휴직과 보육시설 등을 제공하여 남녀근로자가 가정생활과 직장생활을 조화롭게 양립하게 하는 방식이다.

여성에 대한 고용차별을 규제하는 법

우리 나라 「헌법」은 제정될 때부터 경제생활 영역에서의 성차별을 금지하였다. 이에 따라 「근로기준법」은 사용자가 남녀 근로자를 차별대우하는 것을 금지하고(제5조), 위반하는 경우 처벌하는 규정을 두었다. 그러나 이와 같은 고용차별금지법은 거의 사문화되었다. 그런데 1983년 1월에 한 여성교환원이 다른 직종과 달리 여성교환원의 정년을 12년이나 낮게 정한 회사의 인사규정이 「헌법」과 「근로기준법」의 성차별 금지 규정에 위반된다고 주장하며 소송을 제기하면서부터 고용상의 성차별 문제는 법적·정책적·사회적으로 주목받기 시작하였다. 여성들은 여성교환원의 정년 차별 소송을 지원하고, 여성결혼퇴직제를 전제로 한 판결에 항의하는 활동을 전개하였다. 이를 통해 노동현장에서 실제로 발생하는 여성 고용차별 문제에 당시의 법들이 유용하지 못하고 소송절차가 매우 복잡하며 돈이 많이 들어 여성근로자가 활용하기 어렵다는 문제가 있음을 절감하였다. 그리하여 고용상의 성차별을 구체적으로 금지하고, 신속하고 돈이 안 드는 행정적 분쟁처리 절차를 규정하는 입법을 요구하였다. 이러한 제반 상황을 감안하여 1987년 12월에 「남녀고용평등법」이 제정되었다. 이 법이 제정될 때에는 사업주가 모집·채용·교육·승진·배치·정년·퇴직·해고에서의 여성차별을 금지하였으나, 2001년 8월에 개정될 때에 남녀차별을 금지하되, 직무상 불필요한 용모를 채용기준으로 하는 것을 금지하는 규정과 혼인·임신·출산을 퇴직 사유로 한 근로계약 체결을 금지하는 규정은 여성차별을 대상으로 하였다. 그리고 이 법은 임금에 대해서는 1989년 4월에 개정될 때부터 동일가치 노동에 종사하는 남녀에 대하여 동일임금을 지급하도록 하였다. 이 법에 근거하여 고용상 성차별과 직장 내 성희롱 등에 관한 진정을 조사하고 조정을 통해 분쟁을 해결하기 위하여 6개 지방노동청에 고용평등위원회가 설치·운영되고 있다.

1999년 2월 8일에 제정된 「남녀차별금지 및 구제에 관한 법률」은 민간 사업장은 물론이고 공공기관(국가기관, 지방자치단체, 각급 학교, 공직자유관단체)에도 적용되며, 고용뿐 아니라 교육, 재화·시설·용역의 제공과 이용, 법과 정책 집행에서의 남녀차별과 성희롱을 금지한다. 이 법을 근거로 여성부에 남녀차별개선위원회가 설치되어 남녀차별과 성희롱에 관한 진정을 조사하고 합의권고, 조정, 시정권고(남녀차별 행위의 중지, 원상회복·손해배상, 재발 방지를 위한 교육 및 대책 수립 등을 위한 조치 등), 성차별적인 제도의 개선에 관한 의견표명, 소송지원을 통해 분쟁을 처리한다.

그 밖에 2001년 5월에 제정된 「국가인권위원회법」은 국가인권위원회가 인권침해와 차별행위에 관하여 조사·구제할 수 있게 하며, 차별 사유를 "성별, 종교, 장애, 나이, 사회적 신분, 출신지역, 출신국가, 출신민족, 용모 등 신체조건, 혼인 여부, 임신 또는 출산, 가족사항, 인종, 피부색, 사상 또는 정치적 의견, 형의 효력이 실효된 전과, 성적(性的) 지향, 병력(病歷)" 등 열여덟 가지로 명시하였다. 국가인권위원회가 분쟁을 처리하는 방식은 남녀차별개선위원회의 경우와 유사하다.

이에 따라 2005년 3월 현재 고용상의 성차별과 성희롱에 대하여 조사·구제하는 법과 기구는 「남녀고용평등법」과 고용평등위원회, 「남녀차별금지 및 구제에 관한 법률」과 남녀차별개선위원회, 「국가인권위원회법」과 국가인권위원회 등이 공존하게 되었다. 그런데 최근 정부는 성차별뿐 아니라 모든 차별의 조사·시정 업무를 국가인권위원회가 일원화하여 담당하도록 결정하였다. 이에 따라 2005년 3월 24일, 「정부조직법」 개정 법률안과 함께 「남녀차별금지 및 구제에 관한 법률」을 폐지하는 법률안이 공포되었다. 그 법률안의 골자는 여성부가 여성가족부로 개편됨과 동시에 성희롱의 예방교육과 관련한 업무만을 제외하고는 남녀차별의 개선업무를 여성가족부의 업무에서 제외하여 이를 국가인권위원회로 이관하는 것이다. 이 법률안이 시행되는 시기는 법률안의 공포 후 3개월 이내(즉 6월 23일 이내)다. 그래서 조만간 「국가인권위원회법」의 개정과 종합적인 차별금지법의 제정, 고용평등위원회에 관한 규정을 삭제하고 고용촉진에 초점을 둔 「남녀고용평등법」의 개정 법률안이 국회에 상정될 예정이다.

직장 내 성희롱을 규제하는 법

우리 나라 법 중 처음으로 '성희롱'이란 용어를 명시한 법은 「여성발전기본법」이다. 이 법이 1995년 12월 30일에 제정될 때 '성희롱의 예방'을 평등한 근무환경의 조성을 위해 국가와 지방자치단체, 사업주가 취해야 할 조치로 규정되었다. 이에 따라 고용과 관련하여 발생하는 직장 내 성희롱의 예방은 1996년 7월부터 여성정책의 과제에 포함되었다.

한편 성희롱의 개념을 규정하고 예방과 피해자의 보호를 위한 구체적인 조치를 명시한 법은 1998년 2월 8일에 개정된 「남녀고용평등법」과 동시에 제정된 「남녀차별금지 및 구제에 관한 법률」이다. 「남녀고용평등법」은 사업주에게 직장 내 성희롱의 예방교육과 성희롱 행위자에 대한 징계 또는 이에 준하는 조치를 실시할 의무를 부과하고 피해자에게 불이익이 될 조치를 하지 못하게 하였다. 2001년 8월 14일 개정될 때에는, 직장 내 성희롱에 관한 규정들을 재정비하고 그 개념을 "사업주, 상급자 또는 근로자가 직장 내 지위를 이용하거나 업무와 관련하여 다른 근로자에게 성적인 언동 등으로 성적 굴욕감 또는 혐오감을 느끼게 하거나 성적 언동 기타 요구 등에 대한 불응을 이유로 고용상의 불이익을 주는 것"으로 규정하였다. 또한 "사업주, 상급자 또는 근로자는 직장 내 성희롱을 하여서는 아니 된다"는 금지 규정을 두고, 사업주가 성희롱을 한 경우에는 1000만 원 이하의 과태료를 물게 하는 규정을 신설하였다. 또한 사업주가 성희롱에 관한 의무사항을 위반했을 때 부과하는 과태료와 벌금의 액수를 높였다. 「남녀차별금지 및 구제에 관한 법률」은 성희롱을 남녀차별로 본다는 점을 명시하고 공공기관의 종사자, 사용자 및 근로자의 성희롱 행위를 금지하였으며, 공공기관의 장과 사업주에게 성희롱 예방교육을 실시할 의무를 부과하였다. 노동부는 「남녀고용평등법」의 시행규칙에, 여성부는 「남녀차별금지 및 구제에 관한 법률」에 의한 '남녀차별기준'에 성희롱의 유형을•육체적·성적 언동, 시각적·성적 언동, 언어적·성적 언동, 기타 성적 굴욕감을 유발하는 행위로 구분하고 각각의 구체적 행위를 예시하였다.

여성의 채용과 경제활동을 촉진하기 위한 법

우리 나라 법 중에는 여성의 채용과 경제활동을 촉진하기 위하여 적극적 조치를 규정한 법들이 있다.

「남녀고용평등법」은 2001년 8월 개정 때, 법의 목적과 내용에 "여성의 직업능력개발 및 여성고용촉진"을 포함하고 이를 남녀 고용평등을 실현하기 위한 방안임을 명시하였다.

1993년 12월 27일에 제정된 「고용보험법」은 사업주가 여성근로자의 고용촉진을 위하여 시설을 설치·운영하거나 필요한 조치를 취하면 노동부 장관이 지원할 수 있도록 규정하였다. 이에 따라 현재 노동부는 사업주에게 직장 보육시설의 설치비용을 융자하고 보육교사의 인건비를 지원하는 사업을 실시하고 있다. 또한 사업주가 임신·출산 또는 육아를 이유로 당해 사업장에서 퇴직한 여성근로자를 재고용하는 경우와 가족부양 책임이 있는 실업여성을 고용하는 경우 장려금을 지급하는 사업도 실시하고 있다.

2002년 12월 18일에 제정된 「여성과학기술인의 육성 및 지원에 관한 법률」은 "국가 및 지방자치단체는·여성과학기술인의 진출이 크게 부진한 과학기술분야에 이들의 진출을 확대하기 위하여 합리적인 범위 안에서 잠정적으로 여성과학기술인에 대한 채용목표비율 및 직급별 승진목표비율을 일정 수준으로 설정하는 등의 적극적 조치를 취할 수 있다"라고 규정하였다. 이에 따라 2003년 7월에 제정된 이 법의 시행령은 적극적 조치의 실시 대상과 채용목표 비율을 과학기술계 정부출연 연구기관(국공립 연구기관, 정부투자기관 연구기관 및 국공립 이공계 대학) 연구원 및 전임강사 이상 교수(2000년 10%, 2006년 15%, 2010년 20%)로 정하고, 여성과학기술인육성위원회 및 여성과학기술인지원센터의 설립에 관해 규정하였다.

또 「교육공무원법」을 2003년 7월 25일 개정할 때, 대학교수의 심한 남성 편중 현실을 개선하고, 여성의 교수 임용 기회를 확대하기 위한 적극적 조치를 도입하였다. 즉 "교육인적자원부 장관은 대학의 교원임용시 양성평등을 제고하기 위한 정책을 수립·시행하고, 대학의 장은 대학의 교원임용시 특정 성별에 편중되지 아니하도록 3년마다 계열별 임용목표비율이 명시된 임용계획 등 적극적 조치의 시행을 위하여 필요한 계획을 수립하여 시행하여야 하며, 매년 추진실적을 교육인적자원부 장관에게 제출하여야 한다. 또한 국가 및 지방자치단체는 위 임용계획 및 추진실적을 평가하여 행정적·재정적 지원을 할 수 있다"라고 규정하였다. 또한 대학인사위원회 위원의 일정 비율은 여성을 임명하도록 하는 규정도 두었다. 이에 따라 국립대학에 여교수를 정원 외로 임용하는 제도가 실시되고 있다.

한편 1999년 6월 25일에 제정된 「여성기업지원에 관한 법률」은 "여성기업의 활동과 여성의 창업을 적극적으로 지원함으로써 경제영역의 실질적인 남녀평등을 도모하고 여성의 경제활동을 제고하여 국민경제발전에 이바지함"을 목적으로 한다. 이 법은 국가 및 지방자치단체가 기업에 자금을 지원할 때 여성기업의 활동과 창업을 촉진하기 위하여 여성기업을 우대하고, 공공기관의 장은 여성기업이 생산하는 물품의 구매를 촉진하여야 한다는 등의 지원책에 관하여 규정하였다.

여성근로자의 특별보호를 위한 법

우리 나라 「헌법」은 제정 당시부터 "여자의 근로는 특별한 보호를 받는다"라는 규정을 두었다. 그 후 1987년 10월 27일 개정으로 "국가는 모성의 보호를 위해 노력하여야 한다"(제32조 제4항)라는 규정도 신설되었다.

이에 따라 1953년 5월 10일 제정된 「근로기준법」은 '여자와 연소자'의 보호에 관해 별도의 장(제5장)을 두고 여성근로자를 특별보호하는 다양한 규정들을 마련, 사용자가 이를 위반하면 벌칙에 처하도록 하였다. 여성보호 규정 중에는 매월 하루의 유급 생리휴가 규정과 해고된 여성에 대한 귀향 여비 규정과 같이 일본에서 독자적으로 만들어 세계에서 유례를 찾기 어려운 규정들이 있었다. 게다가 보호규정들이 정교하지 않고 현실과도 맞지 않아 실효성이 거의 없었다. 또한 여성의 출산휴가 기간에 임금을 전적으로 사업주에게 부담시켜 사업주들이 여성의 고용을 기피하거나 임신, 출산하는 여성을 퇴직시키는 문제가 지속적으로 발생하였다.

이러한 문제를 해소하기 위하여 「근로기준법」의 여성보호 규정들은 2001년 8월 14일, 법을 제정한 지 48년 만에 크게 개정되었다. 2001년 11월부터 시행된 이 개정법안은 국제화·지식정보화·남녀평등화가 본격화되는 21세기를 맞이하여 국제 노동기준에 부응해 남녀평등과 임산부에 대한 모성보호를 강화하는 한편, 모성보호만을 목적으로 하지 않으면서 여성의 취업을 제한하거나 금지해 온 여성보호 규정은 완화하여 여성의 일할 기회를 확대하고 법의 실효성을 강화하였다는 점에 의의가 있다. 개정된 여성보호 규정의 주요 내용은 다음과 같다.

① '여자'라는 용어는 모두 '여성'으로 변경하였다. 이에 따라 「근로기준법」 제5장의 표제도 '여자와 소년'에서 '여성과 소년'으로 바뀌었다. 이러한 변경은 '여성'이라는 용어가 생물학적이고 정태적인 존재(sex)보다 사회적인 존재(gender)로서의 지위를 더 표상하기 때문이며, 종래 '여자'라는 용어에 붙은 전통적인 고정관념을 탈피하고 좀더 진취적이고 평등한 인간상을 지향하고자 함에 있다.

② 특정 직종에 여성의 사용을 금지하거나 제한하는 경우는 두 가지가 있다. 첫째, 도덕상 또는 보건상 유해·위험한 사업이다. 종전 법에서는 모든 여성이 사용되는 것을 금지하고 시행령에서 6개의 사용금지 직종을 규정하였으나, 개정법은 임신 중이거나 산후 1년이 경과되지 않은 임산부와 18세 미만자를 도덕상 또는 보건상 유해·위험한 사업에 사용하지 못하게 하고, 임산부가 아닌 18세 이상의 여성은 임신 또는 출산에 관한 기능에 유해·위험한 사업에만 사용하지 못하게 하였다. 둘째, 갱내 근로다. 종전 법에는 모든 여성의 갱내 근로를 일절 금지하였으나 개정법은 보건·의료, 보도·취재, 복지, 조사, 관리감독 등의 업무를 수행하기 위하여 일시적으로 필요한 경우는 예외로 하는 규정을 신설하였다.

③ 여성의 근로시간을 제한하는 규정이 있다. 첫째, 법정근로시간 외

근로에 대해 종전 법은 모든 18세 이상의 여성에 대하여 단체협약이 있는 경우라도 1일에 2시간, 1주일에 6시간, 1년에 150시간을 초과하는 시간 외 근로를 금지했으나, 개정법은 그 보호 대상을 산후 1년이 경과되지 않은 여성으로 한정하고, 임신 중인 여성근로자는 금지시키는 것을 원칙으로 하였다. 둘째, 심야업(밤 10시부터 오전 6시 사이의 근로) 및 휴일 근로에 대해 종전 법은 모든 여성에게 원칙적으로 금지하고 노동부 장관의 인가와 근로자의 동의가 있어야 허용하였으나, 개정법은 임산부와 18세 미만자에 대하여 금지하되, 18세 미만자와 산후 1년 미만의 여성의 동의가 있는 경우와 임신 중의 여성이 명시적으로 청구하는 경우에 노동부 장관의 인가를 얻어 허용하도록 하였다. 그리고 사용자에게 노동부 장관의 인가를 얻기 전에 근로자의 건강과 모성 보호를 위하여 연장근로의 시행 여부와 방법 등에 관하여 근로자 대표와 성실하게 협의할 의무를 부과하였다. 반면 18세 이상의 여성은 당해 근로자의 동의를 얻으면 근로를 허용하도록 하였다.

한편 공무원에게 적용되는 「국가공무원복무규정」은 1999년 12월 7일에 보건휴가에 관한 규정을 개정하여 여성 공무원은 매 생리기 외에도 임신한 경우 검진을 위하여 매월 1일의 여성 보건휴가를 얻을 수 있도록 하였다. 또한 "생후 1년 미만의 유아를 가진 여성 공무원은 1일 1시간의 육아 시간을 얻을 수 있다"라는 규정도 신설하였다. 또한 2001년 10월 31일의 개정에서는 임용권자의 재량으로 되어 있던 출산휴가 규정을 의무로 변경하고 휴가기간을 '근로기준법'의 개정에 맞추어 60일에서 90일로 연장하였다. 2001년 10월 31일, 행정자치부가 제정한 「공무원휴가업무예규」는 출산휴가는 산모의 건강을 고려하여 출산일 또는 출산 예정일을 기준으로 출산 후에 45일 이상 확보되도록 부여한다는 것을 규정하고, 여성 공무원의 유산·사산·조산 휴가를 인정하였다.

④ 여성에게 특별휴가를 부여하는 규정이 있다. 그 하나는 산전후 휴

가 규정이다. 종전 법에는 총 휴가기간이 60일이고 그중 30일이 산후에 배치되었으나, 개정법은 휴가기간을 90일로, 그중 산후 휴가기간을 45일로 연장하였다. 그리고 종전 법은 휴가기간 동안 사용자가 임금을 전액 지급하였으나 개정법은 90일 중 60일만 사용자가 임금을 지급하고 30일은 「남녀고용평등법」과 「고용보험법」에 의해 고용보험기금에서 소정의 산전후 휴가급여를 지급하도록 하여 모성보호 비용을 사회에서 분담하고 있다. 그런데 2005년 5월 31일 개정된 법은 우선지원대상기업(중소기업)에 종사하는 여성은 산전후 휴가 90일에 대하여 고용보험에서 산전후 휴가급여를 받도록 하였다. 그리고 임신 16주 이후 유산하거나 사산한 여성은 청구하면 보험휴가를 받을 수 있게 되었다. 이러한 2005년 개정법은 2006년부터 실시된다.

두 번째 특별휴가는 유급 생리휴가다. 존폐 여부에 관하여 많은 논란이 있었으나 2001년 법 개정에서는 개정되지 않았다. 그러나 2003년 9월 15일에 주 5일 근무제가 도입됨에 따라 생리휴가 규정에서 '유급'이라는 말이 삭제되었다. 이에 따라 2004년 7월 1일부터 주 5일제 근무제가 시행되는 사업장에서는 여성들이 생리휴가를 사용하면 임금이 삭감될 수 있게 되었다.

⑤ 그 외 「근로기준법」에는 생후 1년 미만의 유아를 가진 여성근로자가 청구하면 사용자는 1일 2회 각각 30분 이상의 유급 수유시간을 주어야 한다는 규정도 있다.

남녀 근로자의 육아 및 가정생활을 지원하는 법

우리 나라 법에서 육아휴직제를 처음으로 도입한 법은 「남녀고용평등법」이다. 1987년 12월 제정 당시, 여성근로자가 1세 미만의 자녀의 양육을 위해 휴직을 신청하는 경우에 사업주가 육아휴직을 제공하도록 규정하였으나, 2001년 8월에 개정될 때 자녀양육 문제나 가사노동에 남녀가 공동 참여하고 책임을 나누어야 한다는 인식에서 적용 대상을 남성근로자로 확대하였다. 또한 "사업주는 육아휴직을 이유로 해고, 기타 불리한 처우를 하여서는 아니 되며, 육아휴직 기간 동안은 당해 근로자를 해고하지 못한다. 다만 사업을 계속할 수 없는 경우에는 그러하지 아니한다"라는 규정을 두었다. 그리고 "사업주는 육아휴직 종료 후에는 휴직 전과 동일한 업무 또는 동등한 수준의 임금을 지급하는 직무에 복귀시켜야 한다. 육아휴직 기간은 근속기간에 포함한다"라고 규정하였다. 그리고 2001년 8월에 개정된 「고용보험법」에서는 육아휴직 급여 규정을 신설하였다. 신설의 의의는 종래 「남녀고용평등법」의 육아휴직은 무급휴직으로서 사용자에게 휴직기간 동안 임금을 지급할 의무가 없어서 근로자들이 사용하기를 회피하는 경향이 많았던 문제를 줄이고, 육아휴직을 근로자의 고용 유지와 실업 예방을 위한 조치로 인정하였으며, 육아에 대한 사회적 기능의 중요성을 인정하여 그 비용을 사회에서 분담하게 한 데 있다.

공무원들에 대해서는 1995년부터 「국가공무원법」, 「지방공무원법」, 「교육공무원법」에 의해 육아휴직제도와 가족간호휴직제도가 실시되어 점차 발전되어 왔다. 현재 공무원은 3세 미만인 자녀에 대해 그 수에 관계없이 1년간 육아휴직을 사용할 권리가 있으며, 휴직기간 동안 휴직수당을 받으며, 승급기간에 산입되어 인사상 불리한 처우를 받지 않는다. 아울러 공무원이 사고나 질병으로 장기간 요양해야 하는 부모, 배우자, 자녀 또는 배우자의 부모를 간호하기 위하여 필요한 때에 1년 이내의 무급휴직(재직기간 중 총 3년 이내)을 쓸 수 있다.

한편 1991년 1월에 「영유아보육법」이 제정되었다. 2005년 1월부터 실시된 개정법은 "영유아의 심신의 보호와 건전한 교육을 통하여 건강한 사회성원으로 육성함과 아울러 보호자의 경제적·사회적 활동을 원활하게 함으로써 가정 복지 증진에 기여함"을 목적으로 한다. 이 법은 '보육'을 "영유아를 건강하고 안전하게 보호·양육하고 영유아의 발달특성에 적합한 교육을 제공하는 사회복지 서비스"로 규정하고 법의 지원을 받는 보육 대상을 모든 영유아(6세 미만의 취학 전 아동)로 확대하였다. 보육시설에 대해 종전 법은 국공립 보육시설, 민간 보육시설, 직장 보육시설, 가정 보육 시설 등 4종으로 구분하였으나, 개정법은 법인 보육시설과 부모협동 보육 시설을 추가하였고, 국공립 보육시설의 설치를 국가와 지방자치단체의 의무로 규정하였다. 또한 무상보육의 특례 대상에 초등학교 취학 직전 1년의 유아 외에 장애아를 포함하고, 직장 보육시설 외 보육시설의 운영비도 조세 감면을 받게 하였다. 아울러 12세 미만의 아동도 보육시설을 이용할 수 있는 특례를 두어 방과후 아동보육을 가능하게 하였다.

6) 성폭력·성매매 관련 법

성폭력 관련 법

성폭력이란 상대방의 의사에 반하고 정신적 또는 육체적 손상이나 고통을 주는 성적인 성질의 언어나 행동을 함으로써 상대방의 인간의 존엄성과 자신이 원하지 않는 성적 언동을 받지 않을 성적 자기결정권을 침해하는 폭력행위를 말한다. 성폭력은 남성과 여성 모두 피해자가 될 수 있지만, 남성이 여성을 대상으로 하는 경우가 대부분이다. 그래서 성폭력은 여성에 대한 폭력의 대표적인 유형으로 간주된다.

우리 나라에서는 1994년 1월에 여성인권운동의 성과로 「성폭력범죄의 처벌 및 피해자보호 등에 관한 법률」(이하 「성폭력특별법」)이 제정되어 「형법」의 특별법으로서 성폭력 범죄의 처리 특례와 피해자 보호에 관하여 규정하였다. 성폭력 범죄의 처리는 법무부 소관이어서 사법기관이 사건을 처리하며, 성폭력 범죄의 예방과 피해자 보호 업무는 여성부가 맡는다.

이 법은 성폭력 범죄에 대하여 「형법」에 규정된 간통죄(제241조)와 결혼을 위한 약취·유인죄(제291조)와 혼인빙자간음죄(제304조)를 제외한 성

범죄와 특수강도강간죄, 의붓아버지 등 친족관계에 의한 강간죄 등 장애인에 대한 추행죄, 업무상 위력 등에 의한 추행죄, 공중 밀집장소에서의 추행죄, 통신매체 이용 음란죄, 카메라 등 이용 촬영죄 등을 열거하고 범죄자에 대한 벌칙을 규정한다.

이 법은 고소의 특례로서, 다른 범죄와 달리 성폭력 범죄의 가해자가 자기 또는 배우자의 직계존속이라도 피해자가 고소할 수 있게 하였다. 또한 다른 친고죄의 경우는 범인을 알게 된 날부터 6개월 이내에 고소해야 하지만, 이 법은 범인을 알게 된 날부터 1년 이내로 고소기간을 연장하였다. 또한 수사와 재판에서의 특례로서, 피해자가 신뢰관계에 있는 자와 동석하여 수사와 재판의 심리를 받고, 재판의 심리를 비공개로 할 수 있는 경우에 관하여 규정한다. 2003년 11월에 개정된 법은 성폭력 피해자가 수사 및 재판 과정에서 인권을 침해받는 일이 없도록 하기 위하여 성폭력 피해자가 13세 미만이거나 장애인인 경우 이들의 진술과정을 영상물로 녹화하고 성폭력 피해자의 연령, 심리상태 또는 후유장애의 유무 등을 신중하게 고려하여 조사과정에서 피해자의 인격이나 명예가 손상되거나 사적인 비밀이 침해되지 않도록 주의하여야 하며, 조사의 횟수는 최소한으로 해야 한다는 것을 규정하였다. 처벌의 특례로서는 법원이 성폭력 범죄자에 대하여 형의 선고를 유예할 경우에는 1년간 보호관찰을 명할 수 있고, 형의 집행을 유예할 경우 그 집행유예 기간 안에 일정 기간 동안 보호관찰을 받도록 명하거나 사회봉사 또는 수강을 명할 수 있고 두 가지 이상을 병과할 수 있다. 다만, 그 범죄자가 소년(만 20세 미만)인 경우에는 반드시 보호관찰·사회봉사 또는 수강을 명령해야 한다고 규정하였다.

한편 이 법에는 국가 또는 지방자치단체가 성폭력 피해자의 피해 신고 접수 및 상담 또는 일시적 보호, 법률적·의료적 지원을 하기 위한 상담소와 보호시설을 설치·운영하거나 민간인이 설치한 상담소와 보호시설을 지원하고, 성폭력 피해자의 피해 진단과 정신적·육체적 치료를 하는 전담 의료기관을 지정하게 하는 등 사회복지 서비스의 실시에 관한 규정도 있다.

성매매 관련 법

성매매는 성을 사고파는 행위로서 남녀가 불평등하고 퇴폐·향락적인 산업이나 문화가 만연한 사회구조에서 주로 여성의 몸과 성을 상품화하여 발생하기에 여성의 인간적 존엄성과 가치를 훼손하는 문제를 초래한다.

우리 나라는 1961년 11월에 「윤락행위등방지법」을 제정하여 금품을 이용하여 성행위를 하거나 그 상대방이 되는 행위를 '윤락행위'라 하여 금지하고 그 당사자를 처벌할 뿐 아니라 윤락행위를 알선하거나 장소 제공 등의 행위로 이익을 취하는 사람을 중하게 처벌하는 한편, 윤락행위를 하거나, 할 우려가 있는 요보호자를 선도하고 직업훈련을 하게 하였다. 그런데 이 법은 '성을 파는 사람은 도덕적으로 타락한 여성'이라는 인식을 기초로 하여 성을 파는 여성의 선도에 초점을 맞추고 사법기관과 행정기관이 법을 거의 집행하지 않아 법과 현실 사이의 격차가 컸으며, 단속하는 경우에도 윤락여성만을 대상으로 하고 업주나 성을 사는 사람은 제외하였다. 그리하여 이 법의 실효성이 매우 적어 법 위반 사범이 감소하기는커녕 오히려 급증하였고, 일부 미군 기지촌의 향락업소에서 필리핀이나 러시아 등에서 온 외국인 여성을 고용하여 성매매를 하게 한 사실이 국제적으로 문제가 되어 성매매 관련 법률의 재정비가 필요하였다. 이에 국무총리 산하기관으로 여성부, 법무부 등 관련 부처와 민간인들로 구성된 성매매대책추진단을 발족하여 법의 정비작업을 진행하는 한편, 성매매 여성들의 인권보호 활동을 해온 단체들도 대안적 입법안을 마련하고 입법청원을 하였다.

그 결실로 2004년 3월에 「성매매알선 등 행위의 처벌에 관한 법률」 (이하 「성매매처벌법」)과 「성매매방지 및 피해자보호 등에 관한 법률」(이하 「성매매피해자보호법」)이 제정되어 같은 해 9월 23일부터 시행되었다. 이에 따라 「윤락행위등방지법」은 제정된 지 40여 년 만에 폐지되었다.

성매매처벌법은 '윤락' 대신 '성매매'라는 용어를 사용하고 이를 "불특정인을 상대로 금품, 그 밖의 재산상의 이익을 수수·약속하고 성교행위를 하거나 구강·항문 등 신체의 일부 또는 도구를 이용한 유사 성교행위를 하거나 그 상대방이 되는 행위"라고 규정하여 종전보다 법적 규제 대상의 범위를 넓혔다.

그런데 성매매 관련 법의 제정과 시행 과정에서 성인 사이의 성매매 행위를 법으로 규제하는 것이 타당하며 실효를 거둘 수 있을지가 큰 논란거리가 되었다. 결국 이 법은 국가가 성매매 행위를 법으로 허용하거나 방치해서는 안 된다는 인식에 기초하여 성매매, 성매매 알선행위, 성매매 목적의 인신매매, 성을 파는 행위를 하게 할 목적으로 타인을 고용·모집하거나 성매매가 행하여진다는 사실을 알고 직업을 소개·알선하는 행위, 이러한 행위들 및 그 행위들이 행하여지는 업소를 광고하는 행위 등을 모두 금지하고 위반자를 처벌하는 금지주의를 취한다. 다만, 이 법은 '성매매 피해자'는 처벌하지 않는다. '성매매 피해자'란 ① 위계·위력, 그 밖에 이에 준하는 방법으로 성매매를 강요당한 자, ② 업무·고용, 그 밖의 관계로 보호 또는 감독하는 자에 의하여 마약·향정신성 의약품 또는 대마에 중독되어 성매매를 한 자, ③ 청소년, 사물을 변별하거나 의사를 결정할 능력이 없거나 미약한 자 또는 대통령령이 정하는 중대한 장애가 있는 자로서 성매매를 하도록 알선·유인된 자, ④ 성매매 목적의 인신매매를 당한 자를 말한다. 한편 이러한 성매매 피해자가 아니면서 성매매를 한 자는 법원에 의해 ① 성매매가 이루어질 우려가 있다고 인정되는 장소나 지역의 출입 금지, ② 보호관찰, ③ 사회봉사·수강 명령, ④ 성매매 피해 상담소에 상담 위탁, ⑤ 전담 의료기관에 치료 위탁 중 어느 하나를 택하거나 병과하여 보호처분을 받을 수 있다. 그리고 이 법에 규정된 죄를 범한 자가 수사기관에 신고하거나 자수하면 형을 감경하거나 면제받을 수 있다. 반면,

성매매와 관련하여 이익을 취하는 자는 엄중 처벌되고 재산도 몰수당할 수 있다.

또한 이 법은 성매매 알선행위를 한 자, 성을 파는 행위를 할 자를 고용·모집하거나 그 직업을 소개·알선한 자 또는 성매매 목적의 인신매매를 한 자가 그 행위와 관련하여 성을 파는 행위를 하였거나 할 자에 대해 갖는 채권은 그 계약의 형식이나 명목에 관계없이 무효로 하고 있다.

성매매 관련 법의 제정과 시행 과정에서 있었던 또 다른 쟁점은 성매매에 종사해 온 많은 여성들의 생존방안과 성매매 예방방안이었다. 이 문제에 집중적으로 대처하기 위하여 여성부를 주무부처로 하여 「성매매피해자보호법」이 마련되었다. 이 법은 국가 및 지방자치단체에 성매매를 방지하고 성매매 피해자와 성을 파는 자(이하 '성매매 피해자 등')의 보호와 자립을 지원하기 위한 시설과 성매매 상담소의 설치·운영 및 성매매 목적의 인신매매를 방지하기 위한 조치를 취할 것을 의무로 부과하였다. 지원시설에는 일반 지원시설, 청소년 지원시설과 외국인 여성 지원시설, 자활지원 센터가 있다. 지원시설은 '성매매 피해자 등'을 대상으로 일정 기간 숙식을 제공하고 심리적 안정 및 사회적응을 위한 상담 및 치료와 의료기관으로의 인도 등 의료지원, 수사기관의 조사 및 법원의 증인신문 동행, 법률구조기관 등에 필요한 협조 및 지원 요청, 자립자활 교육의 실시와 취업정보 제공, 국민기초생활보장법 등 사회보장 관련 법령에 따른 급부(給付)의 수령 지원, 기술교육(위탁교육 포함) 등의 업무를 공통적으로 행한다.

「청소년성보호에 관한 법률」은 만 19세 미만의 청소년을 대상으로 한 성폭력과 성매매를 효과적으로 근절하기 위하여 범죄자의 신상 일부와 범죄 사실의 요지를 공개하는 제도를 두고 있다. 신상공개의 대상은 아동·청소년 대상 성폭력범과 성매수범, 성매매 업주, 아동 포르노 제작·수입·수출자, 인신매매범 등이다. 신상공개 대상자를 결정할 때에는 국무총리 소속의 청소년보호위원회에서 법조계, 학계, 민간단체 관계자 등이 참여하는 신상공개사전심의회를 설치하고 범죄 전력, 죄질, 대상 청소년의 연령 등을 종합하여 심의하도록 하고 있다. 신상공개의 방법은 관보, 청소년보호위원회 홈페이지에 6개월간, 정부종합청사 및 시·도 게시판에 한 달간 게시하는 것이다.

3. 실질적인 남녀평등을 위한 과제

우리 나라 법은 남녀평등권을 실질적으로 보장하기 위하여 여성에 대한 차별과 폭력의 철폐, 여성의 사회참여를 촉진하는 적극적 조치, 모성보호, 육아와 가사노동에 대한 남성의 참여와 사회분담의 촉진 등을 주요 내용으로 하여 발전해 왔다. 그리하여 적어도 외형상으로는 국제협약과 선진국의 법에 부응하여 남녀평등을 이루기 위한 법 체제는 갖춘 것처럼 보인다. 그러나 법이란 이해관계와 가치관을 달리하는 세력 간 타협으로 이루어지며, 실제로 정치적·정책적 필요에 따라 미봉으로 이루어지는 경우가 있기에 남녀평등 실현을 이루는 데 미흡한 부분이 있게 마련이다. 또한 법이 만들어지거나 개정되었다고 해서 저절로 시행되지는 않으므로 법이 제대로 시행되도록 담당자들에 대한 적절한 압력이 필요하다. 이러한 사정을 감안하여 볼 때 법이 진정으로 남녀평등 실현을 촉진하는 수단이 되려면 입법·사법·행정·법학 분야에서 여성들의 참여가 늘어나야 한다. 또한 법 관련 담당자들과 국민이 여성인권 관련 법을 이해하고 법을 제대로 지키게 하기 위한 교육도 실시해야 하고, 법학과 여성학을 접목한 법여성학에 관한 연구와 교육도 확산되어야 한다. 아울러 여성들이 법의 시행 상황을 감시하고 올바른 법 시행을 위해 압력을 행사하는 활동을 활발히 해야 할 것이다.

1. 「병역법」은 징집 대상을 '대한민국 남자'로 한정하고 있다. 이에 따라 여성은 군복무를 하지 않아도 된다. 이러한 「병역법」의 취지는 무엇이며, 「헌법」의 남녀평등 원칙에 위반되는지를 생각해 보자.

2. 「정당법」은 여성공천할당제, 「여성과학기술인의 육성 및 지원에 관한 법률」은 여성 과학기술인의 채용목표제를, 「여성기업지원에 관한 법률」은 여성의 창업이나 기업운영에 관한 특별지원을 규정하고 있다. 이와 같은 규정의 취지는 무엇이며, 「헌법」의 남녀평등 원칙에 위반되는지를 생각해 보자.

3. 「근로기준법」은 여성에 대한 특별보호 규정들을 두고 있다. 이러한 규정들의 취지와 이것이 여성의 취업에 미치는 영향은 무엇이며, 「헌법」의 남녀평등 원칙에 위반되는지를 생각해 보자.

❀ 읽을 거리 --

1. 김엘림, 『남녀평등과 법』(개정판), 한국방송통신대학교 출판부, 2005.
2. 양현아 엮음, 『법여성학을 향하여』, 서울대 BK21법학연구단 공익인권법센터 기획, 사람생각, 2004.
3. 이은영, 『법여성학 강의』 제2판, 박영사, 2004.
4. 윤후정·신인령, 『법여성학: 평등권과 여성』, 이화여자대학교 출판부, 2001.

❀ 볼 거리 --

1. 『남녀평등과 법』 TV 강의와 인터넷 방송 강의, 한국방송통신대학교 방송국(OUN).

11장_국가와 여성정책의 변화

강남식

1. 여성정책의 개념과 범주

1) 여성정책의 개념

여성정책은 여성문제의 특수성 때문에 다른 정책과는 달리 정치, 경제에 서부터 교육, 문화에 이르기까지 모든 분야의 국가정책과 관련된다. 이에 여성정책은 여성문제를 둘러싼 사회 제 세력 간의 권력관계, 여성문제에 대한 사회적 인식과 합의 수준에 따라 패러다임에서부터 실천에 이르기까 지 달라질 수 있다.

특히 여성정책의 발전은 여성문제를 정책의 의제로 제기하는 것 자체 가 여성운동이 성장하는 정치적 상황과 맞물려 있기 때문에, 대체로 여성 의 세력화나 여성운동의 발전과 일정한 함수관계를 갖는다. 여성운동이 발전하지 않은 사회나 시기에 여성정책은 국가와 행정체계에서 주변화되 어 있게 마련이나, 여성의 세력화나 여성운동이 발전한 국가에서는 여성 정책의 주류화를 모색하는 경향도 보인다.

따라서 여성정책은 특정한 시기에 특정한 사회적 맥락에서 여성과 국 가가 상호 개입하는 '역사적 구성물(historical construct)'로 규정할 수 있다 (황정미, 2001). 여성정책을 의미하는 용어나 개념, 범주 역시 국가나 시기 에 따라 변화하는 것으로 볼 수 있다.

한국에서 여성정책의 개념과 범주가 변화하기 시작한 것은 여성운동 이 여성정책에 본격적으로 개입하기 시작한 1980년대 중반부터다. 해방 이후 1980년대 중반까지 여성정책은 부녀복지란 이름으로, 여성문제에 대 한 인식 없이 요보호 여성의 보호와 복지 증진을 위해 선도사업의 일환으로 실시되었다. 부녀복지 다음으로 여성정책을 뜻하는 용어로 등장한 것은 여성복지다. 여성복지는 1980년대 중반 이후 여성운동이 발전하고 「유엔 여성차별철폐협약」 비준국이 되면서, 정책 대상을 요보호 여성에서 일반 여성으로 확대해야 하는 시점에서부터 사용되기 시작하였다. 즉 여성복지는 여성차별 문제가 제기된 상황에서 전통적인 여성관을 수용하며 부녀복지를 고수하고자 하는 지배 담론과 정책에 여성주의적 관점을 도입하려는 입장이 각축하는 상황에서 양측의 주장을 부분적으로 수용하여 채택된 용어다(강남식, 2003).

부녀복지, 여성복지라는 용어와 개념은, 여성정책을 '남녀평등의 촉진, 여성의 사회참여 확대 및 복지 증진에 관한 대통령이 정하는 정책'으로 규정한 「여성발전기본법」(1995년 제정) 제3조에 따라 여성정책으로 통합된다. 여성정책은 정책에 젠더 관점을 결합함으로써 여성만을 대상으로 하는 것이 아니라 궁극적으로 남녀평등 실현을 목표로 하는 성평등정책으로 전환되었다.[1]

이러한 논의에 기반을 둔다면 여성정책은 '모든 여성이 인간다운 삶을 누리도록 가부장제, 자본주의와 같이 성차별을 유지·강화하는 기제를 제거하고, 양성평등을 실현하는 것을 목적으로 한, 정부나 민간의 모든 여성을 대상으로 한 법·제도 등 거시적이고 구조적인 차원과 함께 여성 개인의 능력 고양을 위해 임상적이고 미시적인 차원에서 수행되는 이론적·실천적 노력'으로 정의할 수 있다.[2]

---

1) 여성정책 영역에서 여성운동의 성과로 용어와 개념의 변화를 겪은 대표적인 사례가 성매매다. 성매매는 여성주의 시각이 개입되는 정도에 따라 윤락(淪落)→매춘(賣春)→매매춘(賣買春)→성매매(性賣買)로 바뀌었다. 이 용어들은 성매매를 보는 관점 및 대안 모색과 관련하여 중요한 정치적 의미를 갖는데, 먼저 성을 파는 행위에만 초점이 맞추어져 파는 사람에 대한 도덕적 비난을 함축하는 용어는 윤락과 매춘이고, 파는 행위뿐 아니라 사는 행위까지 포괄하는 용어는 매매춘과 성매매다. 특히 성매매는 '거래'되는 측면을 강조하면서, 성을 사는 사람과 파는 사람, 이들을 연결하는 중간 매개자(포주, 기둥서방 등), 성산업 등 성의 거래가 이루어지게 하는 총괄적인 맥락이 드러나는 용어다.

2) 여성정책의 대상과 범주

여성정책의 대상은 요보호 여성에서 일반 여성으로 확대되어 왔다. 요보호 여성이라는 것은 누군가로부터 보호를 필요로 하는 '비정상적인' 여성이라는 의미로, 저소득 모자가정·미혼모·가출 여성·가정폭력 및 성폭력 피해자·성매매 여성·장애 여성·노인 여성 등을 포괄하는 개념이다.

요보호 여성과 대립되는 개념인 일반 여성은 문제가 없는 정상적인 여성을 뜻한다. 그러나 이 구분 역시 너무 포괄적이고 부정확하다. 왜냐하면 가부장제적인 성차별 사회에서 여성은 일관되게 문제가 없는 '정상적인 일반 여성'의 삶을 살아가기보다 부여된 성(sex/gender), 역할, 생애주기에 따라 언제든지 문제 있는 '비정상적인 요보호 여성'이 될 수 있기 때문이다. 실제 여성들은 자신의 능력이나 의지와는 관계없이 성폭력이나 가정폭력의 피해자가 될 수 있으며, 비정규직 노동자로 내몰리다 빈곤 여성이나 성매매 피해 여성이 될 수도 있다. 더 나아가 정상적인 일반 여성들도 성차별적인 가부장제 사회에서 삶의 질 향상이나 자아 실현의 욕구가 좌절될 수 있다. 여성정책의 대상에서 정상/비정상, 요보호/일반이라는 구분은 더 차별받고 억압받는 여성에게 심각한 낙인을 찍는 것이므로 지양해야 한다.

요보호 여성 외에도 주로 전통적인 성역할 체계에 기초하여 여성의 모성 역할에만 초점을 맞추어 제공한 정책들은 가족복지 혹은 아동복지 서비스와 중첩되어 있다. 이러한 서비스가 한편으로는 여성에게 부과된

---

2) 이 개념 정의는 이혜경(1999), 조형(1999), 김엘림(2003), 김영화·조희금 외(2002) 등의 논의에 근거를 둔다. 그러나 여전히 여성복지와 여성정책을 구분하기도 한다. 예를 들어 여성복지는 사후적인 미시적 측면을, 여성정책은 예방적인 거시적 측면을 갖는다고 구분하거나(김영화·조희금 외, 2002), 여성의 다양한 삶의 영역 중, '사회복지'와 관련된 부분으로서 정부와 민간 차원의 노력은 여성복지로, 정부정책은 여성정책으로 구분하기도 한다(김인숙 외, 2001). 이 글에서는 정부의 여성정책에 초점을 맞추었다.

짐을 덜어 주지만, 다른 한편으로는 정책 대상 여성을 아내와 어머니로 규정함으로써 성역할을 고착화한 측면이 있다.

이러한 문제점을 극복하려고 여성정책의 대상을 여성의 생애주기 중심으로 구분하는 주장이 제기되었다. 즉 여성이 출생에서 사망에 이르는 과정을 특성에 따라 몇 단계로 구분하고 각 단계에서 욕구 및 사건을 중심으로 정책 대상을 선정하는 것이다(김인숙 외, 2000). 생애주기 접근은 크게 두 가지 차원에서 가능한데(김미혜, 1999), 첫째, 보편적이고 규범적인 생의 사건들로 교육생활·직업생활·가족생활로 구성된 측면이고, 둘째, 생애주기 동안에 직면할 수 있는 가정 내 폭력, 이혼, 사별 등 위기적 사건들과 관련된 측면이다. 여성의 생애주기에 따른 구분은 생애에서 겪을 수 있는 보편적 사건이든 위기적 사건이든 간에 여성의 전 생애를 일관된 연속선상에서 다양하게 포괄할 수 있다는 장점이 있을 뿐 아니라 양성평등 정책을 추구하는 데에도 유용하다. 따라서 여성정책의 범주는 특별한 문제와 욕구를 가진 대상에 대한 복지 서비스에서 성차별을 타파하기 위한 제도 및 체계의 변화까지 포괄한다.

2. 국가와 여성정책

1) 복지국가의 유형과 여성

복지국가에 대한 연구는 1970년대부터 활발하게 진행되었고, 연구분석 틀은 권력자원 이론에 초점이 맞추어져 있었다. 권력자원 이론은 시민권과 탈상품화라는 개념[3]을 가지고 복지국가 체제를 유형화하고 사회정책의 모델을 구성해 냈다. 대표적으로 에스핑 앤더슨(Esping-Anderson)은 복지국가의 내용을 특징 짓는 세 차원으로, 복지 제공에서 국가-시장-가족의 관계, 복지국가의 사회계층에 대한 영향, 탈상품화 정도를 제안하였다. 그는 세 차원에 근거하여 자유주의, 보수주의-조합주의, 사회민주주의라는 '복지 자본주의의 세 체계'로 대표되는 복지국가 유형을 제시하였다.

이러한 유형화가 가지는 의미는 '복지국가 유형의 복합성'을 제시했다는 것이다. 그러나 여성주의자들은 권력자원의 분석틀에 젠더가 존재하지 않는 점, 복지국가 연구가 국가-시장-가족이라는 삼각체제를 통합했다지만 실제로는 국가-시장 관계에 집중한 점 등을 비판한다. 특히 복지국가 유형화의 핵심 개념인 탈상품화가 남성의 생활주기에 기초해 몰성적이며, 사회권의 성별 차이를 모호하게 만든다는 것이다. 즉 탈상품화가 주로 가정에서 가사와 양육 등 돌봄 노동을 담당하는 여성들에 대해서는 제대로 설명하지 못한다는 것이다.

이로써 발생하는 문제점은 첫째, 국가나 시장을 통해서 제공되는 복지만 계산함으로써 가족과 여성의 무급노동으로 제공되는 복지의 중요성을 간과한 점, 둘째, 복지가 남성노동자의 삶에 초점을 맞추어 제공됨으로써 아내와 어머니의 지위에 있는 여성들이 복지 수급권에서 당하는 불평등이 잘 드러나지 않게 된다는 점, 셋째, 임금노동에 기초한 탈상품화 논의는 주로 가정에서 무급노동을 담당하는 여성의 권리에 대한 분석틀로 적절치 않다는 점 등이다.

따라서 여성주의자들은 젠더 관계에 대한 국가의 영향력을 제대로 평가하려면 권력자원 분석의 세 차원 외에 새로운 두 가지가 부가되어야 한다고 주장한다(A. S. Orloff, 1993). 하나는 여성의 유급노동에 대한 접근에

---

3) 탈상품화라는 개념은 개인이 시장 밖에서 살아갈 수 있도록 국가에서 제공하는 복지정책이 얼마나 시장의 영향력을 완화할 수 있는지를 재는 척도이다. 권력자원 이론에서 한 개인이 탈상품화될 수 있는 근거는 민주적 권리 혹은 시민권과 같은 사회적 권리에서 찾는다. 페미니스트들이 탈상품화 개념을 문제 삼는 이유는 그것이 소득을 대체하는 수단뿐만 아니라 복지정책의 수급 자격과 원칙을 결정하는 아주 중요한 틀이기 때문이다(테레사 쿨라빅 외, 2000: 14).

〈표 1〉 에스핑 앤더슨의 복지국가 유형 분류

구분	자유주의적 복지국가	조합주의적 복지국가	사회민주주의적 복지국가
주요 프로그램	공공부조와 사회보험	사회보험	기초연금을 기본으로 하는 보편적 사회보장제도
급여 단위	(혼인)가족	(혼인)가족	개인
급여 수혜 조건	자산 조사	취업활동 및 사회보험 가입	시민권
급여와 서비스 질	시장에서 행한 역할에 따라 차이가 남.	수평적 재분배: 사회적 지 위의 차이 유지(보상원칙)	수직적 재분배
여성의 삶	무보수 보호노동, 높은 취업률 (대부분 불완전고용)	보호 및 가사노동 담당자 로서 여성(복지국가의 자 원), 노동시장의 성차별, 낮은 취업률	높은 취업률, 공공 서비스 망을 통한 보호 및 가사 노동 부담 경감
탈상품화 수준	최소화: 사회적 위험 발생 시 최소한의 수준을 보장 하는 사회적 연결망	중간 수준	높은 수준
주요 국가	미국, 캐나다, 영국, 호주	오스트리아, 프랑스, 독일, 이탈리아, 네덜란드	스웨덴, 덴마크, 노르웨이, 핀란드

출처: 박영란 외, 『외국의 여성복지 서비스에 관한 연구』(한국여성개발원, 2000) 참조 재구성.

관한 것으로, 특히 기혼 여성들이 고용과 경제적·정치적 권력을 확보할 수 있는가에 대한 것이다. 다른 하나는 여성들이 독자적인 가구를 형성·유지할 수 있는 능력에 대한 것으로, 여성들이 경제적 필요 때문에 결혼하거나 불행한 결혼을 유지하는 강제적인 상황에서 자유로울 수 있는가의 여부이다.

2) 복지국가에 대한 여성주의 분석: 부양자 모델의 한계와 개인 모델

복지국가에 대한 여성주의적 접근은 복지국가의 비교와 사회정책의 분석에서 젠더를 결합시켜 남녀의 사회권에 대한 새로운 분석을 시도한다. 이러한 분석에는 기존의 복지국가 유형화에서는 잘 고려되지 않던 새로운 차원이 필요하다. 즉 공사(公私)의 상호 연관성과 복지 제공의 공사 통합에 주의를 기울이는 것이다.

대표적으로 세인즈베리(D. Sainsbury)는 공사 영역 간의 경계, 가족 이데올로기의 유형과 사회정책에 대한 영향, 가족 내 성별 노동분화를 강화하는 다른 정책의 영향, 여성노동의 유·무급 정도 등을 분석하였다. 이러한 분석 기준으로 복지국가의 사회정책을 부양자 모델(breadwinner model)과 개인 모델(individual model)로 유형화하였다(〈표 2〉 참조).

부양자 모델에서 가족 이데올로기는 전통적인 성별 분업에 기초한 '부양자 남편/의존자 아내'라는 전통적인 가족 유지를 중시한다. 남편은 가장으로 전일제 고용에 종사함으로써 아내와 자녀들을 경제적으로 부양할 의무를 갖고, 아내는 가정을 꾸리며 가족을 돌보는 것이다. 이러한 성별 분업은 노동규칙이나 가족법, 조세체계 등에 명문화되어 있고, 일상의

〈표 2〉 사회정책의 부양자 모델과 개인 모델

차원	부양자 모델	개인 모델
가족 이데올로기	엄격한 성별 노동분화 (남편=소득, 아내=보호)	역할 공유 (남편=소득/보호, 아내=소득/보호)
수급권	부부간에 차이 있음.	부부간 동일함.
수급권의 근거	부양자	기타
복지 혜택 수여자	가장	개인
복지 기여 단위	가구 또는 가족	개인
조세	부부 공동 조세: 피부양자 공제	부부 분리 조세: 동일한 조세 감면
취업 및 임금 정책	남성에게 우위	양성에게 동일
보호의 영역	사적	공적(강력한 국가 개입)
보호의 업무	무급	복지 수급에 기여
주요 국가	독일, 영국, 아일랜드 등	스웨덴, 핀란드 등

출처: D. Sainsbury(1994), *Gendering Welfare States*, London: Sage.

생활양식을 형성한다. 복지 혜택의 단위는 가족이며 최저 임금과 보수는 가족임금의 개념을 반영한다. 남편과 아내는 다른 권리를 가지며 복지 수여의 자격은 부양자 지위와 가족 유지에 기반을 둔다. 따라서 대부분 아내의 권리는 그 가족과 남편의 수급권 내에서 피부양자의 지위에서 발생하는 것으로, 기혼 여성의 개인적 수급권은 없다. 노동시장정책에서도 남성의 취업과 소득에 우선권이 주어지고, 공사 영역의 경계가 엄격히 강요되며, 보호와 재생산은 사적 영역에 속하여 무급노동이 된다.

반면 개인 모델에서 가족 이데올로기는 남편과 아내가 그 자신의 소득 유지 책임이 있으며, 재정과 자녀의 보호를 공유한다. 복지의 혜택, 기여 및 조세의 단위는 개인이고 피부양자에 대한 공제나 수당이 없다. 노동시장정책은 남녀 모두를 대상으로 하며, 공사 경계는 유동적이다. 즉 재생산 영역의 많은 일이 공적 영역에서 행해지며, 가정에서 행해지는 돌봄 노동은 사회보장체제에서 수급권을 받을 수 있는 근거로 사용된다.

이와 같은 사회정책의 '부양자 모델 대 개인 모델'은 가족이나 부부를 복지 단위로 삼는 것에 문제를 제기하고, 복지제도에 의한 가족 내 경제적 의존관계에 대해 관심을 불러일으켰다. 그러나 '부양자 모델 대 개인 모델'은 가족 이데올로기를 지나치게 단순화하여, 21세기에 나타나는 다양한 가족구성 요건에 따라 복지 수급권의 근거나 복지 혜택의 수여 단위가 다를 수 있음을 간과하고 있다. 게다가 많은 국가에서 남성 부양자 모델을 택하고 있음에도, 순수한 남성 부양자 모델이 존재할 수 있는가 하는 의문도 제기된다. 예를 들어 전형적인 남성 부양자 모델로 분류되는 독일·영국·아일랜드의 경우 영국의 여성 경제활동 참가율은 높은 편이나, 독일이나 아일랜드는 낮은 편이다.

결국 기존의 서구 복지국가 중심의 복지국가론 및 그 비판이론이 드러내는 한계가 시사하는 바는, 여성이 주로 전담하는 비상품화된 돌봄 노동, 성별 분업을 전제로 한 탈상품화, 제한된 가족구성에 기반을 둔 복지

국가론으로는 21세기 지구 자본주의 시대에 새로이 등장하는 복지에 대한 욕구에 대응하기 어렵다는 것이다. 지구화 시대에 시장의 확대는 한편으로는 여성을 위시한 약자들을 노동시장으로 유인해 내면서 다른 한편으로 사회적 배제 집단을 지속적으로 증대시키고 있기 때문이다. 서구 복지국가는 1970년대 중반 이후 도래한 복지국가 위기와는 또 다른 새로운 도전에 직면해 패러다임 전환을 요구받고 있다.

3. 여성정책 패러다임의 변화

여성주의자들은 주류 복지제도 연구의 몰성성을 비판하면서 젠더를 복지국가 구조를 형성하는 주요 원리로 통합하기 위해 여성정책 패러다임을 발전시켜 왔다. 처음에는 여성정책 패러다임이 서구 복지국가와 전혀 다른 비서구, 특히 제3세계의 여성정책 발전을 도모하는 차원에서 모색되었다. 그러나 복지국가의 위기와 함께 젠더 원리에 입각한 대안적 여성주의 패러다임을 모색하면서 전 세계 여성발전전략으로 확장되었다. 특히 성주류화는 신자유주의 세계화 시대에 새롭게 형성되고 있는 사회적 배제 집단을 새로운 정치·사회·경제 질서하에서 통합해야 하는 21세기 사회정책 재편 프로젝트의 주요 도구로 여겨지고 있다.

1) 발전과 여성

여성발전을 위해 처음으로 모색된 패러다임 혹은 전략은 '발전 속의 여성(Women-in-Development, 이하 WID)'이다. 이는 제3세계 개발작업에 관심을 가졌던 자유주의적 성향의 연구자들이 개발한 것으로, 근대화 과정이 오히려 여성의 불평등을 심화했다는 문제인식 속에서 모색된 것이다. 즉

WID는 근대화 프로젝트에서 전통적인 성역할 체계에 입각하여 여성을 '재생산자'로 제한한 '복지적 접근'의 대응전략으로 개발되었다(모저, 2000). 유엔은 1975년 '세계 여성의 해'를 선포하고 1985년까지 '유엔 여성발전 10년'으로 정하고, 여성발전전략으로써 WID를 채택하였다.

WID 주창자들은 여성이 남성과 맺는 관계에서 종속적인 지위에 있고, 여성 종속의 기원은 노동시장으로부터의 배제와 연관된 것이라고 보았다. 이에 여성이 국가의 직접 개입을 통해 생산 영역에 더 균등하게 참여할 수 있다면, 남성과의 불평등을 극복하여 정치경제적 자율성을 획득할 수 있을 것으로 인식하였다. 즉 WID 전략은 국가의 개입을 통해 여성을 사회발전에 통합시켜 남녀평등이라는 전략적 요구(strategic gender needs)를 충족시키고자 했다.

그러나 WID 전략은 여성의 생산자 역할을 강조할 뿐, 재생산에 대한 남녀 역할 분담이나 사회적 지원이 없었다. 따라서 WID 전략은 전통적인 성역할 체계에 기반을 두고 여성에게 초점이 맞추어진 특별사업을 통해 실행되었다. WID 전략은 대부분 여성 중심의 가족계획, 요보호 여성의 복지·건강관리·영양·소득증대와 같이 실제적 요구(practical gender needs)를 충족시키는 것으로 그쳤다.

이러한 결과는 자원배분과 직결된 전략적 요구 프로그램에 대한 개발기관과 관료들의 저항이 완강한 반면(Buvinic, 1983), 정책결정에서의 여성의 지위가 취약했기 때문이기도 했다. 따라서 WID 전략을 비판하며 생산과 재생산 간의 내부 연계를 더 많이 인식한 페미니스트들의 새로운 도전은 필연적이었다.

2) GAD 전략의 모색

1985년 나이로비에서 개최된 제3차 세계여성대회에서 WID 접근의 한계를 인식하고 새로운 여성발전전략으로 제기된 패러다임은 정책에 젠더 관점을 결합시킨 '젠더와 발전(Gender-And-Development: 이하 GAD)' 접근이다. 이 전략은 주로 좌파 성향의 페미니스트들이 주도했는데, 이들은 가부장제와 자본주의의 관계를 주목하면서, "젠더 이론과 세계경제이론에 대한 분석을 바탕으로 통합적인 이론을 개발하려고 했다"(Pearson, 1981).

예를 들어 제3세계에서 여성과 관련된 쟁점들에 대한 접근은 젠더와 그에 조응하는 관계들이 사회적으로 구성되는 방식과 관련 있다는 것이다. 여성보다 젠더에 초점을 맞추는 것은 단순히 '여성'이라는 범주뿐만 아니라 남성과의 관계 속에서 여성을 본다는 것이고, 성별 범주가 사회적으로 구성되는 방식을 비판적으로 본다는 것이다(Whitehead, 1979).

따라서 여성은 그들의 인종, 계급, 민족, 식민지 역사나 국제경제 질서에서의 위치에 따라 서로 다르게 불평등과 억압을 경험하게 된다는 것이다. 그러므로 GAD 접근은 여성들이 서로 다른 수준에서 억압 구조와 상황에 동시에 도전해야 한다고 보았다. 이에 여러 사회들 사이의 권력을 재분배할 뿐만 아니라 사회 내에 권력을 재분배함으로써 여성을 세력화하고자 했다.

이러한 이론적 근거에서 출발한 GAD는 WID와는 근본적으로 다를 수밖에 없었다. GAD는 여성과 남성의 지위와 역할이 빚어내는 불평등한 권력관계에 초점을 맞추어, 생산과 재생산 영역에서 성별 역할 변화를 통해 여성 지위 향상을 증진하는 데 중점을 두었다. WID가 발전의 틀 안에서 여성을 위한 자원의 재분배를 요구한다면, GAD는 자원배분 틀의 변화를 요구했다. 다시 말해 WID가 가부장적 발전이 초래한 남녀 불평등의 시정을 요구한다면, GAD는 정책결정 과정과 결과의 탈가부장주의를 요구하는 것이다. 따라서 유엔이 여성발전전략을 WID에서 GAD로 전환한 이유는 여성의 전략적 요구를 통하여 '여성해방'을 이루기 위한 것이었다. 젠더 설계 목적은 이러한 정치적인 관심을 작동시킬 수 있는 방법을 제공하고, 이것이 설계 실행에서 제도화될 수 있도록 하는 데 있었다.

그러나 젠더 설계 틀의 개발은, 첫째, 의사결정의 권력자들은 대체로 성 인지적 관점이 없는 남성들로서 젠더를 주요 설계 이유로 인정하지 않았고, 둘째, 적절한 젠더 설계 원리와 방법론적인 도구를 갖지 못했으며, 셋째, 젠더를 기존의 정책 설계 원리에 '덧붙이는 것'이 대단히 어려워 성공하지 못했다(모저, 2000). 따라서 여성과 젠더는 설계의 이론과 실행에서 주류 정책에 통합되지 못하고 주변화된 상태로 남아 있었다. 그리고 이러한 상황은 결국 성 주류화(Gender Mainstreaming) 전략을 등장시켰다.

3) 성 주류화 전략의 본격화

성 주류화는 주류의 모든 영역에서 GAD 접근을 가능하게 하는 제도적 장치와 전략에 초점을 맞춘다. 성 주류화 전략은 유엔 여성지위위원회의 주도로 구체화되어, 1995년 베이징 제4차 세계여성대회에서 명시적인 행동 강령으로 채택되었고, 유엔의 여성 관련 활동에서 최우선 전략 목표가 되었다. 한국 역시 1995년 12월 30일 「여성발전기본법」을 제정함으로써 여성정책 패러다임으로 성 주류화를 도입했다.

EU 주류화 전문가 집단이 제시한 성 주류화 정의를 보면, 정책결정에 관여하는 행위자들에 의하여 모든 수준, 모든 단계의 모든 정책에 성평등 시각이 적용될 수 있도록 정책과정을 평가·개발·개선·(재)조직하는 것이다. 좀더 구체적으로 성 주류화는 '모든 정치적·경제적·사회적 영역의 정책과 프로그램의 디자인, 실행, 모니터링과 평가에서 여성과 남성의 관심과 경험을 통합함으로써 불평등이 조장되지 않고 여성과 남성이 동등하게 혜택을 받도록 하기 위한 전략이며, 그 궁극적 목적은 성평등을 이루는 것'이다. 따라서 성 주류화는 남녀가 사회 각 분야에 충분한 참여와 세력화를 이루기 위한 조직의 재구조화, 인력과 재정자원의 재분배, 제도와 문이 용어는 생물학적 성(sex)이 어떻게 사회적 성(gender)을 규정하는지, 그리고 그와 같은 규정이 사회에서 여성과 남성의 지위 및 상호관계와 어떻게 연관되는지를 이해하고, 정책업무를 수행할 때 성별 역할과 지위, 입장과 경험을 동등하게 고려하고, 특정 정책이 여성과 남성에게 미치는 차별적인 영향을 배제할 수 있도록 하는 데 필요한 안목과 기술을 의미한다. '성 인지력'을 지닌 정책 담당자들은 흔히 성 중립적(gender neutral)이라고 여기는 정책들이 남성과 여성에게 차별적인 영향을 미칠 수 있음을 안다.

화의 변화 등 전반적이고 장기적인 변화과정을 의미한다.

여기서 주의할 점은, 성 주류화 작업이 WID처럼 직접적이고 특수하게 현실에 개입하기 어렵기 때문에, WID 정책을 모두 대체하는 것은 아니라는 것이다. 이에 성 주류화는 WID와 GAD로부터 축적된 지식, 교훈, 매체를 기반으로 실행될 수밖에 없다. 따라서 성 주류화와 WID는 상호 보완적일 뿐만 아니라 동시에 추진되어야 하는, 두 개의 '쌍둥이 궤도(Twin Track)' 전략이다.

이러한 성 주류화 전략의 중요성은 첫째, 사람들을 정책결정의 중심에 놓음으로써 과거에는 주목받지 못했던 여성과 남성의 삶을 정치적 의제로 만드는 데 결정적인 역할을 할 것이라는 점이다. 둘째, 더 좋은 정보가 담긴 정책이 결정되게 함으로써 더 좋은 정부를 만든다는 점이다. 셋째, 여성과 남성 모두를 포함하며 인적 자원을 완전히 활용한다는 것이다. 넷째, 성 주류화는 사회의 주류 내에서 성평등 문제를 가시화할 것이다. 다섯째, 남성과 여성 내부에 각기 존재하는 다양성을 인정한다는 점이다. 주류화는 다양성에 대한 여지를 남겨 두기 때문에, 여성 내부의 상이한 집단이 처한 각각의 특수한 상황에 더 잘 개입할 수 있을 것으로 본다.

한편 성 주류화 정책이 성공하려면 구체적으로 다음 세 가지가 포함되어야 한다(Corner, 1999). 첫째, 여성의 주류화로 사회의 모든 분야에 여성의 양적·질적 참여를 증진해야 한다. 둘째, 성의 주류화로서 정책이나 프로그램에 성 관점이 통합되어야 한다. 셋째, 주류의 전환, 즉 정부 및 주류 영역이 성 인지적으로 재편되어야 한다는 것이다.

4. 한국 여성정책의 전개와 발전

1) 부녀복지에서 WID 전략으로

한국 여성정책은 1946년 미군정에 의한 부녀국 설치를 계기로 시작되었다. 이 시기부터 1950년대 초반까지는 생활개선을 위한 부녀의 계몽과 복지의 증진을 위한 사업이었고, 전후 1950년대는 수많은 고아와 전쟁미망인 등 요보호자를 위한 구호사업이 중심이 되었다. 1960년대는 여전히 전쟁미망인을 위한 모자세대의 보호에 중점을 두면서 점증하는 가출 및 성매매 여성을 대상으로 한 선도사업의 일환으로 부녀직업보도소와 부녀상담소를 운영하였다. 1970년대는 새마을운동의 일환으로 새마을부녀회를 조직하여 농촌여성들의 소득증대사업과 생활개선에 치중하였으며, 가출 및 성매매 여성을 대상으로 하는 선도사업도 계속되었다. 1980년대부터는 가출 여성들을 대상으로 하는 직업보도 프로그램이 활발해졌으며, 미혼모의 증가와 함께 국가의 모자시설에 대한 지원 등이 이루어졌다.

이처럼 해방 이후 1980년대 초반까지 여성정책은 요보호 여성을 보호하고 선도하는 사업이 중심이었다. 즉 이 시기 여성정책은 여성문제의 원인 분석이나 사회 전체에 미치는 영향에 대한 고려 없이, 전통적인 여성관에 입각하여 잔여주의적 복지제도의 틀 안에서 극히 제한적으로 이루어졌다. 이는 여성주의 관점에서 여성문제를 정책 의제화하고 정책 담론을 만들어 낼 여성운동단체의 부재와 함께 상위체계로 볼 수 있는 사회복지제도의 미발달과도 밀접하게 관련되어 있었다.

한국 여성정책은 1983년도에 등장한 진보적인 여성운동의 발전과 1984년 「유엔 여성차별철폐협약」(이하 협약) 비준국이 되면서 변화하기 시작하였다. 여성정책은 전통적인 성별 체계에 입각한 요보호 여성의 복지에서 남녀평등을 위해 전체 여성의 차별 해소와 사회참여를 증진하는 방향으로 변화해야 했다.

진보적인 여성운동은 여성차별을 폐지하고 남녀평등을 이룩하기 위해 정책적인 측면에서는 노동권에 집중하여 운동을 전개하였다. 1985년 여성의 조기정년철폐요구 소송을 처음으로 제기했으며, 1986년 여성 결혼 퇴직제 철폐 싸움을 승리로 이끌었다. 이 과정에서 여성운동은 가사노동의 가치에 대한 논쟁을 통해 당시까지 비가시화되어 있던 가사노동을 가시화하고, 가사노동 문제를 정책 담론 영역으로 이끌어 냈다. 더 나아가 여성의 노동권과 모성에 대한 새로운 담론을 형성해 가기 시작하였다. 진보적인 여성운동은 1987년에 전국 각계각층 진보적 여성운동단체의 결집체인 한국여성단체연합을 결성함으로써, 여성정책에 관하여 대 정부 교섭력을 확보하였다.

아울러 1987년 유엔 여성차별철폐위원회는 당시 한국이 제출한 협약 이행에 관한 보고서에 대해 여성 고용차별과 유보조항인 가족법의 문제점에 관해 신랄한 지적과 함께 시정을 촉구하였다. 이와 같은 여성운동과 유엔을 비롯한 국제사회의 압박 등으로 한국의 여성정책은 발전하기 시작하였다. 1987년 11월 「남녀고용평등법」이 제정되었고 1989년 개정으로 이어졌다. 개정된 법은 차별의 정의를 새로 하여 '잠정적 우대조치'와 모성보호를 차별로 간주할 수 없게 하였다. 그 결과 여성정책을 '보호' 중심에서 '평등'과 '잠정적 우대조치'로까지 확대하는 계기가 된다. 1988년에는 여성 관련 업무를 총괄·조정하는 정무장관(제2)실도 신설되었다.

정부는 비로소 여성을 국가정책에 '포함'시키기 시작하였다. 한국의 여성정책은 법이나 제도에서 WID 전략을 구체화하기 시작하였다고 볼 수 있다. 그러나 자원의 배분과 전달체계를 놓고 보면, 이 시기 여성정책은 여전히 요보호 여성을 대상으로 한 부녀복지사업이 지배적이었다.

2) 젠더 관점의 도입과 성 주류화 전략

젠더 관점의 도입

한국의 여성정책은 정책에 여성주의를 도입하려는 진보 여성운동의 본격적인 노력에 의해 더욱 발전한다. 이런 맥락에서 여성계의 숙원이던, 봉건적인 가족법의 개정을 1990년 1월에 이끌어 낸다. 개정된 가족법은 여성계의 주장을 전폭적으로 수용하지는 않아 동성동본금혼제와 호주제가 남아 있었으나, 그 밖의 조항은 평등 지향적으로 개선되었다. 가족부양의 책임을 남편의 것으로만 보다가 부부 공동 책임으로 개정하였으며, 가사노동의 가치를 인정하여 이혼시 가사노동을 전담한 이가 배우자에게 재산분할을 청구할 수 있게 하였다.

더 나아가 여성운동은 모성권리와 육아의 사회화를 목표로 한 저항 담론을 적극적으로 확산시켜 갔다. 육아의 사회화에 대해 보수집단이 '사회주의 육아방식'이라는 반론을 제기하였음에도, 1991년에 「영유아보육법」을 제정해 낸다. 이로써 육아의 사회화는 합법적인 제도화의 토대를 갖게 되었고, 모성의 사회적 성격에 대한 담론도 힘을 얻게 된다. 이러한 배경을 바탕으로 여성운동은 모성보호정책을 강화하기 위한 새로운 담론을 제기한다. 담론 구성은 "모성은 제도화를 통해 보호해야 하고, 그 비용은 부모와 함께 국가와 사회가 분담해야 한다"(강남식, 1993)는 내용으로, 모성권 확보와 육아의 사회화를 위해서는 국가의 적극적인 개입이 필요하다는 주장이었다. 이 주장은 국가 가부장제 이론과는 정면 배치되는 국가 페미니즘 이론에 근거한 것이었다.

진보적 여성운동은 더 나아가 기존의 성별 체계를 넘어선 육아권 및 모성보호 확대를 위한 정책화에 매진하였다. 1993년 출범한 문민정부도 여성운동의 요구를 제한적으로나마 수용하여 성별 체계에 변화를 가져오는 정책을 발전시켰다. 예를 들어 1994년 「국가공무원법」 개정을 통해 남녀 공무원 모두에게 육아휴직제와 무급 가사휴직제를 도입하고, 1995년 「남녀고용평등법」 개정을 통해 육아휴직제를 남성에게 확대함으로써, 남녀 모두에게 육아와 가사에 대한 권리와 의무를 동등하게 부여하였다. 아울러 급식제도를 초중고생 모두에게 실시하고 방과후 교실을 제도화함으로써, 육아의 사회적 책임을 미취학 아동에서 청소년에게까지 확대해야 한다는, 여성운동이 제기한 기본적인 정책방향이 수용되었다. 그러나 비용부담을 이용자에게 전가함으로써 여전히 사회구성원의 재생산 책임은 개별 가정에 남겨 놓았다.

여성정책은 노동, 육아, 모성보호와 관련된 것 외에도 여성에 대한 3대 폭력문제, 즉 성폭력, 가정폭력, 성매매 문제의 대응 면에서도 진전을 보인다. 가장 먼저 정책적 성과를 본 것은 성폭력 분야다. 여성운동은 1992년부터 대대적인 캠페인과 투쟁을 전개함으로써, 성폭력이 개인의 문제가 아닌 사회적 범죄이자 인권문제라는 인식을 확산시켰다. 그 결과, 가해자의 잘못보다 피해자의 과실을 중시하던 사회 전반의 가부장제적인 의식, 정부와 국회의원들의 낮은 자발성 속에서도 1994년 1월 「성폭력특별법」 제정을 이루어 낼 수 있었다. 이어 1997년에는 「가정폭력방지법」 제정을 이끌어 낸다. 성매매 문제 역시 1961년 제정된 이후 성을 파는 행위만 처벌하던 「윤락행위등방지법」을 1995년에 개정하여 성을 사는 사람까지 처벌하도록 진전시켰다.

이처럼 여성운동이 여성정책의 발전을 주도한 이 시기는 성별 관계의 변화를 통해 남녀평등을 모색함으로써 정책에 젠더 관점을 도입한 때로 진단할 수 있다. 그러나 가족법에 호주제나 동성동본금혼제가 남은 점, 성폭력을 '정조에 관한 죄'로 규정한 「성폭력특별법」 등을 고려하면 젠더적 접근이 일관되게 관철되었다고는 볼 수 없다.

성 주류화 전략의 본격화

정책에 젠더 관점을 결합하여 GAD 접근을 시도하던 한국에서 GAD 전략의 전면화, 즉 성 주류화 전략을 도입하기 시작한 것은 1995년 12월 「여성발전기본법」이 제정되면서부터였다.

당시 문민정부는 이 법의 제정을 통해 그동안 여성계의 요구나 분출된 여성문제를 사안별로 정책화하던 것을 체계화하고자 했다. 그러나 「여성발전기본법」은 여성정책의 기본 골간이 되는 중요한 법률임에도 여성운동 진영과 여성학계의 견해를 충분히 수렴하지 않고 2개월이라는 단기간에 졸속으로 제정함으로써, "여성에 관한 법률과 여타 정책에 대한 '기본'으로서 위상을 갖기에는 이론적, 이념적 기초도 취약하고 비체계적이다." 라는 평가를 받았다(조형, 1999).

그래도 「여성발전기본법」 제정의 의미는 있다. 법의 목적에서 명시했듯이 정부가 여성정책 패러다임을 성평등 관점으로 전환하였다는 점이다. 아울러 정부는 여성운동단체를 정책 파트너로 설정함으로써 비정부기구인 여성단체와의 관계를 새로 정립하였다. 따라서 이 법의 제정은 여성정책을 둘러싸고 보수적인 지배 담론과 각축을 벌이던 여성주의적 저항 담론의 '부분적인' 승리였다고 평가할 수 있다(강남식, 2003). '부분적'이라는 표현을 쓴 이유는 정부가 이 법을 바탕으로 여성운동단체와의 협력관계 속에서 성 주류화 전략을 채택하겠다는 의지만 표명했을 뿐, 이를 실현할 정부기구나 행정체계를 갖추지 못했기 때문이다.

성 주류화 전략은 '국민의 정부'로 들어서서 대통령직속여성특별위원회 설치와 함께 중앙의 6개 부처에 여성정책담당관제를 두고, 지자체 역시 대다수 시·도에 여성정책담당관제를 두도록 권고하면서 본격화되었다. 이 과정에서 진보적 여성운동 지도자와 활동가들이 제도권으로 진출하여 여성주의 관료(femocrat)로 자리 잡거나, 정부의 각종 위원회에 참여함으로써 주요 정책에 대한 의사결정에 관여하게 되었다. 1998년 6월 정부 위원회에서 여성이 차지하는 비율은 10%에 불과하였으나 2002년에는 30.1%로 증가하여 정부의 성 주류화 정책 실현에 개입할 수 있게 되었다. 아울러 2001년 1월 여성부가 설립됨으로써 정부의 성 주류화 정책 실행기구와 제도적 정비는 일단락되었다.

그 밖에 이 시기의 주목할 만한 정책적 성과로는 「성매매방지법」 제정과 연금제도의 개선을 들 수 있다. 먼저 성매매 문제를 보면, 2000년 9월 군산 대명동 화재사건, 2002년 1월 다시 발생한 군산 개복동 화재사건으로 드러난 성매매 여성 피해자들의 노예적인 삶과 비참한 죽음을 계기로 여성운동계에서 '성매매방지법 제정을 위한 특별위원회'를 결성하고 맹렬하게 「성매매방지법」 제정운동을 전개하였다. 이 운동은 "성매매는 여성에 대한 폭력과 성적 착취"라고 규정한 국제협약을 근거로, 성매매를 '사회적 필요악'으로 합리화하는 남성 중심의 성담론과 투쟁해 가며, 결국 2004년 3월 「성매매방지법」을 제정해 냈다.

다음으로 연금제도의 경우 1998년 개정을 통해 남성 부양자 모델로 인한 불평등 문제를 일부 해소하였다. 한국의 연금제도는 기초연금 없이 소득비례로만 구성되어 있고, 가입기간을 10년 이상 채워야 수급할 수 있기 때문에 대다수 여성들은 혼인자격에 근거해 피보험자의 배우자로서 파생적인 수급권을 갖게 된다. 배우자 사망시 여성들은 기여분만큼 유족연금을 받을 수 있으나, 배우자 생존시 수급하는 연금은 이혼과 동시에 지급이 중단된다. 이에 여성운동계에서는 혼인기간을 토대로 한 연금소득은 부부의 공동 재산이고, 여성의 가사노동 가치를 인정하여 혼인기간이 5년 이상인 경우 이혼 배우자의 연금분할수급권을 요구하여 제한적이나마 개선하였다. 그러나 개정된 법 역시 분할연금 수급자가 재혼할 경우 연금 지급을 정지하여, 여성은 남성의 피부양자라는 전제를 여전히 고수하고 있다.

따라서 이 시기 여성정책은 성 주류화 전략을 도입하고 이를 실현하기 위해 기구와 제도를 개선한 점에서는 긍정적으로 볼 수 있으나, 실천적인 측면에서는 여전히 복지적 접근이나 WID적 개입이 대부분이었다고 평가할 수 있다. 앞으로 정책발전을 통해 여성의 삶의 질 향상과 성평등을 이루어 내려면 한국의 여성정책은 남성 부양자 모델에서 벗어나 성 주류화 전략을 더 잘 실현할 수 있는 정책 모델로 전환해 가야 한다. 따라서 2005년 3월 2일 호주제의 폐지는 성 인지적 가족정책의 실현과 함께 새로운 정책 모델을 모색하는 데 획기적인 계기가 될 것이다.

3) 여성정책 담당기구의 발전

유엔과 외국의 동향

여성정책의 발전과정은 여성정책 담당기구의 발전과정이기도 했다. 여성문제를 해결하려면 여성문제가 정책의제로 채택되어 정책으로 결정되고 구체적으로 집행될 수 있어야 하기 때문이다. 따라서 관련 부처에 여성 관련 업무를 전담하는 부서가 있어야 하고, 중앙에는 각 부처의 업무를 종합적·체계적으로 조정·관장하는 기구가 필요하다.

따라서 유엔은 '세계 여성의 해'를 선포하고 제1차 세계여성대회를 개최한 1975년부터 제4차 세계여성대회를 치른 1995년에 이르기까지 여성정책 담당 국가기구를 설치하라고 강조해 왔다. 또 여성정책 담당기구의 설치 증가와 함께 그 유형 개선 및 기능 강화를 위해 노력하였다. 그 결과, 독립된 여성부가 설치된 국가도 등장하였다.

나라별로 여성정책 담당기구의 형태와 기능은 아주 다양하다. 이는 명칭에서도 잘 드러나는데,[4] 각국에서 비교적 성공적으로 기능하는 기구는 고위 수준의 재원, 권한, 인력과 함께 정보 동원력, 의사결정자와 직접 연결되는 채널 등을 갖고 있다. 아울러 정치활동이 활발하며, 민간조직 및 일반 대중 여성의 활동과 밀접한 협력관계를 유지하고, 공사 부문에서 공식·비공식 네트워크를 갖고 있다(김선욱, 1999). 이 기구들은 여성차별 철폐를 위한 국가의 적극적 조치를 활성화하고, 유엔이 채택한 여성 관련 강령이나 「여성차별철폐협약」의 이행을 위해 직접 사업을 추진하거나 권고·지원·자문함으로써 여성정책 발전을 주도하고자 노력하고 있다.

한국에서의 발전과정

국가 차원의 여성 담당기구는 미군정 시기인 1946년 9월 중앙의 보건후생부에 부녀국을 설치함으로써 시작되었다. 그러다 1948년 7월 제1공화국 출범과 함께 여성 관련 업무를 사회부의 부녀국과 보건국의 보건과에서 담당하였다. 그 후 사회부와 보건부를 통합하여(1955년) 보건사회부로 개편한 후 부녀국을 설치하였으나, 1963년에는 부녀국을 부녀아동국으로, 1981년에는 가정복지국으로 바꾸었다. 보건사회부 외 정부부처 내 여성 담당기구는 1981년 노동부 근로기준국에 여성과 소년 근로자의 보호를 목적으로 설치한 부녀소년과가 있다. 해방 후 1980년대 초반까지 국가기구 내 여성 관련 업무는 보건복지부의 부녀 계몽, 요보호 여성 보호, 윤락여성 선도, 생활개선 등이었다.

여성정책 담당기구의 발전은 1980년대로 들어서면서부터 시작되었다. 1983년 4월에 정책개발을 담당하는 한국여성개발원이 설립되었고, 12월에는 여성정책심의위원회가 발족되었다. 여성정책심의위원회는 국무총리의 정책자문기관으로서 각종 여성정책에 관한 국가의 최고 정책 형성

---

4) 외국의 경우 여성정책 담당기구가 있는 33개 국가 중 기구 명칭에 '여성(Women)'을 표기한 경우는 21개(63.7%)이며, '남녀평등(Gender Equality)', '평등(Equal)', '남녀(Women and Men)'를 표기한 기구는 11개(33.3%)이고, 네덜란드만이 '해방(Emancipation)'이라고 표기한다. 지역별로 보면 아프리카 지역 5개 기구 모두와 일본을 제외한 아시아 지역 기구 14개는 기구명에 '여성'을 표기한 반면, 유럽 지역에는 '여성'을 표기한 기구가 전혀 없다. (김엘림(1999))

기능을 갖고 있었으나 행정적 구속력은 없었다.

이러한 상황은 1988년 4월 정무장관(제2)실 설치와 함께 개선되기 시작했다. 정무장관(제2)실은 여성뿐 아니라 아동·청소년·노인 및 문화예술 분야까지 담당하였고, 여성정책에 관하여 관련 기관에 명령하는 것이 아니라 영향력을 행사하며 협력·조정하는 참모기관이었다. 그럼에도 여성정책을 총괄·조정하는 최초의 중앙기구라는 점에서 의미가 있었다. 그러나 정무장관(제2)실은 인적·물적·무형적 자원이 부족한 상태에서 정책을 집행할 조직과 조정권한도 충분치 않아 여성정책을 주도·발전시키는 여성정책 전담기구로 자리를 잡기에는 뚜렷한 한계를 갖고 있었다.

여성 전담기구의 발전은 1998년 '국민의 정부'가 들어서면서 「정부조직법」 개정에 따라 본격화되었다. 법 개정에 따라 정무장관(제2)실이 대통령직속여성특별위원회로 개편되었고, 행정자치부·법무부·교육부·보건복지부·농림부 5개 부처에 여성정책담당관실이 신설되어 기존의 노동부 근로여성국을 포함하여 6개 부처에 여성정책 담당기구를 두게 되었다. 여성특별위원회는 「헌법」의 남녀평등 이념을 구현하고 정치·경제·사회·문화의 모든 영역에서 남녀평등을 촉진하고 여성의 발전을 도모하기 위해 「헌법」과 「여성발전기본법」의 이행과 준수, 「유엔 여성차별철폐협약」의 이행을 책임지는 국가여성정책 총괄 부서였다. 아울러 6개 부처는 여성정책담당관실을 중심으로 부처 내 정책 전반에 여성주의가 포함되도록 유기적인 협조체제하에서 전 부서와 여성정책을 효율적으로 추진할 수 있게 되었다. 따라서 여성특별위원회와 6개 부처 여성정책담당관제는 여성계의 요구를 수용하여 성 주류화 전략을 실행하기 위한 제도적인 장치로서 의미를 갖는다.

그러나 여성특별위원회가 여성 관련 업무만 담당한다 하더라도, 정무장관(제2)실보다 조직과 인력이 취약하고, 관련 규칙을 제정할 수 있는 준입법적 기능이 부재하며, 차별사례의 분쟁 조정과 처분 등 준사법적 기능이 미흡하고, 정책집행 기능이 없다는 한계가 있었다.

이러한 문제점을 극복하기 위해 2001년 1월에 여성부가 출범하게 되었다. 여성부가 설치된 나라가 뉴질랜드와 룩셈부르크 정도밖에 없기에 한국은 여성정책 전담기구의 발전 면에서는 선두에 서게 되었다. 여성부의 출범은 비로소 남녀평등 문제가 국가발전전략의 주요 과제로 설정되었고, 성 주류화 전략을 본격적으로 추진할 수 있는 조직 체계와 위상, 인적 자원을 갖추었음을 뜻한다.

여성부는 그 영문 명칭 'Ministry of Gender Equality'가 의미하듯이 남녀평등의 실현을 목표로 설정하고 있는 만큼 남녀 모두가 정책 대상이다. 국가와 지방자치단체의 모든 정책(지방 여성정책 담당기구는 〈표 3〉 참조)에 대한 성 인지적 분석과 평가의 실시, 여성정책의 수립과 시행, 여성 인적 자원의 개발 등 정책적 기능, 남녀차별과 여성폭력의 예방과 규제 등 인

〈표 3〉 광역자치단체 여성정책 담당조직 유형

유형	명칭		해당 자치단체
국 수준	여성정책국	여성정책과	경기(1청사)
	여성국	여성복지과	경기(2청사)
보건·복지 관련국 내의 과 수준	여성정책과		서울, 경북, 전남, 제주, 부산, 대구, 광주, 대전
	여성복지과		인천
	여성아동과		경남
	가정복지과		울산
참모기관형	여성정책관		충북, 충남
정책실+과 수준	여성정책실+여성복지과 (여성복지국)		강원
	여성정책관+여성복지과 (환경복지국 내)		전북

출처: 김경희(2002), 29쪽 참조 재구성.

권 보장 기능, 국내외 협력 기능을 수행한다. 장관, 차관, 1실, 3국, 2관, 6담당관, 6과로 구성되어 있으며, 소관 법률은 「여성발전기본법」, 「남녀차별금지 및 구제에 관한 법」, 「가정폭력·성폭력·성매매 방지법」, 보육 관련법, 일제하 일군위안부 관련 법, 「건강가정기본법」 등 8개다. 2005년 3월 2일 「정부조직법」 개정으로 보건복지부 소관이던 가족 업무가 여성부로 이관됨으로써, 현재 여성부의 업무 중 대표적인 것은 여성인력개발센터, 여성에 대한 폭력, 보육, 가족 등과 관련한 것이다.

5. 여성정책의 과제와 전망

1990년대 이후 한국 여성정책은 눈부시게 발전했다. 가장 주목할 만한 변화와 발전은 여성정책 패러다임을 통해 볼 수 있다. 이는 여성정책과 관련한 용어의 변천에서 잘 드러나는데, 전통적인 여성관에 입각하여 요보호 여성문제를 다루던 '부녀복지'에서 성평등 관점이 일부 개입된 '여성복지'로 진전을 보이고, 결국 여성주의적 관점에 의한 '여성정책'으로 발전하였다.

이러한 발전 속에서 가장 성공적인 분야는 성 주류화 실현을 위한 제도적 장치의 확대 및 정착이라고 볼 수 있다. 특히 2001년 여성부가 신설되고 남녀평등헌장이 채택되어 국가의 사회정책과 프로그램에 젠더 관점을 관철시켜 남녀평등을 앞당길 것으로 보인다('21세기 남녀평등헌장' 참조). 아울러 법적인 측면을 본다면, 성폭력·가정폭력·성매매 방지를 위해 제정된 여성 관련 3대 인권법을 들 수 있다. 여성에 대한 폭력을 방지하기 위한 이 법들은 그동안 여성이 당해 온 폭력이 사적인 문제로 여겨진 채 방치되던 현실을 변화시키며 여성인권에 대한 사회적 인식을 바꾸는 데 크게 기여하였다. 여기에 「영유아보육법」, 「남녀고용평등법」, 학교급식에 우리는 2001년을 참된 남녀평등 사회를 실현하는 원년으로 선포한다. 20세기가 남녀평등의 씨앗을 뿌린 시대였다면, 21세기는 그 결실을 맺는 시대가 될 것이다. 가정과 직장, 사회와 국가의 모든 부문에서 여성과 남성이 조화로운 동반자 관계를 이루는 일이 우리의 시대적 사명이다. 우리는 차별이 사라진 평등한 사회, 폭력이 없는 평화로운 사회, 인권이 존중되는 민주사회를 지향한다. 이를 위해 여성들 스스로가 자기 삶의 당당한 주체가 되어 사회발전의 주역으로 나서야 한다. 이에 남녀평등 사회로 가는 지표를 세우고자 한다.

— 여성부, 2001년 7월 3일

관한 법 등 '직장과 가정 양립'을 위한 법과 제도의 발전도 중요한 성과로 보아야 할 것이다.

그러나 이러한 성과 속에서도 제기되는 문제는, 법과 제도 차원에서 여성정책이 발전해도 여성들의 실질적인 삶의 질 향상에는 괴리가 생긴다는 점이다. 이는 IMF 구제금융 시기에 드러난 여성노동자의 우선해고와 급속한 비정규직화, 빈곤의 여성화 현상에서 잘 나타난다. 주요한 원인으로는 한국 여성정책이 장기적인 전망과 목표 아래 여성문제에 대한 사회적 합의 수준을 높이며 일관된 체계하에서 단계적·누적적으로 발전한 것이 아니라, 15년 남짓한 짧은 기간 동안 정치적 고려와 여성운동 진영의 요구 등에 따라 '압축적으로' 발전했기 때문이라고 볼 수 있다.

따라서 앞으로 여성정책의 과제는 지금까지 발전시켜 온 법과 제도를 여성주의 방식으로 현실에 잘 정착시키고, 남성 부양자 중심의 사회정책 모델을 성 주류화 전략이 잘 관철될 수 있는 복지 모델로 전환해 가는 것이다. 이를 통해 한국의 여성정책은, 여성 중에서도 약자들의 문제까지 전향적으로 해결해 감으로써 발전을 이루어 낼 수 있을 것이다.

❖ 생각할 거리 --

1. 여성정책이 발전한 나라는 대체로 여성운동이 발전한 나라인지 알아보자.
2. 각 나라 여성정책의 발전 정도는 집권 정당의 정치적 이념과 밀접한 관계가 있다. 그 이유가 무엇일까?
3. 여성은 왜 빈곤집단의 2/3를 차지하고, 여성 빈곤집단 중 여성 노인이 2/3를 차지할까? 그리고 왜 '빈곤의 여성화'란 말은 있어도 '빈곤의 남성화'란 말은 없을까? 이는 각 나라의 정책 모델과 어떤 관계가 있을까?
4. 자신이 장래 이루고 싶은 가족 모델과 그동안 여성이 가정에서 전담한 보육이나 간병 등 돌봄 노동은 누가, 어떠한 방식으로 담당해야 하는지 생각해 보자.

❈ 읽을 거리 --

1. 보건복지부 여성정책담당관실,「보건복지 여성정책 안내: 여성정책 주류화에 대한 이해와 실천방안」, 1999.
2. 테레사 쿨라빅 외,『복지국가와 여성정책』, 한국여성정책연구회 옮김, 새물결, 2000.
3. 한국여성단체연합,『한국의 여성정책 10년을 돌아보며』, 2004.
4. 강남식,「여성운동과 사회복지」, 이영환 편,『한국의 사회복지운동』, 인간과복지, 2005.

❈ 볼 거리 --

1. 안토니아스 라인(마를린 고리스, 1997)
2. 여성인권 10년: 김부남에서 롯데호텔 성희롱까지, SBS 그것이 알고 싶다, 2000.
3. 딸들의 나라, 핀란드, KBS 수요기획, 2004.

12장_한국 여성운동의 어제와 오늘

장미경

1. 여성운동의 개념

여성운동은 인간의 역사 속에서 소외되고 누락된 여성의 목소리를 복원하고, 여성의 지위를 높이며 성평등 사회를 만들기 위한 노력과 실천을 의미한다. 즉 여성운동은 한 성(性)에 의해 다른 성이 일방적으로 억압되어 온 것에 대한 저항과 해방을 지향하는 운동으로서, 가부장제의 철폐와 성별분업 폐지, 성차별적 조건의 개선, 섹슈얼리티 부문에서의 성적 자율권과 주체성 확보 등을 핵심 과제로 삼고 있다(장미경, 1996).

　여성운동의 개념 정의 방식에는 운동의 '목표나 주제'에 초점을 맞추는 방식과 '주체'에 초점을 맞추는 방식이 있다. 전자는 운동의 주체가 남성이든 여성이든 상관없이 '목표나 주제'에 초점을 맞추어, 가부장제 폐지 및 성불평등의 변화를 꾀하는 '여성해방적 운동'이면 모두 여성운동으로 정의한다. 이는 '여성주의 목표'를 내건 운동이라면 무엇이든 여성운동으로 정의할 수 있고, 남성도 여성운동에 참여할 여지를 열어 놓지만, 가부장제 폐지나 성평등을 최우선적인 목표로 내걸지 않는 민족해방운동, 환경운동, 민주화운동 등 여성들이 참여하지만 '여성해방적이지 않은' 운동을 배제함으로써 여성운동의 역사성을 간과하고 여성운동의 폭을 좁힐 우려가 있다. 한편 '주체'를 중심으로 여성운동을 정의하는 방식은 여성주체가 참여하는 사회운동 모두를 포괄하는 것으로, 여성들이 참여하는 사회변혁운동이라면 그 성격이 성별 관계의 변화를 꾀하지 않는 것이라도 여성운동으로 본다. 이 경우, 여성운동의 외연을 넓힐 수 있는 측면이 있지만, 여성운동의 성격이 모호해질 우려가 있다.

　여성운동을 엄격하게 정의하면 여성이라는 '주체'와 여성주의 '목표나 주제'라는 조건을 모두 만족시켜야 하지만, 그럴 경우 여성운동의 역사성을 무시하고 여성운동의 외연을 협소화할 우려가 있으므로, 이 글에서는 여성운동을 다소 느슨하게 정의하는 방식을 택하고자 한다. 즉 두 가지 요건 중 어느 한 가지만 충족되더라도 여성운동으로 정의하려는 것이다. 이를테면 여성운동은 여성들을 의식화·조직화하여 사회 전반적인 성차별과 불평등, 사회적 여성 비하, 지배종속적인 남녀관계 같은 문제를 해결하려는 독자적인 주체와 목표를 가진 운동이다. 하지만 여성문제는 다층적인 사회구조 속에서 발생하는 것이고 여성이 여러 사회관계와 연결되어 있다는 점에서 여성운동을 사회 전반적인 문제를 다루는 여타 사회운동과 관계 지어 볼 수도 있다. 이런 점에서 보면, 여성운동은 사회운동의 한 부분이다. 특히 민족해방기에는 민족해방운동, 사회변혁기에는 계급투쟁과의 상관성이 강하게 표출되면서 사회운동과 상호의존적으로 진행된다고 할 수 있다.

이러한 여성운동은 서구에서 17, 18세기 근대의 개막 시기에 자유주의 및 계몽주의 사상, 천부인권론 등에 영향을 받은 여성해방론자들이 출현하면서 전개되기 시작했다. 그리고 서구의 여성해방사상과 여성운동이 이후 동양사회와 사회주의 국가, 제3세계에 전파되는데, 서구와 다른 역사적·사회적 맥락을 가진 국가에서는 여성운동도 서구와는 다른 형태로 전개되었다. 한국에서도 여성운동은 식민지 경험과 미군정·군부독재 정치의 경험, 분단체제의 고착 등 서구와는 다른 고유의 역사적·사회적 배경과 더불어 진행되었다. 한국 여성운동은 기본적으로 반제·반봉건 운동으로 출발한 초기 근대화운동, 식민지 민족해방운동, 민주화운동, 통일운동 등을 주요 내용으로 담아 왔다(신영숙, 1999).

2. 한국 여성운동의 역사

1) 근대 여성운동 : 여성 계몽 및 민족해방운동

여성운동의 역사적 연원은 길게는 조선시대 말기라고 할 수 있다. 당시 여성운동은 양반가의 여성이 중심이 되어 여성들을 속박하던 봉건적 관습과 법에서 벗어나고자 여성교육과 여성의 경제적 자립, 사회활동의 참여를 목표로 벌인 활동이다. 여성계몽운동은 최초의 여성교육단체로 알려진 찬양회를 중심으로 전개되었다. 그리고 찬양회 회원에 평민과 기생이 포함되어 있기는 했지만, 대부분 경제적으로 유복한 양반층이 중심이었다. 따라서 이들의 활동에서 여성민중의 요구에 대한 관심은 보이지 않는다. 그 밖에 기독교 여성단체들이 있는데, 그중 여우회(女友會)는 사상 최초로 축첩반대 연좌시위를 벌였다. 20세기에 들어서면서 민간 차원의 학교설립운동이 활발히 전개되었는데, 이때 여성교육의 내용은 구국을 위해 애국적인 자녀를 키우는 어머니 양성에 초점이 맞추어져 있었고 실업교육도 꽤 큰 비중을 차지했다. 이 시기 계몽을 내세운 단체 중 특히 한일부인회, 여자교육회 등 서울에 있던 몇몇 교육단체의 간부들은 친일 인물로 구성되어 있었다. 이들은 봉건적 인습에서의 해방, 가정의 개혁과 여성의 권리 등을 주장하였으나 일본 침략세력에 대한 언급은 회피하였다.

한편 일제 시기에는 여성운동도 일본 침략과 착취에 대항한 민족해방운동적인 성격을 강하게 띠었다. 1913년 평양의 여학교 교사와 학생으로 조직된 비밀결사단체 송죽회와 대한애국부인회 등 여성 항일애국단체들은 상하이 임시정부를 위한 군자금 모금, 국내 통신, 연락관계 등을 맡았다. 그리고 1919년의 3·1운동은 여성들의 국채보상운동, 구국애국운동, 농촌계몽운동 등 민족해방운동적 차원에서의 여성운동을 좀더 본격화하는 계기가 되었다.

1920년대로 들어서면 여성들의 민족해방운동이 좀더 조직적으로 전개된다. 사회주의에 입각한 여성해방이론이 소개되면서 조선여성동우회가 결성되는데(1924년) 무산여성의 해방을 내건 이 단체는 여성노동자층에 관심을 갖고서 간부를 인천노동총동맹회에 파견하는가 하면, 노동야학 설치, 여성에 관한 조사, 여성직업조합 설립 등의 활동을 하였다. 1918년 이후에는 노동자 계급의 파업투쟁이 급증하고 여성노동자운동도 활발해졌다. 주요 문제는 임금문제를 비롯하여 봉건 허례의식 타파, 인신매매 금지, 공창 금지, 미성년 남녀의 결혼 금지, 여성 청소년에 대한 차별 철폐와 같은 여성 일반의 요구와 '동일노동 동일임금 지불', '유년 및 부인의 야업 및 갱내 위험작업 금지' 등이었다(한국여성연구회, 1991: 278~300).

한편 1927년에는 식민지하 민족해방운동의 일대 통합조직인 신간회가 창설되었고, 뒤이어 기존의 여러 민족주의와 자유주의 계열 및 사회주의 계열의 여성단체들이 통합된 근우회도 창립되었다. 근우회는, 봉건 잔재가 강하게 남아 있고 여성대중의 의식이 낮은 상태였기 때문에 전위조직이 아닌 대중단체로 건설되었다. 근우회는 여성 억압의 요인을 봉건적 모순과 현대적 모순이라고 명시한 후, 가부장제의 폐습과 식민지 자본주

근우회 행동강령

1. 교육의 성적 차별 철폐와 여자의 보통교육 확장
2. 여성에 대한 사회적 · 법률적 · 정치적 측면의 차별 철폐
3. 모든 봉건적 인습과 미신 타파
4. 조혼 폐지와 결혼 · 이혼의 자유
5. 인신매매와 공창 폐지
6. 농민부인의 경제적 이익 옹호
7. 부인노동자의 임금차별 철폐와 산전 4주간, 산후 6주간의 휴양과 임금 지불
8. 부인과 소년노동자의 위험노동과 야업 폐지
9. 언론 · 출판 · 결사의 자유
10. 노동자 · 농민 의료기관과 탁아소 제정 확립

의 사회구조의 불합리함을 극복하기 위한 방향을 제시하는 등 의욕적으로 활동을 펼쳤지만 1930년을 넘어서면서 붕괴되고 만다. 이는 당시 민족개량주의의 대두, 민족 내 계급갈등의 격화 등이 큰 원인이었지만, 실제로는 분출하는 민중여성운동을 조직이 감당하지 못했기 때문이었다.

노동자 비중이 크게 높아진 1930년 후반에는 정미업, 제사·방적·방직·염색 등의 섬유공업, 고무공업 등에서 여성노동자들의 파업이 나타나고, 그 밖에도 여성농민운동, 제주도 해녀 투쟁, 기생조합의 생존권 투쟁 등 계급별·계층별 생존권, 노동권, 평등권 확립을 위한 운동들이 전개되었다(신영숙, 1999: 400∼402).

2) 해방∼1960년대: 여성운동의 좌절과 정체

해방 이후 미군정기의 여성운동은 친일파 청산, 전쟁 복구, 이념갈등 등의 문제 해결과 더불어 봉건제 철폐라는 과제를 안고 있었다. 1945년 8월에 여성해방과 자주국가 건설을 목표로 탄생한 건국부녀동맹은 여성단체들의 통일전선을 구축하고자 했지만, 이데올로기의 차이를 극복하지 못하여 한 달 만에 우익 여성단체인 한국애국부인회, 대한부인회와 좌익 여성 중심의 조선부녀총동맹으로 분리되고 만다. 조선부녀총동맹은 사회주의 이념에 기반을 두었고, 지도층에 좌익 정당의 주요 인사가 많았다. 여성이 집 밖에서 활동하는 것을 강하게 제약하는 봉건적 사회 분위기가 여성운동의 발전에 장애가 되었는데도 광범위한 여성대중을 조직할 수 있었던 것은, 조선부녀총동맹이 여성대중의 이해와 요구에 바탕을 둔 운동방향을 제시했기 때문이다.

1948년 자유주의 계열의 남한 단독독립정부가 수립된 후, 여성운동은 박애정신에 입각한 상류층 중심의 전쟁 복구, 가난 해소, 대중계몽활동을 주로 전개한다. 이 당시 좌우익 여성단체가 공동으로 이뤄 낸 가장 큰 성과로 공창제의 법적 폐지(1948년)를 들 수 있다. 봉건적 생산양식이 지배적이던 1950년대에는 대부분의 여성들이 농촌에서 농업과 가사에 종사하였으며, 여성단체를 통해 사회활동을 하는 여성들은 상류층에 한정되어 극히 소수에 불과했다. 대한부인회(1948년 창립)는 남북통일이 될 때까지 일절 정치에 관여하지 않는다는 방침을 정하고, 군경 원호, 여성 계몽, 불우여성 구호를 주요 사업으로 내걸었다. 그러나 정치에 관여하지 않는다는 방침은 현실성이 없는 것이었다. 대한부인회 조직이 관 주도로 만들어졌기 때문에, 정부정책 수행을 위해 여성을 동원하는 데 앞장서지 않을 수 없었다. 한편 전문직 여성의 권익 옹호 성격을 갖는 대한여학사협회(1950년 창립), 여성문제연구회(1952년 창립), 중앙부인회(1953년 창립), 대한약사회 여약사위원회(1954년 창립), 가정법률상담소(1956년 창립), 대한어머니회(1958년 창립) 등도 발족하였으며(신영숙, 1999: 403~405), 특히 가정법률상담소와 YWCA 연합회는 1953년 이래 가족법 개정운동을 지속적으로 해왔다.

1960년대 초 박정희 정권의 경제개발계획 아래 한국사회는 급속한 공업화·산업화 사회로 재편되고, 농촌지역의 많은 미혼 여성이 도시지역의 공장노동자로 전환된다. 1960년대 여성운동은 5·16 이후 박정희 군사독재정권의 지배하에 있었다고 해도 과언이 아닌데, 새마을부녀회(1967년 창립)는 여성운동보다는 정부정책을 선전하는 기관단체의 성격이 강화되었고, 대한부인회가 이름을 바꾼 한국부인회(1964년 창립), 한국여성단체협의회(1959년 창립) 역시 그러했다. 그런가 하면 이 단체들은 회원의 친선 도모와 자질 향상, 사회봉사와 국제친선 등을 우선적 목표로 두고서 지역 봉사활동과 더불어 '범여성 가족법 개정 촉진회의'를 결성하여 가족법 개정운동에 힘쓰는 등 부분적인 여권 증진 활동을 전개하기도 했다.

3) 1970~1980년대: 여성노동자운동과 여성주의 인식의 도입

많은 여성단체가 여성단체로서의 자율성을 잃고 독재정권의 지배체제하에 있던 상황에서 이런 흐름에 반하는 여성운동이 형성되기 시작했다. 독재정권에 저항하는 민주화운동과 여성노동자의 문제를 담아내는 민중적 여성운동이 나타난 것이다. 여성노동자운동이 해방 이후 우리 사회에서 집단적인 노동운동의 첫 장을 연 셈이다. 동일방직, 콘트롤데이타, 남영나이론, 해태제과, 종근당, YH무역, 모토롤라, 한국화이자 등 제조업 생산직 여성들의 생존권 투쟁과 민주노조 결성운동이 당시 종교계와 학생들의 반독재민주화 운동과 연결되면서 활발하게 전개되었다. 그러나 당시 여성노동자운동을 여성해방적 관념에 기초한 것으로 보기는 어렵다. 반독재투쟁과 구사대 폭력 반대, 민주노조 설립, 임금투쟁 등의 이슈가 표면화된 반면, 모성보호, 성폭력 같은 이슈는 표면화되거나 여론화되지 못했기 때문이다. 그때는 여성노동자들과 여성운동의 여성해방의식이 철저하지 않았을 뿐 아니라 생존권이나 인권문제, 반독재민주화 투쟁의 과제가 절박했기 때문에 여성해방운동을 전개하기 어려웠다.

한편 서구의 여성해방론과 여성운동이 수입되면서, 학계와 지식인 사회에서도 여성문제에 대한 집단적 인식이 새롭게 형성되었다. 1970년대부터 사회문제에 깊이 관여해 오던 크리스찬아카데미 출신 여성 지식인들의 여성문제 인식과 실천활동 속에서 1977년에 이화여자대학교에 여성학 과정이 처음 개설되었고, 1980년대 초에는 크리스찬아카데미의 '여성인간선언'이 발표되었다. 이 선언은 여성운동을 문화개혁과 인간해방운동으로 규정하고 "한국 여성운동의 과제는 민주화의 달성과 여성노동의 사회화"에 있다고 선언했다. 한편 1983년에 창립한 여성평우회는 "여성운동은 가부장제를 포함하여 여성을 억압하는 사회구조를 변혁함으로써 남녀 모두가 인간답게 살 수 있는 사회를 건설하는 것을 목표로 한다. …… 여성운동의 이념은 여성해방 및 인간해방이며, 여성운동은 우리가 속한 사회의 모든 비인간적 요소를 타파하고자 하는 총체적 운동을 지향한다."(『여성평우』 2호)라고 선언하였다. 이 두 선언의 강조점은 다소 달랐지만, '여성운동'을 남성과 함께하는 인간해방운동으로 정의하고, 민주적·민중적 사회로의 변혁을 지향했다는 점에서는 공통점을 가지고 있다. 이 당시 여성운동은 이처럼 민주화운동, 민중운동으로서의 성격을 강하게 지닌 가운데, 1980년대 광주민주항쟁, 1987년 최루탄 추방운동과 화염병 처벌법 입법 반대투쟁, 민주화실천가족운동협의회의 양심수 석방운동, 국가보안법 철폐를 위한 목요집회 등 사회운동에도 적극 개입하였다.

여성해방적 인식과 실천의 필요성은 지식인 여성들의 공감을 급속도로 얻어 갔다. 이 과정에서 여성의전화(1983년 창립), 또 하나의 문화(1984년 창립), 여성사연구회(1987년 창립), 한국여성노동자회(1987년 창립), 한국여성단체연합(1987년 창립) 등이 속속 탄생하였다. 여성운동가들은 여성들이 사회에서 느끼는 성적 억압과 차별의 문제를 집단적으로 제기하고 여성운동의 정당성을 주장하는 한편, 민주화운동 및 노동운동권에서 보인 여성문제에 대한 편견을 없애고자 노력했다. 이러한 여성들의 실천은 '성차별적 사회의 해악성'에 무감각하던 당시 사회를 일깨우는 도전이었고, 여성들 자신이 여성운동의 필요성을 절감하는 계기를 마련하였다. 이후에 결혼퇴직, 고용불안정, 차별임금, 모성보호 등 일하는 여성들의 문제와 성매매, 성폭력, 자녀양육 문제, 가사노동의 가치 문제 등이 활발하게 연구되고 중요한 사회적 관심사로 부각된다. 또한 민주화 시위 관련 여대생 추행사건과 부천서 여대생 성고문 사건을 계기로 '여대생 추행사건 대책위원회'(1984년)와 '성고문 대책위원회'(1985년)가 결성되면서 강간 반대운동, 성폭력 반대운동도 급격히 확산되기에 이른다.

다른 한편으로는 한국부인회, 한국여성단체협의회를 비롯하여 1960년대부터 활동해 온 전통적 여성단체들의 활동도 지속되었다. 이 단체들은 여권 증진과 지역 봉사활동을 계속하면서 여성의 지위 향상과 사회발전을 위해 노력했지만, 1970년대에 강화된 정부의 새마을 여성정책에 따라 1977년에는 조직적 독자성을 잃고 새마을 부녀운동단체로 재편된다. 한국 부인회를 비롯한 여성단체들은 더 조직적으로 정권에 밀착되어 활동하였 는데, 부녀새마을운동이 대표적이다. 부녀새마을운동은 치밀한 조직방법 과 교육방법, 대중매체를 적극 이용한 홍보 등으로 여성들을 광범위하게 조직해 나갔다. 26개 여성단체가 가입해 있던 한국여성단체협의회는 주로 도시에 거주하는 전체 회원을 대상으로 부녀새마을운동을 벌였는데, 관 주 도라는 인상을 씻고 자발적인 민간 주도형의 새마을운동을 전개하는 데 중 요한 역할을 하였다.

4) 1990년대 이후 : 운동 영역의 확대와 다양성 확보

여성운동 주체의 성장과 분화

1990년대 국내외 정치사회 구조의 변화와 새로운 사상의 유입은 여성운동 계에도 많은 변화를 가져다 주었다. 사회주의권의 붕괴, 군부독재정권에 서 문민정부로의 이행 등 국내외 정치구조의 변화와 더불어 가족 및 사회 구조의 변화, 마르크스주의와 경제 패러다임의 급격한 쇠퇴, 문화 패러다 임의 부상, 포스트 모더니즘의 유입 같은 변화가 여성운동에 영향을 미친 것이다.

1980년대에 민주화 및 민중적 여성운동은 '성평등 및 반(反)가부장 제' 이슈를 중심으로 하는 '여성해방적 여성운동'으로 변모했으며, 사회 전반에 성평등 인식을 확대시켰고, 여성운동 영역이 새롭게 형성되었다. 이로써 여성운동은 독자적인 사상과 이념체계를 가진 사회운동으로 인정 된다. 특히 1980년대까지 주목받지 못하던 영역, 즉 몸의 권리나 섹슈얼리 티 영역을 비롯하여, 정치·환경·평화·문화·소비 등 다양한 영역이 발견되고 각 영역에서 실천활동이 활발히 이루어졌다.

가장 활발한 여성운동 영역은 무엇보다 여성의 몸에 대한 권리와 섹슈얼리티 관련 분야다. 변월수, 김부남, 김보은·김진관 사건 등의 성폭력 사건을 중심으로, 한국성폭력상담소, 한국여성의전화연합이 성폭력 반대 운동을 활발하게 펼쳤고, 「성폭력특별법」이 제정되었다. 이후 성폭력 반대 운동은 서울대 신 교수의 성희롱 사건을 계기로 한 단계 더 성숙하였다. 그간 성폭력이 강간처럼 여성의 신체에 대한 치명적인 상해나 폭력에만 적용되다가, '여성 피해자의 주관적인 관점과 견해'를 더 고려하는 성폭력의 형태가 인정된 것이다. 또한 성희롱은 '조직(직장, 학교)과의 연관 속에서 위계적인 권력을 가진 자가 그렇지 않은 사람에게 원하지 않는 성적 접근을 강요하는 것'으로 정의됨으로써 피해자의 '저항'보다 '동의'를 중심으로 정의하는 성폭력의 개념을 더 명료하게 하는 데 기여하였다. 한편 1990년대 중반을 거치면서 「가정폭력방지법」과 「남녀차별금지법」도 제정된다.

그리고 성매매 문제는 동두천의 새움터, 한소리회, 의정부 두레방 등이 적극 개입·활동하였으며, 1995년에는 「윤락행위등방지법」(1961년 제정)이 개정되었고, 한국여성단체연합을 중심으로 한 성매매 방지법 제정 운동이 전개된다. 이때 성매매 금지론자들과 합법화론자들 사이에 진지한 논쟁이 오갔는데, 성매매 합법화론자들은 금지론이 성매매 피해 여성을 범죄자화함으로써 이들의 구제 및 인권 회복에 도움이 되지 않는다고 주장했으며, 성매매 금지론자들은 합법화론이 성매매의 근원적 해악을 인정하는 개량주의라며 반대논리를 폈다.

둘째, 학술·문화적 측면의 여성운동도 활발하게 전개되었다. 1990년대 각 대학에 확산된 여성학 강좌와 여성신문·여성과 사회·이프(If)·또 하나의 문화를 비롯한 여성학 관련 언론·출판의 성장이 페미니즘 의식의 대중적 확산에 기여했다. 그 밖에도 여성단체들은 각종 언론과 방송에서의 성차별적 행위에 항의했고, 대안적인 여성문화운동으로 안티미스코리아 페스티벌과 월경 페스티벌을 새로 개발하였다. 한편 문학계에서는 여성문인들을 중심으로 '가족 및 사적인 이야기'를 소재로 한 문학작품이 확산되었는데, 이것이 '여성적 글쓰기' 방식에 대한 관심과 더불어 1990년대 문학계의 중요한 특징을 형성하였다. 특히 최근에는 젊은 여성들을 중심으로 사이버 공간에서 여성운동을 펼치거나 사이버 여성운동조직을 형성하는 활동이 확대되고 있다. 이러한 활동은 기존의 오프라인 조직들이 기민하게 대처하지 못하는 여성 관련 쟁점에 즉각적으로 대응하면서 여성운동의 목소리를 높이는 데 기여하였다.

셋째, 가부장적 가족에 대항하는 운동과 양성평등한 가족 만들기 운동이 전개되었다. 가정법률상담소를 중심으로 수십 년간 지속되어 온 가족법 개정운동은 1979년과 1991년에 가족법 개정이라는 성과를 만들었다. 그러나 여전히 성차별적 조항으로 남아 있던 호주제는 1990년대 후반 이래 '호주제 폐지를 위한 시민연대'를 중심으로 호주제 폐지운동과 '부모성 함께 쓰기 운동'을 확산시키는 계기로 작용한다. 한편 편견에 사로잡힌 기존의 가부장적 가족과 결부된 잘못된 인식과 용어를 고치려는 운동, 이를테면 편부모가족을 '한부모가족'으로, '미혼(未婚)'을 '비혼(非婚)'으로 바꾸려는 노력도 전개되었다. 1999년에는 한국여성민우회의 '명절문화 바꾸기 운동'을 비롯, '아줌마'에 대한 부정적 이미지를 없애는 운동도 전개되었다.

넷째, 노동·농업 분야에서의 여성운동은 「남녀고용평등법」과 「영유아보육법」의 제·개정 등 법 관련 운동과 더불어, 여성노동자들의 평생평등노동권 확보 투쟁, 여성을 가사노동자로 전제하는 이데올로기와 결혼퇴직제 반대운동, 임금·직무배치·승진·수당의 차별 철폐를 위한 운동이 전개되었다. 여성운동은 정부의 신인력정책과 IMF 경제위기를 경험하면서 가속화된 여성의 비정규직화 현상에 대응하였고, 여성 취업자 및 실직자

조직 건설, 여성가장에 대한 대책과 모성보호 및 육아의 사회화를 위한 대책들을 마련하였다. 이러한 노력은 부분적인 성과를 가져왔지만, 1990년대 중반부터 고용상황이 악화되면서 여성의 비정규직화는 더욱 확대되었다. 여성농민운동은 1989년에 결성된 전국여성농민회를 중심으로 농업노동과 가사노동의 이중 노동 및 장시간 노동, 탁아, 모성 관련 조치 등 여성농민이 직면한 문제의 해결을 위해 힘쓰고 있다.

다섯째, 환경·통일·평화 운동 분야에서도 여성운동이 전개되었다. 1995년부터는 여성환경운동을 이론적으로 정립하려는 노력이 이루어졌으며, 공해반대시민운동협의회·환경을 살리는 여성들·YWCA를 비롯한 여러 단체들이 적극적인 활동을 전개하였다. 인천여성노동자회가 덕적도 주민과 연합해 핵폐기장 반대운동을 전개하였고, 다른 한편에서는 평화를 만드는 여성회를 중심으로 군축 및 방위비 삭감 운동, 북한동포 돕기 운동, 북한 이탈 여성주민을 위한 활동 등 통일운동이 전개되었다.

한편 일제 시기 군위안부 문제의 제기는 군위안부 할머니를 비롯하여 한국정신대문제대책협의회와 한국정신대연구소의 적극적인 활동에 힘입어, 1993년 4월 임시국회에서 '일제하 일본군 위안부에 대한 생활안정 지원 법안'이 상정되고 군위안부 피해자들의 생활대책이 마련되는 성과를 거두었다. 하지만 일본정부의 진상규명과 배상, 전범재판 등은 아직 그 매듭을 풀지 못하고 있다. 이 운동은 민족문제와 성모순, 계급모순이 중첩된 문제라는 점에서 우리 사회의 폭넓은 지지를 이끌어 냈고 여성운동을 국제적 차원으로 확장하는 결과를 가져왔다. 그 밖에도 '걸프전 한국 파병 저지와 전쟁에 반대하기 위한 어머니 모임', '아시아의 평화와 여성의 역할' 같은 평화조직이 구성되었으며, 최근에는 이라크전에 반대하는 운동도 전개되었다.

여섯째, 정치참여와 관련 있는 여성운동으로는 1992년 기초의회 의원 선거를 앞두고 정치참여를 위한 범여성모임, 의정감시활동모임이 있다. 특히 1994년에는 한국여성단체협의회와 한국여성단체연합의 소속 단체뿐만 아니라 YWCA, 전문직여성클럽한국연맹 등 56개 여성단체가 '할당제 도입을 위한 여성연대'를 결성하였고, 여성 지방의원 지원운동을 전개하였다. 한편 2004년 총선을 앞두고는 전국의 321개 여성 관련 단체들이 '총선여성연대'를 결성하고, 비례대표 중 50% 여성 할당, 지역구 여성 공천 할당제 도입, 공천위원회 중 30% 여성 할당 같은 방안을 핵심 요구 사항으로 내걸었으며, '맑은 정치 여성 네트워크' 구성을 통해 '여성 100인 국회 보내기 운동'을 벌였다. 그러나 몇몇 여성들을 국회로 보내는 방식을 통한 정치세력화보다 좀더 근본적인 차원의 정치세력화가 필요하다는 비판이 제기되었다.

여성운동 주체의 다양화

현재 여성운동을 펼치고 있는 주체들은 이념적·실천적 측면에 따라 몇 가지로 나누어 볼 수 있다. 우선 자유주의적 성향의 온건한 특징을 보이는 집단을 들 수 있다. 직능단체 중심의 한국여성단체협의회와 YWCA 등 오랜 역사를 지닌 전통적 여성단체들이 이에 속한다. 이 집단들은 중앙보다는 지방에서, 젊은 층보다는 나이 든 층에서 영향력을 발휘하고 있다. 이 단체들의 여성운동 의식은 다소 미약하고 여권운동적 성격은 강한데, 1990년대 중반 이후로 도시권에서는 세력이 약화되었다.

다음에 여성문제와 여타 사회문제를 결합하고자 하는 집단을 들 수 있다. 1980년대 중반에 민중적·민주적 과제와 더불어 '성차별'의 문제를 제기한 한국여성단체연합 소속 단체들, 즉 한국여성의전화연합, 한국여성노동자회협의회, 한국여성민우회, 한국성폭력상담소 등이 이에 속한다. 이 집단들은 성차별과 가부장제 문제를 명확히 제기하며, 이론적·실천적으로 탄탄한 활동기반을 보여 준다. 1990년대 내내 왕성한 활동력을 보였으며 지금도 가장 막강한 영향력을 미치고 있는데, 1990년대 중반부터는 이 그룹의 지도력이 여성부를 비롯한 각종 여성 관련 정부기구에 참여해 정책 관련 전문가로 활동하고 있다.

또한 1990년대 중반 이후 대학가를 중심으로 급격하게 성장한 급진적 진보운동 집단이 있다. 연세대 여성자치언론 '두입술'과 관악여성모임연대 출신 인사들이 모여 만든 최초의 페미니스트 웹진 '달나라딸세포', 페미니스트 인터넷 신문 '일다', 여성 경제 네트워크 '프리-워(FReE-War)', '돌꽃' 등이 이에 속한다. 이러한 집단의 리더십은 성폭력 관련 운동이 고조되던 1990년대 중반에 대학생활을 한 20대와 30대 초반의 영 페미니스트들이다. 이들은 이미 상당히 관료화된 앞의 두 집단이 담아내기 어려운 '급진적 이슈'를 제기하면서 사회 일반은 물론 사회운동권의 남성 중심성을 강하게 비판하고, 거대 담론보다는 개인과 일상의 문제에 더 관심을 보였다. 이들은 비제도적이고 문화적인 게릴라식 운동방식을 선호하며, '여성적 글쓰기'에 관심이 많다.

최근에는 기존의 여성운동이 포괄하지 못하는 새로운 문제를 제기하는 새로운 집단과 조직이 부상하고 있다. 민주노동당 내 여성 그룹, 비정규직 여성노동자 단체(전국여성노조연합), 여성 장애인 단체(장애여성공감), 여성 동성애자 단체(끼리끼리), 여성 이주민 단체(이주여성인권연대), 여성 환경단체(여성환경연대), 여성 평화통일 단체(전쟁을 반대하는 여성연대), 여성 종교인 단체(가톨릭여성단체연대, 교회 내 성폭력 추방을 위한 공동대책위원회, 불교여성개발원), 소수자 여성단체(다름으로닮은여성연대), 반전평화 단체(반미여성회), 지역 풀뿌리 여성단체 등이 여기에 포함된다. 이러한 집단들은 기존 여성운동에서 담아내지 못한 새로운 문제, 즉 신자유주의, 전지구적 성매매, 이주노동자 문제 등 전 지구적 차원에서 제기되는 문제인 전쟁과 평화·장애인·여성 이주민·종교·지역 가꾸기 등의 문제를 제기하면서 '여성운동 내의 차이와 소수자 문제'에 관한 관심을 촉발하고 있다.

3. 현대 여성운동사에 나타난 여성운동의 주요 쟁점

1) 성과 계급 논쟁

성과 계급 논쟁은 1980년대 여성운동계의 최대 쟁점이었다. 이 논쟁은 여성문제의 기원과 본질뿐만 아니라 자본주의하에서 여성 억압의 성격을 규정하는 문제, 여성운동의 목표 및 주체 문제와 관련된 논쟁이다. 여성문제에 성과 계급 중 무엇이 더 결정적으로 작용한다고 보는가에 따라 두 입장으로 나뉘어 전개되었다. 먼저 여성문제의 핵심 원인을 계급에 두고 여성운동을 전체 사회운동의 부문운동이자 민중·민주·자주를 지향하는 운동으로 보는 입장이 있고, 여성문제의 핵심 원인을 성에 두고 여성운동의 독자성을 강조하며, 성별 관계의 불평등 철폐와 여성해방을 지향하는 운동으로 보는 입장이 있다(오장미경, 2000). 이렇게 다른 두 입장에서 전개한 여성운동은 이념상 차이를 수반하는데, 서구에서 이 논쟁이 급진주의 페미니스트와 마르크스주의(사회주의) 페미니스트 간 이념 차이를 반영했다면, 우리 사회에서는 사회주의 페미니즘의 이중체계론자와 일원론자 사이의 입장 차이를 반영했다.

이 논쟁은 어느 한 입장으로 통일되지 못한 채 1990년대로 넘어가 주관적·객관적 상황의 변화와 포스트 모더니즘 담론의 확산과 더불어 해소되고 만다. 상반되는 입장을 표방하던 두 집단이 각각의 입장에 따른 실천을 전개하면서 1990년대를 맞이한 것이다. 전자는 한국여성단체연합을 중심으로 민중적·민주적 측면을 강조하는 여성운동을, 후자는 성폭력 문제와 섹슈얼리티 등 여성의 특수한 쟁점을 중시하는 운동을 전개하면서 1990년대 여성운동을 활성화하는 밑거름으로 자리 잡았다.

2) 보호와 평등 문제

보호와 평등 문제는 남녀의 성별 차이를 어떻게 인식하고 해결할 것인가와 관련된 것으로서, 한국 여성운동의 방향과 더불어 매우 중요한 이론적 쟁점을 제기한다. 우선 보호 입장은 남녀의 성별 차이를 전제로 하는 입장으로서 가부장적 가족제도, 전통적 성역할 분업관, 정신적·육체적·경제적 약자로서의 여성성을 상정한다. 여성은 남성과 신체적으로 다르고 사회적으로 다른 조건 속에 있기 때문에 '보호'를 통해 결과적 평등을 쟁취해야 한다는 입장이다. 반면 평등 입장은 성별 차이를 고려하기보다는 평등한 대우를 주요 과제로 삼아야 한다는 것이다.

이 논쟁이 여성운동계에서 수면 위로 떠오른 것은 1980년대 후반 이래 네 차례의 개정을 거친 「남녀고용평등법」 때문이다. 기업은 1988년 「남녀고용평등법」 제정을 계기로 여성노동자에 대한 시각을 '보호'에서 '평등'으로 전환해야 한다면서 모성보호 및 여성보호의 축소와 철폐를 강력하게 주장하였다. 그러나 문제는 기업측의 주장이 아니었다. 여성운동가중 일부도 보호를 평등과 모순된 것으로 인식하였기 때문이다. 보호를 주장할 경우 여성을 약자로 인정하는 것이 되며, 평등을 주장할 경우에는 가사노동을 거의 전담하면서 여러 가지 진입 장벽, 성차별·성폭력의 압력에 시달리는 여성이 사회적 노동에서 남성과 동일한 성취를 하기 어렵다고 보는 입장이었다. 이러한 평등과 보호 사이의 모순은 여성운동의 요구와 제안 곳곳에 모순을 가져왔고, 이는 법령 및 정책(김엘림, 1995: 122~135), 여성운동의 방향과 관련해서 여러 가지 혼란을 일으켰다.

이후 1990년대 중반을 넘어서면서 남성 중심적 사회에서 여성의 조건을 고려하는 것이 '올바른 평등' 개념이라는 주장이 정립된다. 이를테면 '같은 것은 같게, 다른 것은 다르게' 대우하는 것이 '올바른 평등'이며, 이런 점에서 여성의 관점에서는 '기회의 평등'이 아니라 '조건의 평등' 개념이 적용되어야 한다는 주장이 힘을 얻은 것이다. 결국 기존 보호/평등 논리는 남성의 경험을 규범으로 하여 같음과 다름을 선택하는 것으로서 여성의 관점에서 보면 매우 제한적이기 때문에 그런 식의 이분법은 폐지되어야 하며, 소극적 평등의 관점이 아니라 적극적 평등의 관점에서 재해석하는 것이 필요하다는 것이다(조주현, 2000: 252~257).

'보호와 평등'에 관한 논쟁은 기존에 남성 중심적으로 담론화되었거나 정식화되었던 개념을 여성주의적으로 다시 보고, 다시 정의하는 계기를 마련하였다.

3) 성매매를 둘러싼 논란

2003년 한국여성단체연합의 「성매매알선등행위의처벌및방지에관한법률안」(약칭 성매매방지법) 제정운동과 관련해서 성매매에 대한 인식과 처리 문제에 대한 논란이 있었다. 성매매를 둘러싸고 있던 '필요악' 논쟁에 비하면 이 논쟁은 성매매 문제 및 그 해결방안에 대한 진지하고 깊이 있는 논쟁이었다고 할 수 있다. 이 논쟁은 성매매 금지론과 합법화론의 격돌로 나타났다.

우선 성매매 합법화론은 성매매가 '피해자 없는 범죄'라는 점에서 시작하여 '공창제' 인정을 강조하는 입장이다. 성매매 합법화는 현재 독일, 네덜란드, 호주 등에서 실시하고 있다. 이는 성매매 금지론이 성을 파는 여성을 범죄자로 보기 때문에 그들을 이중 피해자로 만드는 문제가 있다면서, 성매매를 노동과 직업으로 인정하고 성을 파는 여성의 인권을 보장하며, 성매매 여성과 일반 여성을 분리하지 않는 관점이 필요하다고 주장한다. 나아가 성매매 피해 여성들은 처벌 대상이 아니라 보호하고 지원해야 할 대상으로 봐야 하며, 몸과 마음을 치유하고 건강한 사회인으로 복귀할 수 있도록 쉼터 설치 및 운영 비용, 정서적 치유를 위한 상담치료비, 주거지원비, 경제적 자립을 위한 직업훈련 비용과 최소생계비를 지원해야 한다고 주장한다.

이에 반해 성매매 금지론은 성매매가 성별화되어 있다는 점에서 출발한다. 여성은 성매매의 객체이고 남성은 성매매의 구매자라는 점을 전제한다. 즉 성매매를 실시하는 주체도, 여성의 몸을 통제하고 거래하는 자도, 그에 따른 가장 큰 수혜자도 '남성'이고, 성매매가 초역사적인 것이라기보다는 남성 중심적 성문화와 국제적이고 체계적인 성산업의 발전이 가져온 역사적 산물이라는 것이다.

한국여성단체연합은 성매매 금지론의 입장에 있었는데, 성산업이 합법화된 국가에서도 성매매 여성의 80~90%를 포주가 관리한다는 점, 유럽 국가의 성매매 정상화가 오히려 여성 매매를 촉진한 점, 성매매 여성 수를 확대했다는 점, 성매매 여성은 성매매가 합법화되어도 '시민권'을 얻지 못한다는 점을 그 근거로 들었다. 그러나 이 과정에서 여성주의자들 중 일부는 이 법이 성매매 피해 여성을 범죄화할 우려가 있다며 성매매 합법화를 주장한 것이다. 이런 공방 속에서 결국 「성매매방지법」은 2004년 봄에 통과되었는데, 이 법은 성매매 합법화론자들의 주장을 일부 받아들여 성매매 여성을 비범죄자화하고 탈매춘화하는 방안을 적극 모색하는 내용을 담아냈다. 성매매 금지론과 합법화론 간의 논쟁은 성매매에 관한 사회적 관심을 확대시켰으며, 진지하고도 깊이 있는 논쟁과 대책 논의를 가능하게 하여 결국 법안에 논의결과를 반영하는 성과를 거두었다.

4) 호주제 폐지 후 대안: 가족부인가, 일인일적제인가

호주제 폐지에 대해서는 여성운동계 전체가 찬성을 표했지만, 호주제 폐지 이후 호적제도 개편안에 대한 입장은 단일하지 않았다. 특히 개인별 편제방식과 가족별 편제방식이 각기 대안으로 제기되었고, 한국여성단체연

합의 경우 처음에는 가족별 편제방식을 대안으로 내걸었다. 그러나 민주
노동당·민주노총·전교조·공무원노조·개혁국민정당 여성위원회·민변·
여성해방연대·서초강남교육시민연대 등 여성, 노동, 인권, 종교, 정당 등
18개 시민사회단체로 구성된 '일인일적 실현 공동연대'와 젊은 여성들이
개인별 편제방식을 적극 요구하면서 일인일적제를 대안으로 제시하게 되
었다. '일인일적 실현 공동연대'는 가족별 편제방식에 대해 ①호적 기준자
(부부 중 1인)를 결정하는 과정에서 성차별이 생길 수 있다는 점, ②미혼
자녀를 부모 호적에 편제함으로써 「헌법」에서 보장하는 인간의 평등권을
확인하지 못하는 점, ③결혼·사망·이혼·재혼의 경우 매번 호적을 변경해
야 하는 점, ④재혼시 성씨 변경을 하지 않을 경우 '비정상 가족'이라는 선
입견을 남길 수 있다는 점이 문제라고 보고 일인일적제가 이를 극복할 수
있는 제도라고 주장하였다. 여성운동계의 입장이 점차 일인일적제로 모아
졌고, 결국 여성부도 일인일적제를 대안으로 제시하였다.

4. 한국 여성운동의 과제와 전망

한국 여성운동은 지속적인 실천으로 많은 성과를 거두었지만, 주·객관적인
상황변화와 더불어 새로운 과제를 앞두고 있다. 그중 몇 가지를 살펴보자.

1) 차이와 연대 문제

1990년대 우리 사회의 여성운동은 '여성'이라는 표제하에 성공적인 연대
를 형성하였다. 이것은 여성들 내부의 차이보다 동질성이 컸고, 여성운동
가들이 모두 단결하여 한목소리로 여성운동의 목적을 달성하기 위해 노력
했기 때문이다.

그러나 현재 한국 여성운동은 다양한 이슈의 부각 및 새로운 여성 하위 주체의 등장 때문에 또다시 변화를 모색해야 할 상황에 있다. 한국여성단체연합을 중심으로 법과 정책 및 제도적 실천을 해온 그룹과 달리 성폭력 반대운동과 섹슈얼리티 문제를 강조한 '영 페미니스트 그룹'이 1990년대 중반 이후 부각되었으며, 최근에는 여성 내부의 다양한 차이, 즉 계층·장애 유무·성적 지향·세대·거주지(도시/농촌) 등의 차이를 중심으로 새로운 여성운동이 부각되고 있다.

이는 1990년대 초반 포스트 모더니즘의 유입과 더불어 학문적으로 논의된 '정체성의 정치', '여성 내부의 차이를 고려하는 정치'가 이미 우리 사회의 현안으로 대두하였음을 말해 준다. 그러므로 여성의 정체성을 주어진 것으로 보거나 고정된 것으로 보는 기존 사고를 전면적으로 검토해야 할 뿐 아니라, 여성운동의 대상이나 전략도 다양성과 차이를 인정하면서 상황과 조건에 따라 언제든지 새롭게 구성해 갈 수 있다는 인식이 필요하다. 또한 여성 내부의 차이를 드러내고 다양한 여성문제와 소수자 여성들의 목소리를 반영함으로써 여성운동의 하부 영역을 개발하고 발전시켜야 한다.

그런데 이러한 여성 및 여성운동 내부의 '차이 드러내기'는 여성들 간의 연대를 염두에 두어야 한다. '차이 드러내기'가 여성운동의 힘을 약화하고 소실시키는 쪽으로 작용하지 않게 하려면 여성들 간의 연대 형성이 꼭 필요하기 때문이다. 여성운동의 다양한 하위 주체와 하위 영역의 목소리를 드러내는 것은 '여성운동'이라는 큰 틀 속에서 조정되어야 한다는 것을 잊지 말아야 할 것이다.

2) 여성운동의 제도화 문제

1990년대 중반 이후 여성운동가들이 여성부를 비롯한 정부기구와 국회로 진출하면서 여성운동이 제도화되어 활기를 잃었다는 비판이 이어지고 있다. 여성운동이 운동적 에너지를 상실하고 보수화되고 있다는 것이다.

그러나 이런 비판은 다소 지나친 면이 있으며 '제도화'의 부정적 측면을 확대해석했다는 견해도 있다. 즉 여성운동의 제도화는 여성운동의 확산과 세력화를 위해 불가피한 일이며, 선진국에서 여성들의 지위가 향상되고 성평등 사회로 빠르게 나아갈 수 있었던 것은 정부, 국회 등 제도화된 권력구조의 성격을 성평등적으로 바꾸어 냄으로써 성평등정책을 계획·집행했기 때문이라는 주장이다. 따라서 이는 페모크라트(femocrat, 여성관료)의 증대를 통해 국가 페미니즘(state feminism)을 실현하는 길이므로, 결과적으로 여성의 지위 향상과 성평등 사회 건설이라는 여성운동의 목표를 달성하는 데 긍정적인 영향을 미치게 된다고 한다.

위의 두 견해에는 나름대로 타당한 일면이 있다. 여성운동의 제도화는 긍정적·부정적 측면을 동시에 가지고 있기 때문이다. 그러므로 여성운동의 제도화를 무조건 긍정하거나 무조건 부정하는 것은 다른 한 측면을 보지 않은 결과일 수 있다. 여성운동의 일부가 제도화되더라도 여성운동이 주도권을 가지고 제도화된 부분을 '활용'한다면 얼마든지 여성운동의 목표를 실현하는 데 도움이 될 수 있다.

이미 여성운동의 많은 부분이 제도화되고 있으며, 이것이 여성운동의 목표를 실현하는 데 많은 도움을 준다. 따라서 이러한 현상을 무시하거나 과거로 돌아가자는 것은 여성운동의 목표 실현에 오히려 부정적인 결과를 낳는다. 그러므로 이제 문제의 초점을 '여성운동의 제도화' 여부에 두지 말고, 여성운동의 많은 부분이 제도화되는 현실에서 여성운동이 주도권과 자율성을 얼마나 가질 수 있느냐에 둘 때라고 본다.

3) 여성운동의 대중화, 성평등화 노력

여성들의 '힘 갖추기(empowerment)'를 위해서, 여성운동은 기존의 남성 정치구조 내에서 여성의 진출 기회를 늘림으로써 여성의 정치적 대표성을 높이는 '끼어들기'가 아니라, 기존의 정치구조와 정치문화를 바꾸는 대안적 정치력 제공을 의미하는 '틀 바꾸기'를 목표로 해야 한다(이영자, 1999).

이를 위해 중요한 과제 몇 가지를 살펴보면, 첫째, 정책·법의 제정 단계에서 실행 단계로 나아가야 한다. 1990년대 내내 여성운동 세력은 여성에게 부당한 짐을 지워 온 각종 법적·제도적 장치들을 개혁하고 성평등한 조건을 형성하도록 하는 기초작업을 해왔으며, 이런 노력을 통해서 여성 악법들이 폐지·개정되었고, 여성 친화적 법과 제도들이 신설되었다. 이제 이러한 법과 제도가 실행되도록 구체적인 행정 기반을 구축하고 실질적인 조치를 마련하도록 노력해야 할 것이다.

나아가 기업·정당·노조에서 여성들의 조직화와 세력화를 위한 집단적이고 의식적이며 조직적인 노력이 더욱 필요하다. 선진국의 경우, 여성들의 사회활동과 정치활동이 아주 활발하다. 우리도 각 조직구조 내에서 여성의 참여를 높임으로써 여성들을 세력화하는 노력이 더욱 진행되어야 할 것이다.

둘째, 제도적 접근을 넘어 문화적 접근으로 나아가야 한다. 이제까지는 성평등 사회를 이루기 위한 국가의 기본 토대를 형성하는 작업, 즉 성인지적이고 여성 친화적인 법과 정책을 만드는 제도 개선에 집중해 왔는데, 여성의 지위 향상과 성평등 사회를 이룩하는 데 이런 노력만으로는 부족하다. 일상생활과 문화, 의식을 근본적으로 바꾸어야 한다. 따라서 앞으로는 교육, 대중매체, 문화에 집중하여 남성 중심적이고 성 편견적인 생활양식과 문화, 의식을 바꾸어야 할 것이다.

셋째, 중앙 활동가에서 지역대중으로 운동의 주체가 확산되어야 한다. 지금까지의 여성운동은 서울, 대도시 중심 운동이었고, 활동가나 인텔리, 중산층 중심 운동이었다. 그러나 앞으로는 활동을 지역으로, 일반 대중과 중하류층으로 넓혀야 한다. 여성운동이 지역운동과 결합해야 하고, 노조·정당·정부조직 내 여성 관련 담당기구의 주요 세력으로 부각되어야 하며, 여성부나 여성위원회 같은 여성조직 건설작업에 박차를 가해야 한다. 학술적 차원에서도 여성학을 확산시키는 작업뿐만 아니라, 각 학문과 여성주의 인식을 결합하여 성 인지적인 학문으로 변형하려는 노력을 해야 한다. 이를테면 법학, 사회학, 복지학, 자연과학 등을 법 여성학, 성 사회학, 여성복지학, 젠더 과학 등 성 인지적이고 여성주의적인 학문으로 변형하는 작업을 해야 한다.

넷째, 여성운동은 이제 여성들만의 운동이 아니라 남성이 함께 하는 양성평등운동으로 변화되어야 한다. 여성의 지위를 향상시키고 성평등 사회를 건설하려면 여성 억압의 중요한 주체인 남성의 변화를 동반하지 않으면 안 된다. 그러므로 남성을 여성운동에 적극적으로 끌어들이는 방안을 확대해야 한다. 이를테면 남성의 육아 참여나 부모양육휴가제 실시 등을 통해 남성을 가사노동이나 양육에 동참시켜야 하며, 성희롱·성매매 문제나 가족문제, 여성의 사회노동 참여와 관련된 문제 해결 및 정치 참여에 남성이 함께하도록 해야 한다.

5. 맺음말

한국의 여성운동은 19세기 말의 봉건제 타파 및 의식개선운동과 구국운동에서 여성 고유의 문제를 둘러싼 최근의 운동에 이르기까지 수많은 단절과 계승의 과정을 거치면서 지속되어 왔다. 그리고 그 과정에서 여성운동은 여성의 지위 향상을 위한 성과를 많이 보여 왔다. 특히 1990년대 여성운동의 실천들은 여성문제를 어느 정도 사회의 주요 쟁점으로 자리하게 했으며 여성운동을 중요한 사회운동 세력 가운데 하나로 만들었다. 또한 사회와 정부의 가부장적 제도와 문화를 개선하였는데, 특히 친여성적 법안을 제(개)정하고, 정부정책을 성 인지적으로 바꾼 것은 중요한 성과다. 그러나 법과 제도가 현실과 큰 괴리를 보이는 우리 사회의 곳곳에는 아직도 성차별적 관행과 문화가 뿌리 깊게 남아 있으며, 남성 중심적 편견과 오해가 성평등을 위한 실천의 발목을 붙잡고 있다. 이런 문제를 해결하려면 실질적으로 사회에 퍼져 있는 그릇된 관행과 문화를 바꾸어 나가는 '아래로부터의 실천'이 더 진행되어야 한다.

21세기는 여성의 시대라고 한다. 이런 말이 공허한 언설이 아님을 입증할 만한 변화도 현실에서 어렵지 않게 발견할 수 있다. 여성들은 앞으로 사회적 약자나 주변자의 처지가 아니라 21세기의 주역 자리에 당당히 설 것이다. 그런데 이러한 자리매김은 우선 여성주체들의 의식적 각성과 실천을 통해서 가능할 것이며, 여성운동은 이를 이끌어 낼 소임을 가지고 있다. 나아가 앞으로 여성운동은 성평등 사회, 인간해방 사회를 이룩할 각성과 실천을 제시해 주는 대안운동으로서 더욱 발전해 가야 할 것이다. 이를 위해서 여성운동은 21세기를 이끌어 갈 새로운 대안이념과 전략의 개발을 모색해야 한다. 여성운동의 이념은 평등·평화·인권·복지를 포괄하는 이념적 패러다임으로 확장되어야 한다. 또한 정치경제적 민주주의, 평화체제 구축과 통일, 지속 가능한 생태사회, 인권과 복지의 보장 등 대안사회를 향한 비전과 더불어 추구되어야 한다. 이는 여성운동이 단지 여성들의 권리 확보에만 관심을 갖는 차원을 넘어서서, 남성을 포함한 모든 인류의 행복과 번영, 전 지구적인 생태사회·평등사회의 비전과 만나야 한다는 것을 뜻한다. 제1세계 백인 중산층 여성운동이 제3세계 흑인 하층계급 여성들로부터 도전받고 부정되는 데서 볼 수 있듯이, 새로운 여성운동은 시시각각 변화하는 사회 속에서 새롭게 형성되는 약자나 피해자, 소수자와 함

께해야 하고, 그들의 문제의식을 담아내야 한다. 페미니즘이나 여성운동
이 지배자나 보수적 주체의 이념 혹은 실천이 아니라, 피지배자와 진보적
주체들과 함께 새로운 세계를 여는 이념과 실천이 되고자 한다면 말이다.

❖ 생각할 거리 --

1. 남성이 여성운동의 주체가 될 수 있는가? 그리고 남성이 주체가 될 수 있다면 이러한
주장이 여성운동에 가져올 수 있는 긍정적인 면과 부정적인 면은 무엇인가?
2. 여성운동에 대한 정의는 이슈를 중심으로 정의하는 방식과 주체를 중심으로 정의하는
방식이 있다. 어떻게 정의하는 것이 옳은가? 그리고 여성운동에 대한 각 정의에서 얻을 수
있는 이점과 한계는 무엇인가?
3. 한국 여성운동을 다른 나라의 여성운동과 비교해 볼 때 한국 여성운동의 특수성은 무엇
인가? 또는 다른 나라 여성운동과의 공통점은 무엇인가?
4. 여성운동이 남성의 해방을 위해 도움이 된다는 주장에 동의하는가? 동의하거나 동의하
지 않을 때 각각의 이유를 얘기해 보자.
5. 여성운동의 연대와 차이 문제에 대해 생각해 보자. 여성운동 내부의 차이가 최근 어떻
게 나타나고 있고, 이처럼 차이를 부각하는 운동이 여성운동에 어떠한 기여를 할 수 있을
지 생각해 보자.

❀ 읽을 거리 --

1. 신영숙, 「여성운동」, 『여성과 한국사회』, 사회문화연구소, 1999.
2. 오장미경, 「성해방 운동과 NGO」, 『NGO 가이드』, 한겨레신문사, 2000.
3. 조주현, 「여성 정체성의 정치학: 80~90년대 한국의 여성운동을 중심으로」, 『여성 정체
성의 정치학』, 또 하나의 문화, 2000.
4. 이효재, 『한국의 여성운동』, 정우사, 1989.

13장_북한사회와 여성의 삶

김귀옥

1. 북한의 여성문제 인식

북한여성들은 어떻게 살고 있을까? 그들의 존재방식과 가치관, 삶의 의미 등을 알려면 먼저 북한사회를 이해해야 한다. 또한 북한에 대한 이해에 앞서 한반도 전체를 아우르는 이해가 필수적이다. 한반도 분단과 냉전은 남북 사회에 다르면서도 유사한 역사 발전과정을 만들었고, 그러한 상황이 남북의 경쟁을 강화하면서도 의도하지 않게 서로 닮은 분단사회를 만들어 왔다. 앞으로 한반도 미래사회를 건설하고 여성문제를 극복하는 과정은 분단과 냉전이 만든 사회문제 극복의 과정이라고도 할 수 있다. 이러한 문제의식에 따라 한국사회에서 여성문제를 인식하고 극복하기 위하여 북한여성에 대한 올바른 이해가 필요하다. 또한 한반도 분단을 극복하기 위하여 남북 여성은 어떤 노력을 해야 하는지를 생각해 보아야 한다. 이러한 관점에 기초하여 북한여성들이 어떻게 살아왔는지, 남북의 여성은 무엇을 지향해야 하는지를 탐색하고자 한다.

현재 북한은 페미니즘 또는 여성학을 불필요한 것으로 본다. 북한에서는 페미니즘을 대체로 마르크스주의 여성해방론과 일치시켜 파악하는 경향을 보인다. 다시 말해 마르크스주의 여성해방론은 여성해방의 핵심 과제로 사유재산의 철폐, 성별 분업의 철폐, 가사노동의 사회화와 동일노동 동일임금, 남녀평등한 교육 수혜권과 참정권의 달성 등을 설정하였다. 마르크스·레닌주의에서 출발하여 '주체사상'의 기초 위에 정치, 경제, 사회 전반을 운영하는 북한은 여성해방의 주요 목표와 과제를 마르크스주의적 기조에 따라 설정했고, 1970년대에 이르러 그러한 과제를 대개 해결하였다고 주장한다. 그리고 성별 분업과 정신노동과 육체노동의 차이 제거를 포함한 완전한 분업의 철폐는 '높은 단계의 공산주의 사회'에 이르러야 가능하다고 본다. 따라서 북한은 공산주의 사회로 이행하지 못한 과도기 사회주의 사회에서 실현할 수 있는 여성해방의 과제를 대부분 해결하였으며 그에 따라 여성학이 필요 없다고 주장한다.

북한사회의 특징 가운데 하나는 사회운동을 국가 부문에서 흡수하고 있다는 점이다. 마르크스처럼 북한은 시민사회를 개인이나 부르주아 집단의 사적 욕망이 충돌하는 영역이라고 하여 부정적으로 인식하였다. 그래서 새로운 사회주의 국가에서는 시민사회 영역을 지양하고 국가와 사회 영역의 분리와 갈등을 해소하기 위하여 국가가 사회 부문을 통합해야 한다고 보았다. 북한의 여성문제 역시 마찬가지다. 1945년 일제 해방기부터 여성문제의 해결이라는 과제를 국가 영역으로 통합하여 제도화하였다. 또한 정치, 경제, 사회 각 부문의 여성 지도자들이나 전문가들은 최고인민회의나 지방인민위원회 등의 일꾼으로 국가 부문에 참여한다.

그러나 북한에는 여전히 가부장적 또는 남성 중심적 문화의 속성이 강하게 남아 있으므로 비판의 소지가 있다. 또한 북한이 1970년대에 여성문제의 주요 과제를 해결하였다고 하더라도, 여성해방론이 시대나 사회에 따라 변하므로 북한의 여성해방론도 이론적으로나 사회적으로 근본적인 한계나 문제를 안고 있다.

이제 북한에서 여성은 어떤 삶을 살아왔는지, 여성해방을 위한 운동과 여성정책은 있었는지, 또는 북한식 가부장 문화의 형성 원인이 무엇인지에 대해 살펴보고, 남북이 공통으로 처한 분단 현실을 남북 여성이 여성주의적 관점에서 어떻게 극복하고 남북 여성의 교류를 어떻게 활성화해 나갈 것인지 살펴보자.

2. 북한여성의 역사

북한은 여성운동사와 여성정책 시행의 기원을 일제시대로 거슬러 올라가 찾는다. 일제시대 여성운동은 그 영역이 노동운동, 농민운동, 사회주의 운동 가운데 어느 것이든 민족문제, 민족해방운동과 관련되는데, 그것은 북한에서 여성운동사를 설명할 때도 마찬가지다. 그리고 북한에서는 일제시대 여성운동을 '반일부녀회'나 '조국광복회'를 중심으로 설명하는데, 이러한 북한의 역사서술은 남북통일의 길에서 좀더 검토하고 연구해야 하는 한계가 있다.

　이 장에서는 북한의 여성운동을 네 시기, 즉 해방기, 한국전쟁 전후 복구 및 사회주의 건설기, 사회주의 제도 수립 이후, 1990년대 이후 현재까지로 나누어 살펴보겠다.

1) 해방기

이 시기에 여성운동이 가장 활발했으며 근대적인 여성정책이 최초로 시행되었다. 해방은 남북을 막론하고 전 민중에게 일제의 식민지적 요소와 봉건제적 요소를 청산해야 하는 이중 과제를 제시하였다. 그러한 이중 과제 속에 봉건제적 가부장제의 청산도 포함되었다. 북한은 '북조선임시인민위원회'를 결성하여 이를 급속하게 해결해 나갔다.

　북한에서 '민주개혁'이나 '반제반봉건민주주의혁명'으로 통칭하는 이 개혁의 내용 중 대표적인 것이 토지개혁이고, 그 밖에 대규모 기업의 국유화·문맹퇴치운동·건국사상총동원운동 등이 있다. 한편 그러한 변혁적 조치를 단행하기 위한 각종 법령 가운데 남녀평등법령도 포함된다. 여성의 사회적 성격을 바꾸어 놓은 개혁 프로그램의 내용을 알아보자.

　첫째, 여성의 존재론적 성격과 위상을 바꾸는 데 가장 의미 있는 사건은 남녀평등권의 제정일 것이다. 남녀평등권은, 1946년 7월 30일 공포된 「북조선남녀평등권에 대한 법령」(9개조)과, 같은 해 9월 14일에 공포된 법령의 '시행세칙'(29개조)에 기초한다. 이 법은 '동일노동 동일임금' 권리, 남성과 동등한 자유결혼권과 자유이혼권, 재산상속권, 이혼시 재산과 토지 분배권 등을 보장하였다. 또 조혼이나 민며느리제, 일부다처제, 공·사창제도를 금지하였다.

둘째, 여성의 평등권을 보장한 최초의 제도적 결과는 토지개혁으로 나타났다. 토지개혁 당시 성인 남녀 모두에게 1점씩을 부여하고 이혼시 여성이 재산을 가져가도록 함으로써 가부장에게 의존하는 수동적 삶에서 벗

🙎 남녀평등권 법령(북한)

제1조 국가·경제·문화·사회·정치 생활의 모든 령역에서 녀성들은 남자들과 평등권을 가진다.

제2조 지방주권기관 또는 최고주권기관 선거에서 녀성들은 남자들과 동등한 선거권과 피선거권을 가진다.

제3조 녀성들은 남자들과 동등한 로동의 권리와 동일한 임금과 사회적 보험 및 교육의 권리를 가진다.

제4조 녀성들은 남자들과 같이 자유결혼의 권리를 가진다. 결혼할 본인들의 동의 없는 비자유적이며 강제적인 결혼을 금지한다.

제5조 결혼생활에서 부부관계가 곤난하고 부부관계를 더 계속할 수 없는 조건이 생길 때에는 녀성들도 남자들과 동등한 자유리혼의 권리를 가진다. 모성으로서 아동 양육비를 이전 남편에게 요구할 소송권을 인정하며 리혼과 아동양육비에 관한 소송은 인민재판소에서 처리하도록 규정한다.

제6조 결혼년령은 녀성 만 17세, 남성 만 18세 이상으로 규정한다.

제7조 중세기적 봉건관계의 유습인 일부다처제와 여자들을 처나 첩으로 매매하는 녀성인권유린의 폐해를 앞으로 금지한다. 공창, 사창 및 기생 제도(기생권번, 기생학교)를 금지한다. 이 항을 위반하는 자는 법에 의하여 처벌한다.

제8조 녀성들은 남자들과 동등한 재산 및 토지 상속권을 가지며 리혼할 때에는 재산과 토지를 나누어 가질 권리를 가진다.

제9조 본 법령의 발포와 동시에 조선녀성의 〈권리〉에 관한 일본제국주의의 법령과 규칙은 무효로 한다.

본 법령은 공포하는 날부터 효력을 발생한다.

어나 사회경제적으로 독립된 개체임을 각성시키는 조건이 마련되었다.

셋째, '문맹퇴치운동'과 '건국사상총동원운동'은 여성들의 근대의식 형성에 중요한 구실을 하였다. 우리 나라 해방 직전 문맹률은 77.8%에 달했고, 특히 여성 문맹률은 90% 이상이었다. 그런데 1945년 말에 북한의 각 도에서 야학회가 시작되었고, 1946년 5월 본격적으로 '성인학교'에서 문맹퇴치운동이 시작되어 1949년 초쯤에 끝났다. 또한 건국사상총동원운동을 통해 일제 잔재나 미신 숭배, 남존여비사상을 척결해 갔다.

넷째, '조선민주녀성동맹'(이하 여맹)이 1945년 11월 18일에 창립되어 지식인 여성만이 아니라 일반 여성이 대중 사회단체에 처음으로 가입하게 되었다. 여맹원들은 남녀평등권을 실현해 가는 데 걸림돌이 되는 남성이나 사회단체들을 설득하거나 비판하면서 스스로 여성의 권리를 실현하는 데 앞장섰고 일반 여성들에게 여성해방에 관한 인식을 보급하였다.

2) 한국전쟁 직후 복구기와 사회주의 건설기

한국전쟁으로 완전히 폐허가 된 사회를 복구하는 데 여성들이 주역으로 나섰다. 한국전쟁 직후 북한에는 한 트럭분의 여성에 남성 한 명을 뜻하는 '트럭 대 일'이라는 농담이 유행했다고 한다. 여성 100명당 남성의 수를 가리키는 성비를 보면, 일제시대 말기 이남이 93.2였고 공업시설이 많은 이북 지역에는 남성이 더 많아 108.3이었다. 그러다 전후에 상황이 역전되어 북한의 성비가 1953년에는 88.3, 1956년에는 91.6, 1960년에는 93.8이었다. 남한의 성비도 1953년 97.6, 1956년 95.4로 여초를 보이다가, '베이비붐' 시기를 거치면서 1960년이 되면 100.7로 균형을 이룬다(통계청, 1997: 51). 반면 북한은 오랫동안 여초사회의 특성을 보였고, 1990년대에야 비로소 성비 균형을 이루었다.

이 무렵 북한은 산업 각 부문에 노동력이 부족했는데 여초사회였으므로 여성들이 공장을 직접 돌리거나 농사를 전담한 것은 말할 것도 없고, 과거 금녀(禁女) 지대였던 트럭이나 기차 운송, 어업(선원), 광업(광부)에도 투입되었다. 노동력과 생산도구 부족으로 인한 어려움을 극복하기 위해서 1954년부터 농업을 비롯한 중소 상공업, 수공업이 협동화되기 시작했다. 1946년의 토지개혁이 한 달 만에 이루어진 것과는 달리 협동화는 개인적·지역적 편차가 커서 4년이 지난 1958년에야 끝났다. 이 협동화가 일으킨 삶의 변화는 다음과 같다.

첫째, 공동소유·공동생산·공동분배라는 형식으로 협동농장을 운영하자 가족농 체계와는 다른 사회적 관계나 가족형태가 생겼다. '생산단위=가족단위'이던 체계가 '생산단위=농장단위'로 바뀐 것이다. 가정이 소비단위로 바뀌면서 각 개인은 가정보다는 협동농장이나 공장 같은 사회, 즉 집단주의의 영향을 받게 되었다.

둘째, 여초사회에서 농업의 여성화가 진행되었고, 그러한 조건은 일찍이 여성관리자, 여성간부가 성장할 수 있는 터전을 만들었다. 그래서 농업협동농장의 최초의 여성관리위원장이라는 한달화 협동관리위원장 같은 인물이 1960년대부터 배출되었다. 그와 같은 실화를 담은 영화로 〈도라지꽃〉을 꼽을 수 있다.

셋째, 1958년 8월 사회주의 제도가 수립되면서 계획경제를 전 사회부문으로 확대할 수 있는 조건을 형성하였고, 비농업 부문은 대부분 국유화되었으며, 노동자들과 사무근로자들은 국가로부터 임금을 받고 식량을 배급받게 되었다. 이로써 여성의 생계 해결 주체는 여성 자신이 되었다.

3) 사회주의제도 수립 이후

1950년대 말부터 1980년대까지 여성의 사회참여가 최대로 확대되고, 여성 관련 사회보장제도가 체계적으로 수립되었다. 사회의 모든 부문이 국가 소유로 되거나 협동적 소유로 단순화되면서 개인 세금이 사라지고, 11년제 의무교육이 실시되었으며, 무상치료를 내용으로 하는 '사회주의 예방의학'도 널리 시행되었고 각종 여성정책이 추진되었다.

북한은 1970년대부터 본격적으로 '3대 기술혁명'[1]을 추진하여, 그 가운데 하나인 '여성의 가사일로부터의 해방'이라는 과제를 제기하고 여성의 사회참여 안정화를 목표로 정책을 수행해 나갔다. 그 앞 시기에 시작된 '여성의 노동계급화' 정책을 사회 전체로 확산하기 위한 여성복지제도를 체계적으로 정비하고 실시하였다. 또한 여성의 간부화와 인텔리화도 추진하였다. 그 결과 1970년대가 되면 만 15세 이상 여성의 70%가 사회의 노동력으로 활용된다. 좀더 구체적인 여성 관련 정책을 보면 다음과 같다.

우선 전국적으로 탁아소 및 유치원이 건설되었다. 1947년에 탁아소 설립에 관한 규칙이 제정된 이래 탁아소 및 유치원이 꾸준히 증설되어 1987년경에는 3만 8000여 탁아소 및 유치원에 200만여 명이 수용된다. 이는 만 0세에서 만 5세에 이르는 영유아의 80% 정도를 수용하는 것이었다. 또한 모성보호제도가 수립되었다. 일반 여성에 대한 월 1회의 유급 생리휴가제가 인정되고 임산부는 가벼운 업무에 배치하며 시간 외 노동·야간노동 금지 조치를 취한다. 또한 임신부의 경우 임신 초기에는 매달 1회, 출산이 가까워지면 보름에 1회, 또는 일주일에 1회 무료진료를 실시한다. 출산할 경우 평양산원을 비롯한 산원에서 무료로 출산할 수 있으며, 1986년부터는 직장여성의 경우 산전 60일, 산후 90일, 총 150일의 100% 유급 출산휴가(이전에는 산전산후 77일 유급 출산휴가)가 있다(리경혜, 1990). 또 직장에 다니는 산모에게는 수유시간을 준다. 수유시간은 생후 1년 이하의 유아를 가진 어머니의 경우 오전·오후 각 2회 30분씩, 생후 1년 이상 된 유아

---

1) 북한에서 '3대 기술혁명'이란 "중로동과 경로동의 차이, 농업로동과 공업로동의 차이를 훨씬 줄이며 녀성들이 가정일의 부담에서 벗어나도록 하는 것"으로 1970년대에 시작되었다.

를 가진 어머니의 경우 오전·오후 각 1회 30분씩 할당되어 있다. 1985년
부터는 농촌에서도 사회복지정책이 도시와 동일하게 시행되었다.

　　그리고 여성의 '가사일로부터의 해방'을 위해 '가사의 사회화' 정책을
추진하여 1950년대 후반부터 각종 옷 공장과 생필품 공장, 공동 세탁소,
공동 식당을 운영하고, 가정용 냉동고와 전기 가마 등의 부엌 세간을 공급
해 나갔다(리경혜, 1990). 밥 공장이나 부식 공장, 된장 공장, 간장 공장도
전국적으로 설립되었다.

4) 1990년대 '고난의 행군' 시기와 최근

1990년대부터 최근까지 북한은 정권 수립 이후 일대 위기를 맞았다.
1990년대 위기의 시기를 북한에서는 '고난의 행군' 시기라고 하는데, 이는
1994년 7월 김일성 주석의 서거와 3년 연속 대홍수로 시작되어 1998년에
들어서면서 끝났다. 북한의 경제난은 1980년대 말, 1990년대 초 사회주의
국가들의 몰락으로 가속화되었는데, 1990년대 중반 식량난과 에너지난을
겪으면서 점차 노동당의 지휘체계와 사회조직력마저 약화되었다. 그러는
가운데 여성의 삶도 피폐해졌고, 여성정책 자체가 폐지되지는 않았지만
사실상 빛이 바랬다.

　　1998년 '강성대국'을 선언한 북한은 경제를 살리고 미국과의 관계를
정상화하고자 했다. 2000년 6·15 남북공동선언 전후로 '실리 사회주의'
노선을 취하여 특구 모델의 경제개혁 조치나 2002년 '7·1 경제관리개선
조치'를 통해 시장원리를 도입하는 등 개혁조치가 이어졌다. 그러나 미국
의 세계패권전략에 따라 북한의 경제회생이 순탄하지만은 않을 것으로 전
망된다.

　　2004년 7월 말, 한국에 입국한 468명의 북한 이탈 주민들 가운데 70%
이상이 여성이라는 사실에서도 경제난이 여성에게 더욱 혹독하였음을 짐

작할 수 있다. 최근 북한에서 제작된 텔레비전 드라마나 영화에서도 경제
난이나 에너지난의 실상을 엿볼 수 있다. 이렇게 대중매체에서 눈에 띄는
점은, 여성을 주인공으로 삼아 고난의 극복 과정을 그렸다는 것이다. 경제
난이 북한여성의 삶에 미친 영향을 정리하면 다음과 같다.

첫째, 총체적 경제위기로 공장 가동률이 20, 30% 수준으로 떨어지자
식량공급이 곤란해졌고, 1995년부터는 정상적인 식량공급이 거의 되지 않
았다. 식량배급이 안 되자, 식량이나 생활필수품을 구하기 위해 직장에 매
인 남자들에 비해 상대적으로 자유로운 여성들이 개인 텃밭을 가꾸어 시
장에 내다 판다든지 중국과의 국경 밀무역을 통해 식량이나 생활필수품을
구하러 다니는 일이 늘어났다.

둘째, 여성들이 식량을 구하러 돌아다니는 일이 늘자 일부에서 가족
해체 양상이 발생했다. 고난의 행군이 가져온 가족 해체, 가족 빈곤화의
문제 속에 '꽃제비'로 널리 알려진 아동 유기 문제나 중국 조선족이나 한
족 남성에게 '팔려 가는 탈북 여성'의 성매매·인신매매 문제, 탈북자 중
여성의 비율 급증 같은 문제가 포함되어 있다.

셋째, 가정주부들이 남편들보다 먹고 사는 문제에 더 많이 신경 써야
했으므로 여맹이나 '인민반' 등 사회활동에 나태해져 사회조직이 해이해
지는 현상이 심화되었다.

북한은 경제난 시기에 '가정으로!' 정책을 공식적으로 취하지는 않았
다. 그러나 사실상 사회활동을 하던 많은 여성들이 식량이나 생활필수품
을 구하기 위하여 직장이나 사회를 떠날 수밖에 없었다. 여성들이 '조중
국경'을 넘나들면서 밀무역을 하다 잘못되는 경우 인신매매단에게 팔려
성매매 업소로 흘러들기도 하고 조선족이나 한족 남성들과 강제혼을 하는
사례까지 있다. 경제난 극복의 최전선에 선 여성의 조건에 입국 중개업자
들이 개입함으로써 1990년대 중반까지만 해도 드물던 여성 탈북자, 가족
탈북자 수가 많아졌다.

북한에서는 경제난이나 전반적인 사회문제를 극복하는 데 여성의 역할을 강조한다.

우선, 여성들의 조직생활을 강조한다. 특히 여맹이 중심이 되어 제반 문제를 해결하고 조직을 정비하기 위하여 여성들의 '정치사상적인 교양'을 강화하며 예술소조활동이나 공동 부업 같은 경제활동에 주력한다.

둘째, '가정혁명화'를 더욱 강조하고 있다. 여성의 혁명화는 가정의 혁명화와 동시에 진행된다고 보는 것이다. 이를 위해 1961년부터 여맹에서는 '어머니학교'를 세워 여성의 사상의식 개혁사업을 추진해 왔는데, 최근 가정의 혁명화 정책에 박차를 가하여 부부나 고부가 같이 정치사상 학습을 하는 기풍을 진작하고 있다.

셋째, 다산장려정책을 실시하여 '모성영웅'상을 확산시키고 있다. 1990년대에 인구의 절대적 규모가 감소하면서, 인구성장은 북한의 미래를 좌우하는 주요 요소가 되었다. 1980, 1990년대 평균 혼인연령이 남자 30, 31세, 여자 27, 28세였는데, 2000년대 들어 남자 27.3세, 여자 24.8세로 하향 이동하였다. 이러한 현실 때문에 1990년대의 경제위기 상황에서, 여성들은 일찌감치 식량 및 생필품을 조달하거나 결혼 및 출산, 양육을 위해 직장에서 퇴출당함으로써 '가정으로!' 현상이 만연된 것으로 보인다.

넷째, 과거에는 여성들이 최소한으로 존재하던 '농민시장'이나 '장마

 모성영웅

'모성영웅'은 다산장려정책을 의미하는 북한 말이다(『조선녀성』, 1999년 1월). "다산 장려를 하기 위해 모성영웅제도를 수립했다고 하는데, 세 쌍둥이를 낳은 여성에게 김 정일 국방위원장은 은장도와 금반지를 보내 주기도 하고 수많은 사회의 혜택을 주고 있는 것과 같은 얘기는 자주 보도되고 있다. 모성보호제도로는 산후 1년까지의 산모와 4세 이하의 어린이에게 흰쌀을 우선 배급하고 암가루(쌀가루)를 배급하고, 한 세대에 형제 3명 이상의 어린이에게는 탁아소에서 우선적으로 위탁되도록 하며, 어린이용 상품, 학용품 값의 50% 이상을 국가가 보장하며 4명 이상 키우는 여성에게 특별보조금을 지급하였다"(『조선녀성』, 2000년 1월).

당'과 같은 제2부문 경제 영역에서 여성들이 주역으로 부상하였다. 다른 사회주의 국가와 달리 북한에서는 '농민시장'이나 '장마당'을 국가관리하에 두고, 농민이나 일반 주민들의 사적 욕망을 최소한도로 충족시켜 왔다. 그런데 1990년대 이후 이 부문이 급성장하였고 식량의 대부분이 농민시장으로 흘러들어 계획경제가 이를 통제할 수 없는 상황에 이르렀다. 2002년 '7·1경제관리개선조치'를 취하여 식량가격과 임금을 현실화하고 2003년에는 농민시장을 '종합시장'이라는 형태로 통·폐합하여 국가의 통제하에 사적 영역을 두고 있다. 북한여성들은 이러한 사적 영역에서 많이 활동하면서 가정경제를 책임지는 데 앞장서고 있다.

3. 북한여성의 현실

북한에서는 여성을 흔히 '꽃'이라고 부른다. 남한에서는 여성을 꽃이라고 부르면 여성 개인이나 단체에서 여성비하적이라며 문제제기를 할 것이다. 그러나 북한에서는 여성을 '가정의 꽃', '나라의 꽃', '혁명의 꽃'으로 생각하는 경향이 있다. '꽃' 개념을 둘러싸고 남북 간에 커다란 차이가 있는 셈이다. 북한의 꽃으로서 북한여성이 어떻게 존재하는지를 가정·사회·정치·경제 활동 등으로 나눠 살펴보겠다.

1) 북한의 가정생활과 성문화

북한은 가정을 사회의 기초 단위로 인식한다. 북한의 가정생활은 1990년에 제정된 「사회주의 가족법」에 기초하여 이루어져 왔다. 그리고 그 법의 근간은 「남녀평등권 법령」에 있다. 「남녀평등권 법령」은 가족질서를 규정하였고, 1950년대 후반이 되면 「조선가족법」이라고 하며 가족제도의 기초를 마련하였다(조일호, 1958). 북한 가족제도의 특징은 다음과 같다(법원 행정처, 1998).

우선, 1946년 이후 호주제가 철폐된 것이 가장 중요한 특징이다.

둘째, "공민은 자유결혼의 권리를 가진다"(8조)라고 하여 자유결혼권을 보장한다. 북한에서는 해방 직후부터 결혼과 이혼의 자유에 관한 규정을 두었으나 1980년대부터야 본격적으로 자유연애가 확산되고 자유로운 이성교제가 장려되고 있다. 그러나 중혼은 금한다.

셋째, 북한은 결혼이 가능한 최소 연령을 '남자 18세, 여자 17세'(9조)로 정하고 있다. 최소 연령을 이렇게 규정한 것은, 이때부터 부모의 동의 없는 결혼은 가능하게 하지만 조혼은 금지하기 위해서다.

넷째, 이혼은 재판에 의해서만 가능하다. 1956년 이전에는 협의이혼을 허용했으나 가족법에 사법적 성격이 사라지면서 재판이혼만 허용한다.

다섯째, 원칙적으로 "자녀는 아버지의 성을 따른다"(26조)라고 규정하였다. 그럴 수 없을 때에만 어머니의 성을 따르게 하였다. 남한과의 차이는, 계부모와 계친자의 관계(29조)에서 계부와 계모 양쪽을 동등하게 보는 점이다.

여섯째, 북한 가족법은 부모 자식 간에 '효'와 부양의 의무를 강조하여 의무를 지키지 않을 경우 법적 제재를 가할 수 있다.

북한에는 공식적인 성매매가 없는 대신 나름대로 성문화가 있다. 자유연애와 자유결혼은 장려하되 자유이혼에 대해서는 보수적인 태도를 취하는 경향이 있다. 자유연애를 허용하다 보니 혼전 임신도 종종 있고 미혼모도 있다. 그러나 대개 연애를 하면 결혼하는 것을 당연시한다. 또한 고부 갈등이나 부부 갈등도 종종 보고가 되는데, 집단주의 사회를 지향하는 북한에서는 가정 내 갈등에도 이웃 인민반원이나 같은 여맹원들이 개입해서 갈등을 풀기도 한다(김귀옥 외, 2000). 북한사회의 특성상 부부 폭력이 있을 때에는 누가 누구를 때렸는가 하는 결과에 관심을 갖기보다는, 왜 때렸는지를 중시하는 경향을 보인다. 가사노동에 협업은 있으나 대개 여성의 일(주로 부엌일)과 남성의 일이 나뉘어 있다. 집안 내 성별 분업은 부부만이 아니라 어린아이들에게도 당연시되는 경향이 있다(김귀옥 외, 2000). 부인이 출장을 갈 때는 남편이 가사노동을 하기도 하지만, 일반적인 현상은 아니다. 남편의 가사 돕기가 최근 들어 확산되고 있으나 주로 젊은 세대를 중심으로 이루어지고 있는 편이다.

2) 북한여성의 사회활동과 조선민주녀성동맹

북한과 같은 집단주의 사회에서는 모든 사람이 사회단체에 가입하고, 사회단체를 매개로 사회활동을 한다. 앞서 말했듯이 북한의 대표적인 여성단체는 여맹이다. 이 단체가 1951년 1월에 '남북조선여성동맹' 합동중앙위원회에서 '조선민주녀성동맹'(초대 위원장 박정애, 2004년 현재 박순희)으로 통합 개칭되었다.

여맹은 다른 근로단체들처럼 당과 국가를 일반 여성과 이어 주는 고리다. 창립 당시에는 식민지 잔재와 봉건 잔재의 청산, 각종 인민정권기관의 건설, 사회주의적 개조 등의 과정에 참여해 투쟁적인 성격이 강하였으나, 1950년대 후반부터는 사회적 과제를 해결하는 과정에서 정치사상을 교육하는 장으로 성격이 바뀌었다. 여맹의 구체적인 임무는 ① 사회주의 생활양식 확립, ② 여성들의 사상혁명 강화를 통한 여성들의 혁명화·노동계급화 사업 추진, ③ 공산주의 교양 강화, ④ 천리마작업반운동, ⑤ 후대에 대한 교양 강화, ⑥ 인민군원호사업 강화 등으로 규정되어 있다.

여맹 기구는 중앙에서 말단에 이르기까지 행정 단위로 구성되어 있으며, 반·리·군·도·중앙에 여성동맹위원회가 구성되어 있다. 중앙부서로 조직부, 지방지도부, 선전선동부, 아동교양부, 생활문화부, 노동여성부, 통제부 등을 두고 있다. 회원(맹원) 수는 1970년대까지 270만여 명을 헤아

렸으나 1980년대 후반 이래 2002년 현재 약 120만여 명에 달한다. 기관지로『근로녀성』과 기관잡지『조선녀성』을 발간한다.

여맹 외의 단체들도 있으나 그것들은 여맹의 외곽 조직 성격을 띤다. '아시아여성들과 련대하는 조선녀성협회'가 대표적이고, 일본군 위안부 문제와 같은 특별 주제와 관련한 단체로 '종군위안부 및 태평양전쟁피해자보상대책위원회'가 있다. 현재 북한에 자율적인 제2의 여성이익단체가 생길 가능성은 희박해 보인다.

한편 여성이 주로 활동하는 또 다른 사회 기초조직으로는 '인민반'을 들 수 있다. 지역적 특성에 따라 차이는 있지만, 20~30세대가 하나의 인민반이 되는데, 인민반은 상호 부조와 통제의 역할을 한다. 한 집의 부모가 출장을 갈 경우에 자녀를 돌봐 주기도 하고 지역 동원이 있을 경우 인민반을 중심으로 움직인다.

3) 북한여성의 경제활동

북한에서는 일할 수 있는 사람은 모두 일한다는 게 상식이자 노동정책이다. 우선 북한에서 일하는 여성의 규모나 직종을 뒤의 표를 통해 보자.

2000년대 들어 북한여성의 경제활동 인구가 전체 경제활동 인구의 50%에 달한다고 하지만 구체적인 통계가 발표되지 않아 1993년 말 북한이 유엔에 보고한 자료에 의존할 수밖에 없다. 이 자료에 따르면 여성 취업자 수는 약 544만여 명이다. 이는 전체 경제활동 인구의 49%에 달하는 것이며, 15세 이상 여성들 가운데 경제활동에 참가하는 비율(사실상 취업률)은 약 70%에 달한다.

여성 취업률이 70%에 달하는 것은 북한의 여성 노동계급화정책 때문이다. 여성 노동계급화정책은 1958년 '인민경제 각 부문에 여성을 더욱 인입시킬 데 대하여'를 발표하면서 획기적인 전환점을 맞이하며 1960,

<표 1> 1993년 말 노동력 직업 분포와 여성노동력 비율

산업	남(명)	녀(명)	남+녀(명)	백분비 (%)	여성 백분비(%)	여성노동력 분포(%)
농업	1,718,021	1,663,909	3,381,930	30.7	49.2	39.0
공업	1,921,658	2,196,674	4,118,332	37.4	53.3	40.4
건설, 지질	352,124	112,242	464,366	4.2	24.2	2.1
운수, 통신	285,321	117,156	402,477	3.7	29.1	2.2
상업, 유통	161,097	347,533	508,630	4.6	68.3	6.4
교육, 문화보건	339,459	504,188	843,647	7.7	59.8	9.3
기타	784,171	501,289	1,285,460	11.7	40.0	9.2
합계	5,561,851	5,442,991	11,004,842	100.0	49.5	100.0

출처: 림금숙, 「북한의 식량위기와 북한여성의 경제활동」, 『북한의 식량위기와 여성』, 이화여자대학교
한국여성연구원 제7차 통일문제학술세미나 발표문, 1999.
원자료: 북한이 유엔에 제출한 자료.

1970년대의 경제계획에 따라 본격적으로 추진되었다. 특히 1970년대에 실
시된 3대 기술혁명의 추진은 여성노동력을 절실하게 요구하였다. 1978년
4월에 발표된 「사회주의 로동법」은 여성노동자들이 사회적 노동에 참여할
수 있도록 모든 조건을 보장하고 직장에 나가지 못하는 가정부인들과 '가
두여성(가퇴역한 55세 이상의 여성노인들이나 일할 수 없는 채 집에 있는 사람들
을 칭하는 개념)'들에게는 가내작업반과 가내협동조합을 통해 일할 수 있게
하였다. 그들이 일하는 분야는 농업에서부터 공업, 건설·지질, 교육·문화
보건 등 다양하며, 특히 농업과 공업 분야에 많이 종사하고 있다. 남성과
비교하여 여성이 많이 일하는 분야는 공업(주로 경공업), 상업 및 유통, 교
육·문화보건 분야다.

　　북한에서는 1946년 이래 '동일노동 동일임금제'에 따라 같은 부문,
같은 직급이면 임금도 같은 것이 원칙이다. 그러나 여성들이 많이 진출한
경공업 부문이나 소학교(2002년 9월 전까지는 인민학교로 불렸다)의 경우 중

공업 부문이나 대학 교원의 임금보다 낮은 편이다. 다시 말해 남녀 간에 어느 정도 수평적 분업이 존재함을 확인할 수 있다.

4) 북한여성의 정치활동

북한여성들의 정치활동이 두드러진 분야는 입법기구인 최고인민회의와 도·시·군 인민회의다. 2003년 제11기 최고인민회의 대의원 선거 결과를 발표할 때 성별 구성에 대한 언급이 없었던 것으로 미루어 보면, 지난 9기나 10기 대의원의 성별 구성과 크게 다르지 않을 것으로 짐작된다. 이 시기 여성 대의원은 전체 대의원 687명의 20.1%에 해당하는 138명이다. 대의원은 전문 직업 정치인이기보다는 대개 현장의 전문가, '노력영웅'들로서 자기 분야에서 오랫동안 실력을 쌓아 온 직능 대표 여성들이다. 특히 최고인민회의의 실질적인 권한을 갖고 있는 상임위원회(전 상설회의)에서 여성위원 비율은 8기 15명 중 3명(20%), 9기 15명 중 3명(20%), 10기 현재 17명 중 2명(11.8%)을 차지한다. 또한 도·시·군 인민위원회 선거에서 여성위원이 당선된 비율은 1기 선거가 있던 1947년부터 13%를 넘었다(리경혜, 1990: 71).

사회주의 국가들은 전통적으로 '생산장' 내 직접민주주의를 강조해 왔다. 그러다 보니 여성이 많은 직장에서는 여성간부의 비율이 높은 것으로 알려져 있다. 또한 기사급(기술자), 전문가를 포함한 인텔리의 여성 비율이 약 40%에 달해 사회생활에서 여성의 발언권이 강한 것으로 볼 수 있다. 또한 협동농장 관리위원장도 여성이 되는 경우가 많고 1992년 현재 도농업관리위원장은 모두 여성으로 구성되어 있을 만큼 지방정부 수준에서는 여성간부 비율이 높다(서관히, 1992: 426). 완전한 양성평등을 목표로 두고 보면 이러한 여성의 참여율은 높은 편이 아니다. 그러나 현실적으로 여러 나라를 비교할 때 북한여성의 정치 참여율이 낮지 않다는 게 총평이다.

그런데 북한여성의 경제활동이나 정치활동 참여율이 상당히 높고 성매매업이 완전히 사라졌는데도 북한에서 남성 중심 문화가 사라지지 않은 이유가 무엇일까?

4. 북한 가부장 문화의 특징과 형성 원인

여성을 꽃에 비유하는 것에 대한 남북한 간 인식 차이는 여성들의 차이뿐 아니라 사회의 차이도 의미한다. 북한에는 성매매업이나 성의 상품화 현상이 없고, 경제적으로나 정치사회적으로 여성의 지위가 높으며, 남녀평등지수도 상당히 높은 편이라는 점에서 꽃이 긍정적인 의미를 갖는다. 최근 남한을 방문하여 선풍적인 인기몰이를 한 북한의 '미녀응원단'에 대한 시각은 분명히 남한 언론의 선정주의적 보도태도의 결과다. 그러나 응원단을 젊은 여성으로 채움으로써 그러한 반응을 낳은 점에서, 북측이 여성을 보는 시선을 좌시하기는 어렵다. 생활 전반에서 볼 수 있는 남성 중심주의와 가부장 문화는 북한사회의 특성으로 꼽힐 정도다. 부정적 '꽃' 개념이 생산·재생산하는 북한 가부장 문화가 계속 남아 있는 원인은 무엇일까?

먼저 북한식 가부장 문화의 특징인 북한의 가부장적 지도자상으로 집약된다. 북한에서는 소위 '백두 3장군' 가운데 한 명으로 김정숙을 꼽는다. 김정숙이 어머니의 이미지를 대표한다면, 김일성은 '조선민족'의 '어버이'이자 국가의 최고 지도자를 상징한다. '사회정치적 생명체'를 특징으로 하는 북한사회에서는 수령 김일성을 중앙에 두고 동심원 구조로 수령-당-대중이 '한몸·한마음'을 이루고 있다고 설명한다. 그래서 김정숙은 항일무장투쟁의 여전사이면서 수령의 보좌이자, 후계자인 김정일의 어머니로서 의미를 가져, 최고 지도자의 그림자처럼 존재한다. 이러한 김정숙의 이미지는 사회의 여성 이미지와 일치한다. 북한여성의 전형적인 이미지는 다음과 같다.

> 녀성은 가정의 주부이며 온 가정에 건전하고 화목한 분위기가 차넘치게
> 하는 꽃이다. 늙은 부모들이 여생을 값있게 보내도록 잘 돌봐 주는 것도 녀
> 성들이며 남편이 혁명사업을 잘하도록 적극 도와주고 받들어 주는 것도 안
> 해이며 혁명동지인 녀성들이다. 아들딸들을 낳아 키우는 것도 녀성들이며
> 그들을 혁명위업의 미더운 계승자로 준비시키는 첫째 가는 교양자도 녀성
> 들이다(『조선녀성』, 1999년 3월).

김정숙이 '혁명적 어머니상', 북한식 모성성의 화신으로 묘사되는 분
위기에서는, 제도적으로 남녀차별이 철폐되었더라도 여성을 부차시하고
남성 중심적 의식이나 가부장 문화를 조장하게 된다.

둘째, 남녀가 충분히 평등하지 못한 제도도 가부장 문화를 조장하는
원인으로 남아 있다. 북한에서는 「남녀평등권법령」이나 이후 「헌법」, 「노
동법」 등 대부분의 법 조항에서 남녀차별 조항을 철폐하였다. 그러나 남성
중심으로 성을 승계하도록 한 점, 과거에 식량이나 부식을 '세대주'인 남
편을 중심으로 배급한 것 등이 남성 우월 의식을 조장했다.

셋째, 모성보호제도 및 여성에 대한 사회보장제도 역시 의도하지는
않았더라도 가부장 의식을 조장하는 결과를 낳았다. 모성보호 및 여성에
대한 사회보장제도는 사회 전체의 상호부조 원리하에 만들어지지만 남성
의 물적 부담이 상대적으로 크다는 현실적인 문제 때문에 여성에게 '우대
제'를 실시한다는 의식이 만연되어 있다. 그러한 탓에 여성은 가정이나 사
회에서 이중 노동을 하게 되어 북한식 슈퍼우먼 콤플렉스를 갖게 한다. 이
러한 문제들이 가부장 문화를 고착화하는 원인으로도 작용한다.

넷째, 북한사회의 특징인 '전통'을 강조하는 '우리식 사회주의' 역시
가부장 문화를 온존시키는 역할을 한다. 우리식 사회주의의 여러 특징 가

운데 '사회주의적 민족문화', 즉 '민족적 형식에 사회주의적 내용'을 중시하는 북한문화에서는 전통이 중시된다. 즉 충효사상, 사회주의적 혁명선배 우대 사상, 여성스러움 등이 강조되고 있다.

다섯째, 한국전쟁 이래 최근까지 북한은 '여초사회'였다. 전시에 군인이 80만 명 이상 전사하였고, 1949년에 10만 명 정도이던 군인이 전후 50만 명으로 급증하여 20, 30대 젊은 남성이 희귀한 현상이 나타났다. 여초현상이 오래 지속된 인구학적 요인이 작용하여 남성 우월 의식을 자연스럽게 내면화한 것으로 보인다.

북한은 제도적 수준에서는 양성평등의 조건을 갖추어 왔다. 그러나 문화적 수준에서는 분단이 빚어낸 인구학적 조건과 정치사회적 특성이 결합되면서 가부장적 문화가 강하게 남아 있다.

5. 분단사회 극복을 위한 남북 여성의 노력

현재 북한여성은 여러 가지 과제를 안고 있다. 무엇보다도 먼저 북한의 경제회생이 과제다. 경제가 회생해야 비로소 1970, 1980년대 북한여성들이 누리던 사회보장제도가 정상적으로 작동할 수 있고, 여성들이 안정된 사회활동을 할 수 있다.

둘째, 북한에서는 여성이 가정에서 해방되기 위한 조건으로서 '가사의 사회화'를 주장해 왔다. 그러나 경제력이 높아져 가사의 사회화가 확대되더라도 모든 가사노동을 사회화하는 데에는 한계가 있다. 따라서 북한에서도 가사의 남녀 및 가족구성원 협업 운동이 전면적으로 일어나야 한다.

셋째, 여성의 의사결정 참여 폭이 확대되고 그 질이 높아져야 한다. 국가가 사회적 과제를 일정한 수준에서 수용하거나 통제하면서 여성의 사회진출이 수적으로는 확보되었으나 의사결정 과정 참여도는 떨어지는 것으로 보인다. 최고인민회의의 대의원 중에서 여성이 차지하는 비율은 20% 정도로 상당히 높은 편이다. 그러나 최고 의사결정 과정에서 여성의 참여율은 높지 않은 편이고, 당의 경우에는 더욱 열악하다. 최고 의사결정 과정의 여성 참여율이 제고되어야 한다.

넷째, 북한여성의 운동의식은 1940, 1950년대에 비해 후퇴한 것으로 보인다. 사회적 해방은 주체의식이 서 있지 않는 한 보장되지 않는다. 또한 양성평등의 과제는 고정되어 있지 않으며, 경제적 수준과 양성평등 수준이 꼭 비례하는 것도 아니다. 북한은 일찍이 선진적인 여성정책을 취해 왔으나 그것이 국가 주도로 시행됨으로써 여성의 자율성이 위축되었다. 그 결과 북한의 경제위기 상황에서 여성정책도 후퇴를 겪을 수밖에 없었다. 여성의 주체성 회복과 여성의식의 자각이야말로 양성평등 사회를 앞당길 수 있는 전제조건이다.

남북분단은 60년 동안 분단비용의 지출을 강요해 왔고, 남북 사회 모두에 군사주의를 확대하여 왔다. 그러한 조건이 남북 사회 모두에 가부장적 문화를 확대 재생산해 왔고, 양성평등의 조건을 협소하게 만들고 양성평등 문화를 억압해 왔다. 사실 통일에 관한 논의에서도 성맹적 요소가 강하다. 한반도 평화와 통일을 준비하고 평화통일의 전망을 제시하는 데 여성주의적 관점이 정립되어야 한다. 남북 여성이 한반도 평화통일의 문제에 개입함으로써 평화통일의 과정에서 양성평등의 사회를 주장하고 보장받을 수 있다. 또한 군비 감축을 여성이나 소수자의 평화를 위한 비용으로 전용할 수 있다. 이러한 관심을 불러일으키려면 이제 남북 여성의 대화와 교류가 자리 잡아야 한다.

그동안 남북의 여성들이 중심이 되어 통일의 길을 연 소중한 교류 경험들이 있었다. 진보적인 교회 관련 여성단체들과 한국여성단체연합이 중심이 되어 1991년부터 1993년까지 네 차례 진행한 '아세아의 평화와 여성의 역할'이 명실상부한 남북 여성 교류의 원조라 할 수 있다. 또한 2002년

10월에는 분단 이래 최대 규모로 남북 해외 여성이 한자리에 모인 '남북여성통일대회'가 개최된 바 있다. 특히 1991년의 대화와 교류는 여성 민간인이 주도한 점, 남북 당국 간 대화가 소강상태에 빠진 1993년에도 지속되었다는 점에서 역사적 의미가 있다. 앞으로 평화통일의 길에서 각계각층의 남북 여성들이 더 다양한 활동을 하게 될 것이다. 남북 여성이 만나는 장에서 공통 과제의 해법을 함께 찾으며 서로 접근할 수 있을 것이다. 즉 남북 여성이 공통적으로 처한 문제 중 가장 시급히 해결해야 할 한반도 평화 정착과 군비 감축 및 여성복지의 문제를 과제로 설정할 수 있다고 본다. 여성의 사회활동을 활성화할 방안을 남북이 함께 찾아 가고, 통일에 관한 논의에도 남북 여성이 함께 참여해야 한다.

통일은 과거로 회귀하는 것이 아니라 새로운 한반도 사회문화공동체를 만드는 과정이다. 통일의 길에 여성 주류화를 실현하기 위해서는 남북 여성의 교류와 친선, 상호이해에 기초한 여성주의적 통일관의 정립이 시급하다.

❖ 생각할 거리 --

1. 북한의 가부장적 문화와 남한의 가부장적 문화는 어떤 점에서 유사하고 어떤 점에서 다른가?

2. 북한에서는 여성 및 모성 보호제도가 널리 시행되고 있는데, 이러한 사회보장제도와 양성평등제도 및 그 의식은 어떤 관련을 맺을까? 긍정적인 관계와 부정적인 관계를 모두 생각해 보고, 부정적인 문제를 해결하기 위한 대안을 찾아보자.

3. 최근 북한에서 '모성영웅'을 치켜세우는데, 이는 남한이나 일본 등에서도 모두 직면한 문제인 저출산 환경에서 나온 것이다. 이러한 문제를 극복하기 위한 여성주의적 해결책을 찾아보자.

4. 분단과 군사주의 문화, 가부장제 이데올로기는 서로 어떤 연관을 가질까? 또한 군사비의 평화적 전용, 즉 군사비 삭감을 사회적 소수자나 여성, 청소년, 노년층의 사회보장 비용으로 전용하기 위한 방안은 무엇일까?

❈ 읽을 거리 --

1. 김귀옥 외, 『북한여성들은 어떻게 살고 있을까』, 당대, 2000.

2. 여성한국사회연구회, 『북한여성들의 삶과 꿈』, 사회문화연구소, 2001.

3. 윤미량, 『북한의 여성정책』, 한울, 1991.

4. 한국여성개발원, 『북한여성의 지위에 관한 연구: 여성 관련 법 및 정책을 중심으로』, 1992.

14장_세계의 여성운동, 어제와 오늘

정현백

1. 서구 여성운동의 형성과 발전

흔히 여성운동은 서구국가, 특히 미국과 영국에서 먼저 출발하였다고 말한다. 이런 주장에 대해서 오늘날 모든 사람이 동의하는 것은 아니다. 실제로 많은 여성의 집단적 행동과 저항이 비서구 국가나 사회에서 일어났을 테지만, 불행히도 우리는 쓰인 기록이나 전수된 지식을 가지고 있지 못하다. 역사의 의미가 과거의 사실과 경험을 통해서 우리의 성찰을 드높이는 것이라면, 서구에서 시작된 여성운동의 풍부한 성과를 먼저 고찰하는 것이 시간적·공간적 한계를 넘어 여러 면에서 우리에게 의미 있는 교훈을 주리라 생각한다.

1) 자유주의 여권운동

19세기 초까지 유럽의 여성들은 선거권·피선거권이 없었던 것은 물론이고, 공직에 참여할 수도 없었으며, (특히 중·동부 유럽에서는) 정치단체 가입이나 정치집회 참여도 허용되지 않았다. 또한 여성들은 경제적 제한으로 고통을 겪었다. 여성은 재산을 보유할 수 없었기 때문에 상속받은 재산은 남편에게 양도되었다. 더구나 직업을 갖거나 상업에 종사하는 것도 허용되지 않았다. 대부분의 유럽 국가에서 여성은 법률상 한 인격체로 인정받지 못하였다. 여성은 교육에서도 차별을 받았는데, 19세기 초까지 중등교육은 소년에게만 개방되었다. 게다가 초등교육 수준이 낮아 여성의 문맹률이 남성의 문맹률보다 훨씬 높았다. 사실상 서구국가는 여성에게 시민권 주기를 거부한 것이다.

'모든 인간은 근본적으로 합리적 창조물이므로 일단 교육을 받으면 합리적인 추론에 의해 진리를 감지할 수 있다'는 계몽사상이나 자신의 이익을 위해 자유롭게 경쟁하는 개인은 사회의 발전에 기여하므로 '타고난 신분에 의한 모든 제한은 철폐되어야 한다'는 자유주의 신조에 고무되었던 자유주의 여권론자들은 자신의 시대를 풍미하는 이 위대한 이념이 왜 여성에게는 적용되지 않는지를 질문하기 시작하였다. 그러나 19세기의 시민계급 사회에서 여성이 자신의 견해를 밝히고 집단적인 행동을 시작하는 것은 큰 용기를 필요로 했다. 그래서 초창기의 여권운동은 남성 시민계급의 도덕개혁운동과 관련을 맺으며 출범하였다. 19세기 자유주의자들은 문명사회의 주된 적을 음주와 성적인 방탕으로 간주하였고, 이러한 사회악에 대한 치유책으로 '금주'와 '성의 절제'를 내세웠다. 이와 연계하여 여성들은 금주운동이나 매춘제도 철폐 운동을 전개하였다. 이러한 온건한 여권주의 단계에서는 기혼 여성이 자신의 재산을 통제할 권리를, 미혼 여성이 교육과 직업의 기회를 요구하는 운동이 나타났다.

그러나 현실에서 국가 규제하에 있는 매춘의 철폐 요구나 금주는 여권주의자들의 소박한 목표를 넘어선, 자본의 이해가 얽힌 미묘한 문제였다. 여권주의자들과 대립한 커다란 이해집단, 즉 경찰, 의료계 종사자, 술 제조업자 등은 강력했고 잘 조직되어 있었다. 결국 자유주의 여권주의자들의 '도덕적 십자군'은 광포하고 무법적인 반대에 부딪혀 좌절되었고, 그 대가로 여권주의자들은 '스스로 정치세력화되지 않고서는 목표를 달성할 수 없다'는 정치적 자각에 이르게 되었다. 그 결과로 등장한 참정권 운동에서 여권주의자들은 여성대중을 상대로 '여성은 지극히 도덕적임에도 주정뱅이나 범죄자라도 남성이라면 누릴 수 있는 선거권을 향유할 수 없음'을 홍보하기 위한 다양한 활동을 전개하였다. 더불어 자유주의 여권운동은 초기의 '온건한 여권주의'로 알려진 운동에서 그 주된 구호가 참정권 획득으로 집약되는 '과격한 여권주의'로 이행해 갔다.

그러나 여성의 참정권 요구에 대한 당대 부르주아 사회의 반발은 완강했고, 이를 주창했던 여권론자들은 가혹한 탄압에 직면하였다. 19세기 후반에 격렬한 참정권 쟁취운동이 있었지만 서구에서 여성은 대체로 1차 세계대전이 종결되는 1918년 전후에야 참정권을 획득할 수 있었다. 전쟁 과정에서 여성의 광범한 노동력 참여가 당대 부르주아로 하여금 여성의 참정권을 거부할 수 없게 만든 것 같다. 참정권에 앞서, 제한된 범위이긴 하지만, 중산층 여성에게는 고등교육을 받을 권리나 직업을 가질 기회도 개방되기 시작하였다.

　　19세기에서 20세기에 이르는 시기 동안 진행된 자유주의 여권운동이 모든 서구 국가에서 유사한 방식으로 진행된 것은 아니다. 유럽과 아메리카에서 나타난 여성운동은 세 가지 유형으로 대별된다. 첫째는 의회 민주주의가 순조롭게 발전한 국가에서 여권운동이 크게 발전하였을 뿐 아니라 가장 급진적인 단계인 참정권 획득에 집중된 경우다. 이에 해당하는 국가로는 미국, 영국, 뉴질랜드, 오스트레일리아 등을 들 수 있다. 프로테스탄트 문화와 더불어 보수·봉건 세력이 부재하고 사상·집회·결사의 자유 등 시민의 권리가 광범하게 보장되던 사회 분위기가 자유주의 여권운동의 확산을 도왔다. 이들 중 미국은 자유주의 여권운동이 가장 먼저 시작되었고, 양적인 측면에서도 가장 성공을 거두었다. 둘째 유형은 보수·봉건 세력의 공고함 때문에 정치적 자유뿐 아니라 남성의 보통선거권까지 제한된 국가들에서 여권운동이 허약해 고등교육이나 직업교육의 기회 획득과 같은 온건한 요구에 머문 경우다. 독일, 오스트리아, 헝가리, 체코 등이 이에 해당하는데, 여기에서는 시민계급이 존재하더라도 정치적 민주주의를 추진할 상황이 아니었고, 억압적인 경찰 아래에서 여성운동은 온건한 개혁 프로그램을 추진하는 것도 조심해야 하였다. 이런 상황에서 자유주의 여권운동의 온건파는 너무 온건하고, 급진파 여성들은 어느 나라에서도 유례를 찾을 수 없을 만큼 과격하였다. 부르주아 계급이 자유주의 입헌체제를 주도하지 못한 이런 국가에서는 의회주의에 토대를 둔 사회민주당이 급성장하면서 사회주의 여성운동이 더 세력을 떨쳤다. 세 번째 유형은 가장 극단적인 사례로서 차르 치하의 러시아 같은 경우다. 최소한의 일상적인 개혁을 위한 공간조차 허용되지 않는 상황에서 여성들이 사회구조의 철저한 변혁을 위한 혁명운동에 가담하였는데, 이들은 여권주의적 요구를 사회주의 혁명 후에나 제기할 수 있는 것으로 간주하였다.

2) 사회주의 여성운동

여성노동자의 열악한 상황에 대한 자유주의 여권론자들의 몰이해, 하녀들의 노동시간 단축 문제를 둘러싼 이해관계의 차이, 프롤레타리아에 대한 두려움은 대부분의 국가에서 계급적인 화해를 불가능하게 하였고, 결국 노동계급 여성의 여권주의자에 대한 환멸은 사회주의 여성운동의 태동으로 이어졌다.

이 과정에서 사상적인 단초를 제공한 사람은 생시몽이나 푸리에 같은 공상적 사회주의자와 『가족, 사유재산, 국가의 기원』(1844)을 저술한 엥겔스다. 엥겔스의 이론을 토대로 사회주의 운동 내에서 여성해방이론의 대중적인 확산에 가장 결정적인 역할을 한 것은 독일 사회민주당의 최고 지도자인 베벨이 쓴 『여성과 사회주의』(1879)[1]다. 이 책에서 그는 "사회관계의 모든 측면에 침투된 현금거래 관계가 부르주아의 결혼을 애정이 없는 것으로, 프롤레타리아의 결혼을 불행한 것으로 만들고 있다."라고 비판한다. 베벨은 결국 이것이 매춘이라는 사회악의 엄청난 증가와 가족의 생존을 위한 프롤레타리아 여성의 길고 열악한 공장노동을 초래할 것이라고

---

1) 이 책은 독일에서 출판된 당시 61쇄까지 찍을 정도로 폭발적인 인기를 누렸다. 한국에서는 『여성론』으로 번역, 출간되었다.

예측하였다. 이런 상황에 직면하여 그는 우선 선거, 교육, 직업에서의 동등한 권리 및 착취와 열악한 노동조건으로부터의 법적인 보호를 위한 여성투쟁을 주창하였다. 여성의 삶을 비참한 나락으로 떨어뜨리는 여성노동 자체를 폐지해야 한다는 당대 사회주의자들의 주장에 맞서, 가정 밖의 지불노동이 여성해방의 기초임을 강조하며 모성보호를 요구한 점에서 베벨이 사회주의 여성운동에 가져다 준 공로는 매우 크다. 그러나 그의 책은 여성이 자유로이 자신의 직업을 선택할 수 있고, 결혼과 이혼도 자유의사에 따라 결정할 수 있게 될 사회주의 혁명에서 여성해방의 궁극적인 해결책을 찾으면서도, 이것을 어떻게 달성할 수 있을지에 대한 설명을 구체화하지 못한 한계를 안고 있다. 결론적으로 말하자면 여성노동에 대한 부정적인 시각이 팽배하던 사회주의 운동 내에서, 엥겔스와 베벨의 입론은 여성운동의 확산에 크게 기여하였다.

클라라 체트킨의 주도 아래 독일 사회민주당은 1895년에 제국의회에서 여성의 선거권 확보를 위한 캠페인을 벌였고, 1896년에도 제국의회에서 남성 우월적인 민법에 반대의견을 단독으로 제기하였다. 또한 사회민주주의자들은 여성노동자 보호를 위한 과감한 조치나 '동일노동 동일임금'을 요구하였다. 독일 사회민주당은 낙태에 대한 독일의 형법 조항을 공식적으로 비판하고, 피임의 유용성도 강조하였다. 이런 요구들은 자유주의 여권론에 비해 한층 진보한 것임이 분명하다. 19세기 말, 20세기 초에 독일 사회주의 여성운동은 엄청난 양적·질적 성장을 하였고, 20세기 전반기 유럽에서 체트킨은 사회주의 여성지도자로서 자리를 확고히 굳혔다.

그러나 사회주의 여성운동의 이상을 현실로 전환하는 일은 쉽지 않았다. 노동자의 아내나 딸들의 비정치적 성향이 남성들을 당 활동에서 떨어져 나가게 할 것이라는 염려에서 사회민주당의 여성문제에 대한 관심이 시작되었으나, 이는 당 내에서 여전히 부차적인 문제였기 때문이다. 그래도 사회주의 여성운동은 당세 확장에 힘입어 17만 5000명의 회원을, 사회민주당 계열의 자유노조는 21만 6000명의 여성을 조직하였다. 세계 어디에서도 유례를 찾을 수 없는 이런 획기적인 수치와 더불어, 여성노동자가 조직한 최초의 대중운동이라는 역사적 기록이 남았다.[2]

그러나 사회주의 여성운동이 내세우던 여러 요구들은 오히려 1917년 러시아혁명 후 소련의 국가정책을 통해 실현되었다. 그런 점에서 러시아혁명은 여성운동에도 중요한 전환점이 되었다. 사회주의 체제의 실현은 여성에게 특별한 의미를 지녔는데, 왜냐하면 사회주의의 건설 이념 자체가 강력한 여성해방의 메시지를 내포하였기 때문이다. 혁명 후 첫 단계가 자본주의적 사유제의 폐지와 더불어 여성해방의 기본적인 전제조건을 마련하는 것이었다. 이를 통해 자본이 여성노동자에게는 남성의 절반에도 못 미치는 임금을 지불하던 성차별적인 초과착취나 여성에게 산업예비군의 속성을 부여하였던 기본조건이 제거되었다. 왜냐하면 기본법에서, 남녀 모두에게 삶의 일차적인 실현 형태인 노동이 권리이자 의무로 규정되었고, 국가가 여성에게도 평생노동권과 완전고용을 보장하였기 때문이다. 또한 사회적 소유로의 전환은 무제한적인 이윤추구를 목적으로 하는 자본의 논리에 의한 성의 상품화를 금지할 수 있는 사회적 조건의 토대를 마련하는 것이었다.

둘째 단계는 법률상의 불평등을 제거하는 것인데, 이는 가족법의 개혁을 통해 구체화되었다. 결혼과 이혼에서의 제약과 불평등이 일소되고, 부부관계와 부모·자녀 관계에서 여성은 구시대의 차별을 넘어서서 평등권을 부여받게 되었다. 그리고 정치 분야에서 할당제를 법적으로 정착시킴으로써 여성의 정치 참여 가능성을 높였다.

셋째 단계는 사회복지의 전면적인 구현과 더불어 가사와 양육의 사회

---

2) 독일에서 사회주의 여성운동은 참정권 운동보다 열 배 이상의 지지자를 확보하였지만, 미국에서는 정반대였다. 1912년 사회주의 여성운동이 1만 5000명의 회원을 가진 데 비해, 참정권 운동의 지지자는 이미 1910년에 7만 5000명에 육박하였다.

화 및 모성 보호를 현실화하는 것이다. 러시아에서는 모성휴가와 관련하여 산전산후 16주 외에도 (1990년 이래) 육아휴직을 3년까지 쓸 수 있고, 직종에 따라 차이가 있기는 하지만 많은 직장에서 이 기간 동안 임금의 45%를 지급하였다. 또한 가사노동의 사회화가 지역단위로 이루어졌고, 직장단위로 의료시설을 갖춘 탁아소, 공장 내 수리점, 상점, 세탁소 등이 설치되었다.

그렇다면 이런 여성 우대정책과 제도를 통해서 여성의 지위는 어떻게 달라졌는가? 성인 여성의 85%가 취업을 하였고 7.5%가 학교에 다녔다는 1977년의 통계는 여성의 지위 향상을 잘 보여 준다. 그러나 소련에서 성별 직종 분리가 완전히 사라지지는 않았다. 이는 동일노동 동일임금 정책에도 불구하고 여성의 임금이 남성 임금의 70% 정도에 머무르는 주요 원인이 되었다. 정치 분야에서도 여성의 참여율은 비교적 높았다. 1983년 여성 당원의 비율은 460만 명으로 25%였고, 콤소몰(공산청년동맹)에서는 여성이 52.1%를 차지하였다. 그러나 최고 소비에트 간부회의에서 여성의 비율은 11%에 불과하였다.

사회주의 국가에서는 여성이 사회적 노동의 주체가 됨에 따라 가족 내에서도 남성과 동등한 가계 부양자가 되었고, 가사와 양육의 사회화도 실현되었다. 그러나 남녀 사이에 가사와 양육의 부담이 불평등하여서, 여성은 남성에 비해 월등히 많은 시간을 가사에 투여하였다. 이런 현상에 대해서는 아래로부터 올라오는 자율적인 여성운동의 부재와 페미니즘 사상의 결여가 가부장제를 강화하였기 때문이라는 해석이 가능하다. 또한 사회주의 국가에서는 소비재 산업의 저발전으로 가사노동의 기계화나 서비스 산업의 발달이 지연되었고, 이는 여성에게 사회적 노동과 가사노동이라는 이중 부담을 가져다 주었다. 이런 한계에도 사회주의 국가가 남녀 간 불평등의 격차를 좁히는 데 자본주의권보다 월등한 진전을 보인 것을 부인하기는 어렵다.

그러나 1980년대 말부터 시작된 페레스트로이카, 독일 통일, 사회주의 국가들의 자본주의 도입은 여성의 평등권을 보장하던 제도들을 급속히 해체하였다. 옛 동독 지역에서 탁아제도는 빠른 속도로 영리 위주 경영으로 바뀌어 갔고, 많은 여성이 탁아비를 부담할 수 없어서 취업을 포기하였다. 공장의 폐업이 속출하면서 여성들은 실업의 일차 대상이 되었다. 옛 동독에서 전체 취업인구 중 여성이 차지하는 비율이 통일 직전인 1989년에는 49%였으나, 1993년에는 30%로 하락하였다. 또한 여성의 정치참여도 현저히 감소했다. 1991년 폴란드의 여성 국회의원 비율은 10%에 불과한데, 이는 페레스트로이카 전에 비해 절반 이하로 떨어진 것이다. 통일 독일에서는 과거 동독에서 허용되던 낙태권을 폐지하였다. 이런 현실은 과거 사회주의 여성정책의 성과를 살리고 그 한계를 극복하는 것이기보다는 오히려 과거 자본주의의 폐해로 회귀하는 것이어서, 이에 대한 여성들의 적극적인 대응이 필요한 상태다.

역설적이게도 동구 공산국가의 몰락 이후 여성의 지위는 급격히 하락한 반면, 과거와 같은 관변 여성조직을 넘어서 아래로부터 싹튼 자율적인 여성운동이 서서히 일어나고 있다. 1989년 모스크바에서 생긴 로토스(Lotus)가 대표적인 것이고, 옛 동독 지역에서도 국가의 프로젝트 지원 아래 여성단체의 활동, 즉 여성쉼터, 여성자활공동체, 여성기록보관소, 여성교육센터 등이 활발히 생겨나고 있다. 이런 여성운동이 여성의 지위 하락을 막는 동력으로 작용하기를 기대해 본다.

2. 여성운동 제2의 물결: 새 여성운동의 의미

1차 세계대전을 전후하여 유럽의 대다수 국가에서 여성에게 선거권이 부여되자 여권주의 운동이 역동성을 잃기 시작하였다. 서구의 사회주의적 여성운동도 보수세력의 득세와 더불어 급속히 약화되어 갔다. 그렇지만 1970년대에 이르러 이슬람교도 지역을 제외한 100여 개 국가에서 여성의 선거권이 허용되었다. 그러나 정치적으로 여성이 동등권을 확보했는데도, 그것이 경제적 평등을 선사하지는 않았다. 20세기 초 이래 여성의 고용 기회가 꾸준히 증가하였으나, 그것은 여전히 제한적이었다. 많은 여성이 가정에 머물 것을 강요당했다. 여성에게 직장이 허용되었을 때조차도 그것은 비서나 점원과 같은 하급 서비스직과 단순 사무직종에 머물렀고, 임금은 남성의 절반에 불과하였다.

이런 성차별에 대한 저항은 오랜 침묵의 기간을 지난 후, 1968년 학생운동과 민권운동 속에서 다시 불타올랐다. 여성들은 '진보세력'을 자처하는 학생운동이나 민권운동 내에서조차 성차별과 성역할 분리가 존재함을 깨닫게 되었다. 남성들이 밤새 토론을 하고 성명서를 작성하는 동안, 여성들은 커피를 끓이고 타자를 치는 주변적인 역할을 해온 것이다. 흑인의 조직화를 위해 들어간 슬럼에서도 유사한 성차별주의가 목격되었다. 이에 여성운동가들은 기존의 남성 중심 운동에서 분리하여 독자적인 여성조직의 결성을 선언하였다.

'동등권' 대신 '해방(emancipation)'이라는 용어를 사용하는 '새 여성운동'은 과거의 여권운동과 몇 가지 점에서 구별된다. 과거의 여권운동이 개인적으로나 집단적으로, 혹은 정치적·사회적으로 남성이 누리는 권리를 여성이 동등하게 향유하는 데 관심을 집중하였다면, 새 여성운동은 대체로 남성과 다른 여성적인 차이(difference)를 강조하는 경향이 강하다. 과거의 여권운동이 다른 어떤 고려에 앞서 국가를 상대로 무언가를 요구하기 때문에 기존 정치이론의 범주에 머물렀다면, 새 여성운동은 전통적인 정치에 도전한다. 이들은 여성의 불평등이 단순히 사회적 제한의 결과가 아니라 통제되고 조직화된 남성 중심적인 의미체계에서 유래한다고 주장한다. 다시 말하면 이들은 기득권의 동등한 배분 못지않게 사회적 가치

체계 모두를 문제 삼는다. 마찬가지로 과거의 여권론이 여성이 생산 영역에 진입할 기회를 높이는 생산의 권리와 관련되었다면, 새 여성운동은 출산과 가사노동 같은 재생산의 권리를 강조한다. 이는 경험, 차이, 재생산 등의 이슈를 여성운동 안으로 끌어들이면서, 사회심리학의 정통 이론이나 성별 정형화에 이의를 제기하였다.

새 여성운동은 성차별의 종식을 위해서는 기존의 모성성, 사랑의 개념, 결혼, 가족제도가 파괴되어야 한다고 주장한다. 모성은 맹목적인 희생을 강요하고, 사랑은 자신의 무력한 상황을 간파하는 것을 방해하기 위해 여성이 만든 자기방어에 불과하다고 여겼기 때문이다. 새 여성운동의 중심을 이룬 미국의 급진적 여성해방론자들은 결혼제도를 본질상 불평등한 것으로 간주하고, 적어도 회원의 1/3 이상이 결혼을 거부하는 쿼터제의 실시를 (때로는 공식적으로, 때로는 비공식적으로) 강령으로 내걸기도 하였다. 이들은 실천 대상을 주로 사적인 세계에서 찾았다. 또한 급진적 여성해방론자들은 위계구조가 없는 조직을 추구했다. 그래서 공식적인 직책을 추첨으로 결정하고 경험이 없는 회원에게도 직위가 골고루 배당되는 평등한 여성조직을 만들고자 시도하였다.

그러나 급진적인 여성해방론자들의 주장 중에 가장 혁명적인 것은 이성애적인 성제도가 남성에 의한 여성 지배를 고착화하는 근원적인 방식이라고 보고, 그것을 거부한 점이다. 육체적 쾌락은 양성 모두가 자위를 통해 달성할 수 있다고 주장하는 이들이 내세우는 실천적인 대안은 동성애다. 이런 주장은 현재 서구 여성운동에 폭넓게 확산되어 있다.

급진적 여성해방론의 자극에 힘입어 1960년대 말 이후 서구에서 여성운동의 열기가 일어났고, 많은 대학에서 여성학 관련 강의들이 개설되었다. 미국에서는 1972년 봄에 이미 600개 이상의 강의가 진행되었다. 또한 여성들은 페미니스트 극단과 록 그룹을 설립하고, 페미니스트 영화를 제작하였다. 여성들은 낙태금지법 철폐를 위해 행진하였고, 반(反)여성적인 여성잡지 사무실 앞에서, 혹은 여성의 신비를 영속화한다는 이유로 미스 아메리카의 꽃수레 앞에서 피켓을 들고 시위를 벌였다. 이러한 여성운동의 성과는 미국에서 1973년 대법원이 낙태를 의사와 환자 사이의 사적인 결정으로 선포하고 상하원에서 동등법안(Equal Right Amendment)이 통과되는 것으로 구체화되었다.

그러나 여성에 대한 성차별의 증거는 여전히 산재해 있다. 노동력은 성에 따라 분리되었다. 새 여성운동이 가장 활발하던 미국에서 1979년 초중등교사의 80.3%, 간호사의 96.8%가 여전히 여성이었다. 여성의 궁핍화도 빠른 속도로 진행되어, 빈민 복지 대상자의 81%가 여성이었다. '빈곤의 여성화'라 지칭되는 이런 현상은 새로운 우익세력이 대거 등장하는 1980년대 말 이후 더욱 심각해지고 있다. 이런 현실은 새 여성운동이 여성의 지위 개선에 크게 기여하였을지라도 그것이 사회구조의 개혁과 결합하지 못한다면 한계가 있을 수밖에 없음을 자명하게 보여 준다.

유럽에서 일어난 새 여성운동은 미국에 비해, 조직된 좌파운동과 훨씬 밀접히 연결되어 있다. 과거 여성운동과의 차별성을 주장하는 유럽의 새 여성운동은 이념 면에서 사회주의와 성해방을 결합하고자 했다. 즉 여성의 경제적 평등은 사회구조의 변혁을 통해서만 가능하다는 인식, 제3세계 여성의 해방에 관심 없는 선진국 여성운동에 대한 회의, 과도하게 위계화된 사회나 좌익 엘리트주의에 대한 반발, 기존 사회주의 여성운동에 대한 비판이 여성해방운동의 새로운 사상을 일깨우는 계기가 되었다. 특히 이들에게 사회주의 혁명은 남성에 의한 권력혁명에 불과하였고, 가부장적 관계는 도전받지 않은 것으로 보였다. 사회주의자들은 여성의 억압이 생산 영역에서 일어난다고 말하지만, 여기에서 말하는 생산은 공적 부문을 의미할 뿐이고, 전통적인 사회주의 이론은 사적 영역에서 행해지는 가사노동을 간과한다는 것이다. 새 여성운동에 참여한 여성들에게는 가사노동이야말로 공적 영역에서 여성의 열등한 지위를 낳고, 성별 분업을 고착시키는 기능을 하는 것이었다. 이런 맥락에서 유럽에서는 페미니즘과 사회주의를 대등하게 결합한 사회주의 여성해방론(Socialist Feminism)이 영향력을 행사하였다. 이 이론의 주창자들은 여성의 진정한 해방을 위해서는 자본주의와 가부장제를 동시에 타도해야 한다고 주장하였다.

유럽, 특히 독일의 경우 새 여성운동은 정치화에 훨씬 높은 관심을 보였다. 모든 정치조직으로부터의 철저한 분리를 주장하는 자율적인 여성운동도 있었지만, 기존 정치조직의 틀 안에서 여성문제를 끊임없이 제기해야 한다는 입장도 있었다. 후자는 지난 20여 년 동안 사회주의 계열 정당과 노동운동 조직 내에서 여성해방적 사고를 확산하고, 여성부/여성국을 강화하고, 여성할당제를 관철하는 데 크게 기여하였다. 정치조직의 틀을 활용해 여성들의 요구를 관철해 가는 전략은 녹색당의 창립으로 절정에 달했다. 녹색당에서 여성들은 독자적인 세력화를 통해 당의 요직을 많이 차지할 수 있었다.

또한 새 여성운동은 반전·반핵 및 평화 운동이 뜨거운 이슈로 떠오르자 여기에도 적극적으로 참여하여 여성해방적 입장이 견지된 생태주의나 평화주의를 또 하나의 대안운동으로 발전시켰다. 그 밖에도 새 여성운동은 여성들 간의 연대감을 높이는 다양한 문화행사를 통해 여성대중을 폭넓게 조직하였다. 여성 출판사, 여성지, 여성 서점, 여성 카페, 여성 술집, 여성 여관, 여성 휴가지 등을 통해 독자적인 여성문화를 구축하였고, 이는 여성운동이 특유의 대중적 기반을 마련하는 데 크게 기여하였다.

정리하자면, 지난 20년 동안 여성의 현실 개선과 여성의식의 성장은 괄목할 만하다고 결론 지을 수 있고, 새 여성운동이 여성해방의 이론적 심화나 운동의 대중화에 끼친 공로는 결코 과소평가할 수 없다고 하겠다.

3. 제3세계 여성운동

제3세계 여성운동을 왜 따로 서술해야 하는가? 왜 우리는 '제3세계 페미니즘'을 거론하는가? 제3세계 여성은 성차별 못지않게 빈곤과 전쟁, 환경 파괴, 정치적 탄압으로 고통에 직면하고 있기 때문에, 그들의 여성운동은 선진국 여성운동 모델을 그대로 수용할 수가 없다. 또한 제국주의의 침탈, 가속화되는 노동력 이동 속에서 강화되는 인종차별주의, 이에 대응하는 근본주의 물결이 가하는 억압에 대항하기 위해서라도 제3세계 여성운동은 서구 선진국과는 다른 운동목표와 운동방식이 필요하다. 이렇게 제3세계에서는 사회문제 해결과 여성해방이 병행될 수밖에 없기 때문에, 이를 향한 노력, 즉 제3세계 여성운동의 역사를 반추해 보는 일은 우리에게도 성찰적인 의미가 있다. 이 글에서는 제3세계 여성운동을 민족해방과 결합한 여성운동 유형, 자본주의 세계체제에 의해 강요되는 세계화와 그에 저항하는 여성운동 유형, 그리고 근래에 활성화되고 있는 국제 여성운동 유형으로 나누어 고찰하고자 한다.

1) 민족주의 운동과 제3세계 여성

제3세계에서 근대화와 민족주의는 서로 뗄 수 없는 관계에 놓여 있다. 약소국이나 식민지 국가에서 민족주의는 서구 선진국에서보다 훨씬 긍정적인 의미를 내포한다. 이들은 한편으로는 다양한 형태의 외국 간섭이나 제국주의적 침략에 저항해야 하고, 다른 한편으로는 전통적인 봉건제적 잔재를 극복하고 근대화를 추동해야 하는 이중 과제를 넘겨받기 때문이다. 이에 제3세계 국가의 여성들 역시 산업화와 자주적인 민족국가의 설립이라는 절대절명의 과제를 거부할 수 없었다. 그래서 여성운동가들은 민족주의 운동에 참여하거나 밀접하게 공조하였다.

여성운동 초창기에 여성들의 민족주의 운동 참여는 여성들에게 적지 않은 이점을 선사하였다. 우선 민족주의 운동은 여성에게 공적 공간으로 진출할 수 있는 통로를 제공하였다. 또한 민족 부르주아 남성들의 도움으로, 여성들에게 가해지는 전통적인 억압인 과부 화형·베일·다처제·축첩 등을 타파할 수 있었다. 그러나 민족주의 운동과 여성운동의 결합은 두 가지 이율배반적인 성과를 낳았다. 우선 민족주의 담론에서 모성이 찬미되면서도 그 역할은 수동적이거나 주변적이었다. 민족적 정체성을 추구하는 과정에서 여성운동은 민족문화 또는 전통문화를 전적으로 거부할 수 없었다. 항상 먼 과거의 문화가 이상화되었고, 결과적으로 이는 핵가족을 강화하거나 여성의 전통적인 복종을 그대로 유지하는 구실을 하였다. 결론적으로, 민족주의 운동과 여성운동의 결합은 사회적으로 여성의 중요성을 환기하는 역할을 하였다. 그러나 다른 한편으로는 민족의 이익을 위해서라면 여성의 이익을 희생할 수도 있다는 점을 은연중에 학습시켰다. 바로 이런 이중성 때문에 민족주의 운동과 여성운동의 관계가 복잡해질 수밖에 없었다. 또한 화급한 민족적 과제 앞에서 인습적인 가족제도나 성관행에 대한 공격이나 여성주의 자의식과 같은 이슈들이 자리 잡을 공간이 없었다.

　이미 제국주의가 본격적으로 나타난 19세기 말, 20세기 초에도 그러하였지만, 1960~1970년대까지도 제국주의에 의한 직·간접적인 수탈의 악순환에서 벗어나려는 제3세계 국가의 몸부림은 격렬한 무장투쟁으로 나타났다. 여성들은 근대화나 부르주아 민족주의 운동과 결합하면서 제한된 개혁을 받아들이는 것보다는 근본적인 사회개조와 동시에 민족자결권을 지향하는 사회주의 운동에 동참하였다. 여성들이 민족해방운동에 대거 참여하여 대중조직을 스스로 건설하면서 혁명을 통해 여성해방의 여러 전제조건, 즉 봉건적·가부장적 유제 청산, 사회경제적 활동에 대한 참여, 법적 지위 개선 등을 마련할 수 있었던 성공적인 사례로 베트남, 니카라과, 짐바브웨, 팔레스타인, 모잠비크를 들 수 있다. 또한 실패로 끝났지만,

1970~1980년대 남아메리카 국가들과 필리핀의 여성들은 게릴라 운동에 적극적으로 참여하였다. 이런 운동방식은 각국이 처한 객관적 조건에 따라 선별적으로 적용되어야 하고 전체적으로 보자면 성공의 확률이 그다지 높지는 않지만, 여성의 지위를 짧은 시간에 현격히 향상한 유형으로서 당시에는 상당히 설득력이 있었다.

베트남이나 니카라과 등의 사례는 여성의 참여 없이 어떤 혁명도 성공할 수 없음을 깨닫게 한다. 또한 역으로 사회구조의 변화 없이는 여성의 지위 향상도 실현할 수 없다는 것도 확인시켜 준다. 이렇게 민족주의 운동 혹은 민족해방운동을 통해 구성되는 국민국가는 페미니스트들이 원하건 원치 않건 간에 여성의 삶에 적지 않은 영향을 끼치는 만큼 여성들의 민족주의 운동 참여는 거의 불가피해 보인다.

그러나 제3세계 여성운동과 관련하여 민족해방운동이 여성에게 가져다 준 성과에 회의를 표명하는 사람도 적지 않다. 왜냐하면 민족해방운동이 성공한 뒤에도 민족해방운동에 참여하는 것 자체가 여성의 지위 향상을 자동적으로 보장하지는 않기 때문이다. 사회주의자들이 주도하는 민족해방운동에 여성이 대거 참여하였던 국가들에서 민족해방 이후 여성이 평등한 노동주체로 인정되면서 가사노동의 사회화도 이루어졌고, 분명 여성의 지위가 개선되었다. 그러나 제도적 기반의 구축만으로 여성해방이 완성되지는 않았다. 여성해방은 화급한 정치·경제 문제에 밀려 부차적인 문제로 간주되기 쉬웠고, 가부장적 관행 역시 사적인 영역에서 쉽게 사라지지 않았기 때문이다. 더욱 통탄할 사실은 우익 민족주의자들이 민족해방을 달성한 나라에서는 여성의 상황이 전보다 더 악화되었다는 점이다. 그 예로 1979년 이란 혁명 후에 서구 제국주의에 대한 반작용으로 여성의 공직 진출 제한, 전체 교육기관에서의 철저한 남녀 분리, 9세로 여성 결혼 가능 연령의 하향 조정, 베일 강요 등의 조치가 취해진 경우를 들 수 있다. 그래서 사회변혁과 민족해방의 경로를 통해 여성해방을 성취하려는 경우에도 페미니스트의 관점에 입각하여 독자적인 여성조직의 기반을 확보하고, 전체 운동 내에서 여성문제를 부단히 제기하는 끈질긴 노력을 병행해야 할 필요성을 강조하고 싶다.

2) 제3세계의 여성노동운동

1970년대 이래 동아시아나 동남아시아는 '수출 자유 공단'의 집산지였다. 1980년 집계로 약 75만 명이 여기에 고용되었는데, 그 70~80%가 여성노동자였다. 여기에서는 자유로운 이윤 송금, 세금 특혜, 좋은 기간시설이 제공되었고, 처음 몇 년 동안은 공단 특례법에 따라 노동조합 활동도 금지되었다. 게다가 이곳 여성의 높은 교육 수준, 순종적 성향, 저임금도 다국적 기업에게 매력적이었다. 노동 집약적인 산업이 제3세계로 이동한 것은 결과적으로 자본주의 중심부 국가에서 전자·공업 부문의 합리화 과정을 수반하였을 뿐 아니라 제1세계 여성노동자의 일자리를 위협하였다.

그러나 이런 다국적 기업들이 영속적으로 한 곳에 머물렀던 것도 아니다. 더 싼 임금과 상응하는 인프라 시설을 갖춘 제3세계 어딘가를 다시 발굴하거나, 기존 지역에서 여성노동자의 노동투쟁이 거세지면 국제자본은 다시 생산시설을 옮겨 간다. 결국 이윤에 따른 다국적 기업의 발 빠른 이동의 희생양이 되는 것은 부차적 수입원, 값싼 노동력으로 평가되는 여성노동자다.

그러나 엄격한 노동규율, 장시간 노동, 3부제 교대 작업, 고용의 불안정성, 상사의 성적 희롱이나 비인간적 대우, 자본의 빠른 이동에 따른 폐업 조치가 이 지역에서 여성노동자의 조직화와 노동쟁의를 촉발하였다. 정부의 강력한 통제가 있었음에도, 한국을 위시하여 말레이시아, 인도네시아 등에서 여성노동자 운동이 활발해졌다. 이들의 활동 속에서 1970~1980년대 한국 여성노동자의 투쟁 사례는 모범적인 전형이 되었다. 특히 노동조합 내에서 여성들이 겪는 성차별이 그보다 더 중요하다고 여겨지는 임금인상 같은 이슈에 밀리거나 국제자본의 집중적인 착취 대상이 되는 여성노동자 문제에 대한 남성노조의 무관심에 직면하자, 여성노동자들은 자신들만의 독자 조직으로 결집할 필요를 절감하였고, 이것이 제3세계 곳곳에서 여성노조의 결성을 가져왔다. 필리핀에서는 1985년 2월에 '여성노동자운동(KMK, Kilusan NG Manggagawang Kababaihan)'이 창설되어, 1년 만에 168개의 지부와 1만 5000명의 회원을 확보할 만큼 성공적인 운동으로 발전하였다. 한국에서도 여성노동자협의회나 전국여성노조의 활동이 많은 성과를 거두면서 국제사회에서 모범적인 사례로 꼽힌다. 비교적 공업화가 앞선 멕시코에서도 1975년에 섬유산업 여성노동자들의 노조가 결성되었고, 비슷한 시기에 인도에서도 가내공업 여성노동자와 청소부의 노조(SEWA)가 설립되어 활발하게 활동했다.

제3세계의 여성노동자 운동은 무장투쟁을 통해 민족해방을 달성한 나라들과는 다른 조건에 놓인 여성들이 시도한 여성운동의 또 다른 대안이었다. 전체 노동운동과 연대하면서도 여성의 독자적인 요구를 중심으로 독자적인 조직을 갖추어 간 여성노동운동은 지역에 따라 여성노동자의 생존조건 개선과 성차별 해소에 큰 역할을 하였다. 그러나 세계화된 자본은 여성노동자의 저항이 격렬해지면 언제라도 좀더 유리한 조건을 찾아 이동하기 때문에, 여성노동운동의 성과는 항상 제한적이었다. 특히 비정규직 여성노동자가 급증한 지난 10년의 현실을 감안하자면, 여성노동운동의 중요성은 더 높아졌고, 좀더 지구화된 제1세계와 제3세계가 연대하는 전 지구적 운동전략도 더욱 절실해졌다.

3) 새로운 담론으로서의 '제3세계 페미니즘'

1975년 멕시코시티의 유엔 세계여성대회에서 처음 만난 제1세계와 제3세계 여성운동가들은 자신들 사이에 존재하는 벽을 발견하였다. 여성의 '자기발견'이나 '자기해방'에 매진하던 선진국 여성들은 외세의 착취에 대항해서 남성과 함께 투쟁하는 제3세계 여성운동에 대한 몰이해를 드러냈다. 제3세계 여성 대표자들의 눈에는 서구 페미니스트들이 전적으로 개인적인 이해관계에 매몰되어 여타 사회문제에는 관심을 돌리지 않는 것으로 보였다. 그래서 제3세계 여성 사이에서 "제1세계 여성들이 주장하는 자기실현은 부르주아 관념이고, 페미니즘은 제국주의의 새로운 이데올로기적 무기"라는 극단적인 주장까지도 제기되었다. 제3세계 여성의 상황이 제1세계와는 다르며, 그렇기 때문에 제1세계와는 다른 방식의 여성운동이나 여성주의 정체성이 필요했던 것이다.

최근 들어 백인 중산층 여성에 토대를 둔 서구 페미니즘의 지배를 거부하고 '제3세계 페미니즘'의 담론 구성을 주장하는 목소리들이 나오고 있다. 특히 영국이나 미국에서 활동하는 유색 여성들(women of colour)이 주축이 되어 성차별주의·인종차별주의·식민주의·제국주의·독점자본에 저항하는 '제3세계 여성들 간의 상상 공동체(imagined community)'를 제안하고 있다. 여기서 '상상'이라는 용어를 사용한 것은, 이 제안이 현실적이지 않아서가 아니라 서로 분리선을 넘어서는 잠재적 동맹과 협력을 하자는 뜻에서였다. 또한 '제3세계'는 지리적인 위치만이 아니라 미국사회의 소수민족과 유색 인종까지 포함하는 사회·역사적 맥락에 기초를 둔 개념이다. 다시 말해 이는 여성 간의 동맹을 위해서 생물학적·문화적 기초보다는 정치적인 정체성을 선택하는 것이고, 동시에 제3세계 여성 간의 '보편적인 자매애'를 제안하는 것이기도 하다.

모한티(Mohanty)에 따르면, 제3세계 여성들은 문화적 제국주의나 인종주의 등으로 채색된 페미니즘이라는 용어를 의문시해야 한다. 그리고 제3세계 페미니즘은 페미니스트, 인종차별주의 반대자, 민족주의적 투쟁과의 복잡한 상호 관련성에 주목해야 한다. 즉 젠더에만 관심이 집중된 백인·서구 페미니즘에 대한 제3세계 페미니즘의 도전은 바로 페미니즘과 정치적 해방운동의 끊을 수 없는 결합을 성찰하는 것이다.

4) 제3세계 여성운동의 최근 흐름

오늘날 제3세계 여성운동은 '사회문제가 해결되면 여성문제도 저절로 해결된다'는 과거의 운동론에서 서서히 탈피하고 있다. 이러한 경향은 여성운동과 사회변혁운동의 밀접한 관련성을 부정하는 것이 아니다. 이는 오히려 민족해방운동 내에서든 노동운동에서든 여성문제가 부차적인 것으로 주변화되는 현상을 극복하기 위해서는 여성의 독자적 조직이 필요하다는 인식이 높아졌음을 의미한다.

또한 제3세계 여성운동은 가난한 여성들의 생존권 확보를 위한 경제투쟁이나 민주화투쟁에 집중하던 과거의 관행에서 벗어나 사적인 영역이 지니는 중요성을 인식하기 시작하였다. 이는 제3세계 여성이나 미국의 유색 여성들의 사생활은 백인 중산층 여성들의 사생활과는 본질적으로 다르다는 점을 고찰해야 한다는 뜻이다. 예를 들면 국가에 의한 사회복지정책, 불임 시술 같은 강제적 재생산 정책, 야만적이고 인종차별적인 경찰력, 군사주의와 병행하여 나타나는 성폭력, 성의 상품화 등에 의해서 제3세계 여성의 사생활은 지속적으로 규제당하기 때문이다. 이와 관련하여 여성의 사생활에 대한 국가의 야만적인 개입도 비판받고 있다. 그래서 제3세계 여성운동도 최근에 들어와 사적인 영역의 여성 인권문제를 적극적으로 제기한다. 그 대표적인 사례가 최근 인도 등지에서 나타난 '강간에 항거하는 모임'이나 '여성쉼터'다. 그 밖에 이집트, 수단, 예멘 등지에 만연한 여아 음핵 제거 관행에 저항하는 여성들은 '이슬람교 국가에 사는 여성들(Women Live on Muslim Countries)'이라는 네트워크를 결성하여, 이 문제를 국제사회에 알리고 여성 간 연대를 모색하는 활동을 하고 있다. 이런 모임들은 서구 페미니즘을 모방하는 것이 아니라 제3세계의 독특한 현실과 결합된 운동방식을 선택함으로써 제3세계 여성운동의 발전된 모습을 보여 준다.

제3세계 여성운동에서는 여성의 생존권 문제도 변함없이 중요한 이슈로 등장한다. 지난 20여 년 사이에 외채가 누적되어 그 이자와 원금을 상환하느라 여성의 삶이 더욱 피폐해져 가는 남아메리카 국가들에서 '외채와 여성의 빈곤화 문제'가 여성운동의 절박한 이슈로 떠오르고 있다. 민족해방운동의 일환으로 1980년대 초반까지 활발하던 남아메리카와 동남아시아의 게릴라 운동이 한풀 꺾인 지금, 여성의 생존권투쟁이 외채 탕감운동으로 이어지고 있다.

4. 세계화 시대의 여성운동

1) 유색 여성 페미니즘

유색 여성 페미니즘의 근원은 19세기 말 미국에서 시작된 흑인 여성의 정치활동으로 거슬러 올라가야 한다. 이 운동은 흑인 여성에게 가해지는 강간, 성폭력, 사적 처벌행위에 대한 저항에서 시작되었고, 교회나 클럽을 중심으로 하여 1920~1930년대에 활발히 전개되었다. 그러나 현대적인 흑인 페미니즘이 본격화된 것은 학생운동과 민권운동의 급류 속에서다. 1973년 미국에서 인종차별주의 철폐를 명시적으로 주장하는 '전국흑인여성조직(National Black Feminist Organization)'이 탄생하였고, 이들은 흑인 여성, 특히 가난한 노동여성의 의식화를 시도하였다. 그러나 강력하게 조직된 지도력의 부재로 이 조직은 곧 힘을 잃었다. 그러나 이 시기에 흑인 페미니즘 문학과 같은 지적인 운동들이 참여를 위한 새 공간을 열었고, 벨훅스(bell hooks)로 대표되는 페미니스트 저술가들은 흑인 여성학을 진지한 지적 탐구의 한 형태로 제시함으로써 오늘까지 이어지는 흑인 페미니즘 담론을 생산하였다.

특히 훅스는 백인 인종차별주의자가 발명한 '피부색 카스트 제도(colour caste hierarchy)'를 비판하면서, 이 제도가 어떻게 미의 기준을 재창조하고, 어떻게 이를 흑인의 의식세계에 내면화하는지를 분석하였다. 그녀는 흑인성을 체계적으로 가치 절하하는 '재현의 정치학'을 흑인이 집단적으로 비판할 것을 요구하고 다양성을 인정하는 새로운 미의 기준을 만들어 갈 것을 제안하였다.

흑인 페미니즘의 활성화와 병행하여 '흑인성'의 기준을 둘러싸고도 논란이 일어났다. 영국의 경우 흑인은 아프리카 출신뿐 아니라 아시아인도 포함된다. 이들은 인종주의와 식민주의로 고통받은 기억을 공유하고 있다. 영국에서 인도인과 파키스탄인이 미국의 흑인 못지않게 차별받는 현실을 감안하면, 피부색에 대한 언급은 사실 정치적인 것이다. 또한 미국에서 비백인 여성을 지칭하는 유색 여성이라는 용어가 사용되기 시작하면서, 이것과 흑인 페미니즘 사이에는 큰 차이를 발견하기가 어려워졌다. 특히 남아메리카계와 아시아계 이민 여성이 늘어나면서 유색 여성, 흑인 여성이라는 용어는 이제 유사한 정치적 의미를 지니게 되었다.

벨 훅스는 성적·계급적·인종적 억압을 함께 거론하는데, 이는 흑인 페미니즘이 흑인 여성만을 위한 여성주의가 아니라 모든 억압받는 자의 해방을 위한 투쟁이라는 대안운동의 성격을 강조한다. 그런 점에서 흑인 페미니즘은 반인종차별주의/사회주의 페미니즘이 되어야 한다는 것이다. 운동방식과 관련해서도 약간의 견해차가 있다. 다양한 근원을 지닌 억압이 결국은 한 체계의 통합적인 일부이기 때문에 '하나의 통일된 대중운동'을 주장하는 흑인 페미니스트도 있다. 이에 반해, 다양한 형태의 억압이 지닌 상호 관련성은 인정하되, 실천의 차원에서는 자율성을 유지하면서 상호 협력하는 방식이 더 현실적이라는 주장도 있다.

그러나 4만 명이 운집한 1995년의 베이징여성대회는 새로운 경험과 전망을 제공했다. 여기 참석한 7000명의 미국 여성 대다수가 유색 여성이었는데, 이들은 자신과 유사한 운명에 처한 제3세계 여성들을 만나고 그들의 운동이 지닌 역동성을 접하면서 크게 고무되었다고 한다. 베이징대회가 성차별과 세계화의 총체적인 관련성에 대한 평면도를 제공하면서, 이제 유색 여성 페미니스트는 그간 여성운동이 겪은 분열을 넘어 여성 억압이 지닌 상호연관성을 살리면서 빈곤의 여성화·세계화의 횡포에 저항하는 투쟁을 함께 준비하고 있다.

2) 에코 페미니즘

에코 페미니즘은 자연과 동물을 고려 대상에 넣음으로써 페미니즘 사상 중 억압에 대해 가장 다양하면서도 포괄적인 시각을 지녔다. 즉 에코 페미니즘은 페미니즘과 생태주의를 밀접하게 관련 지으면서, 오늘의 사회를 생태주의 측면에서 위험사회로 몰아넣은 문화형식이나 경제적 합리성 원칙에 끼친 젠더의 영향력에 주목한다. 머천트(Carolyn Merchant)나 워런(Karen Warren)에 따르자면, 서구문화에서 자연은 여성화되었고, 여성은 자연화되었다. 그래서 양자의 관계를 이해하는 것이 바로 양자의 억압을 이해하는 것이다. 서구의 근대철학에서 인간은 남성을 의미하고, 인간은 육체가 아니라 정신 혹은 이성과 동일시되었다. 이에 비해 여성은 육체 혹은 자연과 동일시되었다. 에코 페미니즘은 남성주의 철학이 지닌 이분법을 비판하면서, 남성 중심주의·인간 중심주의·유럽 중심주의를 문제 삼는다. 이에 비해 대안적인 여성주의 철학은 돌봄에 기초하는, 의사소통적이고 상호주의적인 윤리라는 것이다.

에코 페미니즘의 주요 활동무대는 페미니스트 신학인데, 여기에서는 대안적인 영성의 구현이 강조된다. 그래서 에코 페미니즘이 근본주의로 비난받기도 하지만, 반자본주의나 반식민주의자에서 채식주의자에 이르기까지 에코 페미니스트들은 실천운동에서 결연한 의지를 보여 주었다. 이에 비해 사회주의 에코 페미니스트들은 남성 중심적인 생산 영역에 맞서, 여성노동의 영역으로서 재생산을 강조하기도 하고, 신좌파의 경우 노동의 '섹스/젠더적 분업체계'를 문제 삼기도 한다.

에코 페미니스트 중 실천에 가장 적극적이라고 할 수 있는 사람은 마리아 미스(Maria Mies)와 반다나 시바(Vandana Shiva)다. 이들이 보기에 여성이나 여타 종속집단을 자연으로, 남성 엘리트를 이성으로 연결하는 이중성이 서구문화의 식민주의 문제를 낳은 장본인이다. 즉 이성/자연의 복잡한 그물망은 가부장적인 식민주의자 집단을 이성으로, 비서구적인 원주민을 미개인이자 자연으로 보면서, 다층적인 억압과 식민주의를 만들어 냈다는 것이다. 이는 자연을 쥐어짜는 것을 통해 부를 최대한 창출하면서 왜곡된 자본주의, 왜곡된 성장을 수반하는 과정이기도 하였다. 에코 페미니스트들의 반자본주의적·반식민주의적 입장은 인간 이외의 생물체에 대한 억압과 생태위기가 인간에 대한 억압과 어떻게 연계되어 있는지를 보여 주고자 하였다. 반다나 시바는 인도에서 거대 자본에 의한 댐 공사를 여성의 투쟁을 통해 저지하면서, 지속 가능한 발전을 실현하고자 하였다. 이런 점에서 에코 페미니즘은 세계화의 시대에 우리 삶의 방식에 대한 가장 근본적인 질문을 던지는 사회주의적·반식민주의적 여성운동이라 말할 수 있다.

3) 세계화의 현실과 여성운동의 국제화

사용하기 시작한 지 채 15년도 되지 않은 '세계화(globalization)'라는 단어는 정치·사회·경제의 구조가 전 지구적으로 복잡하게 연루된 오늘의 현실을 설명하는 동시에 인류가 처한 운명을 가장 실감나게 드러내는 상징

어다. 세계화는 ① 의사소통 기회의 세계화, ② 국제적인 이주의 증가, ③ 국제무역의 엄청난 확대, ④ 자본시장의 국제화로 요약된다. 이제 공간적인 거리는 의미를 상실하고, 인간의 이동, 사상·사회규범의 전파가 빠른 속도로 일어나는 현상과 병행하여 규범화된 소비 패턴이 세계적으로 형성되고 있다. 1993년 전 세계 정치적 망명객 수는 850~900만 명, 노동이민은 거의 1억 명에 이르렀다. 국제무역의 확대와 자본 이동이 현기증나는 속도로 이루어졌다. 이 와중에 자본의 직접투자가 불균등하게 이루어져서 1996년 한 해만도 직접투자의 2/3는 선진국으로 갔고, 나머지 주변부 지역으로 가는 경우에도 동아시아, 동남아시아 혹은 남아시아에 집중되었다. 바로 이런 수치가 부의 지속적인 불균등한 분배를 암시하는 것이다.

더욱이 지난 10여 년 동안의 신속한 세계화는 제3세계 여성들의 삶을 더욱 열악하게 만들었다. 최근의 통계는 절대 빈곤층에 있는 세계 인구의 70%가 여성이고, 그 수는 더욱 증가할 것이라고 한다. 동아시아나 동남아시아를 제외한 제3세계 지역에서 여성의 취업률은 현저하게 낮아지고 있으며, 특히 아프리카의 경우 여성 실업률이 남성 실업률의 두 배지만, 여성 가장과 비지불 노동을 하는 여성농민의 수는 계속 증가하고 있다. 세계적으로 평균치를 낼 경우, 여성은 남성보다 30~40%나 낮은 임금을 받고, 사하라 이남 아프리카와 남·서아시아 여성들의 문맹률은 거의 70~80%에 이른다. 게다가 아프리카와 남아시아의 어머니 사망률은 유럽과 북아메리카의 30배에 이르고, 보스니아·르완다·알제리의 내란, 아프가니스탄 내전과 이라크 전쟁은 여성에 대한 성폭력을 기하급수적으로 증가시켰다. 여성의 비정규직화나 일자리 상실도 심각한 수준에 도달하였다.

자본주의적 세계경제 메커니즘에 의해 점점 가속화되는 세계화는 민족국가의 경계선을 무력화했고, 그간 국제정치의 주체로서 민족국가가 지녔던 정치적 결정권을 약화하였다. 이는 당연히 개별 국가 단위로 작동되어 온 정치적 민주주의를 허약하게 만들고, 대신 국제통화기금(IMF)·세계무역기구(WTO)·북대서양조약기구(NATO)·세계은행(IBRD)과 같은 국제기구들이 무한 권력을 행사하기에 이르렀다. 이제 무역수지·경제성장률·주식가격 등이 최대 관심사가 되고 여성의 이해관계나 요구는 주변화되고 있다. 이미 국제 민간기구 사이에서는 정치적인 조정력 상실에 대한 대응으로 '전 지구적 통제(global governance)'라는 개념이 등장하기 시작하였다. 전 지구적 통제란 모든 세계정치 과정에 대한 네트워크 형식의 통제를 뜻하는 것이 아니라, 환경파괴·전쟁·국경을 넘어가는 피난민 등 세계화가 초래한 위기 징후 또는 이주운동 등에 국제적 연대를 통해 사안별로 공동 대처하는 것이다.

여성운동 내에서도 이런 전 지구적 조직을 결성하고 활동해야 한다는 주장이 대두되었다. 이미 앞에서 언급한 대로 1975년 멕시코시티에서 열린 세계여성대회와 1980년 '유엔 여성의 해' 중간평가(1975~1985)를 위해 모인 코펜하겐 유엔 정상회의는 전 세계 여성들이 함께 만날 수 있는 토대를 마련해 주었다. 또한 이때를 전후하여 결성된 유엔 여성차별철폐위원회(Committee on the Elimination of Discrimination against Women, 약칭 CEDAW)도 국제적인 여성운동을 촉진하는 데 크게 공헌하였다.

그러나 이 회의들에서는 제1세계와 제3세계 여성운동 사이의 입장 차이가 명확하게 드러나고, 제3세계 여성 대표들은 자신들의 억압적 현실의 타개책을 독자적으로 모색할 필요성을 절감하였다. 그 결과 곳곳에서 제3세계 여성들의 국제적 연대조직이 결성되었다. '연구와 개발을 위한 아프리카 여성 연합'이나 라틴 아메리카 여성이 주축이 된 '여성과 함께하는 신시대를 위한 발전 대안(DAWN)' 등이 그 좋은 예다.

그러나 최근 생태계 파괴의 심각성이 대두되고, 전 지구적인 인구 이동 및 그로 인한 사회적 불안과 인종차별주의가 가중되고, 서방 선진국에서 근대성이나 백인 중심적 서구 페미니즘에 대한 자성이 일어나면서 제1

세계와 제3세계 여성들 사이의 정서적 간극은 많이 해소되었다. 더불어 제3세계 여성만의 연대 틀이 아니라 세계 여성들이 함께 네트워크를 결성할 필요성이 더욱 절실해졌다. 베이징여성대회는 185개 국의 정부·민간 기구 대표가 참가하여 국제적인 연대망을 구축하였다. 결과적으로 볼 때 이 회의는 여성의 단결력과 결집력을 국제사회에서 과시하였을 뿐 아니라, 각국 정부가 여성인권을 보호하기 위한 적극적 조치를 취하도록 압력을 가하는 구실을 하였다.

국제 여성운동에 거는 기대는 여성복지 예산의 삭감 및 여성노동력의 축출이나 파트타임으로의 전환과 같은 전 지구적인 위기에 직면하면서 점점 높아지고 있다. 전 지구적인 권력관계의 전환을 반드시 실현하고 그 과정에서 여성주의적인 정치를 관철하기 위하여 여성운동은 국제연대를 통해 3중 전략을 구사해야 한다. 첫째, 시장의 재구조화를 위해서 대안적인 시장구조를 모색해야 하는데, 여기에서는 성장 대신 인간을 중심에 두고 자원 보존적이며 성별·계급·피부색을 막론하고 균등한 기회를 주는 경제모델을 개발해야 한다. 둘째, 국민국가 체제의 근본적인 개혁이 필요한데, 이를 위해서 좋은 통치가 보장되는 정부, 즉 그 안에서 남녀 모두에 대한 권력과 자원의 공정한 분배와 함께 투명성, 책임성, 국민적 단합이 실현되는 정부를 만들어 가야 한다. 셋째, 시민사회를 강화하는 방안인데, 이를 위해서는 시민운동단체의 활성화가 선행되어야 한다. 또 시민운동과 정부기구의 바람직한 관계 맺기에 대한 토론이 진행되어야 하고, 시민운동 내에서는 남녀 모두에게 참여권과 결정권의 평등이 보장되어야 한다.

이제 국제여성운동은 세계화의 위기를 넘어서서 세계적 시민공동체 실현의 주체가 되어야 한다. 동시에 세계화 시대의 여성운동은 민족주의의 역사적 공헌과 해악에 대한 사려 깊은 분별과 더불어 민주적 국민국가의 형성, 세계적 시민공동체의 결성, 양성평등을 함께 아우르는 과제를 풀어 나가야 할 것이다.

❖ 생각할 거리 --

1. 자유주의 여권운동의 역사적 공헌과 한계를 짚어 보자.

2. 과거 사회주의 국가의 여성정책이 지닌 장·단점을 토론해 보자.

3. 6·8학생운동 이후에 등장한 새 여성운동이 지닌 새로운 문제의식에 대해 토론해 보자. 이것이 오늘의 우리에게 지니는 의미도 성찰해 보자.

4. 선진 자본주의 국가의 여성운동과 제3세계 여성운동 사이의 차이점은 무엇인가?

5. 페미니즘과 민족주의의 관계 맺기에 대해 토론해 보자.

6. 세계화 시대에 여성운동의 과제는 무엇인가?

❋ 읽을 거리 --

1. 리처드 에번스, 『페미니스트: 비교사적 시각에서 본 여성운동 1840~1920』, 정현백 외 옮김, 창작과비평사, 1997.

2. 사라 에번스, 『자유를 위한 탄생: 미국여성의 역사』, 조지형 옮김, 이화여자대학교 출판부, 1998.

3. 한국여성연구회 엮음, 『사회주의 여성해방의 현재와 미래』, 백두, 1992.

4. 벨 혹스, 『행복한 페미니즘』, 박정애 옮김, 백년글사랑, 2002.

◇ 참고 문헌

1장 여성학이란 무엇인가

이화여자대학교 한국여성연구원·아시아여성학센터, 『아시아 여성학 교과과정 개발을 위한 국제 워크샵』, 이화여자대학교 한국여성연구원, 1998.

조옥라(1986), 「가부장제에 관한 이론적 고찰」, 『한국여성학』 2집, 한국여성학회.

Alex Warwick & Rosemary Auchunty(1995), "Women's Studies as Feminist Activism," *Feminist Activism in the 1990s*, Gabriel Griffin, ed., London: Taylor & Francis.

Ann Taylor Allen(1996), "The March through the Institutions: Women's Studies," *The United States and West and East Germany, 1980-1995*, SIGNS, vol. 22, no. 1.

Chandra Talpade Mohanty(2003), "Under Western Eyes: Feminist Scholarship and Colonial Discourses," *Feminism without Borders: Decolonizing Theory, Practicing Solidarity*, Duke University Press.

Gerda Lerner(1993), *The Creation of Feminist Consciousness*, Oxford: Oxford University Press.

Nancy A. Naples & Manisha Desai, eds.(2002), *Women's Activism and Globalization: Linking Local Struggles and Transnational Politics*, Routledge.

2장 평등과 해방의 꿈: 페미니즘의 다양한 모색

Firestone, Shulamith(1970), *The Dialectic of Sex: The Case for Feminist Revolution*, London: The Women's Press, 1979; 『성의 변증법』, 김예숙 옮김, 풀빛, 1983.

Friedan, Betty(1963), *The Feminine Mystique*, Harmondsworth: Penguin Books, 1965; 『여성의 신비』, 김행자 옮김, 평민사, 1996.

Hartmann, Heidi(1981), "The Unhappy Marriage of Marxism and Feminism," Lydia Sargent, ed., *Women and Revolution*, London: Pluto Press; 「마르크스주의와 여성해방론의 불행한 결혼: 보다 발전적인 결합을 위하여」, 김혜경·김애령 편역,

『여성해방 이론의 쟁점: 사회주의 여성해방론과 마르크스주의 여성해방론』, 태암, 1990.

Hull, G. T., P. B. Scott, and B. Smith, eds.(1982), *But Some of Us Are Brave*, New York: The Feminist Press.

Jaggar, Alison(1983), *Feminist Politics and Human Nature*, Hemel Hempstead: Harvester Press; 『여성해방론과 인간본성』, 공미혜 외 옮김, 이론과실천, 1992.

Merchant, Carolyn(1992), *Radical Ecology: The Search for a Livable World*, New York & London: Routledge.

Mies, Maria & Vandana Shiva(1993), *Ecofeminism: Reconnecting a Divided World*, St. Martin's Press; 손덕수·이난아 옮김, 『에코 페미니즘』, 창작과비평사, 2000.

Mill, J. S.(1869), *The Subjection of Women*, Indianapolis: Hacket Publishing, 1988; 『여성의 예속』, 김예숙 옮김, 이화여자대학교 출판부, 1986.

Millett, Kate(1971), *Sexual Politics*, London: Virago; 『성의 정치학』, 정의숙 외 옮김, 현대사상사, 1975.

Nicholson, Linda, ed.(1990), *Feminism/Postmodernism*, London: Routledge.

Olivier, Blanc(1981), *Olympe de Gouges*, Paris: Syros.

Redstockings, eds.(1975), *Feminist Revolution*, New York: Random House, 1978.

Sargent, Lydia, ed.(1981), *Women and Revolution*, London: Pluto Press.

Wollstonecraft, Mary(1792), *Vindication of the Rights of Women*, New York: W.W. Norton & Company, 1988.

Zetkin, Clara, *Selected Writings*, Philip S. Foner, ed.(1984), New York: International Publishers; 『클라라 체트킨 선집』, 조금안 옮김, 동녘, 1987.

3장 역사 속 여성의 삶

권순형(1997), 『고려시대 혼인제도 연구』, 이화여자대학교 박사학위논문.

김선주(1997), 「피장자 성별 문제를 통해 본 적석목곽분 사회의 발전 단계」, 『한국의 고대와 고고』, 학연출판사.

김수진(2000), 「'신여성', 열려 있는 과거, 멎어 있는 현재로서의 역사 쓰기」, 『여성과 사회』 11호.

김일미(1967), 「조선 전기의 남녀균분상속제에 대하여」, 『이대사원』 8호.

남화숙(1991), 「1920년대 여성운동에서의 협동전선론과 근우회」, 『한국사론』.

박정애(2000), 「초기 '신여성'의 사회진출과 여성교육」, 『여성과 사회』 11호.

소현숙(2000), 「일제시기 출산통제 담론 연구」, 『역사와 현실』 38호.

신영숙(1989), 「일제하 한국여성사회사 연구」, 이화여자대학교 박사학위논문.

안연선(2003), 『병사 만들기』, 삼인.

야마시다 영애(1997), 「식민지 지배와 공창제도의 전개」, 『사회와 역사』 51호.

양현아(1999), 「한국의 호주제도」, 『여성과 사회』 10호.

이순구(1996), 「조선 중기 총부권(冢婦權)과 입후(立後)의 강화」, 『고문서연구』 9·10호.

장병인(1997), 『조선시대 혼인제와 성차별』, 일지사.

전은정(2000), 「근대 경험과 여성주체 형성과정」, 『여성과 사회』 11호.

정용숙(1992), 『고려시대의 후비』, 민음사.

정지영(2002), 「장화홍련전 — 조선후기 재혼가족 구성원의 지위」, 『역사비평』 61호.

한국여성사편찬위원회(1972), 『한국여성사 I·II』, 이화여자대학교 출판부.

한국여성연구회(1992), 『한국여성사 — 근대편』, 풀빛.

홍양희(2000), 「현모양처론과 식민지 '국민' 만들기」, 『역사비평』 52호.

4장 여성성과 젠더 정체성

Bordo, Susan(1995), *Unbearable Weight: Feminism, Western Culture, and the Body*, Berkeley: University of California Press.

_____(1997), "The Body and the Reproduction of Femininity," *Writing on the Body*, Katie Conboy et al., eds., New York: Columbia UP.

Butler, Judith(1990), *Gender Trouble: Feminism and the Subversion of Identity*, New York: Routledge.

_____(1991), "Imitation and Gender Insubordination," *Inside/Out*, Diana Fuss, ed., New York: Routledge.

_____(1997), "Performative Acts and Gender Consititution," *Writing on the Body*, Katie Conboy et al., eds., New York: Columbia UP.

Chodorow, Nancy(1978), *Reproduction of Mothering: Psychoanalysis and the Sociology of Gender*, Berkely: University of California Press.

Culler, Jonathan(1997), *Literary Theory*, Oxford: Oxford UP.

Gilligan, Carol(1982), *In a Different Voice*, Cambridge: Harvard UP.

Oliver, Kelly. ed.(1993), *Ethics, Politics, and Difference in Julia Kristeva*, New York: Routledge.

Sigmund, Freud(1914), "On Narcissism: An Introduction," *SE*, vol. XIV, 1975.

Sigmund, Freud(1917), "Mourning and Melancholia," *SE*, vol. XIV, 1975.

_____(1923), "The Id and the Ego," *SE*, vol. XIX, 1975.

5장 소비자본주의 사회와 여성의 몸

김애령(1995), 「지배받는 몸, 자유로운 몸 ─ 다시 보는 여성의 몸」, 『여성과 사회』 6호.

김은실(2001), 『여성의 몸, 몸의 문화정치학』, 또 하나의 문화.

배은경(1999), 「여성의 몸과 정체성」, 한국여성연구소, 『새 여성학강의』, 동녘.

이영자(2000), 『소비자본주의 사회의 여성과 남성』, 나남출판.

한국여성민우회, 「No 다이어트·No 성형」, www.womenlink.or.kr.

그로츠, 엘리자베스, 『뫼비우스의 띠로서 몸』, 임옥희 옮김, 여이연, 2001.

쉴링, 크리스, 『몸의 사회학』, 임인숙 옮김, 나남출판, 1999.

콘보이 외, 케티, 『여성의 몸, 어떻게 읽을 것인가』, 조애리 옮김, 한울, 2001.

터너, 브라이언, 『몸과 사회』, 임인숙 옮김, 몸과마음, 2002.

페더스톤, 마이크, 「소비문화 속의 육체」, 『문화과학』 4호, 문화과학사, 1993.

포슈, 발트라우트, 『몸 숭배와 광기』, 조원규 옮김, 여성신문사, 2001.

6장 여성의 눈으로 영화 보기

김소영(1996), 『시네마, 테크노 문화의 푸른 꽃』, 열화당.

로젠, 마조리, 「팝콘 비너스 혹은 얼마나 영화는 여성을 실제보다 축소시켜 왔는가?」, 유지나·변재란 엮음, 『페미니즘/영화/여성』, 여성사, 1993.

멀비, 로라, 「시각적 쾌락과 내러티브 영화」, 유지나·변재란 엮음, 앞의 책.

7장 섹슈얼리티와 성문화

공미혜·구명숙(2001), 「혼외관계에서 나타나는 가부장적 이데올로기」, 『한국여성학』 17권 2호.

박정미(2002), 「성폭력과 여성의 시민권: '운동사회의 성폭력 뿌리 뽑기 100인 위원회' 사례분석」, 서울대학교 석사학위논문.

박혜란(1996), 「'이미'와 '아직'의 경계선에 선 욕망」, 『새로 쓰는 결혼 이야기 1』, 또 하나의 문화.

양은영(1995), 『아줌마는 야하면 안 되나요?』, 다솔.

원미혜(1999), 「우리는 왜 성매매를 반대하는가」, 한국성폭력상담소 엮음, 『섹슈얼리티 강의』, 동녘.

이성은(2003), 「성희롱-이성애제도-조직문화 그 연관성에 대한 고찰」, 한국여성학회, 『한국여성학』 19권 2호.

이영숙(2000), 『혼외관계의 이해』, 학지사.

이재경(1996), 『주부가 쓴 성이야기 ― 코 큰 남자, 입 큰 여자의 허울 벗기기』, 지성사.

장필화(1989), 「Sexuality와 관련한 여성해방론의 이해와 문제」, 한국여성학회, 『한국여성학』 5집.

_____(1999), 『여성, 몸, 성』, 또 하나의 문화.

조영미(1999), 「한국 페미니즘 성연구의 현황과 과제」, 한국성폭력상담소 엮음, 『섹슈얼리티 강의』, 동녘.

조옥라(1996), 「주부들을 위한 사랑의 부적」, 『새로 쓰는 결혼 이야기 1』, 또 하나의 문화.

조주현(1996), 「여성 정체성의 정치학: 80~90년대 한국여성운동을 중심으로」, 한국여성학회, 『한국여성학』 12집.

_____(1999), 「섹슈얼리티를 통해 본 한국의 근대성과 여성주체의 성격」, 한국성폭력상담소 엮음, 앞의 책.

조혜정(1998), 「남자 중심 공화국의 결혼 이야기 1·2」, 『성찰적 근대성과 페미니즘― 한국의 여성과 남성 2』, 또 하나의 문화.

윅스, 제프리, 『섹슈얼리티: 성의 정치』, 서동진 옮김, 현실문화연구, 1999.

Adkins, L.(1995), *Gendered Work: Sexuality, Family and the Labour Market*, Buckingham: Open UP.

Epstein, D.(1997), "Keeping Them in Their Place: Hetero/Sexist Harassment, Gender and the Enforcement of Heterosexuality," Thomas A. and Kitzinger, C.(1997), *Sexual Harassment: Contemporary Feminist Perspectives*, Buckingham · Philadelphia: Open UP.

Jackson, S.(1999), *Heterosexuality in Question*, London: Sage Publications.

Jackson, S. and Scott, S.(1996), *Feminism and Sexuality: A Reader*, New York: Columbia UP.

Kelly, L.(1988), *Surviving Sexual Violence*, Cambridge: Polity.

Lee, Sung-Eun(2002), "Sexual Harassment in Korean Organisations," Doctoral Thesis, University of York, Unpublished.

VanEvery, J.(1996), "Heterosexuality and Domestic Life," D. Richardson, eds., *Theorizing Heterosexuality: Telling it Straight*, Buckingham: Open UP.

8장 가족, 허물기와 다시 쌓기

공선영(2001), 「아빠 없이 사는 세상: 이혼 모자가족」, 이동원 외, 『변화하는 사회, 다양한 가족』, 양서원.

김미숙(2001), 「혼자가 좋아: 독신가족」, 이동원 외, 앞의 책.

김태홍(2002), 『무급노동의 경제적 가치평가와 정책화 방안』, 한국여성개발원.

김혜경(2001a), 「무자녀가족」, 이동원 외, 앞의 책.

_____(2001b), 「핵가족 논의와 식민지적 근대성」, 한국사회학회, 『한국사회학』 35집 4호.

백지순(2003), 『아시아의 모계사회』, 가각본.

이선주(2002), 「독신」, 『가족의 사회학적 이해』, 학지사.

이여봉(1999), 「부부간 평등 및 형평 인식에 관한 연구」, 가족문화학회, 『가족과 문화』 11집 1호.

이재경(2003), 「여자의 이혼, 남자의 이혼」, 『가족의 이름으로: 한국 근대가족과 페미니즘』, 또 하나의 문화.

장혜경(2002), 『이혼여성의 부모역할 및 자녀양육 지원방안에 관한 연구』, 한국여성개발원.

전경근(2004), 「현행 부부재산제의 문제점과 개선방안」, 한국여성의전화연합 '성평등한 부부재산제도 모색을 위한 토론회' 자료집.

조은(1999), 「가족제도의 운명과 새로운 공동체의 가능성」, 『창작과비평』 103호(1999년 봄호).

조정문(1995), 「결혼생활의 공평성 인지와 결혼만족」, 『한국사회학』 29집(1995년 가을호).

조형(1991), 「한국가족의 부부관계」, 한국사회연구회, 『한국가족의 부부관계』, 한울.

한국여성개발원(2003), 『전국가족조사 및 한국가족보고서』.

함인희 외(2002), 『우리 동거할까요』, 코드출판사.

기든스, 앤서니(1992), 『현대사회의 성 사랑 에로티시즘: 친밀성의 구조변동』, 황정미·배은경 옮김, 새물결, 1999.

바렛, 미셸·매리 매킨토쉬(1981), 『가족은 반사회적인가』, 김혜경 옮김, 여성사, 1993.

백, 울리히·엘리자베트 백 게른샤임, 『사랑은 지독한, 그러나 너무나 정상적인 혼란』,

강수영 외 옮김, 새물결, 1999.

쏘온, 배리 외 엮음, 『페미니즘의 시각에서 본 가족』, 권오주 외 옮김, 한울, 1991.

엘킨드, 데이비드, 『변화하는 가족: 새로운 가족 유대와 불균형』, 이동원·김모란·윤옥
경 옮김, 이화여자대학교 출판부, 1999.

오클리, 앤, 『가사노동의 사회학』, 문숙재 옮김, 신광출판사, 1990.

화이어스톤, 슐라미스(1970), 『성의 변증법』, 김예숙 옮김, 풀빛, 1996.

Blood and Wolfe(1960), *Husbands and Wives*, New York: Free Press.

Bograd, Michele(1988), "Feminist Perspectives on Wife Abuse: An Introduction,"
Feminist Perspectives on Wife Abuse, Sage.

Cancian, F.(1987), *Love in America*, NY: Cambridge UP.

Donzelot, Jacques(1977), *The Policing of Families*, R. Hurley, trans., NY: Pantheon
Books, 1979.

Eurostat(2000), http://www.europa.eu.int/comm/eurostat/Public/datashop.

Shorter, Edward(1975), *The Making of the Modern Family*, NY: Basic Books.

Stone, Lawrence(1977), *The Family, Sex, and Marriage in England, 1500-1800*, NY:
Harper & Row.

上野千鶴子(1994), 『近代家族の成立と終焉』, 岩波書店.

9장 여성노동의 현실과 대안

강이수(2004), 「80년대 이후 한국의 산업화와 여성노동력의 변모」, 『한국현대여성사』,
한울.

강이수 외(2004), 『여성 비정규직의 차별 실태와 법제도 개선과제』, 한국여성노동자회
협의회·한국여성연구소.

김경희(2001), 「사회복지관 사회복지사의 책무성에 영향을 미치는 변인」, 서울여자대학
교 박사학위논문.

문유경·주재선(2000), 『OECD 회원국의 여성고용정책』, 한국여성개발원.

이명혜(2003), 『한국을 움직이는 여성 CEO』, 도전과 성취.

전병유·장지연·박찬임(2004), 『2만 불 시대의 여성 경제활동 참가의 변화추이와 정책
적 함의』, 여성부.

조순경(2004), 「직급정년제와 간접차별: 한국전기공사협회의 성차별 사례를 중심으
로」, 한국여성민우회·민주사회를 위한 변호사 모임 주최 '정영임 40세 직급정년
사건' 왜 성차별인가 토론회 발표문.

행정자치부(2003), 『여성과 공직』.

밀크만, 루스, 『젠더와 노동』, 정영애·전방지 옮김, 이화여자대학교 출판부, 2001.

소콜로프, 나탈리, 『여성노동시장이론』, 이효재 옮김, 이화여자대학교 출판부, 1990.

하트만, 하이디 외, 『여성해방이론의 쟁점』, 김혜경·김애령 옮김, 태암, 1989.

Bielby, W. T., & Baron, J. N(1986), "Men and Women at Work: Sex Segregation and
　　Statistical Discrimination," *American Journal of Sociology*, Vol. 91. No. 4.

Kemp, A. A.(1994), *Women's Work: Degraded and Devalued*, New Jersey: Prentice-
　　Hall.

Mincer, Jacob and Solomon Polachek(1974), "Family Investments in Human Capital:
　　Earnings of Women," *Journal of Political Economy*, Vol. 82. No. 2.

10장 여성과 법

김엘림 외(2001), 『20세기 여성인권법제사』, 한국여성개발원.

_____(2005), 『여성발전기본법의 효과 및 발전방향』, 여성부.

11장 국가와 여성정책의 변화

강남식(1993), 「국가의 모성보호 비용 부담에 관한 연구」, 한국여성연구소 정기 심포지
　　엄 자료집.

_____(2001), 「생산적 복지와 성 주류화 정책」, 『여성과 사회』 12집.

_____(2003), 「여성노동정책과 담론 분석: 성별화된 노동시장과 모성보호정책을 중심
　　으로」, 이영환 엮음, 『통합과 배제의 사회정책과 담론』, 함께읽는책.

김경희(2002), 「국가와 여성정책」, 한국여성정책연구회 엮음, 『한국의 여성정책』, 지식
　　마당.

김선욱(1999), 『여성정책과 행정조직』, 이화여자대학교 법학연구소.

김영화·조희금 외(2002), 『현대사회와 여성복지』, 양서원.

김엘림(1999), 「각국 여성 관련 행정기구 현황」, 『소식』 6호, 여성특별위원회.

_____(2003), 『남녀평등과 법』, 한국방송통신대학교 출판부.

김인숙 외(2001), 『여성복지론』, 나눔출판사.

박영란 외(2000), 『외국의 여성복지 서비스에 관한 연구』, 한국여성개발원.

이혜경 외(1999), 『보건복지 여성정책의 중장기 계획 수립』, 보건복지부.

조형(1999), 「사회변동과정에서의 여성정책의 위상과 의미」, 한국여성학회 월례발표회.

황정미(2001), 『개발국가의 여성정책에 관한 연구: 1960~70년대 한국 부녀행정을 중심으로』, 서울대 박사학위논문(미간행).

모저, 캐롤린, 『여성정책의 이론과 실천』, 장미경 외 옮김, 문원출판, 2000.

Buvinic, M.(1983), "Women's Issues in Third World Poverty: A policy Analysis," M. Buvinic, M. A. Lycette & W. P. McGreevy, *Women and Poverty in the Third World*, Baltimore: Johns Hopkins University.

Committee of Ministers(1998), *Council of Europe*; 보건복지부 여성정책담당관실 옮김, 『보건복지 여성정책안내: '여성정책 주류화'에 대한 이해와 실천방안』, 보건복지부, 1999.

Corner, L.(1999), *A Gender Approach to the Advancement of Women: Handout and Notes for Gender Workshops*, Bangkok: UNIFEM East & Southeast Asia.

Esping-Anderson, G.(1990), *Three Worlds of Welfare Capitalism*, Polity Press.

_____, ed.(1998), *Welfare States in Transition: National, Adaptations in Global Economies*, Sage.

Lewis, J.(1992), "Gender and the Development of Welfare Regimes," *Journal of European Social Policy*, vol. 3.

Lewis, J. & Ostner, I.(1991), "Gender and the Evolution of European Social Policies," *Paper Presented at CES Workshop on Emergent Supranational Social Policy: The EC's Social Dimension in Comparative Perspective*, Center for European Studies, Harvard UP.

Orloff, A. S.(1993), "Gender and the Social Rights of Citizenship: The Comparative Analysis of Gender Relations and Welfare States," *American Sociological Review*, June.

Sainsbury, D., ed.(1994), *Gendering Welfare States*, London: Sage.

Whitehead, A.(1979), "Gender-aware Planning in Agricultural Production," *Gender and Third World Development*, Module 7, Institute of Development Studies, Brighton.

12장 한국 여성운동의 어제와 오늘

강남식·윤정숙·남인순(1999), 「80~90년대 여성운동의 평가와 세기 전환기 여성운동의 전망과 과제」, 한국여성연구소 10주년 기념 심포지엄 자료집『세기 전환기 여성운동과 여성이론』.

김엘림(1995), 「현행 여성 관계 법령의 구조와 정비 방향」, 『여성연구』 48호(가을호).

신영숙(1999), 「여성운동」, 『여성과 한국사회』, 사회문화연구소.

오장미경(2000), 「80, 90년대 여성운동 쟁점」, 『석순』 17집.

_____(2004), 「한국여성운동과 여성 내부의 차이」, 『진보평론』 20호(여름호).

이영자(1999), 「여성학의 최근 추이와 대안적 패러다임 찾기」, 여성연합 '99 정책수련회
       자료집.

장미경(1999), 『페미니즘의 이론과 정치』, 문화과학.

장미경 엮음(1996), 『오늘의 페미니즘, 세계여성운동』, 문원.

정현백(2000), 「21세기 여성운동의 쟁점과 과제」, 한국여성단체연합 대안사회정책연구
       소 창립 심포지엄 자료집.

조옥라(1992), 「여성운동의 현황 및 과제」, 『성, 여성, 여성학』, 부산대학교 출판부.

조형(1984), 「한국여성운동의 비판적 고찰」, 『이화』 42호.

____(1986), 「인간해방운동의 구조」, 『또 하나의 문화』 2호, 평민사.

조혜정(1993), 「여성운동의 흐름과 전망」, 『성, 여성, 여성학』, 부산대학교 출판부.

한국여성연구회(1991), 『여성학강의』, 동녘.

13장 북한사회와 여성의 삶

김귀옥(2003), 「통일과정에서 여성의 역할과 남북 여성 교류의 과제: 2002년 남북여성
       통일대회를 중심으로」, 『여성과 평화』 3호.

법원 행정처(1998), 『북한의 가족법』.

손봉숙·이경숙·이온죽·김애실(1991), 『북한의 여성생활』, 나남출판.

오유석(2001), 「북한 사회주의 체제의 가부장제」, 『경제와사회』 봄호.

이배용 외(1999), 『우리나라 여성들은 어떻게 살았을까 1·2』, 청년사.

이향규(2000), 「북한 사회주의 보통교육의 형성 1945~1950」, 서울대학교 박사학위논문.

통계청(1997), 『남북한 경제사회상 비교』, 통계청.

한국여성개발원(2000), 『여성통계연보』.

리경혜(1990), 『녀성문제해결경험』, 평양: 사회과학출판사.

서관희(1992), 『농업전선의 진두에 서서』, 평양: 조선로동당출판사.

손전후(1986), 『사회생활의 민주화경험』, 평양: 사회과학출판사.

조일호(1958), 『조선가족법』, 평양: 교육도서출판사.

김은실(1994), 「민족주의 담론과 여성: 문화, 권력, 주체에 관한 비판적 읽기를 위하여」, 『한국여성학』 10집.

김지해 엮음(1987), 『세계여성운동 1·2』, 동녘.

여성사연구회 엮음(1998), 「특집: 변혁기의 여성」, 『여성』 2호, 창작과비평사.

이금윤(1990), 「서독의 새 여성운동」, 『여성과 사회』 창간호.

정현백(1994), 「유럽의 도메스트로이카와 여성운동」, 『여성과 사회』 5호.

_____(2003), 『민족과 페미니즘』, 당대.

한국여성연구회 엮음(1990), 「특집: 변혁운동과 여성조직」, 『여성과 사회』 2호.

레닌, 『레닌의 청년, 여성론』, 편집부 옮김, 함성, 1989.

마리아 미스·반다나 시바, 『에코 페미니즘』, 손덕수·이난아 옮김, 창작과비평사, 2000.

우에노 치즈코, 『내셔널리즘과 젠더』, 이선이 옮김, 박종철출판사, 1999.

판스워드, 『알렉산드라 콜론타이』, 신민우 옮김, 풀빛, 1986.

한스 피터 마르틴, 하랄드 슈만, 『세계화의 덫』, 강수돌 옮김, 영림카디널, 1998.

헬렌 버제스, 『소비에트 여성은 말한다』, 여성한국사회연구회 옮김, 앎과힘, 1990.

bell hooks, "Back to Black: Ending Internalized Racism," Mary Evans, Hg., *Feminism: Critical Concepts in Literary and Cultural Studies*, Vol. IV, London/New York, 2001, pp. 70-77.

Bonnie G. Smith(2000), *Global Feminism Since 1945*, London/New York.

Chandra Talpade Mohanty, "Cartographies of Struggle: Third World Women and the Politics of Feminism," Mohanty, A. Russo, L. Torres, ed., *Third World Women and the Politics of Feminism*, Bloomington/Indianapolis, 1991.

Chandra Talpade Mohanty, Ann Russo, Lourdes Torres, ed.(1991), *Third World Women and the Politics of Feminism*, Bloomington/Indianapolis.

Christa Wichterich(1995), *Frauen der Welt*, Göttingen.

Fiona Flew(1999), "Feminism and Globalization. Introduction: Local Feminism, Global Futures," *Women's Studies International Forum*, vol. 22. no. 4.

Gamma Tang Nain, "Black Women, Sexism and Racism: Black or Antiracist Feminism?," *Feminist Review*(Spring 1991), pp. 1-22.

Giesela Hänel-Ossorio(1998), "Globalisierung und ihre Folgen für Frauen in der Dritten Welt," *bieträge zur feministische theorie und praxis*, Vol. 47·48, pp. 80-92.

Haleh Afshar, ed.(1996), *Women and Politics in the Third World*, London.

Jennifer Drake, "Review Essay: Third Wave Feminisms," *Feminist Studies 23*, no. 1 (Spring 1997), pp. 97-108.

Kumari Jayawardena(1986), *Feminism and Nationalism in the Third World*, London.

Martin Khor, "After Beijing, New Aid and Trade Conditionalities?," www.twnside.org.sg/title/condi-cn.htm.

Mary Mellor(2001), "Feminism and Ecology," Mary Evans, ed., *Feminism: Critical Concepts in Literary and Cultural Studies*, Vol. III, London/New York, pp. 300-317.

Sally Baden & Anne Marie Goetz, "Who Needs (Sex) When You Can have (Gender)?: Conflickting Discourses on Gender at Beijing," *Feminist Review*(Summer 1997), pp. 3-25.

Thalif Deen, "Action Plan to Elevate Women Gets Mixed Results," Third World Network, www.twinside.org.sg/title/elevate.htm.

Uta Ruppert(1998), "Die Kehrseite der Medaille? Globalisierung, global governance und internationale Frauenbewegung?," *bieträge zur feministische theorie und praxis*, Vol. 47·48, pp. 94-105.

Vandana Shiva, "The Effects of WTO on Women's Rights," www.twnside.org.sg/title/women-ch.htm.

◇ 필자 소개

강남식

성균관대학교 대학원 사학과 박사(서양사 전공). 성공회대학교 사회문화연구원 연구교수 역임, 한국여성단체연합 정책기획위원회 위원장 역임. 현재 한국양성평등교육진흥원 교수. 논문: 「19세기 말 20세기 초 영국 여성노동정책과 여성노동운동─최저임금제 제정을 중심으로」 외 다수.

강이수

이화여자대학교 사회학과 졸업. 동 대학원 박사. 현재 상지대학교 인문사회대학 부교수(여성학), (사)한국여성연구소 소장. 저서: 『근대주체와 식민지 규율권력』(공저, 문화과학사, 1997), 『여성과 일: 한국여성노동의 이해』(공저, 동녘, 2001), 『한국현대여성사』(공저, 한울, 2004) 외. 논문: 「1930년대 면방대기업 여성노동자의 상태에 대한 연구」, 「변화하는 노동시장과 여성노동자」, 「근대여성의 일과 직업관」.

김귀옥

서울대학교 대학원 사회학 석사, 박사. 성공회대학교 사회문화연구원 연구교수, 서울대학교 여성연구소 선임연구원 역임. 현재 한성대학교 사회학과 교수. 저서: 『이산가족 문제를 보는 새로운 시각: 이산가족, '반공전사'도 '빨갱이'도 아닌…』(역사비평사, 2004), 『한국현대여성사』(공저, 한울, 2004), 『월남민의 생활경험과 정체성: 밑으로부터의 월남민 연구』(서울대학교 출판부, 2002), 『남북한의 실질적 통합을 위한 여성정책 강화방안』(공저, 통일연구원, 2002), 『북한여성들은 어떻게 살고 있을까』(공저, 당대, 2000), 『북한의 여성노동력 현황과 활용방안』(통일부, 2002).

김양선

서강대학교 영어영문학과 졸업. 서강대학교 국어국문학과 대학원 석사, 박사(문학). 현재 문학평론가, (사)한국여성연구소 문학연구실원, 한림대학교 기초교육대학 강의교수. 저서:『허스토리의 문학』(새미, 2003),『1930년대 소설과 근대성의 지형학』(소명출판, 2003).

김엘림

이화여자대학교 법학과 졸업. 동 대학원 법학 박사. 현재 한국방송통신대학교 법학과 교수. 저서:『남녀평등과 법』(한국방송통신대학교 출판부, 2003). 논문:「젠더 노동관계법의 변화동향」,「동일가치노동 동일임금 원칙에 관한 쟁점」,「고용상 성차별의 개념과 판단기준」,「남녀 고용평등 촉진을 위한 입법과제」 등 .

김영희

서울대학교 영문학과 졸업. 동 대학원 박사. 현재 한국과학기술원 인문사회과학부 교수. 저서:『비평의 객관성과 실천적 지평』(창작과비평사, 1993). 논문:「한국 페미니즘 이론의 반성」,「진보적 여성운동론의 재검토」,「아프가니스탄 여성: 이미지와 현실」.

김혜경

가족사회학, 한국사회사 전공. 한국여성개발원 연구위원 역임. 현재 전북대학교 사회학과 교수. 저서:『가족의 사회학적 이해』(공저, 학지사, 2002). 역서:『가족은 반사회적인가』(여성사, 1994). 논문:「일제하 '어린이기'의 형성과 가족 변화」(박사논문),「핵가족 논의와 식민지적 근대성」,「보살핌 노동의 정책화를 둘러싼 여성주의적 쟁점」.

박기남

연세대학교 사회학과 박사. 현재 한림대학교 고령사회연구소 연구교수, 춘천여성민우회 상임대표. 논문:「관리직 여성의 사회적 자본과 성별 직무분리」,「노년기 삶의 만족도의 성별 차이」.

소현숙

한양대학교 사학과 박사과정 수료. 현재 경희대학교 사학과 강사. 저서: 『20세기 여성사건사』(공저, 여성신문사, 2001), 『경기 여성인물을 찾아서 2』(공저, 경기도, 2002), 『경기도 전통종가 여성생활사』(공저, 경기도, 2004). 논문: 「일제 시기 출산통제 담론 연구」.

이성은

이화여자대학교 여성학과 석사, 영국 요크대학교 여성학 박사. 현재 이화여자대학교 사회과학연구소 전임 연구원, 이화여자대학교 여성학과 강사. 논문: 「성희롱-이성애제도-조직문화 그 연관성에 대한 고찰」, 「Practical Strategies to Sexual Harassment in Korea」.

이순구

한국정신문화연구원 한국학대학원 박사. 현재 국사편찬위원회 편사연구사. 논문: 「조선 초기 종법의 수용과 여성 지위의 변화」(박사논문), 「조선 중기 총부권과 입후의 강화」, 「정부인 안동 장씨의 성리학적 삶」, 「호주제는 어떻게 형성되어 왔는가?」, 「조선시대, 왜 열녀문을 세웠는가?」.

장미경

연세대학교 사회학과 박사. 현재 전남대학교 사회학과 조교수. 저서: 『페미니즘의 이론과 정치』(문화과학, 1999), 『여성노동운동과 시민권의 정치』(아르케, 2003), 『현대 비판사회이론의 흐름』(공저, 한울, 2001), 『NGO 가이드』(공저, 한겨레신문사, 2001), 『한국의 여성정책』(공저, 지식마당, 2002).

정현백

서울대학교 역사교육과, 동 대학원 서양사학과 졸업. 독일 보훔(Bochum)대학교 철학박사. 현재 성균관대학교 사학과 교수, 한국여성단체연합 공동대표, 한국역사교육연구회 회장. 저서: 『노동운동과 노동자문화』(한길사, 1990), 『통일교육과 평화교육의 만남』(공저, 통일교육원, 2002), 『민족과 페미니즘』(당대, 2003).

조현순

영문학 비평 전공, 경희대학교 영문학 박사. 현재 경희대학교·성신여자대학교 영문학 강사, 여성문화이론연구소 연구원. 역서: 『포스트 모던 사상사』(공역, 현대미학사, 2000), 『안티고네의 주장』(동문선, 2005). 논문: 「몸과 여성 정체성: 수잔 보르도와 주디스 버틀러」, 「주디스 버틀러의 젠더 정체성 이론」, 「주디스 버틀러의 환상적 젠더 정체성과 안젤라 카터의 '서커스의 밤' 연구」.

주유신

중앙대학교 영상예술학과 박사. 현재 중앙대학교 영화학과 겸임교수, 서울여성영화제 프로그래머. 저서: 『한국영화와 근대성』(공저, 소도, 2001), 『삐라에서 사이버문화까지 문화읽기』(공저, 현실문화연구, 2000), 『섹슈얼리티 강의』(공저, 동녘, 1999). 역서: 『호모, 펑크, 이반』(공역, 큰사람, 1999), 『세계영화사』(공역, 시각과 언어, 2000). 논문: 「한국영화의 성적 재현에 대한 연구: 세기 전환기의 텍스트들을 중심으로」.

.